桂苑古代文学研究丛书

苏轼的人生境界及其文化底蕴

阮延俊　著

中国出版集团

世界图书出版公司

广州·上海·西安·北京

图书在版编目（CIP）数据

苏轼的人生境界及其文化底蕴 / 阮延俊著 . — 广州：世界
图书出版广东有限公司，2014.6（2025.1重印）

ISBN 978-7-5100-7999-3

Ⅰ．①苏…　Ⅱ．①阮…　Ⅲ．①苏轼（1036～1101）—
人物研究　Ⅳ．① K825.6

中国版本图书馆 CIP 数据核字（2014）第 117853 号

苏轼的人生境界及其文化底蕴

策划编辑　刘婕妤

责任编辑　翁　晗

出版发行　世界图书出版广东有限公司

地　　址　广州市新港西路大江冲 25 号

http:// www.gdst.com.cn

印　　刷　悦读天下（山东）印务有限公司

规　　格　710mm×1000mm　1/16

印　　张　21

字　　数　361 千

版　　次　2014 年 6 月第 1 版　2025 年 1 月第 3 次印刷

ISBN　978-7-5100-7999-3/I · 0309

定　　价　98.00 元

洒　脱

——阮延俊《苏轼的人生境界及其文化底蕴》序

戴建业

本书作者曾是我带的博士研究生，是一位才华横溢的越南留学生，即将出版的《苏轼的人生境界及其文化底蕴》是他博士论文的修订本。

我带过的研究生中，有的已经是跨世纪人才，有的已经是教授博导，有的是单位里的业务骨干，但没有一人能像阮延俊这样多才多艺，没有一人能像阮延俊这样善于交游，没有一人能像阮延俊这样活得轻松洒脱，自然也没有一人能像阮延俊这样在人生的道路上独辟蹊径。

七八年前，他考入我校跟随林岩教授攻读硕士研究生，三年以后又转入我门下攻读博士研究生。他的硕士论文是写苏轼的，在林岩教授细心指导下，论文获得我们教研室一致好评，毕业时被评为我校优秀留学生。读博期间他又想继续研究苏轼。开始我对这一选题比较犹豫，主要考虑到研究苏轼难度太大，博士论文比硕士论文要求更高。写苏轼虽然是个案研究，但苏轼一人留下的文章和诗词，比历史上有些短命朝代一代总和还多。苏轼思想上奉儒家而出入佛老，诗文艺术上更如行云流水初无定质，要阐释他的思想信仰及精神渊源，把握他的审美趣味和艺术特点，谈何容易！何况苏轼一直为我国读者所喜爱，一直是我国古代文学和思想研究中的显学，一般大众对苏轼相当熟悉，学者对他的研究更十分深入，对苏轼的每一个层面都反复耕耘，想再谈出点新意来需要深厚的功力。国内的博士生写学位论文通常都选一些二三流甚至末流作家，对苏轼这样的大家尚且"敬而远之"，何况阮延俊是一个海外留学生，他能否在三四年内通读苏轼？能否读懂苏轼？能否写出几十万字的论文？说实话，很长一段时间我都很怀疑。

和他一起相互学习的时间长了，我才知道他对我国儒家、道家、禅宗都有一定了解，尤其对禅宗有较深的体悟，这可能与他在越南时出家为僧的经历有关。几次讨论后，他给我交来一份提纲，看了提纲我对他写苏轼就心中有底了。

延俊对中国传统文化的喜爱，可以说达到了迷狂的程度。他不管干什么事情都十分投入，读苏轼可谓"废寝忘食"，写苏轼更是通宵达旦。二年级下学期就写成了前两章，到三年级上学期他突然中断了论文写作，在外地给我打电话说他正在学中国古琴。我一听他放下论文去学古琴，在电话中便对他大发雷霆，并指责他干事"虎头蛇尾"。他在电话那头笑嘻嘻地说："等我学会了古琴后，保证回校完成学业。"对这位博士生中的异类，对这位越南留学生，他的生活态度，我完全无法理解，对他的人生选择，当然也无能为力。

一年后，他抱一张古琴来见我，称自己现在不仅会弹中国古琴，而且会制作中国古琴，并说将来一定要把古琴琴艺带到越南，要让越南大地上响彻这种优雅的琴声。原以为这不过是他为了逃避我的批评，在我面前随便找的一个托辞，我对此只是一笑了之，根本没有把他弹琴制琴当一回事，还警告他要尽快写出论文。

延俊向来是文章快手，一经动笔便一气呵成，几个月后就给我交出了几十万字的论文初稿。我对这份初稿大体上还算满意，修改几次后提交盲审和答辩。答辩会上他不仅回答明晰流畅，还为答辩委员演奏了一曲《高山流水》，答辩和演奏都赢得了满堂喝彩。

该著从儒、道、释思想宗教的视角，论述苏轼执著而又旷达的生命境界，坦荡而又超然的人生态度，并揭示建构这一生命境界和人生态度的文化底蕴。全书五章围绕该中心论旨层层展开，首先阐述苏轼思想嬗变的内外因缘，分析儒、释、道对苏轼心灵的陶冶，接下来论述苏轼对儒、释、道思想的超越，再探讨苏轼对生的安顿和对死的超脱，最后解析苏轼的梦幻意识和对人际的关怀。该书从域外视角，写出了一个外国青年眼中的苏轼，国人忽视之处常是他着墨的重点，国人以为寻常之处常是他兴趣之所在，由于他能见人之所不曾见，所以时有出人意表的新颖之论。作为一个外国留学生的第一部专著，论证偶尔或不够周全，语言有时或不太规范，但这些小瑕疵无损于全书的学术价值。时相去近千年，地相隔上万里，阮延俊能与伟大的苏轼心心相印，并能成为苏轼的千年知音，东坡地下有知当掀髯而笑。

获得博士学位后阮延俊没有从事本行，没有回国教中国古代文学，而是选择留在中国弹琴和制琴。他对文学和音乐的悟性极高，不用花太大力气就能阅读中国古代诗文，稍加点拨就能识中国古代乐谱。对他的演奏技艺我无从评价，但他几次个人古琴演奏会都好评如潮，他还特地请我欣赏过一场演奏会，连我这个音乐盲也听得如醉如痴。现在很多电视台请他演奏，各地盛大庆功会请他登台，文士艺人雅集请他助兴，他成了个分身乏术的大忙人。攻读博士时中国古代文学是他的专业，中国古琴是他的业余爱好，如今古琴反倒成了他的专业，而古代文学却成了他的"副业"。可能是怕我这位导师会产生失落感，他说中国古代文学还是他的看家本领，古琴有助于自己对古代文学的理解，古代文学能加深自己对古代音乐的体悟。但不可否认，古琴过去是他的个人兴趣，现在则是他的谋生手段。

他制作古琴的娴熟技艺真让人惊叹。他花一年多时间就学会了弹奏古琴，还学会了如何制作古琴。学习弹奏古琴尚有人指点，学习制作古琴只能凭自己琢磨，他的制琴技艺要不是无师自通，就肯定是来自天授。从审材到挑弦，从制作到调音，无一不靠自己细心揣摸体会。起初，他弹琴制琴是自娱自乐，不久以后便以琴会友，后来才以弹琴制琴谋生。他的古琴演奏广受听众欢迎，他斫制的古琴更是供不应求，不少古琴演奏家弹他制作的古琴才得心应手，用其他琴行出售的古琴就很不习惯。他去年在武汉成立一家演奏和斫制古琴的"南天坊"，招聘中国工人为他打工。他是中国的文学博士、古琴演奏家、古琴制作师。就国籍和民族而论，他是一位在华的越南人；但从文化上看，他比土生土长的中国人还要"中国人"。

我曾到越南讲课一个星期，对那里的教育情况不太了解，但阮延俊反衬出我国自身教育的缺陷。从家庭到学校，我们的教育过于功利，儿童从小就懂得"无利不起早"，急功近利扼杀了小孩所有学习兴趣，为利而学是理性的强制，为兴趣而学才会有内在动力，孔夫子早就说过"好之者不如乐之者"；我们的人生观更过于俗气，我们对成功的定义就是金钱的多少和权力的大小，钱和权影响到考生的专业选择，左右了男女伴侣的挑选，有权丑八怪也可以二奶成群，有钱驼背老头也可以娶到明星。追求如此琐屑庸俗，人生自然沉闷乏味，有利时再讨厌的东西也两眼放光，无利时对所有事物都一脸漠然。无论是课内的学习，还是课外的补习；无论是写作文、做数学，还是弹琴、绘画、练字、打球，无一不是为了眼前或将来"有利"，从小都只盯着学了以后的"好处"，怎么可能对学习对象本身着迷？

阮延俊中止一年博士学业去学习古琴，并不是他事先就预判古琴可以挣大钱，是因为他太喜欢听古琴这种优美琴声，每听到古琴就遏制不住内心的冲动。学习制作古琴也没有想到将来卖钱，是由于他这个穷光蛋买不起昂贵的古琴，这才不得不自己动手。他学习弹琴和制琴从没有考虑过将来的"利益"，完全是着眼于个人的"兴趣"，后来才无心插柳柳成荫。无功利则无往而不利，无目的才能完全合目的——阮延俊的生活态度实践了康德的审美人生，并实现了海德格尔所谓"诗意地栖居"。

他在读研期间踏遍了中国名山大川，他的朋友遍及南北各地，这让那些只知枯坐窗前寻行数墨的中国书呆子无地自容。这小子的出家生涯我不得而知，估计多半属于"醉中往往爱逃禅"那类和尚。他在中国大口吃肉，大碗喝酒，下巴美髯飘飘，口中吞云吐雾，完全是一副名士派头。他的朋友涵盖三教九流，他交友多出于情趣相投。他有一扬州铁哥们儿，有一天下午乘动车来武汉，彻夜清谈后第二天凌晨又乘动车回去，大有王子猷访戴"乘兴而来，兴尽而返"的雅韵。

假如不能摆脱功利的生活态度，无权无钱固然活得很累，有权有钱又何尝活得不累？没有对利益的超越，没有对功名的淡然，就没有真正的洒脱，也不可能有高远的情致。

几年前他恭维我说：遇到我这样的老师他三生有幸；其实，这句话应该倒过来说：碰到了他这样的学生是我前生修来的福气。他的生活像一首优美的诗歌，而我的生活则是一篇又臭又长的散文。孔夫子说"礼失而求诸野"，我们现在很难有阮延俊那种轻松洒脱的心境。每一看到他我就会想起东坡那首适性任情的词作："莫听穿林打叶声，何妨吟啸且徐行。竹杖芒鞋轻胜马，谁怕？一蓑烟雨任平生……"

2014 年 3 月 30 日

于武昌

目　录

导　　论

　　佛教自从传入中国后，渐与本土儒、道二家相融合，先后经历了两晋南北朝时期以及隋唐五代时期的两次大融合运动。入宋后，由于统治者的主张、士大夫的推崇、三教人士的提倡等因素，这种儒、释、道三教合一的趋势便进入鼎盛时期。陈寅恪先生曾说："华夏民族之文化，历数千年之演进，造极于赵宋之世。"[1] 然而，在宋代文化发展巅峰背景下，不少文化大家身上都融汇贯通儒、释、道三家思想，如王安石、程颐、程颢、黄庭坚等，其中苏轼是具有代表性的大家之一。在他身上既凝结了中国传统文化，又兼综了各家学说的特点，并臻于融汇贯通的境地，其弟苏辙曾在《亡兄子瞻端明墓志铭》中曰："（苏轼）少与辙皆师先君，初好贾谊、陆贽书，论古今治乱，不为空言。既而读《庄子》，喟然叹息曰：'吾昔有见于中，口未能言，今见《庄子》，得吾心矣。'乃出《中庸论》，其言微妙，皆古人所未喻。尝谓辙曰：'吾视今世学者，独子可与我上下耳。'既而谪居于黄，杜门深居，驰骋翰墨，其文一变，如川之方至，而辙瞠然不能及矣。后读释氏书，深悟实相，参之孔、老，博辩无碍，浩然不见其涯也。"[2] 苏辙的这段碑文可以说是把苏轼学术见解的渊源作了一番总结和概括，从中我们可以看出苏轼思想的嬗变，以及其儒、释、道三教融汇之情况。苏轼不仅是融汇贯通三家思想，无论是哪一家的学说，只要有用他都不介意去接受而变成自己的东西，清人赵夔也曾在《注东坡诗集序》中说："盖胸中之书，汪洋浩博，下笔之际，不知为我语也、他人之语也，观者以意达之可也。"[3] 王十朋也在《注东坡先生诗序》中云："东坡先生之英才绝识，卓冠一世，平生斟酌经传，贯穿子史，

　　[1]　陈寅恪：《邓广铭宋史职官志考证序》，载《金明馆丛稿二编》，上海古籍出版社1980年版，第245页。

　　[2]　陈宏天、高秀芳点校：《苏辙集》卷二十一，中华书局1990年5月版，第1117页。

　　[3]　引自苏轼撰，王文浩辑注，孔凡礼点校：《苏轼诗集》，中华书局1982年版，附录二，第2832页。

下至小说、杂记、佛经、道书、古诗、方言，莫不毕究。……亦皆洞其机而贯其妙，积而为胸中之文。"[1] 苏轼如此庞杂的思想，从其笔下之文字去了解其人乃非简易之事。历来学者对此歧见纷纭，或认为："儒家的淑世精神是苏轼人生道路上行进的一条基线，虽有起伏偏斜，却贯穿始终。"[2] 或认为："苏轼的学术见解，虽然旁征博引，参入了许多思想脉络，但他的思想体系的逻辑过程，应该说是嬗变于庄学，参证于佛学、禅学，而归于儒学。"[3] 或认为"奋厉有当世志"的评价是不符合实际，而认为苏轼一生以道家思想为核心的人生哲学。中庸派则认为："（苏轼）以佛、老之道治性养心而以周、孔之道治天下。"[4] 然而，爱之则不觉其过，恶之则不觉其善。如此之况，我们应当如何去解读苏轼呢？如何才可以避免陷入指木为林或见林失木的结果呢？

闻一多先生曾说："一般人爱说唐诗，我却要讲'诗唐'，诗唐者，诗的唐朝也，懂得了诗的唐朝，才能欣赏唐朝的诗。"[5] 闻一多先生的这种改变习惯性、以反作正的逆向思维方式重新解读问题，颇有见地。笔者从闻一多的这种以反作正的逆向思维方式受到了启迪，联想到历来学者对苏轼学术中儒、释、道思想的评价等左右分期的情况。我们不以或儒家、或道家、或佛家的思想角度去单一解读苏轼身上各家思想的表现，而以苏轼本人个性，根据他不同的人生阶段所具有的轻重不同之取舍，去解读儒、释、道三家思想在他身上的结合与运用，以此作为研究研究视角，定会产生不同收效。苏轼在继承与发挥儒、释、道三家思想的过程中，有着浓厚的个性色彩，以及个人人生经历的烙印，故若以儒、释、道修养及其超越意识为研究角度，来探讨苏轼人生儒、释、道，则会较为客观而可行。如果单从某个角度来观察其人生，难免失之于片面，当然不排除也可以做到单面进行深入研究，但本书更注重以宏观思想和摆脱局限性的方式进行研究，认为这样才不容易产生偏见。此乃本书研究意义之其一也。

其二，在佛教传入中国之前道家和儒家是中国思想的主干，各个朝代对其有轻重之看法，存在崇此排彼的现象。自从佛教传入中国后，中华传统思想的主干增加了佛家思想。虽然儒、释、道三家思想的立场在某种程度上存在着矛盾，但在某种

[1] 引自苏轼撰，王文浩辑注，孔凡礼点校：《苏轼诗集》，中华书局 1982 年版，第 2833 页。

[2] 王水照：《苏轼研究》，河北教育出版社 1999 年 5 月第 1 版，第 73 页。

[3] 唐玲玲、周伟民：《苏轼思想研究》，（台北）文史哲出版社 1996 年版，第 213 页。

[4] 王懋竑：《读书记疑》卷十六《白田草堂续集》，上海古籍出版社 1996 年版。

[5] 郑临川：《闻一多先生说唐诗》（上），载《社会科学辑刊》1979 年，第 154 页。

程度上又是相通的。故从佛教传入中国后，三教合一的思潮从未平息过。尤其入宋后，三教合一的趋势则达到前所未有的鼎盛局面。宋朝的每个文人士大夫身上几乎无不具备这三家思想的因素，然而在他们思想上儒、释、道融汇贯通的境界各有高低不同。苏轼思想上融汇贯通儒、释、道三家思想表现在他有意识地继承而并不是盲目接受，有意识接受的过程就会产生出超越的境界。因为，苏轼在接受传统的时候，往往是考虑到其实用的一面，去建构他所追求的人生价值。当然，苏轼在他不同的人生阶段，对儒、释、道的继承和发挥则有不同的表现。那么，从继承与超越意识角度去研究儒、释、道如何参与构建其人的人生境界，将会避免走入分期的论证。

其三，苏轼的思想中除了具有三家思想以外，还有其他的个人思想，如屈原、贾谊、陶渊明、李白、杜甫、陆贽、白居易等人，不管是隐士、忠臣、狂徒，只要他觉得值得学，则无条件学之，但也决不是食古不化，而只吸收个人觉得有益的东西，去建构个人人生标准和生活方式。苏轼曾对陶渊明的人生抉择表示赞扬："欲仕则仕，不以求之为嫌；欲隐则隐，不以去之为高。饥则扣门而乞食；饱则鸡黍以迎客"，赞扬其洒脱的为人为事。他也曾羡慕辨才禅师"去住两无碍，人天争挽留。去如龙出山，雷雨巷潭湫。来如珠还浦，鱼鳖争骈头"那样自在无碍的生活方式，虽然他也曾有过"小舟从此逝，江海寄余生"的"逃世"思想，但始终不去做道士或和尚，也从未真正做到像陶渊明那样离弃人世，而是始终在不入不出之间，游于物之外，无往而不乐，在宦海沉浮、坎坷的人生中仍能保持着"也无风雨也无晴"的心态，实现了出处自如、超越贵贱穷通的人生境界。当代学者李泽厚在其《美的历程》中对此曾如此赞美："苏一生并未退隐，也从未真正'归田'，但他通过诗文所表达出来的那种人生空漠之感，却比前人任何口头上或事实上的'退隐'、'归田'、'遁世'要更深刻更沉重。"从中我们不难看出，其继承的超越意识，而其超越的思想无不从三家思想中而来，因此，研究苏轼儒、释、道修养及其超越意识，则有助于理解苏轼思想上"庞杂"的一面。

其四，儒、释、道思想既然成为了宋代士大夫的思想体系的主干，而苏轼是一位集大成的诗人，那么他的思想体系难以从某种角度去概括之。然而以儒、释、道修养及其超越意识这样的宏观角度去研究，当然是一种冒险的选择，会容易多而不精，广而不深。为了避免这种冒险，笔者选择苏轼一生中，在儒、释、道继承与发挥方面，表现得较为突出而明显的一面，去深入研究，藉以解读其人生。笔者认为任何一种多次重复而不是偶然、突出而不是平庸、明显而不是隐晦的现象都是事情的真实表现。况且苏轼本人是一位"一肚子不合时宜"的耿直坦荡的忠诚者，从来不喜欢伪装，或扭曲自己为人，那么以他所表现出的比较突出的儒、释、道思想去研究其人，应该也是合理的推论。如此视角，既不失之于片面起见，也不陷入广而虚的高论。

基于上述管见，笔者欲以苏轼儒、释、道修养及其超越意识为研究角度，去探索建构其人生境界的因素，拟出其境界的真面貌，期望此举有助于苏轼作品解读工作和评价的参考。当然，至今研究苏轼者如丛林亦如大海，各家学说均有自己本家特色，然对于解读苏轼人生，因随着岁月的推移，研究资料日繁，而与其人之时代隔离日远。因此，研究他就会面对种种困难，以及不免会存在可商之处。本书若有所见，也不过是林中之一枝一叶，海中之一滴一泡耳，以此就教诸方。

第一章　苏轼思想嬗变的内外因缘

苏轼一生深受儒、释、道思想之影响，但其影响并非是均衡的，而是随着他的仕途际遇各有轻重之境地，他四十余年创作生涯中的作品表现出的思想十分杂庞，将其分期研究似乎成了自宋以来学界的争论焦点。古人则有二期、三期、八期之说。持两期说者以苏轼贬谪海南为界，将苏轼的创作分前后两期，如胡仔云："余观东坡自南迁以后诗，全类子美夔州以后诗，正所谓'老而严'者也。"[1]刘克庄曰："惟坡公海外，笔力益老健宏放，无忧患迁谪之态。"[2]元好问说："子美夔州以后，乐天香山以后，东坡海南以后，皆不烦绳削而自合。"[3]等等。持三期说者则以苏轼贬谪黄州及岭海为界，将苏轼的创作分为三期，如苏辙在《亡兄子瞻端明墓志铭》中说："（苏轼）初好贾谊、陆贽书，论古今治乱，不为空言。既而读《庄子》，喟然叹息曰：'吾昔有见于中，口未能言，今见《庄子》，得吾心矣。'……既而谪居于黄，杜门深居，驰骋翰墨，其文一变，如川之方至，而辙瞠然不能及矣。后读释氏书，深悟实相，参之孔、老，博辩无碍，浩然不见其涯也。"[4]陈师道说："苏诗始学刘禹锡，故多怨刺，学不可不慎也。晚学太白，至其得意则似之矣，然失于粗。"[5]参寥说："（苏轼）少也实嗜梦得诗。故造词遣言，峻峭渊深，时有梦得波峭。然无己此论，施于黄州以前可也。坡自元丰末还朝后，出入李、杜，则梦得已有奔逸绝尘之叹矣。无己近来得渡岭越海篇章，行吟坐咏，不绝舌吻。常云：'此老深入少陵堂奥，他人何可及！'其心悦诚服如此，则岂复守昔日之论乎？"等等。持八期说者，如清人王文诰曾在《苏文忠公诗编注集成·识余》中将苏轼的创作分为八期：《南行集》和签判凤翔、熙宁还朝、莅杭守密、入徐湖、谪黄、元祐召还、谪惠、渡海。今人则有五期、六期、

---

[1]　胡仔：《苕溪渔隐丛话》后集卷三十。

[2]　刘克庄：《后村先生大全集》卷一百七十五。

[3]　元好问：《遗山先生苏轼文集》卷三十七。

[4]　陈宏天、高秀芳点校：《苏辙集》卷二十一，中华书局 1990 年 5 月版，第 1117 页。

[5]　陈师道：《后山诗话》。

七期之说。持五期说者，如王士博等人，王士博在《苏轼诗论》一文中将苏轼的创作划分为：早期（1059—1068），杭、密、徐、湖时期（1069—1078），黄州、汝州（1079—1084），元祐时期（1085—1093），晚期（1094—1101），共五个阶段。[1]持六期说者，有谢桃坊等人，谢桃坊在《苏轼诗研究》一书中将苏轼的创作划分为早期、凤翔时期、杭密徐时期、黄州时期、元祐时期、岭海时期六个时期。[2]持七期说者，如王水照先生，他将苏轼的创作分为初入仕途及两次"在朝—外任—贬居"七段。[3]

以上众说各有所是，均根据苏轼创作的多样、多变的风格而分，对创作风格而言宜细不宜粗，细方能勾勒出苏轼文学创作演变发展的轨迹，但对苏轼思想上的嬗变则不然，笔者比较赞同三期说。首先，"乌台诗案"的变故是苏轼思想嬗变的转折点，诗案变故在精神上给他带来了无比的打击，在品格上给他带来了极大的污辱。诗案变故后苏轼展现的好像是另一种人生境界。其次，远贬岭海时期是苏轼思想的又一大变，如果说贬居黄州时期是他对人生价值思考从儒家建功立业转到生命存在价值之本身考量，那么贬居岭海时期，则更是追求精神上喜悦与轻安的内在深层体悟。可见苏轼的思想嬗变与他的人生经历关系密切，然而他的人生遭遇与历史和其自身的个性是相关的，下就此论述之。

第一节　历史的机缘

一、神宗与苏轼

苏轼一生为官，共遭遇了宋仁宗、宋英宗、宋神宗、宋哲宗、宋徽宗五位皇帝，曾两度被贬。这两次被贬对苏轼的影响极其深远，几乎改变了他少年"致君尧舜"的入世思想。而这两次沉重打击分别是在神宗、哲宗两朝发生的，故欲研究其思想之嬗变，恐怕是绕不开与神宗和哲宗两位皇帝的关系的。苏轼的这两次被贬是他本身罪有应得的惩罚，还是神宗、哲宗对他存心褒贬呢？

据《宋史》记载，宋神宗"天性好学，请问至日晏忘食"[4]，对法家"富国强兵"之术颇感兴趣。神宗即位时，北宋王朝的危机达到高峰，军费开支庞大，官僚

---

[1]　详见王士博：《苏轼诗论》，载《吉林大学学报》1981年第1期。

[2]　详见谢桃坊：《苏轼诗研究》，巴蜀书社1987年5月第1版，第25—145页。

[3]　详见王水照：《苏轼创作的发展阶段》，载《社会科学战线》1984年第1期。

[4]　脱脱等：《宋史》卷十四《本纪第十四·神宗一》，中华书局1985年版，第263页。

机构臃肿而政费繁多，"三冗"（冗官、冗兵、冗费）的情况日益加深，财政困难，造成国家积贫积弱的局面。再加上与辽、夏的战争，时松时紧，虽因《澶渊之盟》、《庆历和议》两个条约情势暂稳，但每年之"岁币"亦是一个沉重的负担。另外，由于豪强兼并，高利贷盘剥，不断发生"一年多如一年，一伙强如一伙"的农民起义，更加深了统治阶级的恐惧。因此，神宗即位后则采取了改革措施，力图"思除历世之弊，务振非常之功"[1]，寻找"富国强兵"之出路。然而宋神宗刚登帝位不久，尚缺治国经验，任用王安石为参知政事后，就询以"不知卿所施设，以何为先"，可见他对变法尚无具体构想，故屡下诏书广求直言。

宋神宗对苏轼的态度，在宋人的笔记资料里说法不一，但有一点我们可以肯定，就是他对苏轼的态度是始终不一的。

熙宁二年五月，王安石向神宗提出变科举、兴学校，罢诗赋、明经诸科，专以经义取士的建议，苏轼应神宗的诏令而提出了自己的意见，反对王安石的科举改革，他说：

> 右臣伏以得人之道，在于知人，知人之法，在于责实。使君相有知人之才，朝廷有责实之政，则胥史皂隶，未尝无人，而况于学校贡举乎？虽因今之法，臣以为有余。使君相无知人之才，朝廷无责实之政，则公卿侍从，常患无人，况学校贡举乎？虽复古之制，臣以为不足矣。[2]

苏轼在仁宗朝以文才而得皇帝之欣赏，"朕今日得二文士，谓苏轼、苏辙也。然吾老矣，虑不能用，将以遗后人不亦可乎？"[3]神宗刚即位，苏轼在他心目中还是"文士"的印象，加上上述奏折里的这一段，几乎证实了神宗对苏轼在仁宗心目中"文士"的印象。据《宋史》卷三三八《苏轼传》记载，看完苏轼奏折后，神宗曰："吾固疑此，今得轼议，释然矣。"即日召见苏轼论当时政令的得失。帝问曰："方今政令得失安在？虽朕过失指陈可也。"轼答云："陛下求治太速，听言太广，进人太锐。愿镇以安静，待物之来，然后应之。"神宗悚然曰："卿三言，朕当熟思之。凡在馆阁，皆当为朕深思治乱，无有所隐。"这时神宗对苏轼可以说是爱之有加的。苏轼心目中的神宗是怎样的呢？他这是第一次也是唯一的一次被神宗召见，

[1]　脱脱等：《宋史》卷三二七《王安石传》，中华书局1985年版。

[2]　苏轼撰，孔凡礼点校：《苏轼文集》卷二十五《议学校贡举状》，中华书局1986年版，第723页。

[3]　方勺撰：《泊宅编》卷一，载《唐宋史料笔记丛刊》，中华书局1983年版。

神宗欣赏的恩惠对苏轼影响非常大，可以说是贯穿了苏轼往后的仕途生涯。神宗给他的印象是一位识士之君、惜才之主，可以让自己实现"致君尧舜"抱负的一位皇帝。因此，后来苏轼屡次不顾自己所属状况之卑微上奏发表自己的意见，反对"新法"，甚至很多时候是跟皇帝唱反调的。皇帝的"容忍"可不是凡人的，后果可想而知，这注定了苏轼仕途坎坷的命运。

熙宁二年八月，苏轼与苏辙反对均输法，苏辙给神宗上书，反对王安石，并指陈其不可。《宋史》记载："上阅辙状，问：'辙与轼如何，观其学问颇相类。'王安石曰：'轼兄弟大抵以飞箝捭阖为事。'上曰：'如此则宜合时事，何以反为异论？'"[1] 神宗对苏轼的这种不"合时事"颇为不解。是年十二月，神宗下旨开封府减价买灯四千余盏，苏轼便上书对神宗进行劝谏。他说：

> 臣伏见中使传宣下府市司买浙灯四千余盏，有司具实直以闻，陛下又令减价收买，见已尽数拘收，禁止私买，以须上令。臣始闻之，惊愕不信，咨嗟累日。何者？窃为陛下惜此举动也。臣虽至愚，亦知陛下游心经术，动法尧舜，穷天下之嗜欲，不足以易其乐；尽天下之玩好，不足以解其忧，而岂以灯为悦者哉。此不过以奉二宫之欢，而极天下之养耳。然大孝在乎养志，百姓不可户晓，皆谓陛下以耳目不急之玩，而夺其口体必用之资。卖灯之民，例非豪户，举债出息，畜之弥年。衣食之计，望此旬日。陛下为民父母，唯可添价贵买，岂可减价贱酬？此事至小，体则甚大。凡陛下所以减价者，非欲以与此小民争此豪末，岂以其无用而厚费也？如知其无用，何必更索？恶其厚费，则如勿买。且内庭故事，每遇放灯，不过令内东门杂物务临时收买，数目既少，又无拘收督迫之严，费用不多，民亦无憾。故臣愿追还前命，凡悉如旧。京城百姓，不惯侵扰，恩德已厚，怨讟易生，可不慎欤！可不畏欤！[2]

这次劝谏是苏轼第一次直接冲着神宗的想法而唱反调。虽然言之有理，上书的动机也十分清楚，"皆当为朕深思治乱，指陈得失，无有所隐者……皆知陛下不以疏贱间废其言，共献所闻，以辅成太平之功业"，以神宗召见他时曾说过的话作为

[1] 脱脱等：《宋史》卷十一《本纪第十四·神宗一》，中华书局 1985 年版。

[2] 苏轼：《谏买浙灯状》，载苏轼撰，孔凡礼点校：《苏轼文集》卷二十五，中华书局 1986 年版，第 726 页。

挡箭牌，神宗当然会接受他的谏言。在这神宗第二次接受苏轼谏言的事件上，君臣之间的印象开始走上相反方向。苏轼对神宗的信任度进一步加强，神宗心里则对苏轼产生一定的嫌隙。而苏轼不知道至尊权威者的心态变化的规律。所以虽然事小，但也埋下了不小的祸根。在对神宗的这一认识基础上，苏轼便斗胆给神宗上了万言书（《上神宗皇帝书》），全面驳斥"新法"，希望神宗"结人心，厚风俗，存纪纲"。神宗是"新法"的主导者，刚即位兴致勃勃想要作一番改革以"富国强兵"，看到这份泼冷水的奏折心里当然就不舒服了。虽然他还是选择了"容忍"，但他心目中苏轼的形象就又一次被动摇。

时隔不久，熙宁三年三月，苏轼又一次进言。据《苕溪渔隐丛话》记载，当时吕惠卿等任廷试主考官，苏轼等人为编排官。苏轼、刘攽与吕惠卿在考生排名问题上存异见。神宗亲擢叶祖洽为第一。苏轼谓："祖洽诋祖宗以媚时君而魁多士，何以正风化！"[1] 乃拟进士策一篇献上，其中有云：

> 昔祖宗之朝，崇尚辞律，则诗赋之士，曲尽其巧。自嘉祐以来，以古文为贵，则策论盛行于世，而诗赋几至于熄。何者？利之所在，人无不化。今始以策取士，而士之在甲科者，多以谄谀得之。天下观望，谁敢不然？臣恐自今以往，相师成风，虽直言之科，亦无敢以直言进者。风俗一变，不可复返，正人衰微，则国随之，非复诗赋策论迭兴迭废之比也。是以不胜愤懑，退而拟进士对御试策一道。学术浅陋，不能尽知当世之切务，直载所闻，上将以推广圣言，庶有补于万一，下将以开示四方，使知陛下本不讳恶切直之言，风俗虽坏，犹可以少救……今陛下使两府大臣侵三司财利之权，常平使者乱职司守令之治。刑狱旧法，不以付有司，而取决于执政之意；边鄙大虑，不以责帅臣，而听计于小吏之口。百官可谓失其职矣……今陛下但使奉行条例司文书而已……今政事堂怂争相诟，流传都邑，以为口实，使天下何观焉……今陛下使农民举息，与商贾争利，岂理也哉？而何怪其不成乎！……今陛下春秋鼎盛，天锡勇智，此万世一时也……今陛下躬蹈尧舜，未尝诛一无罪……今陛下求治则欲致刑，此又群臣误陛下也。[2]

---

[1] 胡仔：《苕溪渔隐丛话》（后集）第三十《东坡语》。

[2] 苏轼：《拟进士对御试策（并引状问）》，载苏轼撰，孔凡礼点校：《苏轼文集》卷九，中华书局1986年版，第301页。

由上述内容，我们不难看出这份奏折比万言书反对新法更强烈，全面否定了新法，否定当今执政者，乃至当今皇帝。当时神宗以之示王安石，王安石恳请神宗黜逐苏轼。神宗并没有作任何表态，但对于苏轼的进言亦不听从。因此，苏轼又"谨昧万死再拜上书"（《再上皇帝书》），书中有言：

> 陛下自去岁以来，所行新政，皆不与治同道。立条例司，遣青苗使，敛助役钱，行均输法，四海骚动，行路怨咨。自宰相以下，皆知其非而不敢争……陛下以为此法且可试之三路。臣以为此法，譬之医者之用毒药，以人之死生，试其未效之方。三路之民，岂非陛下赤子，而可试以毒药乎！今日之政，小用则小败，大用则大败，若力行而不已，则乱亡随之。臣非敢过为危论，以耸动陛下也。自古存亡之所寄者，四人而已，一曰民，二曰军，三曰吏，四曰士，此四人者一失其心，则足以生变。今陛下一举而兼犯之。[1]

虽然这次上书，苏轼本身也有所计量，"猖狂不逊，忤陛下多矣，不敢复望宽恩，俯伏引领，以待诛殛"。但从上文他所反对新法言语之尖锐、比喻之精巧、态度之恳切的情况，可以看出苏轼对神宗仍然还保持着君臣当初召见的印象。

神宗则不然，从熙宁变法时始，神宗则对苏轼颇为不喜，但苏轼是出于为社稷、百姓而着想，并言之有理，故神宗也只能采取"容忍"的态度。然熙宁三年谢景温弹劾苏轼，诬告他回蜀奔丧及满丧后赴京时，沿途贩卖私盐，以及冒称朝廷差遣，向地方官借用兵卒等事。在此事发生过程中，可以看出神宗对苏轼的态度。神宗对此诬奏不仅是当个旁观者，而且他有偏听之见。据史料记载，他和司马光有一段对话："上（神宗）曰：'苏轼非佳士，卿误知之。鲜于侁在远，轼以奏稿传之。韩琦赠银三百两而不受，乃贩私盐及苏木、瓷器。'光（司马光）曰：'凡责人当察其情，轼贩鬻之利，岂能及所赠之银乎？安石素恶轼，陛下岂不知？以姻家谢景温为鹰犬使攻之，臣岂能自保，不可不早去也。且轼虽不佳，岂不胜李定？定不服母丧，禽兽之不如，安石喜之，欲用为台官。'"[2]虽然当时司马光为苏轼如此辩解，但神宗并不信苏轼是无罪的。经过一年的调查，此弹劾全属诬奏，但神宗也没有对谢景温追究其捏造罪过之意，亦没有对苏轼采取慰问之态。可见此时神宗对苏轼的态度已变，

---

[1] 苏轼撰，孔凡礼点校：《苏轼文集》卷二，中华书局1986年版，第748页。

[2] 《续资治通鉴长编》卷二一四。

完全不同于初见时欣赏和信任的态度。神宗不喜欢苏轼是因为苏轼总是阻拦、劝谏不要进行新法，而神宗是兴致勃勃地欲干一番事业。但苏轼是个"奇才"，而神宗又爱才，故很多时候，神宗皇帝对苏轼的态度还是很矛盾的。

自从被谢景温弹劾之后，苏轼意识到自己的处境，就自请外任。虽然已经远离了朝廷，缺少直接向神宗进言的机会，与神宗之间的君臣关系暂时冷却下来，但苏轼仍以积极态度尽己之责，一有机会便向神宗上书。在知州期间，目击民情之苦难、社稷之危急，他屡次进言，献计献策，如在密州任知州时上《论河北京东盗贼状》，提出解决盗贼的具体办法；在徐州任知州时则上《徐州上皇帝书》，纵论了徐州的过去和现在，指陈其得失；另外，还为囚犯的病情医疗着想，故上《乞医疗病囚状》。苏轼希望神宗因对他的欣赏和信任而采纳这些建议，但事实上神宗对于他的这些意见一律不答应。因此，苏轼心里觉得不舒服，对神宗开始有了失望的念头。这些念头变成了《湖州谢上表》里言语牢骚的故意自贬，以期赢得皇帝的重视，没料到神宗反而从了他。"乌台诗案"就是在这样的情况下发生的，其案件对苏轼思想的影响极其深远（见后文乌台之变故）。苏轼甚至在贬居时，也希望神宗重新启用自己。神宗去世时，苏轼作了《神宗皇帝挽词三首》，其三中有"余生卧江海，归梦泣嵩邱"一语，另外他在《答王定国三首》（之二）一文中也有"先帝升遐，天下所共哀慕，而不肖与公，蒙恩尤深，固宜作挽词，少陈万一。然有所不敢者耳。必深察此意。无状罪废，众欲置之死，而先帝独哀之，而今而后，谁复出我于沟壑者。归耕没齿而已矣"之词。从中我们不难看出苏轼将自己得以脱罪、重新启用的希望寄托在神宗身上的。

总之，苏轼仕途之坎坷与神宗君臣之间的印象是脱不了关系的，在一定程度上改变了苏轼年轻刚步入仕途的"致君尧舜"之思想。苏轼后来于元祐年间在《登州谢宣召赴阙表》一文中回顾自己以往的人生，他说："臣草野微生，雕虫末学。昔从仁庙，误蒙拔擢之恩；旋至神宗，亦荷优嘉之礼。祇合俯身从众，卑论趋时。奈何明不自知，谏于未信。屡遭尤谴，实自己为。力常勉于苟安，悔欲追而何及。以此迁延岁月，荏苒尘埃。望已绝于朝端，志必期于老死。"[1] 他对自己以往在神宗朝的人生总结，就是"明不自知"故有"屡遭尤谴"。这也是因为他的性格不能"合俯身从众，卑论趋时"，在"谏于未信"自己不受信任的情况下仍然屡次进言。其实早在嘉祐六年苏轼就已意识到统治者对臣下的要求，他说："伏以国家取人之科，

---

[1]　苏轼撰，孔凡礼点校：《苏轼文集》卷二十五，中华书局1986年版，第720页。

惟是刚柔适中之士。太刚则恶其猖狂不审，太柔则畏其逊懦不胜。将求二者之中，属之以事；固非一介之贱，所或能当。"[1]统治者当然不要那些逊懦无用之辈，但也不能容忍刚直之士，他们需要的是适中之士。统治者的容忍不是平凡人的容忍，况且当神宗想当个有为皇帝、想实行新法时，绝不能容忍苏轼这样直言的人。而苏轼本身是个"一肚皮不合时宜"的性格，加上其对神宗的信任和希望，如此的历史机因注定了苏轼的人生是常与坎坷结缘的。

二、哲宗与苏轼

台湾学者殷海光曾在《胡适论〈容忍与自由〉书后》一文中，赞同了胡适的主张，他说：

> 同样是容忍，要求别人对自己容忍易，要求自己对别人容忍却难。同样是容忍，无权无势的人易，有权有势的人难，容忍是属于"自我训练'（self-discipline）一类的行为……阿克顿爵士（Lord Acton）说："权力使人腐溃，绝对的权力绝对地使人腐溃。"历代暴君的行为就是显明的例子。当没有外力抑制而犹能自律，这只有最高"心性修养"的人才办得到。在通常的情况之下，一般人是当有外力抑制时，他就收敛些；当外力不存在时，他就放肆些。平凡为人总是多些。有权有势的人在"心性修养"方面似乎更属平凡。有权有势的人颐指气使惯了，他言欲为无穷则，行欲为后世法，到了现代更变为"主义"等类"绝对真理"的化身。要这类人士学习容忍，真比缆绳穿过针孔更难。[2]

殷海光的这番话很耐人寻味，"容忍"二字对有权有势的人来讲"真比缆绳穿过针孔更难"。在封建集权制度的社会里，至尊权威的皇帝很容易变成"绝对真理"的化身，他们的理念支撑又是儒家的"君使臣以礼，臣事君以忠"的思想。在皇帝的态度就是臣下忠诚的衡量标准的环境下，士大夫们的际遇几乎是跟皇帝的"心性修养"有着直接的联系。宋代乃集权制度十分强化的朝代，皇帝"心性修养"的程度更是士大夫们仕途得失、命运际遇的要素。如此之况，社会的"心性修养"更容

---

[1] 《谢制科启二首》（其二），载苏轼撰，孔凡礼点校：《苏轼文集》卷四十六，中华书局 1986 年版，第 1323 页。

[2] 张斌峰编：《殷海光苏轼文集》第一卷《政论篇》，湖北人民出版社 2001 年 10 月版，第 318 页。

易产生"腐溃"现象。而哲宗对苏轼的态度就是典型的有权有势的人所难能容忍的例子。

元丰八年（1085）三月神宗驾崩后，赵煦太子登基为帝，是为宋哲宗，改元"元祐"，尊宣仁皇太后为太皇太后，权同处分军国事。哲宗登基时，年仅10岁，故由太皇太后垂帘执政，"母改子"之说始也。太皇太后在政治上属于旧党派人物。太皇太后执政后，任用旧党人物，以司马光为宰相，并把神宗时的王安石变法全部废止。司马光较为欣赏苏轼，为相后，则荐苏轼、苏辙兄弟[1]，苏轼因得以骤迁。苏轼此时在政治上得意，可以说是达到了飞黄腾达的地步。元丰八年五月苏轼先被复朝奉郎，起用登州军事[2]，十一月到登州，到任仅五日之久，十二月又以朝奉郎除礼部郎中召回朝廷[3]，迁起居舍人。次年，元祐元年三月又迁中书舍人，九月除翰林学士、知制诰，至元祐二年八月兼侍读，三年权知礼部贡举。一两年之间，青云直上，仕至从官，是苏轼毕生任宦的得意时期。

然而，从元丰八年（1085）三月神宗驾崩到元祐八年（1093）九月太皇太后死的九年时间，是哲宗的容忍期。《续资治通鉴》云："苏颂方执政时，见帝（哲宗）年幼，诸臣大纷变，常曰：'君长，谁任其咎耶？'每大臣奏事，但取决于宣仁，帝有言，或无对者。惟颂奏宣仁，必再禀帝，有宣谕，必告诸臣以听圣语。及言者劾颂，帝曰：'颂知君臣之义，无轻议也。'又曰：'梁焘每起中正之论，其开除排击，尽出公议，朕皆记之。'"[4]年幼皇帝所言未必有道理，所以"帝有言，或无对者"亦是理所当然的事。但他是皇帝而被如此冷落，且是年幼皇帝，当然也难能懂得容忍了。关于哲宗对于司马光与太皇太后的执政感到无可容忍，我们可另从苏辙贬官的责词中"'垂帘之初，老奸擅国，置在言路，使诋先朝，反以君父为仇，无复臣子之义。'中书舍人林希所草。老奸，盖阴斥宣仁也。希典书命，自司马光、吕大防、公著、刘挚等数十人之制，极其丑诋。一日，草制罢，掷笔于地曰：'坏尽名节矣！'"[5]等语可看出其无可容忍态度的一斑。而无权无势的挂牌皇帝也只能采取容忍态度了，但到了元祐八年（1093）九月，太皇太后死后，哲宗皇帝亲政则不然。他亲政后专以反元祐之政为急务，表明绍述，追贬司马光，并贬谪苏轼、

---

[1]　《续资治通鉴长编》卷三五七。

[2]　《书遗蔡允元》，载苏轼撰，孔凡礼点校：《苏轼文集》卷七十一，中华书局1986年版。

[3]　《续资治通鉴长编》卷三五九。

[4]　《续资治通鉴》卷八十三。

[5]　《续资治通鉴》卷二十一。

苏辙等旧党党人于岭南，接着重用革新派如章惇、曾布等，恢复王安石变法中的保甲法、免役法、青苗法等。哲宗亲政不到半年，苏轼在贬谪途中贬责诏书接连降至，而且责词之内容有的"极其诋訾"，连起草苏轼贬官责词的人——林希也无法接受，草制罢投笔而曰"坏了一生名节"。如贬谪惠州责词有云："轼罪恶甚众，论法当死。先皇帝赦而不诛，于轼恩德厚矣。朕初即位，政出权臣，引轼兄弟以为己助。自谓得计，罔有悛心。若讥朕之过失，何所不容？乃代予言，诬诋圣考，乖父子之亲，害君臣之义。在于行路，犹不戴天；顾视士民，复何面目？至交通阉寺，矜诧幸恩，市井不为，缙绅共耻。尚屈彝典，止从降黜。今言者谓轼指斥宗庙，罪大罚轻。国有常刑，朕非可赦。宥尔万死，窜之远方。"[1] 另外，第三道诏令还曰："苏轼合叙，复曰不得与叙。"即不得平反与升迁。苏轼的职位一降再降，贬所越贬越远。而宋代开国皇帝赵匡胤立有"不得杀士大夫，及上书言事人"之铁训，罪越重则贬越远。当时贬谪岭南可以说是最严酷的刑罚，而苏轼不幸竟成了远谪南荒的第一人。相比之下，神宗对苏轼还有既窝火又怜惜的矛盾心态，哲宗则完全没有什么怜惜人才之心，更没有什么爱护贤臣之意，恨不得让苏轼老死在贬谪生涯。

苏轼受如此严酷的刑罚，乃哲宗之所不能容忍所致，而并非苏轼之所造。太皇太后垂帘执政时，苏轼也像苏颂一样"知君臣之义"，凡有奏折、谢表、贺启之类，或一份上给宣仁太皇太后，一份上给哲宗皇帝，或两份并上，绝无忽视哲宗之意，也无巴结宣仁之心。对于废除免役法的问题，可以看出苏轼无巴结宣仁之心。当时为了阻止废除免役法，苏轼曾与司马光有过一场激烈的争论。在太皇太后与司马光专以废止新法为急务之时，苏轼也敢提出反对意见，观苏轼之为人为事，其绝不是小人巴结势力之辈。这些哲宗应该很清楚，况且苏轼曾对他有过教导之恩，曾为他做过五年侍读。于公于私，于情于理，哲宗不该对苏轼有如此残忍之心，下如此重的刑罚。苏轼有如此之遭遇，首先是因为哲宗对太皇太后的怨恨，而苏轼则是她宠信的人物，甚至被哲宗看成是太皇太后为了自己退位还政后做好安排的人物。其次，是因为苏轼性格本不合时宜，而太刚直缺乏自我保护意识的言行，不明白容忍二字的真理。如出知定州时他给哲宗上论事状则是例证，其状中有曰："'上下不交，而天下无邦。'夫无邦者，亡国之谓也。上下不交，则虽有朝廷君臣，而亡国之形已具矣，可不畏哉！……臣在经筵，数论此事，陛下为政九年，除执政台谏外，未尝与群臣接，然天下不以为非者，以谓垂帘之际不得不尔也。今者祥除之后，听政

[1] 脱脱等：《宋史·林希传》，中华书局1985年版。

之初，当以通下、情除壅蔽为急务……古之圣人，将有为也，必先处晦而观明，处静而观动，则万物之情，毕陈于前……臣恐急进好利之臣，辄劝陛下轻有改变，故辄进此说，敢望陛下深信古语，且守中医安稳万全之策，勿为恶药所误，实社稷宗庙之利，天下幸甚。"[1] 在此苏轼以《周易》之理论当时之事，"上下不交"则会"亡国"，认为哲宗不要轻易变更国策，不要任用急功近利之人，而"必先处晦而观明，处静而观动"，"当以通下"最为急务。之所以有上下之不交，乃因哲宗虽有九年为政，但"未尝与群臣接"，如此论时事则是意味着哲宗这九年为政实是个傀儡皇帝耳，而且是理所当然之事。苏轼的这份论事状触动了哲宗的隐痛之情思，九年当挂牌皇帝，此时此刻不会再采取什么容忍为上策了。因此，苏轼才有老而遭贬，流落天涯，远谪南荒也是理所当然之事了。

总而言之，苏轼对哲宗如此忠贞，哲宗却对他如此绝情，使得苏轼在思想上没有像神宗朝代被贬时心存出与处之间的徘徊和矛盾，此时他也不会再有什么为了感激"知遇"、"优嘉"之恩而鼓励自己应以"致君尧舜"之抱负为人生目标，和因仕途坎坷而产生"小舟从此逝，江海寄余生"思想之间而有焦急矛盾感情。可以说是哲宗的绝情造就了苏轼的人生，使得苏轼在精神上无所亏欠地安泰踏实，思想上臻于成熟，生活上更为洒脱，使得他的诗文形成更加老练平淡的风格。正如美国作家布莱克所说："水果不仅需要阳光，也需要凉夜。寒冷的雨水能使其成熟。人的性格陶冶不仅需要欢乐，也需要考验和困难。"[2]

三、变法与苏轼

苏轼一生宦海生涯的大起大落可以说是与王安石变法息息相关的。不管新党执政，还是旧党上台，他总是被当权者所斥。"乌台诗案"及被远谪岭南是当权者所斥之后果，亦是苏轼一生中两次最严重的政治挫折，然而这两次政治挫折在他思想上产生了深远的影响。苏轼为何总是被当权者所斥呢？这恐怕是跟他在整个变法实行过程中的态度有关。历来学者对此如何评价呢？南宋学者陈亮认为："方庆历嘉祐，世之名士常患法之不变也；及熙宁元丰之际，则又以变法为患。虽如两苏（指苏轼、

---

[1]　《朝辞赴定州论事状》，载苏轼撰，孔凡礼点校：《苏轼文集》卷三十六，中华书局1986年版，第1018页。

[2]　原文："As fruit needs not only sunshine but cold nights and chilling showers to ripen it, so character needs not only joy but trial and difficulty to mellow it."(Hugh Black, American writer)

苏辙）兄弟习于论事，亦不过勇果于嘉祐之制策而持重于熙宁之奏议，转手之间而两论立焉。"[1] 朱熹也认为苏轼原来是主张变法的，后来又反对变法，他说："分明有两截的议论。"[2] 目前学界仍有持此观点者，甚至认为苏轼是"动摇派"、"投机派"、"两面派"。笔者认为这样的观点不免失之于片面，只看到了事物的表面，而没有看到事物的本质。

960年，赵匡胤即位，建立宋朝，为了防止分裂局面再现，限制武夫悍将专横跋扈，而加强封建专制主义中央集权，他采取了一系列措施，如严格控制兵权、依靠旧官僚、广泛招揽地主文人参加政权等。这些措施的确使得北宋政权达到了高度的中央集权，同时也有效地铲除了地方藩镇割据势力，扩大了北宋地主政权的阶级基础。但也正因为这些措施，致使北宋中叶，军队数量膨胀而战斗力弱，官僚队伍冗滥而统治机器运转不灵，靡费多而开支浩繁，造成了中国封建社会中最突出的"三冗三费"问题。由此，北宋就成为了历史上被称为"积贫积弱"的一个封建朝代。"积贫积弱"之状在真宗时已初现端倪，而至仁宗执政时，则十分明显。宋仁宗"欲更天下弊事"[3]，于庆历三年（1043）任用范仲淹为参知政事，富弼、韩琦为枢密副使，欧阳修为谏官。但由于庆历新政触及到贵族、官僚的利益，新政仅持续一年多，因遭到保守派强烈的攻击而告终。庆历新政的失败，使官僚士大夫们意志消沉，"皆惧谗畏祸，不敢挺然当国家之事"[4]，阶级矛盾愈演愈烈，使得"积贫积弱"之状日益加重。宋神宗即位后，为了扭转"积贫积弱"之状，摆脱财政危机，稳固封建政权，于熙宁二年（1069）任命王安石为参知政事，大力推行新法。

在王安石变法实行的整个过程中，苏轼的政治态度有一个重要的转折点，即元丰八年（1085）神宗驾崩，哲宗即位，太皇太后高氏垂帘执政，任用旧党的司马光为宰相。司马光等执政后，打着"母改子政"的旗号，全面废除新法。苏轼则反对全面废除新法，而被旧党人攻击与排斥，甚至比新党人的攻击还要严重。这次反对旧党人废除新法使后来学者们认为苏轼"有两截的议论"，甚至有人还给他带上"投机派"、"两面派"等大帽子。

苏轼为何在"熙丰变法"时反对新法，而在"元祐更化"时又反对废除新法呢？

对北宋的"三冗"、"两积"状况，王安石认为"夫合天下之众者财，理天下

---

[1] 《龙川先生苏轼文集》卷一《策铨选资格》。

[2] 《朱子语类》卷一三〇《本朝四·自熙宁至靖康用人》。

[3] 《续资治通鉴长编》卷一四〇，庆历三年二月癸已。

[4] 《包孝肃奏议集》卷一《致君·七事》。

之财者法，守天下之法者吏也。吏不良，则有法而莫守，法不善，则有财而莫理"[1]，"顾内则不能无以社稷为忧，外则不能无惧于夷狄，天下之财力日以困穷，而风俗日以衰坏"[2]，"方今之急，在于人才"[3]，故应从"善法"、"择吏"、"理财"三方面展开变法。苏轼则认为"方今天下非有水旱盗贼人民流离之祸，而咨嗟怨愤，常若不安其生；非有乱臣割据四分五裂之忧，而休养生息，常若不足于用。非有权臣专制擅作威福之弊，而上下不交，君臣不亲；非有四夷交侵边鄙不宁之灾，而中国皇皇，常有外忧。此臣所以大惑也"[4]；"今世有三患"："财之不可丰、兵之不可强、吏之不可择"[5]，他还提出，当今"有立法之弊，有任人之失"[6]，故提出治理天下之要，"……盖其总有四，一曰课百官，二曰安万民，三曰厚货财，四曰训兵放"[7]。对当时社会的形势，苏轼、王安石的认识几乎是一致的，两人都提出变革的建议，都强调变法势在必行。

然而，在变革方法上，苏轼、王安石二人就有所分歧。首先，在"任人"方面，王安石认为"变更天下之弊法，以趋先王之意"[8]，神宗问安石曰："方今治当何先？"安石曰："以择术为先。"[9]可见王安石认为变法之要，在于法令政策。他把"法度"的更易放在重要地位，把"择吏"放在次要地位。苏轼则不然，他强调变革首先要使君臣一心，上下团结，以"庆历新政"之失败为教训，"庆历中，天子急于求治，擢用贤者，天下日夜望其成功。方其深思远虑而未有所发也，虽天子亦迟之。至其一旦发愤，条天下之利害，百未及一二，而举朝喧哗，以至于逐去，曾不旋踵。此天下之士，所以相戒而不敢深言也"[10]，苏轼指出庆历新政的失败就在于皇帝的动摇、

[1]　王安石：《度支付使厅壁题名记》。
[2]　王安石：《上仁宗皇帝言事书》。
[3]　王安石：《上仁宗皇帝言事书》。
[4]　苏轼：《策略一》，载苏轼撰，孔凡礼点校：《苏轼文集》卷八，中华书局1986年版，第226页。
[5]　苏轼：《思治论》，载苏轼撰，孔凡礼点校：《苏轼文集》卷四，中华书局1986年版，第115页。
[6]　苏轼：《策略三》，载苏轼撰，孔凡礼点校：《苏轼文集》卷八，中华书局1986年版，第231页。
[7]　苏轼：《策别课百官一》，载苏轼撰，孔凡礼点校：《苏轼文集》卷八，中华书局1986年版，第240页。
[8]　王安石：《上仁宗皇帝言事书》。
[9]　《东都事略》卷七十九《王安石传》。
[10]　苏轼：《策略三》，载苏轼撰，孔凡礼点校：《苏轼文集》卷八，中华书局1986年版，第231页。

群小的攻击，"天下之士""相戒而不敢深言"。苏轼认为"任人"问题未解决，而"求治太急"就会造成"颠倒失序"[1]，因此他说"臣窃以为当今之患、虽法令有所未安，而天下之所以大不治者，失在予任人，而非法制之罪也"[2]，可见苏轼比较赞同孔子"工欲善其事，必先利其器"的思想，认为应该在变法之前先将"任人"问题处理好再去变革，否则法令再好也无济于事。

其次，熙宁新政的核心思想是"理财"，而在这一方面苏轼、王安石二人大有歧见。王安石认为"其于理财，大抵无法，故虽俭约而民不富，虽忧勤而国不强"[3]，民不富、国不强是因为不会当家，故他认为应当"以天下之力而生天下之财"便会国富民强，外侮岂有哉。对于王安石的这种理财思路，司马光当时曾提出"不取诸民，将焉取之"的反对意见。而苏轼更为激烈，他建议要"罢之（制置三司条列）而天下悦，人心安，兴利除害，无所不可"[4]，并提出"今者二虏不折一矢，不遗一镞，走一介之使，弛数乘之传，所以骚然，居人为之不宁。大抵皆有非常之辞，无厌之求，难塞之请，以观吾之所答。于是朝廷汹然，大臣会议，既而去未数月，边陲且复告至矣。由此观之，二虏之使未绝，则中国未知息肩之所，而况能有所立哉！臣故曰：二虏之大忧未去，则天下之治终不可为也"[5]。王安石认为穷是因为把财富都给了别人；苏轼则认为外侮既去，"然后得以安居静虑，求天下之大计，为所欲为，将无不可者"[6]。

再者，在改革方式上，王安石主张雷厉风行，"古之人欲有所为，未尝不无之以征诛，而后得其意"，"夫在上之圣人，莫如文王；在下之圣人，莫如孔子。而欲有所施为变革，则其事益如此矣"[7]，可见王安石"一切图速成之效"急于改革思

[1] 苏轼：《拟进士对御试策》，载苏轼撰，孔凡礼点校：《苏轼文集》卷九，中华书局1986年版，第301页。

[2] 苏轼：《策略三》，载苏轼撰，孔凡礼点校：《苏轼文集》卷八，中华书局1986年版，第231页。

[3] 《临川先生苏轼文集》卷四十一《本朝百年无事札子》。

[4] 苏轼：《上神宗皇帝书》，载苏轼撰，孔凡礼点校：《苏轼文集》卷二十五，中华书局1986年版，第729页。

[5] 苏轼：《策略二》，载苏轼撰，孔凡礼点校：《苏轼文集》卷八，中华书局1986年版，第228页。

[6] 苏轼：《策略二》，载苏轼撰，孔凡礼点校：《苏轼文集》卷八，中华书局1986年版，第228页。

[7] 《唐宋八大家全集·王文公苏轼文集》卷一，新世纪出版社1997年版。

想的一斑。而苏轼则主张渐变稳妥，"法相因则事易成，事有渐而民不惊"[1]，认为当今国家政治，犹如病人患疾，但不可用猛烈之药，"其病之所由起者深，则其所以治之者，固非鲁莽因循苟且之所能去也"。而要"涤荡振刷。而卓然有所立，未见其可也"，应徐徐而来。因此，苏轼极其反对王安石的变革方式，在《礼以养人为本论》中，尖锐地提出反对意见："夫法者，末也。又加以惨毒繁难，而天下常以为急。礼者，本也。又加以和平简易，而天下常以为缓。如此而不治，则又从而尤之曰，是法未至也，则因而急之。甚矣，人之惑也。平居治气养生，宣故而纳新，其行之甚易，其过也无大患，然皆难之而不为。悍药毒石，以搏去其疾，则皆为之。"[2]可见苏轼反对王安石的"法度"之强调、急变的思想。苏轼的这种儒家中庸思想在《问养生》中表现得更为透彻："寒暑之极，至于折胶流金，而物不以为病，其变者微也。寒暑之变，昼与日俱逝，夜与月并驰，俯仰之间，屡变而人不知者，微之至，和之极也。使此二极者，相寻而狎至，则人之死久矣。"所以当时宋神宗召问"方今政令得失"时，苏轼就回答说："求治太急，听言太广，进人太锐。"这段话表面是回答宋神宗，而实则是批评王安石"求治太急"的改革方式。

苏轼、王安石都提倡改革，只是在方法上有严重的分歧，因此苏轼激烈地反对新法，而被认为是保守派的人。其实，新法推行的初期苏轼也不是全面地否定王安石的新法，他曾说："臣非敢历低新政，苟为异论，如近日裁减皇族息例，刊定任子条式，修完器械，阅习鼓旗。"[3]可见对于益国便民的政策，他还是很赞同的。后来在任地方官时看见"因法以便民"的一些措施，苏轼便提出要"校量利害，参用所长"[4]。在《与滕达道书》中说"吾济新法之初，辄守偏见……所言差谬，少有中理者"，虽然是自责忏悔之词，但也不能否认这段话中他的真实想法。可见苏轼并不是对王安石新法的全部政策都持反对态度。

苏轼一生不尚奢谈，而尚实践，故当司马光任宰相不顾一切利害尽废新法时，就挺身而出，"屡争之"，反对司马光的做法。尤其是在"免役法"的废除问题上，

[1] 苏轼：《辩试馆职策问答子》，载苏轼撰，孔凡礼点校：《苏轼文集》卷二十七，中华书局1986年版，第788页。

[2] 苏轼：《礼以养人为本论》，载苏轼撰，孔凡礼点校：《苏轼文集》卷二，中华书局1986年版，第49页。

[3] 苏拭：《策略三》，载苏轼撰，孔凡礼点校：《苏轼文集》卷八，中华书局1986年版，第231页。

[4] 苏轼：《辩试馆职策问札子二首》，载苏轼撰，孔凡礼点校：《苏轼文集》卷二十七，中华书局1986年版，第788页。

苏轼、司马光发生了一场激烈的争论。当时司马光给哲宗皇帝上书，指出"免役法"的三大弊病[1]，并要求废除而恢复差役，苏轼便上疏进言说"免役法""有五利二弊"[2]，因此应留不应废。司马光又给哲宗皇帝上疏，指陈"免役法"的五害[3]，希望哲宗皇帝"勿以人言轻坏良法"。这场争议令苏轼付出了比反对王安石新法更沉重的代价，被旧派排斥，逐出朝廷，远贬岭海。

苏轼、王安石共倡改革，目的都是一致的，只是在改革进程和方式上存有歧见，而被认为是旧党保守派，因此遭到陷害，贬谪黄州。司马光等旧派上台苏轼又反对他们不能"校量利害，参用所长"而被排斥，终身不得志。苏轼这样的经历，使得后人对他产生"分明有两截议论"的疑惑，甚至有人认为苏轼是"动摇派"、"投机派"、"两面派"。

总之，苏轼一生都是从"报国"、"便民"的实际出发进行改革，只要觉得不好就会不顾一切挺身而出，提出反对意见。因此，不管是新党执政，还是旧党上台，他总是被当权者所斥，使得不管是他的人生，还是他的仕途，都遭到沉重的影响和打击。此乃苏轼人生坎坷的根源，也是后人觉得他人生复杂的原因之一。

第二节　个性的决然

一、野 性 论

北宋时期，在政坛上存在着"文不换武"现象，昔日"出将入相"之说消失殆尽，"重文轻武"的风气是这段历史突出的特征。这一时期文人享有崇高的地位，苏轼又是名满天下的文坛领袖，按道理他应该是如鱼得水施展自己的抱负，但事实上他却一生大起大落、宦海沉浮。所以者何？"一肚皮不合时宜"使然。笔者认为苏轼的不合时宜是他的性格所致，而其所以然是他的"野性"。

本章所要研究的苏轼的"野性"性格，乃是他仕途之所以坎坷的原因之一。

"野性"是苏轼自我评价的词语，该词第一次在其作品中出现是在熙宁三年（1070），此时苏轼因为屡次上书言论王安石新法的不是，已被调离朝廷，以殿中臣、

---

[1]　详见《宋文·食货志（役法上）》。

[2]　苏轼：《论给田募役状》，载苏轼撰，孔凡礼点校：《苏轼文集》卷二十六，中华书局1986年版，第768页。

[3]　详见《宋文·食货志（役法上）》。

直史馆判官告院权开封府推官，在《答杨济甫十首》（之四）中说：

> 某近领腊下教墨，感服眷厚，兼审起居佳胜。某此与贱累如常。舍弟差入贡院，更半月可出。都下春色已盛，但块然独处，无与为乐。所居厅前有小花圃，课童种菜，亦少有佳趣。傍宜秋门，皆高槐古柳，一似山居，颇便野性也。渐暖，惟千万珍重。[1]

京都"春色已盛"，苏轼为何"块然独处，无与为乐"呢？苏轼的这个情结是跟对当时政坛的不满有关的，他对仕途开始产生了失望的念头。因觉得仕途不自在、官场束缚，便开始对田园生活产生了"佳趣"，觉得那样才自由自在，才"颇便野性"。

"野性"一词第二次在苏轼集子中出现是在西宁八年（1075），是年他在太常博士直史馆权知密州军州事任，一次游庐山作诗曰：

> 尘容已似服辕驹，野性犹同纵壑鱼。出入岩峦千仞表，较量筋力十年初。
> 虽无窈窕驱前马，还有鸱夷挂后车。莫笑吟诗淡生活，当令阿买为君书。[2]

第一次出现的"野性"一词要传达的信息是内心的趋向，是苏轼所想达到的境界；而第二次则是传达了他当时的内心活动，是心灵所在的境界。"尘容"是肉身，"野性"是心灵，身体虽然被生活所捆绑，但心灵是自由的。这是苏轼随遇而安的深层因素，这种性格使他在任何际遇都能够做到潇洒自如。

从以上两则，我们可以看出苏轼的"野性"一词的含义，是一种"出淤泥而不染"，超脱社会的束缚与礼法的拘忌之人生态度，以超脱环境来超越自我而完成精神上的自由和心灵上的解脱。这种生活态度不是儒家悲天悯人的入世情怀，而是近于"曾点之意"；也不是道家"知其不可为而为之"的处世态度，而是近于旷达自适的认真态度；更不是遁入空门杜绝世俗的修炼态度，而是近于入世悟禅机的平常心。苏轼的这种"野性"所表达的不仅是儒家的胸怀，或是道家的襟怀，或是佛家的修养，而是一种苏轼式的儒、释、道融会境地，是一个活着的人带着三家思想，或更多对当下生活有用的思想，走进世俗生活去体验生活的真味。当代学者李泽厚在其《美的历程》中曾说："苏一生并未退隐，也从未真正'归田'，但他通过诗文所表达出来的那种人生空漠之感，却比前人任何口头上或事实上的'退隐'、'归田'、'遁

---

[1]　苏轼撰，孔凡礼点校：《苏轼文集》卷五十九，中华书局 1986 年版，第 1809 页。

[2]　《游庐山，次韵章传道》，载苏轼撰，王文浩辑注，孔凡礼点校：《苏轼诗集》卷十三，中华书局 1982 年版，第 619 页。

世'要更深刻更沉重。"[1] 这番话绝不是言过其实的赞美，而是贴切的评语。

从苏轼的人生对照，我们就会发现他的"野性"是一种对现实生活种种无奈的解脱法门，而依其法门去做，所表现出的外在形象就是"疏狂"。"狂"在中国诗文中是一种自我表现的人生态度，孔子曾在《论语·子路》中云："不得中行而与之，必也狂狷乎？狂者进取，狷者有所不为也。"从这段话我们可以知道孔子的处世态度和人生选择，如果没有行"中庸"之道而可以交流的话，就只有狂者和狷者了。因此，当孔子听到楚狂接舆嘲笑他的歌声："凤兮凤兮，何德之衰。往者不可谏，来者犹可追。已而已而，今之从政者殆而。"他还下车"欲与之言"而落到被"趋而避之，不得与之言"的尴尬情况。（《论语·微子》）孔子和接舆之间的相遇是两个世界的相遇，虽然没有对话，但两个声音清晰可辨。一个是"邦无道则隐"的智者，另一个是"知其不可为而为之"的入世者。孔子也比较欣赏这样的智者的选择，为何他却不从之呢？孔子认为"智者过之，愚者不及也"，朱熹也曾云："狂者志极高而行不掩，狷者知未及而守有余。"苏轼为何还要选择"狂"作为人生的生存方式呢？苏轼在《送岑著作》诗中说：

> 懒者常似静，静岂懒者徒？拙则近于直，而直岂拙欤？夫子静且直，
> 雍容时卷舒。嗟我复何为，相得欢有余。我本不违世，而世与我殊。拙于
> 林间鸠，懒于冰底鱼。人皆笑其狂，子独怜其愚。直者有时信，静者不终居。
> 而我懒拙病，不受砭药除。临行怪酒薄，已与别泪俱。后会岂无时，遂恐
> 出处疏。惟应故山梦，随子到吾庐。[2]

从这首诗的内容我们可以看出苏轼为什么选择"狂"，原来是"我本不违世，而世与我殊"。为何"世"与他"殊"呢？这是他"野性"的性格造成的，然"野性"是什么呢？诗中他解释说自己表面上是"懒者"、"拙者"，事实上则是"静者"、"直者"、狂徒，所以"人皆笑其狂"，然他觉得"其愚"得可怜。诗的最后一句"惟应故山梦，随子到吾庐"，是苏轼进一步解说自己的"野性"，是"梦"中才归隐，而现实中，他是随遇而安的追求心灵上归隐的"疏狂"者。

从前文所分析，我们知道苏轼的"野性"是一种"疏狂"的表现，为了能够解读苏轼的"野性"的内涵，我们有必要对其"狂"的表现作进一步研究，故下文将

---

[1] 李泽厚：《美的历程》，文物出版社 1989 年版，第 159 页。

[2] 苏轼撰，王文浩辑注，孔凡礼点校：《苏轼诗集》卷七，中华书局 1982 年版，第 329 页。

以苏轼诗词为例对其"疏狂"进行考察。

据笔者统计，"狂"字在诗集中共出现 84 处，词集中共出现 12 处。诗里面"狂"字出现频率最高是苏轼在杭州和其他外任时期，尤其是在近于"乌台诗案"发生前不久，但在诗案发生后贬居黄州时期诗集中基本上没有。相反，词里面的"狂"字则于黄州时期出现频率最高。[1] 这些诗词里，有的是自况，有的是他况，有的是指其他跟表达人的感情态度无关的事情。在他况的例子中，往往是苏轼对前人之"狂"表示赞美或向往，如对孔子"不得与之言"的楚狂接舆，苏轼是非常赞美的，在《和刘道原咏史》诗中云：

仲尼忧世接舆狂，臧谷虽殊竟两亡。吴客漫陈豪士赋，桓侯初笑越人方。
名高不朽终安用，日饮无何计亦良。独掩陈编吊兴废，窗前山雨夜浪浪。[2]

楚狂接舆是春秋时期的名士，因觉得"邦无道"故躬耕以食，佯狂不仕，后常被中国文人墨客赞美和学习。苏轼在这首诗中将刘道原比作楚狂接舆，因刘道原是一位博学强识、笃好史学的耿直之士，他也曾与苏轼和王安石同朝为官，后对时政不满，以归养其亲为由辞官。诗中表达了苏轼对孔子、接舆二人性格的赞美，但他们的人生抉择不是苏轼要学习的，因为不管如何孔子和接舆今都"两亡"。刘道原归田时，苏轼亦曾作《送刘道原归觐南康》一诗来赞美他，诗中有云："自言静中阅世俗，有似不饮观酒狂"[3]，在这首诗中还将刘道原比作孔融、汲黯，称赞他有"孔融不肯下曹操，汲黯本自轻张汤"的"高节万仞"。

魏晋疏狂之名士也是苏轼所欣赏的，如阮籍、谢奕、山简、孟嘉、徐邈、谢灵运等，以下列举苏轼赞美他们的诗句，以表苏轼的赞美之意。

阮生古狂达，遁世默无言。犹余胸中气，长啸独轩轩。高情遗万物，不与世俗论。登临偶自写，激越荡乾坤。醒为啸所发，饮为醉所昏。谁能与之较，乱世足自存。

——《阮籍啸台》，载《苏轼诗集》，第 83 页

可怜吹帽狂司马，空对亲春老孟光。

——《明日重九，亦以病不赴述古会，再用前韵》，载《苏轼诗集》，

第 505 页

---

[1] 详见本书附录 2。

[2] 苏轼撰，王文浩辑注，孔凡礼点校：《苏轼诗集》卷七，中华书局 1982 年版，第 332 页。

[3] 苏轼撰，王文浩辑注，孔凡礼点校：《苏轼诗集》卷六，中华书局 1982 年版，第 257 页。

高会日陪山简醉，狂言屡发次公醒。

——《平山堂次王居乡祠部韵》，载《苏轼诗集》，第593页

孟嘉嗜酒桓温笑，徐邈狂言孟德疑。

——《太守徐君猷、通守孟亨之，皆不饮酒，以诗戏之》，载《苏轼诗集》，

第1088页

犹胜江左狂灵运，空斗东昏百草须。

——《次韵景文山堂听筝三首（其一）》，载《苏轼诗集》，第1712页

苏轼对阮籍的旷达、傲世、"不与世俗论"极为欣赏；对谢奕头巾戴得很随便，长啸吟唱，好喝酒，违反晋见上级的礼节，以及孟嘉与东晋大将桓温饮酒时"有风到至，吹嘉帽堕落，嘉不知觉。温使左右勿言，欲观其举止。嘉良久如厕，温令取还之，命孙盛作文嘲嘉，著嘉坐处。嘉还见，即答之，其文甚美，四坐嗟叹"如此不拘束礼节，而注重自然随意的举止亦非常赞同，在他们身上苏轼找到了生活的自由方式——不拘束礼节而崇尚自然的坦荡人生，这是苏轼"野性"的表现之一。因此，苏轼非常认可庄子之为人，认为庄子也是"狂士"，在《次韵答邦直子由五首（其二）》诗中云："城南短李好交游，箕踞狂歌不自由。"[1] 又在《詹守携酒见过，用前韵作诗，聊复和之》诗中云："箕踞狂歌老瓦盆，燎毛燔肉似羌浑"[2]，此两句诗所提的"箕踞"之典故乃出自《庄子·至乐》："庄子妻死，惠子吊之，庄子方箕踞鼓盆而歌。"[3] "箕踞"乃是古人席地而坐，伸开两腿盘踞，形状如簸箕，有"坐毋箕"（《礼记·曲礼》）一说，孔颖达疏："谓舒展两足，状如箕舌也。"这种坐法按当时的礼节是一种轻慢傲视对方的姿态。妻子死，庄子不但不痛苦，而且以"箕踞"轻视来吊之者，并"鼓盆而歌"，可见其之"狂"态也。此典故说明庄子已超越生命之局限性，臻于精神解脱的境界。在此二诗中，苏轼对庄子的这种藐视礼法、追求精神上的自由与快活是表示相许之意的，庄子的这种"狂"便是苏轼"野性"的影子。

上举几则，可见疏狂名士对苏轼性格的影响，这种"野性"不拘束礼节，狂放不羁，其朋友文同曾在《往年寄子平》一诗中非常清楚地描述道：

往年记得归在京，日日访子来西城。虽然对坐两寂寞，亦有大笑时相轰。

---

[1] 苏轼撰，王文浩辑注，孔凡礼点校：《苏轼诗集》卷十五，中华书局1982年版，第740页。

[2] 苏轼撰，王文浩辑注，孔凡礼点校：《苏轼诗集》，中华书局1982年版，第2083页。

[3] 李安纲：《道教三经》，中国社会出版社2005年版，第567页。

顾子心力苦未老，犹弄故态如狂生。书窗画壁恣掀倒，脱帽襕带随纵横。
喧呶歌诗蹋文字，荡突不管邻人惊。更呼老卒立台下，使抱短箫吹月明。
清欢居此仅数月，夜夜放去常三更。别来七年在乡里，已忝三度移双旌。
今兹悟悟意思倦，加以跕跕疾病婴。每思此乐一绝后，更不逢人如夜行。[1]

　　这首诗形象地描绘了苏轼的"野性"，是一种尽情的表现，"如狂生"：安静时则非常安静，因而"对坐两寂寞"；高兴时则非常高兴，"大笑"高声吟诗赋，不怕惊动"邻人"，也不会去注意自己的形象，手舞足蹈，鞋帽衣带脱满地，书窗画壁乱掀倒。苏轼的这种尽情从他的《策略四》一文中可见其根据："古之所谓中庸者，尽万物之理而不过，故亦曰皇极。夫极，尽也。后之所谓中庸者，循循焉为众人之所能为，斯以为中庸矣，此孔子、孟子之所谓乡原也。一乡皆称原人焉，无所往而不为原人。同乎流俗，合乎污世，曰：古之人何为踽踽凉凉，生斯世也，为斯世也，善斯可矣。谓其近于中庸而非，故曰：'德之贼也。'孔子、孟子恶乡原之贼夫德也，欲得狂者而见之。狂者又不可得见，欲得狷者而见之，曰：'狂者进取，狷者有所不为也。'"[2]苏轼的这种不"同乎流俗，合乎污世"的尽情性格与谢奕、孟嘉和庄子相似，都是不拘束礼节而追求"任天而动"的自由人生。

　　唐代多出名士，且皆为高狂之徒，其中对苏轼最有影响的有李白、贺知章、高适、杜牧、杜甫和白居易等。

　　对于自称"我本楚狂人，凤歌笑孔丘"[3]的李白，苏轼是非常赞赏的，他在《李太白碑阴记》中云："李太白，狂士也……士以气为主。方高力士用事，公卿大夫争事之，而太白使脱靴殿上，固已气盖天下矣。使之得志，必不肯附权倖以取容，其肯从君于昏乎！夏侯湛赞东方生云：'开济明豁，包含宏大。陵轹卿相，嘲哂豪杰。笼罩靡前，跆籍贵势。出不休显，贱不忧戚。戏万乘若僚友，视俦列如草芥。雄节迈伦，高气盖世。可谓拔乎其萃，游方之外者也。'吾于太白亦云。"[4]可见苏轼赞美李白的"狂"，主要是欣赏他的"戏万乘若僚友，视俦列如草芥"之清高以及"游方之外"之潇洒。因此，苏轼在诗歌中屡次跟朋友提及李白这种脱俗高节，以下不厌其烦，一一列举，以见其相许之意。

　　[1]　文同撰：《丹渊集》卷十七，《四库全书》本。
　　[2]　苏轼撰，孔凡礼点校：《苏轼文集》卷八，中华书局1986年版，第235页。
　　[3]　《庐山谣寄卢侍御虚舟》，载瞿蜕园、朱金城：《李白集校注》，上海古籍出版社1980年版。
　　[4]　苏轼撰，孔凡礼点校：《苏轼文集》卷十一，中华书局1986年版，第348页。

一纸鹅经逸少醉，他年《鹏赋》谪仙狂。

——《闻钱道士与越守穆文饮酒，送二壶》，载《苏轼诗集》，第

1745 页

免使谪仙明月下，狂歌对影只三人。

——《再次韵答完夫穆父》，载《苏轼诗集》，第 1431 页

我醉拍手狂歌，举杯邀月，对影成三客。

——《念奴娇》，载《苏轼词集》，第 426 页

李白的这种狂傲，以大鹏自比，醉酒狂歌的放纵，浪漫的乐天派，是苏轼神往之处，故曾作《书丹元子所示李太白真》一诗以示之："天人几何同一沤，谪仙非谪乃其游，麾斥八极隘九州，化为两鸟鸣相酬，一鸣一止三千秋，开元有道为少留，縻之不可矧肯求。西望太白横峨岷，眼高四海空无人，大儿汾阳中令君，小儿天台坐忘身，平生不识高将军，手污吾足乃敢嗔，作诗一笑君应闻。"[1]

唐代诗人，除了李白之外，杜甫和白居易之"狂"也是苏轼所欣赏和敬慕的。苏轼对杜甫的"狂"是特别关注的，杜甫《狂夫》诗中的疏狂，虽然是自嘲，但也含有自傲之意。这种疏远功名富贵，虽清贫孤独但清闲幸福的疏狂情态是苏轼所欣赏的。苏轼在《书子美黄四娘诗》一文中说："子美诗云：'黄四娘家花满溪……'东坡云：此诗虽不佳，可以见子美清狂野逸之态，故仆喜书之。"[2]苏轼在作品中多次以疏狂或老夫狂或老狂自况，如"老夫聊发少年狂"（《江城子》），"强染霜髭扶翠袖，莫道狂夫不解狂，狂夫老更狂"（《十拍子》），"野人疏狂逐渔钓，刺史宽大容歌呼"（《再和》），"嗟君老狂不知愧，更吟丑妇恶嘲谤"（《送碧香酒与赵明叔教授》），"春色岂关吾辈事，老狂聊作坐中先"（《坐上赋戴花得天字》），等等，可见杜甫之"疏狂"对苏轼影响之一斑。

"仕宦与归隐"乃是中国历代文人所面临的人生抉择。晋宋时期的陶渊明选择了归耕于南山，过着隐居躬耕的生活；汉武帝时期的东方朔选择了隐身于"金马门"中，过着既做官，但又不同流合污的"朝隐"生活；中唐时期的白居易选择了"中隐"，过着既没有樊丘之冷落，也无朝市之嚣喧的生活。苏轼比较赞同东方朔式的"朝隐"，不太赞同白居易的"中隐"，但在仕途上遇到无奈时，苏轼对白居易的"中隐"

[1] 苏轼撰，王文浩辑注，孔凡礼点校：《苏轼诗集》，中华书局 1986 年版，第 1994 页。

[2] 苏轼撰，孔凡礼点校：《苏轼文集》卷六十七，中华书局 1986 年版，第 2103 页。

思想也会有所借鉴，如当他对王安石的新法无法劝阻通判杭州时曾在《六月二十七日望湖楼醉书五绝（其五）》诗中说："未成小隐聊中隐，可得长闲胜暂闲。"[1] 但对白居易闲居时常用"狂夫"、"狂翁"、"狂客"、"狂叟"、"狂歌"、"狂吟"、"狂言"、"狂取乐"、"狂歌老"、"狂宾客"、"老狂"、"酒狂"、"诗狂"、"老狂词"等"狂"字来形容其生活和精神状态，苏轼是极为赞美的，所以他在诗词中常借此类词语的意义来阐发自己追求心灵上的解脱。

其次，在自况的例子中，往往有一种因失意而自嘲的成分，但主要还是以独立自赏之意为主。如《次韵王定国马上见寄》诗云：

> 昨夜霜风入夹衣，晓来病骨更支离。疏狂似我人谁顾，坎坷怜君志未移。
> 但恨不携桃叶女，尚能来趁菊花时。南台二谢无人继，直恐君诗胜义熙。[2]

诗中说自己的孤独是"疏狂"性格造成的，并将之与王定国的仕途坎坷而不移"志"并列，形成一种对仗，一方是"威武不能屈"，另一方则是"贫贱不能移"，既有自嘲，又有自赏之意。在《送岑著作》诗中，苏轼又说："人皆笑其狂，子独怜其愚。"[3] 苏轼对自己的这种"狂"的性格是很自恋的，故不会去管他人如何评价自己，甚至从不讳言自己的狂迈，诗词中出现以"狂"自况的句子，如"嗟我本狂直，早为世所捐"，"嗟我久病狂，意行无坎井"，"路人举首东南望，拍手大笑使君狂"，"谁知海上诗狂客，占得胶西一半山"，"嗟余老狂不知愧，更吟丑妇恶嘲谤"，等等。以下再举几则，以见其孤独而快乐自满于其"狂"的状态。

> 美酒一杯谁与共，樽前舞雪狂歌送。
> ——《渔家傲（临水纵横回晚鞚）》，载《苏轼词集》，第 410 页
> 更问樽前狂副使，来岁、花开时节与谁来。
> ——《定风波（两两轻红半晕腮）》，载《苏轼词集》，第 434 页
> 且趁闲身未老，尽放我、些子疏狂。
> ——《满庭芳（蜗角虚名）》，载《苏轼词集》，第 458 页
> 强染霜髭扶翠袖，莫道狂夫不解狂，狂夫老更狂。
> ——《十拍子（暮秋）》，载《苏轼词集》，第 476 页

---

[1] 苏轼撰，王文浩辑注，孔凡礼点校：《苏轼诗集》，中华书局 1986 年版，第 341 页。
[2] 苏轼撰，王文浩辑注，孔凡礼点校：《苏轼诗集》，中华书局 1982 年版，第 864 页。
[3] 苏轼撰，王文浩辑注，孔凡礼点校：《苏轼诗集》，中华书局 1982 年版，第 329 页。

从这些例子，我们可以看出李白的浪漫狂客、白居易的乐天派狂士、杜牧的坦荡疏狂等历代名士的气节。而这种气节在其词中是一种"狂放"的表现，造就了其词之豪放风格。自嘲而自赏便是苏轼"疏狂"的特征。故晚年他的那首《自题金山画像》："心似已灰之木，身如不系之舟。问汝平生功业，黄州、惠州、儋州。"[1]饱含着辛酸的自嘲，而更能彰显苏轼的自由心性。

由上文所述，可见苏轼的疏狂是秉承庄子之超脱、魏晋狂士之狂傲、盛唐名士率性之遗风。可以说，无狂便无苏轼矣，"一肚子不合时宜"的苏轼在官场上、在生活中找不到知心人，只能在名士狂隐身上，找到自己心灵上的慰藉，通过借鉴别人来实现自己精神自由的追求。

总之，苏轼之"野性"既有儒家"有所不为"的思想，又有道家对功名富贵淡定的精神，也有魏晋名士之漠视名教楚之高节、狂接舆之傲俗情怀、陶渊明之委运任真等特征。然而其"疏狂"并不像魏晋狂士那样佯狂避世，也不像屈原那样固执操守于一端，而是一种才子风流倜傥、潇洒任性、率真自得"有所为"才能"有所不为"的审美生存精神，在仕途上仍能找到人生的自由，在生活中仍能保持着随遇而安，故在出处间仍实现了旷达人生的境界。

二、尽人事论

苏轼一生宦海沉浮，与他"一肚子不合时宜"的性格有关，既不被新党派所容，又不容于旧党派。然而，苏轼的这种"一肚子不合时宜"是他一己之人生选择，并非任性所为，更不是"不识时务"的狂妄徒。苏轼之所以既不附会王安石，也不追随司马光，始终坚持着自己的政见，是因为如司马光所说："专利国家而不为身谋。"[2]只要他觉得是对的，他就会坚持到底。哪怕是皇帝他也会反对，如熙宁二年十二月，神宗下旨开封府减价买灯四千余盏，他就上书对神宗进谏劝止。据《宋史》记载，神宗皇帝对苏轼这种不"合时事"处处唱反调也是颇为不解的，在一次与王安石的对话中，"上（神宗皇帝）阅辙状，问：'辙与轼如何，观其学问颇相类。'王安石曰：'轼兄弟大抵以飞箝捭阖为事。'上曰：'如此则宜合时事，何以反为异论？'"[3]苏轼本身也曾在给皇帝的奏章《杭州召还乞郡状》中说："王安石新得政，变易法度，

[1] 苏轼撰，王文浩辑注，孔凡礼点校：《苏轼诗集》，中华书局1982年版，第2641页。

[2] 《谏院题名记》，载司马光著，李之亮笺注：《司马温公集编年笺注·附录》卷六《年谱二》，巴蜀书社2009年版，第261页。

[3] 脱脱等：《宋史》卷十五《本纪第十四·神宗二》，中华书局1985年版。

臣若少加附会，进用可必。"[1]又在《与杨元素十七首》之十七中说："昔之君子，惟荆是师；今之君子，惟温是随，所随不同，其为随一也。老弟与温相知至深，始终无间，然多不随耳。"[2]

苏轼为何那样"一肚子不合时宜"呢？笔者认为这是他的尽人事之思想使然。对于苏轼的哲学著作《东坡易传》，朱熹认为："推阐理势、言简志明、往往足以达难显之情，而深得曲譬之旨，盖大体近于王弼，而弼之说惟畅玄风，轼之说，多切人事，其文辞博辩，足资启发？"[3]朱熹的这一论断指出了苏轼学术的内在特质和价值取向，而"多切人事"则是苏轼的现实人生和实用思维的表现。苏轼本人也在《墨妙亭记》文中说：

> 余以为知命者，必尽人事，然后理足而无憾。物之有成必有坏，譬如人之有生必有死，而国之有兴必有亡也。虽知其然，而君子之养身也，凡可以久生而缓死者无不用，其治国也，凡可以存存而救亡者无不为，至于不可奈何而后已。此之谓知命。[4]

苏轼"尽人事"的表层意义是说什么时候该做什么事就做什么事，尽其责任而为，这样尽力而为，不管成功还是失败都不会有遗憾或后悔。苏轼的这种"尽人事"的选择，是建立在他所认为"理足"之实际上，而且他不仅选择了这条道路，还尽其所能。为了走完这条道路，他"无不用"、"无不为"坚持到"不可奈何"才善罢甘休。他认为这样"尽人事"为人，才活得"无憾"，才可以称得上"力穷知天命"。然而现实社会不像苏轼所想的那么简单，不尽其责则会被上司谴责，尽其责则或被同事嫉妒，或得罪同僚而被攻击，尽与不尽都有其困难的一面。苏轼应该也很清楚这一点才感叹"我本不违世，而世与我殊"[5]，但他仍是选择了"尽人事"的道路。正因为这种"尽人事"的选择，苏轼才得罪了新党派，而后有"乌台诗案"贬居黄州的代价。在黄州时，他在《答李端叔书》中说：

> 轼少年时，读书作文，专为应举而已。既及进士第，贪得不已，又举制策，

---

[1] 苏轼撰，孔凡礼点校：《苏轼文集》卷三十二，中华书局1986年版，第911页。

[2] 苏轼撰，孔凡礼点校：《苏轼文集》卷五十五，中华书局1986年版，第1655页。

[3] 《四库全书总目》卷二《东坡易传九卷》，第6页。

[4] 苏轼撰，孔凡礼点校：《苏轼文集》卷十一，中华书局1986年版，第354页。

[5] 《送岑著作》，载苏轼撰，王文浩辑注，孔凡礼点校：《苏轼诗集》，中华书局1982年版，第329页。

其实何所有。而其科号为直言极谏，故每纷然诵说古今，考论是非，以应
其名耳，人苦不自知，既以此得，因以为实能之，故至今，坐此得罪几死，
所谓齐虏以口舌得官，真可笑也。然世人遂以轼为欲立异同，则过矣。妄
论利害，搀说得失，此正制科人习气。譬之候虫时鸟，自鸣自己，何足为
损益。轼每怪时人待轼过重，而足下又复称说如此，愈非其实。得罪以来，
深自闭塞，扁舟草屦，放浪山水间，与樵渔杂处，往往为醉人所推骂。辄
自喜渐不为人识，平生亲友，无一字见及，有书与之亦不答，自幸庶几免
矣。足下又复创相推与，甚非所望。木有瘿，石有晕，犀有通，以取妍于人；
皆物之病也。谪居无事，默自观省，回视三十年以来，所为，多其病者。
足下所见，皆故我，非今我也。无乃闻其声不考其情，取其华而遗其实乎？
抑将又有取于此也？此事非相见不能荆自得罪后，不敢作文字。[1]

苏轼因文字而获罪，别人认为他是"欲立异同"、"妄论利害，搀说得失"，
他认为这些评价是"过矣"，他表白说自己"纷然诵说古今，考论是非"，是因为
要跟其科号"直言极谏"名副其实。在此文中，苏轼"尽人事"思想清晰可辨。他
在文中说"回视三十年以来，所为，多其病者"，意思是说他的"尽人事"思想是
错的，并表示悔改，"足下所见，皆故我，非今我也"，不再那样"尽人事"了。
但事实上，苏轼未曾改变过他的这个人生观的选择，这种忏悔是他自我安慰的说法，
而非真改。因此，在"元祐更换"过程中，又不顾一切反对曾对他有荐举之恩的司
马光，认为新法不应该尽废，而应"校量利害，参用所长"[2]，苏轼又一次因"尽人
事"之思想而付出代价。因反对司马光而被旧党人物排挤，苏轼不得不再自请外任，
而后又被贬岭海荒芜之远地。

然而，苏轼"尽人事"之思想，在创作上表现为"有为而作"、"言必中当时之过"
等创作观。如在《题柳子厚诗二首（其二）》文中说：

> 诗须要有为而作，用事当以故为新，以俗为雅。好奇务新，乃诗之病。
> 柳子厚晚年诗，极似陶渊明，知诗病者也。[3]

———————————

[1] 苏轼撰，孔凡礼点校：《苏轼文集》卷四十九，中华书局 1986 年版，第 1432 页。

[2] 苏轼：《辩试馆职策问札子二首》，载苏轼撰，孔凡礼点校：《苏轼文集》卷二十七，
第 788 页。

[3] 苏轼撰，孔凡礼点校：《苏轼文集》卷六十七，中华书局 1986 年版，第 2120 页。

此文中，苏轼赞美了柳子厚的作诗观点，强调诗之"有为"用，而不能"好奇务新"的空言。可见苏轼对"诗言志"的重视，苏轼的这种观点继承了上自上古下至汉唐之际诗人们所推崇的观点，这在他《凫绎先生诗集叙》一文中有更详细的说明。

> 先生之诗文，皆有为而作。精悍确苦，言必中当世之过。凿凿乎如五谷必可以疗饥，断断乎如药石必可以伐病。[1]

在这段文字中，苏轼赞美了凫绎先生颜太初诗歌有"疗饥"、"伐病"的功效。可见苏轼重视诗"言必中当世之过"的社会作用，诗要揭露社会的弊病。在《答虔倅俞括奉议书》中他又说：

> 文人之盛，莫如近世，然私所敬慕者，独陆宣公一人。家有公奏议善本，顷侍讲读，尝缮写进御，区区之忠，自谓庶几于孟轲之敬王，且欲推此学于天下，使家藏此方，人挟此药，以待世之病者，岂非仁人君子之至情也哉！今观所示议论，自东汉以下十篇，皆欲酌古以驭今，有意于济世之用，而不志于耳目之观美，此正平生所望于朋友与凡学道之君子也。然去岁在都下见一医工，颇艺而穷，慨然谓仆曰："人所以服药，端为病耳，若欲以适口，则莫如刍豢，何以药为？今孙氏、刘氏皆以药显，孙氏期于治病，不择甘苦，而刘氏专务适口，病者宜安所去取，而刘氏富倍孙氏，此何理也？"使君斯文，未必售于世。然售不售，岂吾侪所当挂口哉，聊以发一笑耳。[2]

在这段文字中，苏轼通过赞美俞括文章以及推崇陆贽奏折来表达自己的创作观。文学家跟医生一样，医生为病人开药方，目的是除病，而良药往往苦口；文学家是为社会的弊病而写文章，而"酌古以驭今，有意于济世之用，而不志于耳目之观美"的文章未必会受到大家的欢迎。文中苏轼也将孙氏和刘氏两位医生所侧重的行医方略进行对比，"刘氏专务适口"，"孙氏期于治病，不择甘苦"，然"刘氏富倍孙氏"，来以此表达自己在创作方面以及生活中所追求的实用精神。

综上所述，我们不难发现苏轼"尽人事"的思想，不仅是强调"有为而作"，而且无论"售不售，岂吾侪所当挂口哉"，他还要将其进行到底，可见他对"尽人事"的坚定。正因为其"尽人事"的思想，加上北宋"方今政令得失安在？虽朕过失，

---

[1]　苏轼撰，孔凡礼点校：《苏轼文集》卷十，中华书局 1986 年版，第 313 页。
[2]　苏轼撰，孔凡礼点校：《苏轼文集》卷五十九，中华书局 1986 年版，第 1793 页。

指陈可也"[1]那样鼓励言政、开明的政治环境，苏轼才不顾自身的处境，屡次上书先后反对新党派和旧党派，甚至还上书进谏皇帝。如他在《辨贾易弹奏待罪札子》文中也说："臣愚蠢无状，常不自揆，窃怀忧国忧民之意。自为小官，即好僭议朝政，屡以此获罪。然受性于天，不能尽改。"[2]他"屡以此获罪"但未改其志。他在《咏怪石》一诗中说：

> 家有粗险石，植之疏竹轩。人皆喜寻玩，吾独思弃捐。以其无所用，
> 晓夕空嶙然。礁础则甲斩，砥砚乃枯顽。于缴不可砮，以碑不可镌。凡此
> 六用无一取，令人争免长物观。谁知兹石本灵怪，忽从梦中至吾前。初来
> 若奇鬼，肩股何屡颜。渐闻（左石右宫）（左石右隆）声，久乃辨其言。
> 云我石之精，愤子辱我欲一宣。天地之生我，族类广且蕃。子向所称用者六，
> 星罗电布盈溪山。伤残破碎为世役，虽有小用乌足贤。如我之徒亦甚寡，
> 往往挂名经史间。居海岱者充禹贡，雅与铅松相差肩。处魏榆者白昼语，
> 意欲警惧骄君悛。或在骊山拒强秦，万牛汗喘力莫牵。或从扬州感卢老，
> 代我问答多雄篇。子今我得岂无益，震霆凛霜我不迁。雕不加文磨不莹，
> 子盍节概如我坚。以是赠子岂不伟，何必责我区区焉。吾闻石言愧且谢，
> 丑状炊去不可攀。骇然觉坐想其语，勉书此诗席之端。[3]

诗中苏轼借夜梦与怪石对话来表达自己坚守的节操。苏轼一生的操守，不畏"震霆凛霜"，将生死荣辱置之度外的姿态，可以说是与怪石所自辨的"意欲警惧骄君悛"、"万牛汗喘力莫牵"、"震霆凛霜我不迁"、"雕不加文磨不莹"的本色相同，苏轼一生历经了仁宗、英宗、神宗、哲宗四朝，而始终不忘"直言进谏"的任务。

其次，苏轼"尽人事"之思想，在为官之道上则是他"致君尧舜"理想中民本之务实精神的表现。他认为人民是国家存亡的根本，民富则国强，民安则国泰，为官者应尽其责使民富而安。苏轼在其政论中，多次提出民本思想，如于嘉祐二年（1057）科举进士及第后，便写了《上初即位论治道二首》，而在其《刑政》文中说：

> 夫兴利以聚财者，人臣之利也，非社稷之福。省费以养财者，社稷之福也，

[1] 《宋史本传》，载苏轼撰，王文浩辑注，孔凡礼点校：《苏轼诗集》，中华书局1982年版，第2817页。

[2] 苏轼撰，孔凡礼点校：《苏轼文集》卷三十三，中华书局1986年版，第935页。

[3] 苏轼撰，王文浩辑注，孔凡礼点校：《苏轼诗集》卷四十八，中华书局1986年版，第2605页。

非人臣之利。何以言之？民者国之本，而刑者民之贼。兴利以聚财，必先烦刑以贼民，国本摇矣，而言利之臣，先受其赏，近岁宫室城池之役，南蛮、西夏之师，车服器械之资，略计其费，不下五千万缗，求其所补，卒亦安在？若以此积粮，则沿边皆有九年之蓄，西夷北边，望而不敢近矣。赵充国有言："湟中谷斛八钱。吾谓籴三百万斛，羌人不敢动矣。"不待烦刑贼民，而边鄙以安。然为人臣之计，则无功可赏。故凡人臣欲兴利而不欲省费者，皆为身谋，非为社稷计也。人主不察，乃以社稷之深忧，而徇人臣之私计，岂不过甚矣哉。[1]

在这段文字中，苏轼说为官之道应以民为本，"民者国之本，而刑者民之贼"，一切计策首先要考虑到百姓之利害。他说如果要"兴利以聚财，必先烦刑以贼民"，就会导致"国本摇矣"，相反，如果"不待烦刑贼民"则"边鄙以安"。从中可见苏轼治国安邦之卓越见解，他的"有为而作"以及无不为民而设想。综观苏轼的25篇《进策》，我们会发现民本思想是其策论的主导思想。如在《策别训兵旅二》中，他说："民者，天下之本；而财者，民之所以生也。"强调民的作用，指出后世兵从民来而兵不可复为民这样兵民分开的弊病。[2]他在《策略一》中又说：

盖臣以为当今之患，外之可畏者，西戎、北狄，而内之可畏者，天子之民也。西戎、北狄，不足以为中国之大忧，而其动也，有以召内之祸。内之民实执其存亡之权，而不能独起，其发也必将待外之变。先之以戎狄，而继之以吾民，臣之所谓可畏者，在此而已。[3]

在这段文字中，苏轼辩证地论述了内忧外患之关系，认为外患则引起内乱，即是民乱，然而"内之民"是决定国家存亡的根本。综观苏轼一生对新法的态度，我们就会发现他既在很多方面反对王安石变法，也不顾一切反对司马光尽废新法，但并不一概反对。如在《策略三》中他说："苟不至于害民而不可不去者，皆不变也。"[4]可见苏轼反对王安石变法主要是反对其损民害民的一面。同样，苏轼反对司马光尽

[1] 苏轼撰，孔凡礼点校：《苏轼文集》卷四，中华书局1986年版，第135页。
[2] 苏轼撰，孔凡礼点校：《苏轼文集》卷九，中华书局1986年版，第277页。
[3] 苏轼撰，孔凡礼点校：《苏轼文集》卷九，中华书局1986年版，第281页。
[4] 苏轼撰，孔凡礼点校：《苏轼文集》卷八，中华书局1986年版，第232页。

废新法主要是反对其废除"免役法",他认为"免役法""有五利二弊"[1],因此应留不应废。由此可见,苏轼民本思想之表现,正如《宋史本传》中赞扬说:"时新政日下,轼于期间,每因法以便民,民赖以安。"[2]然而,历经了人生的风风雨雨以及仕途的坎坷,直到晚年,他仍不改其志,在《东坡易传》中说:"位之存亡,寄乎民。民之死生寄乎财,故夺民财者,害其生者也;害其生者,贼其位者也甚矣!斯言之可畏也,以是亡国者多矣!"[3]可见苏轼为官生涯中无不以民本思想而为之,他的所有政论以及争论都以此思想作动机,而且他往往都是尽其所能去维护他的这个政见。

总之,苏轼一生宦海沉浮,而始终未改其志,只要他认准了的事情,就会坚持到底,而且还会尽其所能为之。正因为他的"尽人事"思想,而导致他在官场格格不入,他的仕途上的遭遇与此有一定的关系。

第三节　仕途的际遇

一、科举之顺利

眉山苏氏家族在赵宋一代,甚至中国历史舞台上都是一个家庭教育的好榜样,围绕科举而进行家庭教育,培养出苏涣、苏轼、苏辙等杰出人才,给中国历史添加了不少辉煌。但也正因为应考(指苏轼所属时代的科举)而进行的家庭教育,苏氏家族教育也给苏轼的人生带来了不少麻烦。因为家庭教育环境对人格形成和发展起着重要作用,弗洛伊德认为:"儿童以自己同性别的父亲或母亲为榜样,模仿他们,认同于他们,这样不仅使儿童获得男性或女性行为风格,而且还把父母的道德观念、社会态度内化为儿童自己的东西,从而形成儿童人格中的超我部分。"[4]弗洛姆也指出:"家庭是社会的精神媒介,通过适应家庭,儿童获得了后来在社会生活中适应其必须履行的职责的性格。家庭被称为'制造人类性格的工厂',社会和时代的要

[1] 苏轼:《论给田募役状》,载苏轼撰,孔凡礼点校:《苏轼文集》卷二十六,中华书局1986年版,第768页。
[2] 《宋史本传》,载苏轼撰,王文浩辑注,孔凡礼点校:《苏轼诗集》,中华书局1982年版,第2820页。
[3] 《东坡易传》,吉林文史出版社2002年版,第314页。
[4] 郑雪主编:《人格心理学》,暨南大学出版社2007年9月版,第65页。

求都通过家庭在儿童心灵上打下深深的烙印。"[1] 为了能够解读苏轼的人生境界，我们有必要对其科举之路进行研讨。

北宋初年，科举取士是继承唐旧制，以诗、赋、策、论为科考顺序，而显然以诗赋文辞为主要标准来取士。这种偏重诗赋的科举，导致宋代举子重文采而轻治道的倾向，史称"时文"。而事实上，对诗赋有天赋之才子未必是安国治邦之才。早在庆历年间，大臣范仲淹已看出此科举制度之弊病，便提出了"先策论后诗赋，通考为去取"的新方法。但因种种原因此举以失败告终。这种科举制度所造成的弊病愈演愈烈，到嘉祐年间举子重文采而轻治道已成风尚。举子杨亿和刘筠推崇晚唐辞藻华美、对仗工整的诗体，使四六骈文成为时尚。骈文在发轫之初，以骈四俪六的句式、平仄相对的节奏、使事用典的手法，研习成玩弄辞藻、堆砌典故、片面追求文字技巧的流弊。欧阳修对此极其不满，在《论更改贡举事件札子》中，他指陈当时之弊病："先诗赋而后策论，使学者不根经术，不本道理"；重诗赋则会造成"剽盗偶俪，以应试格"、"全不晓事之人，往往幸而中选"等现象。故欧阳修建议继承范仲淹的科举改革，还强调"若不改通考之法，但更其试日之先后，则于革弊，未尽其方"[2]，并提出取士之新法："先试以策而考之，择其文辞鄙恶者，文意颠倒重杂者，不识题者，不知故实略而不对所问者，误引事迹者，虽能成文而理识乖诞者，杂犯旧格不考试者，凡此七等之人，先去之。计于二千人可去五六百，以其留者，次试以论，又如前法而考之，又可去其二三百，其留而试诗赋者，不过千人矣。"[3]

苏轼青年时代就在这样的环境中成长，他所受的家庭教育是与宋代科举紧密相关的。其父母的培养对他后来的人生有着深远影响，尤其是其父治学之倾向。苏洵脾气有些倔强，对当时科举考试以"属对声律"为要求不太认同和感兴趣，使之青少年时期"游荡不学"[4]，造成几次科考落第。关于此事，苏洵曾在《送石昌言使北引》中回忆说："昌言举进士时，吾始数岁，未学也。忆与群儿戏先府君侧，昌言从旁取枣栗啖我；家居相近，又以亲戚故，甚狎。昌言举进士，日有名。吾后渐长，亦稍知读书，学句读、属对、声律，未成而废。昌言闻吾废学，虽不言，察其意，甚恨。后十余年，昌言及第第四人，守官四方，不相闻。吾日益壮大，乃能感悔，

---

[1]　叶亦乾编著：《现代人格心理学》，上海教育出版社2005年版，第295—296页。

[2]　欧阳修：《欧阳修全集》，中国书店出版社1986年版，第827页。

[3]　欧阳修：《欧阳修全集》，中国书店出版社1986年版，第827页。

[4]　苏洵：《嘉祐集》卷十四。

摧折复学。"[1] 苏洵"废学"的"其意"是对当时的科学制度不满，但不想让他的两个儿子跟他一样在科举上失败，为了教育好孩子，他不满"属对声律"时文之风尚，就决定转为研习古文，他在《上欧阳内翰第一书》中说：

> 洵少年不学，生二十七岁，始知读书，从士君子游。年既已晚，而又不遂刻意厉行，以古人自期，而视与己同列者，皆不胜己，则遂以为可矣。其后困益甚，然后取古人之文而读之，始觉其出言用意，与己大异。时复内顾，自思其才，则又似夫不遂止于是而已者。由是尽烧曩时所为文数百篇，取《论语》、《孟子》、韩子及其他圣人、贤人之文，而兀然端坐，终日以读之者，七八年矣。方其始也，人其中而惶然，博观于其外而骇然以惊。及其久也，读之益精，而其胸中豁然以明，若人之言固当然者。然犹未敢自出其言也。时既久，胸中之言日益多，不能自制，试出而书之。已而再三读之，浑浑乎觉其来之易矣。

从这段话，可知他之所以要"烧曩时所为文数百篇"，是因"当时之文，浅狭可笑，饥寒穷困乱其心，而声律记问又从而破坏其体，不足观也已"（《上田枢密书》，《嘉佑集笺注》卷十一，第317页），他的研究对象是《论语》、《孟子》、韩愈的文章，时经七八年之久方知其真味，豁然开朗其之妙处，即写文章必先胸中不但有文章，还要多得"不能自制"之际才开始写文章，而不是玩弄辞藻、雕琢文字。故其文风平易质朴，且重实用，欧阳修曾在《荐布衣苏洵状》文中对苏洵文章评价道："其论议精于物理而善识变权，不为空言而期于有用。"[2]

苏洵对苏轼、苏辙二子可以说是精心培养，苏轼8岁时便让其在乡塾师从眉山道士张易简读书，后再让二子拜眉山城西寿昌院州学刘微之教授为师"学声律"，同时亦亲自教导他们为文之道，并要求他们严谨地"读孟、韩文"。由于受父亲文章风格以及其教导的影响，苏轼也推崇韩愈文，认为其"文起八代之衰而道济天下之溺"[3]。韩愈是以"文以明道"为创作目的的，这便营造了苏轼"言必中当世之过，

———————

[1] 苏洵著，曾枣庄、金成礼笺注：《嘉佑集笺注》卷十五，上海古籍出版社1993年版，第419页。

[2] 欧阳修著，李逸安校点：《欧阳修全集》卷一一二，中华书局2001年版，第1698页。

[3] 苏轼：《潮州韩文公庙碑》，载苏轼撰，孔凡礼点校：《苏轼文集》卷十七，中华书局1986年版，第508页。

凿凿乎如五谷必可以疗饥，断断乎如药石必可以伐病"[1]的论文观。故使苏轼的史论散文有激扬文字的古今纵横家味道，与唐代士子指陈时弊、暴露社会矛盾的风格接近，而与当时社会举子"时文"大异。

嘉祐二年（1057）苏轼进京应考，刚好是欧阳修作主考官，而欧阳修一直推崇韩愈"文以明道"的主张，反对形式主义和唯美主义的流行"时文"。苏轼平时临习及推崇的文风与礼部主试欧阳修所提倡的诗文风格是完全合拍的。苏轼科举的结果是不言而喻了，礼部试，策论以《刑赏忠厚论》得第二，复以《春秋》对义居第一，殿试中乙科。苏轼虽然文才出众，但在科举中一举及第，除了是因个人的艰苦奋斗，以及其父的精心培养外，确实是有"时事造英雄"之因素的。苏轼曾在《谢梅龙图书》中云："……详且难，故天下之士虚浮而矫激。伏惟龙图执事，骨鲠大臣，朝之元老。忧恤天下，慨然有复古之心。亲较多士，存其大体。诗赋将以观其志，而非以穷其所不能；策论将以观其才，而非以掩其所不知。使士大夫皆得宽然以尽其心，而无有一日之间仓皇扰乱、偶得偶失之叹。故君子以为近古。轼长于草野，不学时文，词语甚朴，无所藻饰。意者执事欲抑浮剽之文，故宁取此以矫其弊。人之幸遇，乃有如此。感荷悚息，不知所裁。"[2]苏辙在《祭欧阳少师文》中亦云："公文宗伯，思复正始。狂词怪论，见者投弃。踽踽元昆，与辙皆来。皆试于庭，羽翼病摧。有鉴在上，无所事媒。驰词数千，适当公怀。擢于众中，群疑相。公恬不惊，众惑徐开。滔滔狂澜，中道而回。匪公之明，化为诙俳。"[3]从此二则，可见"时事造英雄"之一斑。

宋代除了贡举之外，还有制举，又称贤科或贤良。制举与贡举同为选拔人才的方法，但贡举为常选，并定期举行；而制举是贡举的补充，恐贡举时有遗才，而由皇帝不定期地诏试非常之才。宋建国之后，太祖于乾德二年（964）正月，下诏曰："国初制举有贤良方正能直言极谏、经学优深可为师法、详闲吏理达于教化凡三科，并许诸州及本司解送上吏部，对御试策一道，以三千字已上成，取文理俱优者为入等。"[4]据《宋史》卷一百五十六、《志第》一百九、选举二（科目下　举遗逸附）记载，仁宗初，仁宗下诏曰："'朕开数路以详延天下之士，而制举独久不设，意者吾豪杰或以故见遗也，其复置此科。'于是增其名，曰：贤良方正能直言极谏科，

[1]　苏轼：《凫绎先生苏轼诗集叙》，载苏轼撰，孔凡礼点校：《苏轼文集》卷十，第313页。
[2]　苏轼撰，孔凡礼点校：《苏轼文集》卷四十九，中华书局1986年版，第1424页。
[3]　苏辙著，陈宏天、高秀芳点校：《苏辙集》卷二十六，中华书局2004年版，第431页。
[4]　徐松：《宋会要辑稿·选举》，中华书局1957年版，第4414页。

博通坟典明于教化科，才识兼茂明于体用科，详明吏理可使从政科，识洞韬略运筹帷幄科，军谋宏远材任边寄科，凡六，以待京、朝之被举及起应选者。又置书判拔萃科，以待选人。又置高蹈丘园科，沉沦草泽科，茂材异等科，以待布衣之被举者。其法先上艺业于有司，有司较之，然后试秘阁，中格，然后天子亲策之。"

嘉祐六年（1061），苏轼兄弟在欧阳修的举荐下应制举，并同举"贤良方正能直言极谏"科制策，苏轼入三等。关于此事《宋史》卷三百三十八《苏轼本传》有载："欧阳修以才识兼茂荐之秘阁。试六论，旧不起草，以故文多不工。轼始具草，文义灿然。复对制策，人三等。自宋初以来，制策入三等，惟吴育与轼而已。"苏轼在秘阁所试六论，分别为《王者不治夷狄论》、《刘恺丁鸿孰贤论》、《礼义信足以成德论》、《形势不如德论》、《礼以养人为本论》和《既醉备五福论》。[1] 苏轼取得如此成绩，北宋开国以来并不多见，因而苏轼被任命为大理评事，签书凤翔府判官。

宋英宗治平二年（1065），苏轼凤翔任满还朝，判登文鼓院，为试馆职，参加了第二次制举考试。本来是可以不考的，宋英宗欣赏苏轼的文才，"欲以唐故事招入翰林知制诰"，想破格招苏轼入翰林知制诰，但被宰相韩琦反对而止；宋英宗又想让苏轼担任修起居注，韩琦也不赞成，并提出"不若于馆阁中近上帖职与之，且请召试"。故苏轼被召试学士院，试二论：《学士院试孔子从先进论》、《学士院试春秋定天下之邪正论》，以此二论"复入三等"。

苏轼、苏辙科举之及第表明苏洵家庭教育之成功，但也标识着苏轼的人生之路途将会遭遇很多麻烦。换言之，这种指陈时弊、重实用的创作观对苏轼日后的仕途是产生深远影响的。整个北宋的这段历史是一场党派斗争的历史，从庆历之新政到熙宁变法至元祐更化，都是"你方唱罢我登场"，斗争愈演愈烈。综观苏轼一生，我们不难发现，如前文所说不管新党执政还是旧党上台，他总是被当权者所斥，除了前文所论之原因外，与苏轼指陈时弊的文风大有关系。苏氏父子并不知道以揭露现实中的弊病，从而对社会起到"疗饥"、"伐病"为文是不合时宜，会遭到别人攻击的。苏轼"一肚子不合时宜"的性格是他的秉性和从小受到的家庭教育所致。故他宦海沉浮的遭遇，其父的教导是难脱其咎的。正是弗洛姆所谓的家庭是"制造人类性格的工厂"。以下将苏轼两篇文章进行分析，以之为笔者此立言的论证。

一则，元丰三年（1080）苏轼被贬黄州时所作的《答李端叔书》，其文有云：

轼少年时，读书作文，专为应举而已。既及进士第，贪得不已，又举制策，

---

[1] 详见苏轼撰，孔凡礼点校：《苏轼文集》卷二，中华书局1986年版，第43—50页。

其实何所有。而其科号为直言极谏，故每纷然诵说古今，考论是非，以应其名耳，人苦不自知，既以此得，因以为实能之，故至今，坐此得罪几死，所谓齐虏以口舌得官，真可笑也。然世人遂以轼为欲立异同，则过矣。妄论利害，搀说得失，此正制科人习气。譬之候虫时鸟，自鸣自己，何足为损益。轼每怪时人待轼过重，而足下又复称说如此，愈非其实。得罪以来，深自闭塞，扁舟草屦，放浪山水间，与樵渔杂处，往往为醉人所推骂。辄自喜渐不为人识，平生亲友，无一字见及，有书与之亦不答，自幸庶几免矣。足下又复创相推与，甚非所望。木有瘿，石有晕，犀有通，以取妍于人；皆物之病也。谪居无事，默自观省，回视三十年以来，所为，多其病者。足下所见，皆故我，非今我也。无乃闻其声不考其情，取其华而遗其实乎？抑将又有取于此也？此事非相见不能荆自得罪后，不敢作文字。[1]

从这段文字，可见苏轼之所以获罪，乃因其"诵说古今，考论是非"指陈时弊之故，而之所以然，则是因他要与"其科号为直言极谏"名副其实之故，使得他被"世人"认为"欲立异同"。苏轼认为他之所以被"世人"如此误解，乃因"少年时，读书作文，专为应举"，而"此正制科人习气"，故他才有"妄论利害，搀说得失"之习气。最后他给自己做了总结："回视三十年以来，所为，多其病者。足下所见，皆故我，非今我也。"虽然这个总结有对李端叔的推誉表示了谦虚，也有对自己获罪委婉地做了申明，也有表示自己追悔和承诺不再是"故我"之心，但其真实一面也是不可否认的。

二则，绍圣三年（1096）苏轼贬居惠州时所作的《与王庠书》，其文有云：

西汉以来，以文设科而文始衰，自贾谊、司马迁，其文已不逮先秦古书，况其下者。文章犹尔，况所谓道德者乎？若所论周勃，则恐不然。平、勃未尝一日忘汉，陆贾为之谋至矣。彼视禄、产犹几上肉，但将相和调，则大计自定。若如君言，先事经营，则吕后觉悟，诛两人，而汉亡矣。轼少时好议论古人，既老，涉世更变，往往悔其言之过，故乐以此告君也。儒者之病，多空文而少实用。贾谊、陆贽之学，殆不传于世。老病且死，独欲以此教子弟，岂意姻亲中，乃有王郎乎？三复来贶，喜抃不已。应举者

---

[1]　苏轼撰，孔凡礼点校：《苏轼文集》卷四十九，中华书局 1986 年版，第 1432 页。

志于得而已。今程试文字，千人一律，考官亦厌之，未必得也。如君自信不回，必不为时所弃也。又况得失有命，决不可移乎？勉守所学，以卒远业。[1]

王庠是苏辙的女婿，年少丧父，便立志闭门读遍经史百家著作，曾向苏轼求教应考的经验和治学方法。苏轼几次回信以告之，此信是其中的一封。从这段话，我们不难发现苏轼治学之态度及应举之策略。他先论古今"文衰"之势，认为"以文设科而文始衰"之逆理是在于儒者"多空文而少实用"之病，后认为治学要"勉守所学，以卒远业"，决不可轻易"剽盗偶俪，以应试格"，"卒远业"一言道出了苏轼踏实治学态度。至于科举，没人不愿意及第，言其"得失有命"不是消极，而是要说不要太重视应举，然轻易更变治学之态度以赴时世，时世是"衰"的。坚守自己的目标，踏实治学，一定会有好结果，"必不为时所弃"。在这里苏轼为了劝告王庠，还巧妙使用了两条论证，一则，是其自身，"少时好议论古人，既老，涉世更变，往往悔其言之过"，你看我以前不也是不怎么好吗？但是我坚持着"实用"的创作观，不也就一举成名了吗？苏轼此语虽带有是谦虚的客套话，但是的确有追悔之意；一则，是当时社会举子的现状，"千人一律，考官亦厌之，未必得也"，这也是好时机。从这段文字，我们不难发现，他始终没有改变自己，仍是"一肚子不合时宜"。虽在《答李端叔书》中说"世人"认为自己"欲立异同"是误解了他，但根据其在《与王庠书》一文中所表现出的意思，笔者认为他却有"欲立异同"之意识。而这个意识早在少年时期，因应举而治学时已经埋下了无法断掉的根源。

总之，苏轼的科举之路以及顺利及第，是其家庭教育的成功。然此成功又为他在神宗朝和哲宗朝都屡遭贬斥的遭遇埋下伏笔。苏轼虽饱尝了屡遭贬斥痛苦的滋味，也清楚其遭遇的原因，但始终无改其志。这也正是上文所提及的"野性"之表现。

二、乌台之变故

"乌台诗案"是苏轼思想嬗变的转折点，诗案发生后他在思想上从追求儒家"致君尧舜"理想转入追求生命存在价值，而侧重于内心世界体悟，故呈现出一种旷达不羁的人生境界。可见"乌台诗案"对苏轼思想嬗变的重要性，以下将"乌台诗案"的真面目进行全面论述，以见其之一斑。

（一）入 狱 前

"乌台诗案"的导火线是沈括。据王铚《元祐补录》记载：

---

[1] 苏轼撰，孔凡礼点校：《苏轼文集》卷四十九，中华书局1986年版，第1422页。

沈括素与苏轼同在馆阁，轼论事与时异，补外。括察访两浙，陛辞。神宗语括曰："苏轼通判杭州，卿其善遇之。"括至杭，与轼论旧，求手录近诗一通，归即签籤以进，云词皆讪怼。轼闻之，复寄诗。刘恕戏曰："不忧进了也？"其后李定、舒亶党论轼诗置狱，实本于括云。元祐间，轼知杭州，括闲废在润，往来迎谒甚恭，轼益薄其为人。[1]

沈括于熙宁六年（1073）察访两浙时，回京后向神宗皇帝呈送东坡手录的新诗，并贴上标签注明其"词皆讪怼"，神宗却隐忍未发。六年后，面对四通弹劾文，神宗则不会再隐忍不发了。元丰二年（1079）三月二十七日，监察御史里行何正臣札子，其云：

> 臣伏见祠部员外郎、真史馆、知湖州苏轼《谢上表》，其中有言："愚不识时，难以追陪新进；老不生事，或能牧养小民"。愚弄朝廷，妄自尊大，宣传中外，孰不惊叹。夫小人为邪，治世所不能免，大明旁烛，则其类自消。固未有如轼为恶不悛，怙终自若，谤讪讥骂，无所不为。道路之人，则又以为一有水旱之灾、盗贼之变，轼必倡言归咎新法，喜动颜色，惟恐不甚。今更明上章疏，肆为诋诮，无所忌惮矣。夫出而事主，所怀如此，世之大恶，何以复加！昔成王戒康叔以助王宅天命，作新民，人有小罪非眚，乃惟终不可不杀。盖习俱污陋，难以丕变，不如是，不足以作民而新之。况今法度未完，风欲未一，正宗大明赏诛，以示天下。如轼之恶，可以止而勿治乎？轼所为讥讽文字，传于人者甚众，今犹取镂板而鬻于市者进呈。伏望陛下，特赐留神。[2]

苏轼于元丰二年二月从徐州移知湖州，四月二十日抵达，进《湖州谢上表》，这里监察御史里行何正臣札子引用苏轼《湖州谢上表》，而时间却是三月二十七日，此记载有误。这时候神宗皇帝还是隐忍未发。经过几个月的策划，新党人物的阴谋出笼，他们有计划地弹劾了苏轼。元丰二年七月二日一起进三通弹劾文，察御史里行舒亶札子：

> 臣伏见知湖州苏轼，近谢上表，有讥切时事之言。流俗翕然，争相传

---

[1]　《续资治通鉴长编》卷三〇一。

[2]　朋九万撰：《乌台诗案》，山阴宋泽元瀛士校刊。

诵；忠义之士，无不愤惋。且陛下自新美法度以来，异论之人，固不为少。然其大，不过文乱事实，造作谤说，以为摇夺沮坏之计；其次，又不过腹非背毁，行察坐伺，以幸天下之无成功而已。至于包藏祸心，怨望其上，讪谤慢骂而无复人臣之节者，未有如轼也。盖陛下发钱以本业贫民，则曰，"赢得儿童语音好，一年强半在城中"；陛下明法以课试郡吏，则曰，"读书万卷不读律，致君尧舜知无术"；陛下兴水利，则曰，"东海若知明主意，应教斥卤变桑田"；陛下谨盐禁，则曰，"岂是闻韶解忘味，迩来三月食无盐"。其它触物即事，应口所言，无一不以讥谤为主。小则镂板，大则刻石，传播中外，自以为能。其尤甚者，至远引衰汉梁窦专朝之士，杂取小说燕蝠争晨昏之语，旁属大臣而缘以指斥乘舆，盖可谓大不恭矣。然臣切考历古以来书传所载，其间扰攘之世，上之人虽有失德之行、违道之政，而逆节不轨之臣，苟能正其短以动摇人心，亦必回容顾避，自托于忠顺之名而后敢出此。恭惟陛下躬履道德，立政造士，以幸天下后世，可谓尧舜之用心矣。轼在此时，以苟得之虚名，无用之曲学，官为省郎，职在文馆，典领寄任，又皆古所谓二千石。臣独不知陛下何负于天下与轼辈，而轼敢为悖慢，无所畏忌，以至如是。且人道之所自立者以有义，而无逃于天地之间者，义莫如君臣。轼之所为，忍出于此，其能知有君臣之义乎！夫为人臣者，苟能充无义之心，往以为利，则其恶无所不至矣。然则陛下其能保轼之不为此乎？昔者治古之隆，责私议之殊说，命之曰不收之民，狃于奸宄，败常乱俗，虽细不宥。按轼怀怨天之心，造讪上之语，情理深害，事至暴白。虽万死不足以谢圣时，岂特在不收不宥而已。伏望陛下体先王之义，用治世之重典，付轼有司，论如大不恭，以戒天下之为人臣子者。不胜忠愤恳切之至。印行四册，谨具进呈。[1]

国子博士李宜之状：

昨任提举淮东常平，过宿州灵璧镇，有本镇居止张硕秀才，称苏轼与本家撰《灵璧张氏园亭记》，内有一节，称曰："古之君子不必仕，不必不仕；必仕则忘其身，必不仕则忘其君。譬之饮食，适于饥饱而已。然士

---

[1] 朋九万撰：《乌台诗案》，山阴宋泽元瀛士校刊。

罕能蹈其义，赴其节。处者安于故而难出，出者狃于利而忘返。于是有违亲绝俗之讥，怀禄苟安之弊。"宜之看详上件文字，义理不顺：言"不必仕"，是教天下之人必无进之心，以乱取士之法。又轼言"必不仕则忘其君"，是教天下之人无尊君之义，亏大忠之节。又轼称"譬之饮食，适于饥饱而已，然士罕能蹈其义，赴其节"，宜之详此，即知天下之人，仕与不仕，不敢忘其君，而独轼有"必不仕则忘其君"之意，是废为臣之道。又轼称"处者安于故而难出，出者狃于利而忘返。于是有违亲绝俗之讥，怀禄苟安之弊"，显涉讥讽，乞赐根勘。[1]

御史中丞李定札子：

右谏议大夫权御史中丞李定札子：臣切见知湖州苏轼，初无学术，滥得时名，偶中异科，遂叨儒馆。及上圣兴作，新进仕者，非轼之所合。轼自度终不为朝廷奖用，衔怨怀怒，恣行丑诋；见于文字，众所共知。或有燕蝠之讥，或有窦梁之比，其言虽属所憾，其意不无所寓，讪上骂下，法所不宥。臣切谓，轼有可废之罪四，臣请陈之：昔者尧不诛四凶，而至舜则流放窜殛之，盖其恶始见于天下。轼先腾沮毁之论，陛下犹置之不问，容其改过。轼怙终不悔，其恶已着。此一可废也。古人有言曰教而不从，然后诛之，盖吾之所以俟之者尽，然后戮辱随焉。陛下所以俟轼者可谓尽矣，而狂悖之语，日闻中外。此二可废也。轼所为文辞，虽不中理，亦足以鼓动流俗，所谓言伪而辩；当官悔慢，不循陛下之法，操心顽慝，不服陛下之化，所谓行伪而坚。言伪而辩，行伪而坚，先王之法当诛。此三可废也。《书》："刑故无小。"知而为，与夫不知而为者异也。轼读史传，岂不知事君有礼，讪上有诛？肆其愤心，公为诋訾，而又应制举对策，即已有厌奖更法之意，陛下修明政事，恕不用己，遂一切毁之，以为非是。此四可废也。而尚容于职位，伤教乱俗，莫甚于此。臣伏惟陛下，动静语默，惟道之从；兴除制作，肇新百度。谓宜可以于变天下，而至今未至纯者，殆以轼辈虚名浮论足以惑动众人故也。臣叨预执法，职在纠奸；罪有不容，其敢苟止？伏望陛下断自天衷，特行典宪。非特沮乖慝之气，抑亦奋忠良

---

[1]　朋九万撰：《乌台诗案》，山阴宋泽元瀛士校刊。

之心。好恶既明，风俗自革，有补于世，岂细也哉！[1]

在此不厌其烦陈列四人的弹劾文，从文中可见其串通的阴谋，都是在弹劾苏轼的大不恭之罪。神宗想当有为皇帝，自从登基后就推行新法，至今历经十年未见起色，反而弊端日多，几乎已经走到进退两难的尴尬地步。苏轼在外任期间，目击这些弊端，便用诗文来寄托己见，本来也是诗人即兴而作，而四人的弹劾文却扭曲其意，认为是讪上骂下、愚弄朝廷、讥讽新法，"道路之人，则又以为一有水旱之灾、盗贼之变，轼必倡言归咎新法，喜动颜色，惟恐不甚"。这样的论调说中了神宗的心病，面对这样的弹劾文，再怎么爱惜人才也不会隐忍不发了。于是，元丰二年七月三日，神宗给知谏院张璪和李定下诏，逮捕苏轼，押回京师审讯。

关于"乌台诗案"的起因，当前学术界主要有四种说法：①王安石清洗说；②新旧党争说；③才高取祸说；④攻击新法、罪有应得说。笔者认为"乌台诗案"的发生兼具四因，与他的狂傲性格和方正直言有关。苏轼这一场遭遇起因的伏笔应该逆追到熙宁三年（1970），当时王安石破格推荐李定担任监察御史，被当时台谏、中书舍人、知制诰反对而中止。中书舍人苏颂八次送还御批（后苏颂亦为此举而"买单"，史称"三舍人议案"，入狱后也是在苏轼的隔壁），他反对的理由是李定不具备任职资格（宋代的"资品选授之法"规定，御史宪台须从太常博士以上，中行员外郎以下，任二年通判者，奏举充职，如朝中难得上述资序相当之人，可行"兼权"。所谓"兼权"，即与太常博士以上，中行员外郎以下，资品相当的官员。"未任通判或任职不满二年者，依制不准任监察御史"）。[2]苏轼反对的理由是李定不孝，而这时刚好出现朱寿昌被神宗皇帝召见之事[3]，朱寿昌刺血写《金刚经》祈佛，弃官寻找7岁失去的母亲，通过五十年的四处寻求终于母子重逢的故事一时成为士大夫间的美谈，苏轼对此也作了《朱寿昌郎中少不知母所在刺血写经求之五十年，去岁得之蜀中。以诗贺之》[4]一诗，赞扬他的孝行，诗中有句云："感君离合我酸辛，此事今无古或闻。"李定怀疑苏轼诗文暗讽其不孝而怀恨在心，借机公报私仇。此事《邵氏闻见录》载："李定王，介甫客也。定不持所生母仇氏服，苏子瞻以为不孝，恶之。

[1]　朋九万撰：《乌台诗案》，山阴宋泽元瀛士校刊。

[2]　详见李焘：《续续资治通鉴长编》卷二一〇、卷二一一，中华书局2004年版，第5103、第5121、第5123页。

[3]　详见李焘：《续续资治通鉴长编》卷二一二，中华书局2004年版，六月癸亥条。

[4]　苏轼撰，王文浩辑注，孔凡礼点校：《苏轼诗集》卷八，中华书局1982年版，386页。

定以为恨，后遂劾子瞻作诗谤讪朝政云。"[1]

熙宁二年（1069）二月王安石参知政事，设立"制置三司条例司"，苏轼给神宗皇帝上"万言书"（《上神宗皇帝书》）[2]全面驳斥新法。在文中他还对最近"台谏"（御史台和谏官）越来越不能发挥本应有的功能［即言事（批判朝政）和监察功能］表示不满，"夫奸臣之始，以台谏折之而有余，及其既成，以干戈取之而不足。今法令严密，朝廷清明，所谓奸臣，万无此理。然而养猫以去鼠，不可以无鼠而养不捕之猫；畜狗以防奸，不可以无奸而畜不吠之狗。陛下得不上念祖宗设此官之意，下为子孙立万世之防，朝廷纪纲，孰大于此？"[3]在"万言书"中，苏轼还给皇帝分析"台谏"的职责与台谏失去其应有功能的坏处，"臣自幼小所记，及闻长老之谈，皆谓台谏所言，常随天下公议，公议所与，台谏亦与之，公议所击，台谏亦击之。及至英庙之初，始建称亲之议，本非人主大过，亦无礼典明文，徒以众心未安，公议不允，当时台谏以死争之。今者物论沸腾，怨讟交至，公议所在，亦可知矣。而相顾不发，中外失望。夫弹劾积威之后，虽庸人亦可奋扬，风采消委之余，虽豪杰有所不能振起。臣恐自兹以往，习惯成风，尽为执政私人，以致人主孤立。纪纲一废，何事不生？"[4]神宗对苏轼的进言一律不听，"万言书"进上不到三年罢免的御史和台谏官达十九人[5]，他们都或直接或间接地反对了新法，之后更换的台谏官都是新党人士，到"乌台诗案"发生，正如苏轼所料，御史和台谏官完全变成了宰执的附属机关。

（二）入狱后

元丰二年七月三日御史中丞李定派太常博士皇甫遵（《孔氏谈苑》作"僎"，苏轼《杭州召还乞郡状》作"遵"，"僎"、"遵"同音，当是记音）往湖州逮捕苏轼，将其押回京师审讯，皇甫遵于熙宁二年七月二十八日到达湖州，于八月十八日回到京师。关于苏轼被拘捕之事，《孔氏谈苑》有记载：

> 苏轼以吟诗有讥讪，言事官章疏狎上，朝廷下御史台差官追取。是时李定为中书丞，对人叹息，以为人才难得，求一可使逮轼者少有如意。于是太常博士皇甫僎被遣以往。僎携一子二台卒倍道疾驰。驸马都尉王诜与

---

[1]　朋九万撰：《乌台诗案》，《东坡乌台诗案杂记（十二则）》第十则。

[2]　苏轼撰，孔凡礼点校：《苏轼文集》卷二十五，中华书局1986年版，第729页。

[3]　苏轼撰，孔凡礼点校：《苏轼文集》卷二十五，中华书局1986年版，第740页。

[4]　苏轼撰，孔凡礼点校：《苏轼文集》卷二十五，中华书局1986年版，第729页。

[5]　详见脱脱等：《宋史》卷三二七《王安石传》，中华书局1985年版。

子瞻游厚，密遣人报苏辙。时为南京幕官，乃亟走介往湖州报轼，而僕行如飞，不可及。至润州，适以子病求医留半日。故所遣人得先之，僕至之日，轼在告，祖无颇权州事。僕径入州厅，具靴袍秉笏立庭下，二台卒夹侍，白衣青巾，顾盼狞恶，人心汹汹不可测。轼恐，不敢出，乃谋之无颇。无颇云："事至此，无可奈何，须出见之。"轼议所以服，自以为得罪，不可以朝服。无颇云："未知罪名，当以朝服见也。"轼亦具靴袍秉笏立庭下。无（无颇）、职官皆小幘立轼后。二卒怀台牒，挂其衣若匕首然；僕又久之不语，人心益疑。轼惧曰："轼自来激恼朝廷多，今日必是赐死，死固不辞，乞归与家人诀别。"僕始肯言曰："不至如此。"无颇乃前曰："大博必有被受文字？"僕问谁何？无颇曰："无颇是权州。"僕乃以台牒授之，乃开视之，只是寻常追摄行遣耳。僕促轼行。二狱卒就执之。即时出城登舟，郡人送者雨泣。顷刻之间，拉一太守如驱犬鸡。此事无颇目击也。[1]

苏轼被拘捕场面何等残酷可想而知，虽然这里也有点过分渲染、夸大其实，如文中说"'轼自来激恼朝廷多，今日必是赐死，死固不辞，乞归与家人诀别。'僕始肯言曰：'不至如此。'"说是皇甫遵连告别时间也不肯给苏轼，其实苏轼有跟家人诀别的，只不过可能是他家人听到他被捕的消息后自动赶来的，苏轼在《题杨补妻诗》中说："真宗既东封，访天下隐者，得杞人杨朴，能为诗。召对，自言不能。上问临行有人作诗送卿否？朴言：'无有。惟臣妻一绝云：且休落魄贪杯酒，更莫猖狂爱咏诗。今日捉将官里去，这回断送老头皮。'上大笑，放还山，命其子一官就养。余在湖州，坐作诗追赴诏狱，妻子送余出门，皆哭。无以语之，顾老妻曰：'子独不能如杨处士妻作一诗送我乎？'妻不觉失笑，余乃出。"[2]又在《杭州召还乞郡状》一文中回顾拘捕场面，有言："定（李定）等选差悍吏皇遵，将带吏卒，就湖州追摄，如捕寇贼。臣即与妻子诀别，留书与弟辙，处置后事。"[3]但一位太守"如驱犬鸡"那样残酷地被拘捕却是事实，苏轼在《杭州召还乞郡状》一文中也说"如捕寇贼"，可见李定、舒亶、何正臣等人对苏轼的仇恨。

八月十八日，苏轼被押解到汴京，关入御史台狱一百三十日直到十二月二十九日出狱。两天后，张璪和李定开始审问，关于苏轼被审讯全部细节，今难以详知，

[1] 朋九万撰：《乌台诗案》，《东坡乌台诗案杂记（十二则）》第四则。

[2] 苏轼撰，孔凡礼点校：《苏轼文集》卷六十八，中华书局 1986 年版，第 2161 页。

[3] 苏轼撰，孔凡礼点校：《苏轼文集》卷三十二，中华书局 1986 年版，第 912 页。

然通过御史台的审讯记录及苏轼的供状，可知当时情况之一二。苏轼"下狱即问五代有无誓书铁券"[1]，此乃对"死囚"之审问。据《乌台诗案》中"中使皇甫遵到湖州勾至御使台"条记载："今年七月二十八日，中使皇甫遵到湖州勾摄轼前来，至月十八日，赴御使台出头。当日准问目，方知奉圣旨根勘。当月二十日，轼供状时，除《山村》诗外，其余文字，并无干涉时事。二十二日，又虚称更无往复诗等文字。二十四日，又虚称别无讥讽嘲咏诗赋等应系干涉文字。二十七日，又虚称即别不曾与文字往还。三十日，却供通自来与人有诗赋往还人数姓名，又不说曾有黄庭坚讥讽文字等因依，再勘方招外，其余前后供析语言因依等不同去处，委是忘记，误有供通，即非讳避，轼有此罪愈，甘伏朝典。"[2]可见苏轼开始只承认《山村》诗有讥讽而非承认有谤讪，为了不牵涉他人，他不承认自己与人往还的诗文，直到八月底才慢慢招认，据《乌台诗案》中"与王诜往来诗赋"条记载："……今年八月二十八日供出与王诜相识，借得钱物，并寄《杞菊赋》、《超然台记》、《题韩干马》诗与王诜因依。又隐讳不曾作《开运盐河》诗寄王诜情由，蒙会问到王诜状，并被王诜申送到《开运盐河》诗赋，轼于九月二十三日至二十七日，方具实招。"（关于苏轼招供详看附录1）由此我们可以断定苏轼当时是被苦刑逼供的。另外，从苏颂的诗歌里也可以得到证实，《元丰己未三院东阁作十四首》之五云："飞语初腾触细文，庭中交构更纷纭。纲条既甚秋叶密，枉直何由束矢分。御史皆称素长者，府徒半识故将军。却怜北户吴兴守，诟辱通宵不忍闻。"[3]下有注云："时苏子瞻自湖守追赴台劾。尝为歌诗，有所宜言，颇闻鞫诘之语。"当时苏颂因事入狱，被关在苏轼隔壁，听到苏轼被逼供而"不忍闻"的程度。又《元丰己未三院东阁作十四首》之《己未九月，予赴鞫御史，闻子瞻先已被系。予昼居三院东阁，而子瞻在知杂南庑，才隔一垣，不得通音息。因作诗四篇，以为异日相遇一噱之资耳》云：

早年相值浙江边，多见新诗到处传。楼上金蛇惊妙句，卷中腰鼓伏长篇。

忚离岁月流如水，抑郁情怀积似烟。今日柏台相望处，隔垣音响莫由宣。

词源远远蜀江流，风韵琅琅舜庙球。拟策进归中御府，文章传过带方州。

未归纶阁时称滞，再换铜符政并优。叹惜钟王行草笔，却随诸吏写毛头。

---

[1]　宋朱彧撰：《萍洲可谈》卷二，《四库全书》本。

[2]　朋九万撰：《乌台诗案》，山阴宋泽元瀛士校刊，第43页。

[3]　王同策、管成学、颜中其等点校：《苏魏公苏轼文集》卷十，中华书局1988年9月版，第128页。

源流同是子卿孙，公自多才我寡闻。谬见推称丈人行，应缘旧熟秘书君。
文章高绝诚难敌，声气相求久益勤。莫为歌诗能数眛，圣朝终要颂华勋。

近年出处略相同，十载遭回我与公。杭婺邻封迁谪后，湖濠继踵絷维中。
诗人嗷嗷常多难，儒者凄凄久讳穷。他日得归江海去，相期来访蒜山东。[1]

这里苏颂以谈笑岁月、轻视世人的语气表达了苏轼与自己今天的际遇。岁月流逝，官路难测，世事难料，像"我与公"今日就"柏台相望处，隔垣音响莫由宣"。公因"自多才"而"常多难"，我因"寡闻久讳穷"，苏颂在怨恨自己，更怨恨苏轼，因为"我"是孤陋寡闻，"你"是文传"方州"，怨恨苏轼是因为爱才惜贤。苏颂之所以如此是因为目击苏轼被御史台苛酷地逼供，身心受到无比的折腾与痛苦，甚至动了要自尽的念头（见诗案过程中苏轼的心态）。由上所述可见苏轼狱中生活的痛苦之一班。

苏轼在《己未十月十五日，狱中恭闻太皇太后不豫，有赦，作诗》中有句云："庭柏阴阴昼掩门，鸟知有赦闹黄昏。汉宫自种三生福，楚客还招九死魂。"[2] 狱中的苏轼得知神宗要大赦天下格外喜悦。另外，从两首绝命诗题目《予以事系御使台狱，狱吏稍见侵，自度不能堪，死狱中，不得一别子由，故作二诗授狱卒梁成，以遗子由》中，有"狱吏稍见侵，自度不能堪，死狱中"之语，可知他在狱中肉体上被逼供、精神上被诬蔑的凌辱。

苏轼被捕入狱时，"众危之，莫敢正言者"[3]，但也有不少人上书营救苏轼。据《续资治通鉴长编》记载，当时除了苏轼胞弟苏辙以外，还有范镇、张方平、吴充、王安礼、王安石、张惇等人为他上书。笔者在此，不厌其烦，罗列于后，以见人情事态，窥轼之友人，而知之为人。苏辙《为兄轼下狱上书》曰：

> 臣闻困急而呼天，疾痛而呼父母者，人之至情也。臣虽草芥之微，而有危迫之恩，惟天地父母哀而怜之。臣早失怙恃，惟兄轼一人，相须为命。今者窃闻其得罪逮捕赴狱，举家惊号，忧在不测。臣窃思念，轼居家在官，无大过恶，惟是赋性愚直，好谈古今得失，前后上章论事，其言不一。陛下圣德广大，不加谴责。轼狂狷寡虑，窃恃天地包含之恩，不自抑畏。顷年通判杭州及知密州日，每遇物托兴，作为歌诗，语或轻发，向者曾经臣

---

[1] 王同策、管成学、颜中其等点校：《苏魏公苏轼文集》卷十，中华书局 1988 年 9 月版，第 129—130 页。

[2] 苏轼撰，王文浩辑注，孔凡礼点校：《苏轼诗集》卷十九，中华书局 1982 年版，第 1000 页。

[3] 李焘：《续续资治通鉴长编》卷三〇一，中华书局 2004 年版。

寮缴进，陛下置而不问。轼感荷恩贷，自此深自悔咎，不敢复有所为。但其旧诗已自传播。臣诚哀轼愚于自信，不知文字轻易，迹涉不逊，虽改过自新，而已陷于刑辟，不可救止。轼之将就逮也，使谓臣曰："轼早衰多病，必死于牢狱，死固分也。然所恨者，少抱有为之志，而遇不世出之主，虽龃龉于当年，终欲效尺寸于晚节。今遇此祸，虽欲改过自新，洗心以事明主，其道无由。况立朝最孤，左右亲近，必无为言者。惟兄弟之亲，试求哀于陛下而已。"臣窃哀其志，不胜手足之情，故为冒死一言。昔汉淳于公得罪，其女子缇萦，请没为官婢，以赎其父。汉文因之，遂罢肉刑。今臣蝼蚁之诚，虽万万不及缇萦，而陛下聪明仁圣，过于汉文远甚。臣欲乞纳在身官，以赎兄轼，非敢望末减其罪，但得免下狱死为幸。兄轼所犯，若显有文字，必不敢拒抗不承，以重得罪。若蒙陛下哀怜，赦其万死，使得出于牢狱，则死而复生，宜何以报！臣愿与兄轼，洗心改过，粉骨报效，惟陛下所使，死而后已。[1]

早于苏辙上书的有范镇和张方平。范镇是苏轼走上仕途的知遇恩人，嘉祐二年（1057）礼部省试时，范镇当知贡举；嘉祐六年（1061）贤良方正能直言极谏科考试时，范镇为御试考官；熙宁三年（1070）范镇推荐苏轼担任谏官，但事未成而得罪于新党。苏轼被逮时已退居许昌，御史谏官知道两人的关系，故遣人来范镇居所索取他与苏轼往来的文字，他不但不避嫌疑，反而还上书营救，其书早已失传，但从《苏轼文集·范景仁墓志铭》可以得到证实，"轼得罪，下御史台狱，索公与轼往来书疏文字甚急。公犹上书救轼不已"[2]。张方平也是苏轼仕途上的恩人，嘉祐元年（1056）苏轼通过父亲介绍，在成都拜见了知州张方平，张方平推荐苏轼参加了开封府试。苏轼下狱之时，张方平已经退居南都，得知也愤然上疏，其疏曰：

> 臣读春秋传，晋叔向被囚，时祁奚老矣，闻之，乘驿而见执政韩起，为言叔向谋而寡过，惠训不倦，宜蒙宥之意。起与之同乘，以言诸公而免之。祁奚不见叔向而归，盖祁奚之言为国，非私叔向也。今日传闻有使者追苏轼过南京，当属吏。臣不详知轼之所坐，而早尝识其为人，起远方孤生，

---

[1]　陈宏天、高秀芳点校：《苏辙集》卷二十五《栾城集》，中华书局 1990 年 5 月版。

[2]　苏轼撰，孔凡礼点校：《苏轼文集》卷十四《范景仁墓志铭》，中华书局 1986 年版，第440 页。

遭遇圣明之世，然其文学实天下之奇才。向举制策高等，而犹碌碌无以异于流辈。陛下振拔，特加眷锦，由是材誉益著。轼自谓见知明主，亦慨然有报上之心。但其性资篇率，阙于审重，出位多言，以速尤悔。顷年以来，闻轼屡有封章，特为陛下优容。四方闻之，莫不感叹圣明宽大之德，而尤轼狂易轻发之性。今其得罪，必缘故态。但陛下于四海生灵，如天之无不覆冒，如地之无不持载，如四时之无不化育，于一苏轼岂所好恶！伏惟英圣之主，方立非常之功，固在广收材能，使之以器。若不弃瑕含垢，则人才有可惜者。昔季布亲窘高祖，夏侯胜诽谤世宗，鲍永不从光武，陈琳毁诋魏武，魏徵谋危太宗，此五臣者，罪至大而不可赦者也。遭遇明主，皆为曲法而全之，卒为忠臣，有补于世。自夫子删诗，取诸讽刺，以为言之者足以戒。故诗人之作，其甚者以至指斥当世之事，语涉谤黩不恭，亦未闻见收而下狱也。唐韩愈上疏宪宗，以为人主事佛则寿促。此言至不顺，宪宗初大怒欲诛之，其后思之曰："愈亦是爱我。"今轼但以文辞为罪，非大过恶，臣恐付之狴牢，罪有不测。惟陛下圣度，免其禁系，以全始终之赐，虽重加谴谪，敢不甘心！臣自念朽质，上荷异恩，今伏在田庐，无复涓埃之补。窃慕祁奚虽老，犹不忘公室而申请叔向之义，僭越上言，自干鼎铖。[1]

据刘安世所言，张方平这封上书未上呈，《元城先生语录解》记载："元丰二年，秋冬之交，东坡下御史狱，天下之士痛之，环视而不敢救。时张安道致仕在南京，乃愤然上书，欲附南京逓，府官不敢受，乃令其子恕持至登闻鼓院投进。恕素愚懦，徘徊不敢投。久之东坡出狱其后，东坡见其副本，因吐舌色动久之。人问其故，东坡不答。其后子由亦见之，云：'宜吾兄之吐舌也，此时正得张恕力。'或问其故，子由曰：'独不见郑崇之救盖宽饶乎，其疏有云："上无许（许伯，宣帝皇后父）、史（史高，宣帝外家）之属，下无金（金日磾）、张（张安世）之托。"此语正是激宣帝之怒尔。且宽饶正以犯许、史辈有此祸，今乃再许之，是益其怒也。且东坡何罪？独以名太高，与朝廷争胜耳。今安道之疏乃云："其实天下之奇材也。"独不激人主之怒？时急救之故，为此言矣。'仆曰：'然则是时救东坡者，宜为何说？'先生曰：'但言本朝未尝杀士大夫，今乃开端，则是杀士大夫自陛下始，而后世子

---

　[1] 李焘：《续续资治通鉴长编》卷三〇一，中华书局 2004 年版。

孙因而杀贤士大夫，必援陛下以为例。神宗好名而畏义，疑可以此止之。'"[1]

王安石的胞弟王安礼和宰相吴充在神宗面前为苏轼说话：

> "自古大度之君，不以语言谪人。按轼文士，本以才自奋，谓爵位可立取，顾碌碌如此，其中不能无触望。今一旦致于法，恐后世谓不能容才，愿陛下无庸竟其狱。"上曰："朕固不深谴，特欲申言者路耳，行为卿贳之。"既而戒安礼曰："第去，勿漏言。轼前贾怨于髃，恐言者缘轼以害卿也。"始，安礼在殿庐，见御史中丞李定，问轼安否状，定曰："轼与金陵丞相论事不合，公幸毋营解，人将以为党。"至是，归舍人院，遇谏官张璪怂然作色曰："公果救苏轼耶，何为诏趣其狱？"安礼不答。其后狱果缓，卒薄其罪。[2]

关于宰相吴充面谏一事，吕本中《杂说》云：

> 苏子瞻自湖州以言语刺讥，下御史狱，吴充方为相。一日问上："魏武帝何如人？"上曰："何足道！"充曰："陛下动以尧舜为法，薄魏武固宜，然魏武猜忌如此，犹能容弥衡。陛下以尧舜为法，而不能容一苏轼，何也？"上惊曰："朕无他意，止欲召他对狱，考核是非尔，行将放出也。"[3]

王安礼和吴充都用激将法为苏轼求赦免。先夸神宗是"动以尧舜为法"的"大度之君"，后说苏轼是人才，而古今"大度之君"皆召纳四方之人才，吴充的陷阱甚妙，二人的谏言几乎说服了神宗，在营救苏轼的活动中做出了极大的贡献。

另外，两位新党人物旧宰相王安石和翰林学士张惇也有表态和进言：

> 余尝见章丞相《论事表》云："轼十九擢进士第，二十三应直言极谏科，擢为第一，仁宗皇帝得轼，以为一代之宝，今反置在囹圄，臣恐后世以谓陛下听谏言而恶讦直也。"旧传，元丰间朝廷以群言论公，独神庙惜其才，不忍杀。大丞相王文公曰："岂有圣世而杀才士者乎？"当时议以公一言而决。呜呼，谁谓两公乃有是言哉。盖义理人心所同，初岂有异，特论事有不合焉。[4]

张惇是苏轼的朋友也是新党人物，他谏言的基调与上书的谏言基调基本相同，

[1]　马永卿编，王崇庆解：《元城先生语录解》卷下，《四库全书》本。
[2]　李焘：《续续资治通鉴长编》卷三〇一，中华书局 2004 年版。
[3]　李焘：《续续资治通鉴长编》卷三〇一，中华书局 2004 年版。
[4]　周紫芝：《诗谳》，商务印书馆 1939 年 12 月 1 版，第 12—13 页。

连退居金陵的新法领袖人物王安石也有表态，"岂有圣世而杀才士者乎？"虽然只有一句话，但也可以说明在当时人们心中苏轼是人才，不能杀之。

元丰二年（1079）八月十九日，苏轼入狱一日后，太皇太后曹氏即诏神宗皇帝曰：

> "官家何事数日不怿？"对曰："更张数事未就绪，有苏轼者，辄加谤讪，至形于文字。"太皇曰："得非轼、辙乎？"上惊曰："娘娘何以闻之？"曰："吾尝记仁宗皇帝策试制举人罢归，喜而言曰：'朕今日得二文士，谓苏轼、苏辙也。然吾老矣，虑不能用，将以遗后人不亦可乎？'"因泣问二人安在？上对以轼方系狱。则又泣下。上亦感动，始有贷轼意。[1]

此时神宗已经被太皇太后感动，故"始有贷轼意"，太皇太后的哭可能是因为仁宗皇帝的一片苦心如今化为泡影。十月十五日太皇太后病重，神宗欲大赦天下，以祈祷延寿，太皇太后说："不需赦天下凶恶，但放了苏轼足矣。"[2]但神宗当天降诏大赦天下，凡死罪以下的囚犯一律释放。大赦未能挽回曹太后的生命，五天以后她便逝世了。曹氏病危之时的训言乃至去世对狱中的苏轼极其有利。此时狱中的苏轼闻讯后，悲痛异常，作诗二首以示哀悼，其诗云："巍然开济两朝勋，信矣才难十乱臣。原庙固应祠百世，先王何止活千人。和熹未圣犹贪位，明德虽贤不及民。月落风悲天雨泣，谁将椽笔写光尘。未报山陵国士知，遶林松柏已猗猗。一声恸哭犹无所，万死酬恩更有时。梦里天衢隘云仗，人间雨泪变彤帷。《关雎》、《卷耳》平生事，白首累臣正坐诗。"[3]

在众人的谏言下，"始有贷轼意"的神宗就"不深谴"，苏轼终于免于死罪，而被诏贬检校水部员外郎黄州团练富使，本州安置，不得签署公事。

（三）诗案过程中苏轼的心态

诗案发生过程中，在一百三十日里，苏轼的心态较为复杂，有惊恐绝望，有达观自信，有郁闷愁苦，有后悔反思。了解苏轼在诗案过程中的心态，也有助于我们进一步了解"乌台诗案"对苏轼产生的影响。狱事发生过程中，苏轼所作的作品以及后来的回忆性文字虽然不多，但通过这些也可以清楚了解诗案过程中他的心态。

[1] 方勺撰：《泊宅编》卷一，载《唐宋史料笔记丛刊》，中华书局1983年版。

[2] 陈鹄：《耆旧续闻》卷二，载《宋元笔记丛书》，上海古籍出版社1987年版。

[3] 《己未十月二十日，恭闻太皇太后升遐，以轼罪人，不许成服，欲哭则不敢，欲泣则不可，故作挽词二章》，载苏轼撰，王文浩辑注，孔凡礼点校：《苏轼诗集》卷十九，中华书局1982年版，第1000页。

在湖州被拘捕时，在"顷刻之间，拉一太守如驱犬鸡"的情况下，苏轼仍可以坦然地对妻子开玩笑："'子独不能如杨处士妻作一诗送我乎？'妻不觉失笑，余乃出。"[1] 因为他已知是因诗得祸，相信己罪不会"必是赐死"，所以才能如此坦然达观。这完全不像当皇甫遵一伙凶神恶煞般闯进州府衙门的时候，当时"轼恐，不敢出，乃谋之无颇。无颇云：'事至此，无可奈何，须出见之。'轼议所以服，自以为得罪，不可以朝服。无颇云：'未知罪名，当以朝服见也。'"连穿什么出来也得问无颇。被拘捕之事，犹如晴天霹雳，苏轼的那种惊恐张望、一时不知所措的心态，在被押回京师路上仍然持续着。苏轼在《吴江岸》一诗中云：

晓色兼秋色，蝉声杂鸟声。壮怀销铄尽，回首尚心惊。[2]

这首诗是东坡赴台狱过吴江时所作，从中我们可以感受到他当时"壮怀"被"销铄尽"的惊恐心态，同时此诗也表露出他对自己少年气盛的行为后悔，如他刚出狱那天作的两首诗，第二首有句云："塞上纵归他日马，城东不斗少年鸡。"[3]

《己未十月十五日，狱中恭闻太皇太后不豫，有赦，作诗》一诗曰：

庭柏阴阴昼掩门，乌知有赦闹黄昏。汉宫自种三生福，楚客还招九死魂。

纵有锄犁及田亩，已无面目见丘园。只应圣主如尧舜，犹许先生作正言。[4]

由此可以看出苏轼此时的后悔和反思心态。这首诗的最后两句可以视为苏轼自己对将来的誓愿文。虽然还在狱中，还被日夜逼供，但他相信会有出狱的那一天。这时候的心情格外喜悦，同样的"庭柏"，同样的乌鸦，跟刚入狱时完全不同，此时一切都变得很亲切。

苏轼的组诗《御史台榆、槐、竹、柏四首》[5] 更是另一番心境，诗云：

《榆》：我行汴堤上，厌见榆阴绿。千株不盈亩，斩伐同一束。及居幽囚中，亦复见此木。蠹皮溜秋雨，病叶埋墙曲。谁言霜雪苦，生意殊未足。

---

[1]　见《题杨补妻诗》，载苏轼撰，孔凡礼点校：苏轼撰，孔凡礼点校：《苏轼文集》卷六十八，中华书局1986年版，第2161页。

[2]　苏轼撰，王文浩辑注，孔凡礼点校：《苏轼诗集》卷十九，中华书局1982年版，第998页。

[3]　《十二月二十八日，蒙恩责授检校水部员外郎黄州团练副使，复用韵二首》，载苏轼撰，王文浩辑注，孔凡礼点校：《苏轼诗集》卷十九，中华书局1982年版，第1006页。

[4]　苏轼撰，王文浩辑注，孔凡礼点校：《苏轼诗集》卷十九，中华书局1982年版，第1000页。

[5]　苏轼撰，王文浩辑注，孔凡礼点校：《苏轼诗集》卷十九，中华书局1982年版，第1002—1004页。

坐待春风至，飞英覆空屋。

《槐》：忆我初来时，草木向衰歇。高槐虽惊秋，晚蝉犹抱叶。淹留未云几，离离见疏荚。栖鸦寒不去，哀叫饱啄雪。破巢带空枝，疏影挂残月。岂无两翅羽，伴我此愁绝。

《竹》：今日南风来，吹乱庭前竹。低昂中音会，甲刃纷相触。萧然风雪意，可折不可辱。风霁竹已回，猗猗散青玉。故山今何有，秋雨荒篱菊。此君知健否，归扫南轩绿。

《柏》：故园多珍木，翠柏如蒲苇。幽囚无与乐，百日看不已。时来拾流胶，未忍践落子。当年谁所种，少长与我齿。仰视苍苍干，所阅固多矣。应见李将军，胆落温御史。

在狭小、阴暗且随时都会碰到阴湿粗糙的墙壁的监狱里，通过一个小小的窗口观察外面自由的世界，这是苏轼在案件发生过程中的另一番心境。写这组诗时，苏轼已经在御史狱中经历了百日严酷的审问和逼供，疼痛和凌辱更是难以言喻，这时审问和逼供稍松缓，这时他仍深信会有出狱的那一天。纪昀在《榆》诗下有注云："纯用寓意，妙不怨怒。"所谓"寓意"乃诗之后联，言"霜雪"即春到雪融之意，有自己会得到昭雪的寓意。后四句表现了他深信会有"春风至"的一天，后来他出狱时果然是春天，故有"百日归期恰及春，余年乐事最关身"[1]之句。此诗显示出苏轼的自信和坚强不屈的个性。《竹》更是淋漓尽致地表现了他的自信和坚强不屈的个性。在此诗中"萧然风雪意，可折不可辱"句下，纪昀有注云："查初白谓此二句'骨节清刚，琅然可诵'。"此处对他刚硬气节的评价真是一针见血。竹的形象正是苏轼"忠言嘉谟，古之遗直"思想风貌的写照。"今日南风来，吹乱庭前竹……风霁竹已回，猗猗散青玉"也表明他深信自己是无罪的，今天的是非终会风平浪静，而且还会有"猗猗散青玉"那样"梅经霜雪香愈烈"的明天。因为他相信自己是无辜的，御史谏官认为"大不恭"之罪是冤枉的。连有情与无情的世界都怜之，"忆我初来时，草木向衰歇。高槐虽惊秋，晚蝉犹抱叶。淹留未云几，离离见疏荚。栖鸦寒不去，哀叫饱啄雪。破巢带空枝，疏影挂残月。岂无两翅羽，伴我此愁绝"。诗中还表现了苏轼狱中冤枉的愁苦，仕途上孤立的可怜，世路上人情的可悲。只有有情与无情"伴我此愁绝"，可见苏轼的达观思想。他的这种乐观精神在"故山今何有，秋雨荒篱菊。此君知健否，归扫南轩绿"，"故园多珍木，翠柏如蒲苇。幽囚无与乐，百日看不已"

---

[1] 苏轼撰，王文浩辑注，孔凡礼点校：《苏轼诗集》卷十九，中华书局1982年版，第1005页。

等句中，更是令人惊叹。正是这种精神使得苏轼身处危难之中，仍然坦然自若。"某初逮系御使狱，狱具奏上。是夕昏鼓既毕，某方就寝，忽见一人排闼而入，投箧于地，即枕卧之。至四鼓，某睡中觉有撼体而连语云：'学士贺喜者。'某徐转仄问之，即曰：'安心熟寝。'乃掣箧而出。盖初奏上，舒亶之徒，力诋上前。必欲致之死地。而裕陵初无深罪之意，密遣小黄门至狱中视某起居状。适某昼寝，鼻息如雷，即驰以闻。裕陵顾谓左右曰：'朕知苏轼胸中无事者。'于是即有黄州之命。"[1]

诗案发生过程中苏轼一直坚信自己无罪，而被台谏们"再勘方招"地严厉逼供，深感侮辱。在气节上被侮辱是对士人最大的打击，如他所说，"可折不可辱"，因此苏轼曾经两次欲自尽，以证明自己的清白。关于此事在他的《杭州召还乞郡状》中有记载：

> 臣得罪下狱，定等选差悍吏皇遵，将带吏卒，就湖州追摄，如捕寇贼。臣即与妻子诀别，留书与弟辙，处置后事。自期必死，过扬子江便欲自投江中，而吏卒监守不果。到狱，即欲不食求死。而先帝遣使就狱，有所约敕，故狱吏不敢别加非横。[2]

《孔氏谈苑》更详细地记载道：

> 苏子瞻随皇甫僎追摄至太湖芦香亭下，以柁损修完，是夕风涛倾洞，月色如昼。子瞻自惟仓卒被拉去，事不可测，必是下吏，所连逮者多，如闭目窣身入水，则顷刻间耳。既为此计，又复思曰："不欲辜负老弟。"弟谓子由也。言己有不幸，子由必不独生也。由是至京师，下御史狱。李定、舒亶、何正臣杂治之，侵之甚急，欲加以指斥之罪。子瞻忧在必死，掌服青金丹，即收其余，窨置土中，以备一旦当死，则併服以自杀。有一狱卒，仁而有礼，事子瞻甚谨。每夕必然汤为子瞻濯足。子瞻以诚谒之曰："轼必死，有老弟在外，他日托以二诗为诀。"狱卒曰："学士必不致如此。"子瞻曰："使轼万一获免，则无所恨；如其不免，而此诗不达，则目不瞑矣。"狱卒受其诗，藏之枕内。后子瞻谪黄州，狱卒曰："还学士此诗。"子瞻以面伏案不忍读也。既出，又戏自和云："却对酒杯浑似梦，试拈诗笔已如神。"既作此诗，私自骂曰："犹不改也！"[3]

[1]　何薳撰：《春渚纪闻》卷六，载《唐宋史料笔记丛刊》，中华书局1983年版，第86页。
[2]　苏轼撰，孔凡礼点校：《苏轼文集》卷三十二，中华书局1986年版，第912页。
[3]　孔凡礼撰：《苏轼年谱》，中华书局1998年版，第454页。

从以上两则记载可见，虽然对苏轼想自尽的原因和方式《孔氏谈苑》与《杭州召还乞郡状》的记载有所不同，一说"吏卒监守不果"，"即欲不食求死"；一说"所连逮者多"，"不欲辜负老弟"，"掌服青金丹，即收其余，窖置土中，以备一旦当死，则并服以自杀"。但他曾经有轻生念头是真实的。另外，从《孔氏谈苑》记载可知，苏轼的第二次轻生念头以及所作的两首绝命诗，其诗曰：

其一：圣主如天万物春，小臣愚暗自亡身。百年未满先偿债，十口无归更累人。是处青山可埋骨，他时夜雨独神伤。与君今世为兄弟，又结来生未了因。

其二：柏台霜气夜凄凄，风动手镣月向低。梦绕云山心似鹿，魂惊汤火命如鸡。眼中犀角真吾子，身后牛衣愧老妻。百岁神游定何处，桐乡知葬浙江西。[1]

关于此二诗，《避暑录话》记载："苏子瞻元丰间赴诏狱，与其长子迈俱行。与之期，送食惟菜与肉，有不测则彻二物而送以鱼。使伺外间以为候，迈谨守。逾月，忽粮尽，出谋于陈留，委其一亲戚代送，而忘语其约。亲戚偶得鱼鲊送之，不兼他物，子瞻大骇，知不免，将以祈哀于上，而无以自达，乃作二诗寄子由，祝狱吏致之，盖意狱吏不敢隐，则必以闻。"

苏轼为何欲自尽，在此且不论，而看看其将死时的心态以及有何遗言。纪昀的"情至之言，不以工拙论也"之评，虽简却能道出人将死之至情。全诗以自责及悲哀语气表达对亲人的怀念，以及对曾经任过地方官所在地的老百姓的眷恋。第一首自责自己愚蠢自招灾厄，不怨天责地，只是怀念子由，怀念过往即悲惜将来跟他退隐并"对床夜雨"的愿望。第二首写对死的感受以及死后对家人的牵挂、对老百姓的眷恋。在诗联后二句下公自注："狱中闻杭、湖间民为余作解厄道场累月，故有此句。"死后埋葬在"浙江西"是他遗言，感激湖州、杭州的老百姓对他的眷恋。出狱后狱卒将诗还给他时，他都不敢看。"后子瞻谪黄州，狱卒曰：'还学士此诗。'子瞻以面伏案不忍读也。"可见苏轼当时的心态是何等悲哀凄凉。

总之，在"乌台诗案"中苏轼的心态极其复杂，这些感受对苏轼出狱后的影响甚大。从他当时的心态中，可以窥见其思想上的嬗变。

---

[1] 《予以事系御使台狱，狱吏稍见侵，自度不能堪，死狱中，不得一别子由，故作二诗授狱卒梁成，以遗子由，二首》，载苏轼撰，王文浩辑注，孔凡礼点校：《苏轼诗集》卷十九，中华书局1982年版，第998页。

（四）诗案对苏轼思想的影响

"乌台诗案"是苏轼人生的转折点，百余日的"炼狱"使得他的主导思想产生了"质变"。由原来以儒家思想为主导、益之以佛老，变成以佛老思想为主导、以儒家思想为辅，"外儒"的一面渐隐，"内释"的一面凸现出来。贬谪黄州之前，佛禅之于苏轼仅是粗浅的接触，是生活的心灵调剂品；"乌台诗案"之后，"致君尧舜"之志遭到打击，许国之心受挫，济世无门，精神苦闷难以解脱，儒家思想面临考验。苏轼思想嬗变的转折点已成了学界的公认。王水照说："'乌台诗案'是苏轼生活史的转折点。他开始了四年多的黄州谪居生活。沉重的政治打击使他对社会、对人生的态度，以及反映在创作上的思想、感情和风格，都有明显的变化。"[1] 王洪曾说"苏轼开始由当初'奋厉有当世志'，'致君尧舜'，转变为'聊从造物游'的艺术人生。案前，诗人主要是深刻地反省仕途人生；其后，他痛苦的心灵在自然的天地里找到了归宿，发现了新的人生境界。"[2] 颜中其认为黄州时期，"苏东坡精神寄托的对象，从名利事业而暂时转移到东坡，转移到大自然。这就是对统治集团的一种疏远，这不能不无它的积极意义"[3]。前辈们的这些意见是正确的，但笔者认为，说"乌台诗案"是苏轼一生的重要转折点，这并不是说对案前苏轼的自我否定，而是在痛定思痛之后的自我重建，是他探求人生终极意义之境界的开端。以下略谈苏轼贬谪黄州时期的作品及其心态，以见其思想嬗变之一斑。

案前，苏轼虽然怀着"致君尧舜，此事何难"的儒家思想，但他对人生无常的意识却早已萌芽，在 26 岁时曾写下了"人生到处知何似，应似飞鸿踏雪泥。泥上偶然留指爪，鸿飞那复计东西"[4]。经过"魂惊汤火命如鸡"的诗案，他更为真切地感受到了人生的无常。所以苏轼出狱当天又写了两首诗，表示他对日后生活的抉择，其中一首是：

> 平生文字为吾累，此去声名不厌低。塞上纵归他日马，城东不斗少年鸡。
> 休官彭泽贫无酒，隐几维摩病有妻。堪笑睢阳老从事，为余投檄向江西。[5]

---

[1]　王水照：《苏轼研究》，河北教育出版社 1999 年 5 月第 1 版，第 24 页。

[2]　王洪：《苏轼诗歌研究》，朝华出版社 1993 年 5 月第 1 版，第 17 页。

[3]　颜中其：《苏东坡》，黑龙江人民出版社 1981 年版，第 109 页。

[4]　《和子由渑池怀旧》，载苏轼撰，王文浩辑注，孔凡礼点校：《苏轼诗集》卷三，中华书局 1982 年版，第 96 页。

[5]　《十二月二十八日，蒙恩责授检校水部员外郎黄州团练副使，复用韵二首》，载苏轼撰，王文浩辑注，孔凡礼点校：《苏轼诗集》卷十九，中华书局 1982 年版，第 1006 页。

此时的苏轼对少年的功名追求已消失了不少，"不斗少年鸡"了，而是更向往"维摩病有妻"的境界。"少年鸡"指的是贾昌，贾昌年老时告诉他人他在少年时曾因斗鸡而获得唐天子的宠爱，而任宫廷的弄臣和伶人。[1]"维摩病有妻"即是有法喜，维摩诘是佛教居士，常以病为由，向众说法，虽无妻但常说室中有妻，其妻则是法喜，"世人以妻色为悦，菩萨以法喜为悦"。可见苏轼将以佛教这种法喜来安顿人生而不是儒家以浮名为目标，说明案后他对人生的追求已经由外转内了。这种旷达人生境界成了苏轼日后创作的基调。

"乌台诗案"苏轼死里逃生，来到了黄州，开始杜门思过，对人生进行全面的思考，这直接影响了其后半生的生活方式和人格发展走向。他曾给友人王巩写信说："自到此，惟以书史为乐，比从仕废学，少免荒唐也。"[2]《答李端叔书》言："回视三十年以来，所为，多其病者，足下所见，皆故我非今我也。"[3]因此，他在《初到黄州》诗中写道：

> 自笑平生为口忙，老来事业转荒唐。长江绕郭知鱼美，好竹连山觉笋香。
> 逐客不妨员外置，诗人例作水曹郎。只惭无补丝毫事，尚费官家压酒囊。[4]

从这首诗可见他所谓"荒唐"、"故我"的含义，即从前一直"为口忙"追求功名的"故我"，而现在又被责受黄州团练副使，剥夺了签书公事的权力，"团练副使"水曹郎虽然亦是"官"，但实际只是虚设，俸禄微薄，故云"老来事业转荒唐"。诗中"长江绕郭知鱼美"四句的意思是回归大自然，安顿于大自然之中，才会找到人生的终极目的，这就是"今我"的境界。这种境界在《哨遍》表现得更清楚：

> 为米折腰，因酒弃家，口体交相累。归去来，谁不遣君归？觉从前皆非今是……噫！归去来兮，我今忘我兼忘世。亲戚无浪语，琴书中有真味。步翠麓崎岖，泛溪窈窕，涓涓暗谷流春水。观草木欣荣，幽人自感，吾生行且休矣！念寓形宇内复几时？不自觉皇皇欲何之？委吾心、去留谁计？神仙知在何处？富贵非吾志。但知临水登山啸咏，自引壶觞自醉。此生天命更何疑？且乘流、遇坎还止。[5]

[1]　林语堂：《苏东坡传》，陕西师范大学出版社 2006 年 5 月第 1 版，第 177 页。
[2]　《与王定国四十一首》其十三，载苏轼撰，孔凡礼点校：《苏轼文集》卷五十二，中华书局 1986 年版，第 1520 页。
[3]　苏轼撰，孔凡礼点校：《苏轼文集》卷四十九，中华书局 1986 年版，第 1432—1433 页。
[4]　苏轼撰，王文浩辑注，孔凡礼点校：《苏轼诗集》卷二十，中华书局 1982 年版，第 1031 页。
[5]　苏轼撰，邹同庆、王宗堂著：《苏轼词编年校注》，中华书局 2002 年版，第 389 页。

这里的"今是"就是"我今忘我兼忘世"，一种返回大自然之中寻找人生的"真味"，也就是"法喜之悦"。此时他需要的并不是"富贵"而是"临水登山啸咏，自引壶觞自醉"的逍遥自在。这样他重建"别来未一年，落尽骄气浮"[1]的"今我"。对苏轼这个"故我"转入"今我"的境界，其胞弟苏辙曾有评价说："既而谪居于黄，杜门深居，驰骋翰墨，其文一变，如川之方至，而辙瞠然不能及矣。"[2]

苏轼早年萌生的人生无常思想，"飞鸿"的意象多少带有消极的表现，"乌台诗案"后苏轼对人生无常理解得更清楚，在《卜算子（缺月挂琉铜）》词中云：

> 缺月挂琉铜，漏断人物静。谁见幽人独往来，缥渺孤鸿影。
>
> 惊起却回头，有仅无人者。拣尽寒枝不肯栖，寂寞沙洲冷。[3]

这里"孤鸿影"的意象比早年更清晰地表现了作者思想上消极的一面。词中所刻画的孤鸿，正是远离社会幽居的作者的形象。在清冷死寂的茫茫深夜中，这只孤鸿不知飞向何方，无枝可依而又不屑于俯就低桠的寒枝，整个沙洲大地对他都是寒冷的。这首词描绘出封建社会阴森、冷酷、寂寞的典型环境，反映了苏轼思想上的变化走向。苏轼开始重新思考人生的终极目的，而诗案的沉重打击，使得他对人生价值产生怀疑，造成了思想上消极的阴影。因此"人生如梦"的意识更为清楚地显露出来。如在《念奴桥》一词中，流露出千般的伤感，"大江东去，浪淘尽、千古风流人物"，那雄伟壮阔的如画江山，那"谈笑间、樯橹灰飞烟灭"的"一时多少豪杰"，今何在？还不都是"如梦，一尊还酹江月"，无法摆脱对人生、时代、社会的悲伤。再如《南山子（霜降水痕收）》词云：

> 霜降水痕收，浅碧鳞鳞露远洲。酒力渐消风力软，飕飕，破帽多情却恋头。
>
> 佳节若为酬，但把清尊断送秋。万事到头都是梦，休休，明日黄花蝶也愁。[4]

诗案前怎么样也不至于"佳节"却无人"为酬"，而只有"破帽""恋头"之情，看来"万事到头都是梦"。这与苏轼其余词中所发出的"人间如梦"、"世事一场大梦"、"未转头时皆梦"、"古今如梦，何曾梦觉"、"君臣一梦，古今虚名"等一起表现了苏轼后半生的生活态度。在他看来，世间万事，皆是梦境，转眼成空；荣辱得失、

[1]　苏轼：《子由自南都来陈三日而别》，载苏轼撰，王文浩辑注，孔凡礼点校：《苏轼诗集》卷二，中华书局1982年版，第1018页。

[2]　陈宏天、高秀芳点校：《苏辙集》卷二十一，中华书局1990年版，第1117页。

[3]　苏轼撰，邹同庆、王宗堂著：《苏轼词编年校注》，中华书局2002年版，第275页。

[4]　苏轼撰，邹同庆、王宗堂著：《苏轼词编年校注》，中华书局2002年版，第331页。

富贵贫贱，都是过眼云烟；世事的纷纷扰扰，不必耿耿于怀。如果命运不允许自己有为，就饮酒作乐，终老余生；如有机会一展抱负，就努力为之。这种进取与退隐、积极与消极的双重矛盾心理，在上词中得到了集中体现。

诗案后苏轼在黄州时期"前非今是"、"人生如梦"的思想，到了再次莅杭期间以及岭海时期已落尽了那消极的一面，如在再次莅杭期间所作的《六观堂老人草书诗》云："物生有象象乃滋，梦幻无根成斯须。方其梦时了非无，泡影一失俯仰殊。清露未晞电已徂，此灭灭尽乃真吾。"[1]岭海时期他在《午窗坐睡》诗中云："谓我此为觉，物至了不受。谓我今方梦，此心初不垢。非梦亦非觉，请问希夷叟。"[2]这种非有非无思想营造了苏轼创作上呈现出的"回首向来萧瑟处，也无风雨也无晴"、"一蓑烟雨任平生"另一种人生境界。而这种境界是从黄州时期的基调演变而来的。

总之，"乌台诗案" 的沉重打击，使得苏轼在思想上产生了极大的变化，可以说是由诗案前重外转为内向的发展走向，彻底重建了新我的另一境界。"乌台诗案"是苏轼思想嬗变的转折点，林语堂先生亦曾云："苏东坡这种解脱自由的生活，引起他精神上的变化，这种变化遂表现在他的写作上。他讽刺的苛酷，笔锋的尖锐，以及紧张与愤怒，全已消失，代之而出现的，则是一种光辉温暖、亲切宽和的诙谐，醇甜而成熟，透彻而深入。"[3]正是说中了其嬗变的实质。

[1] 苏轼撰，王文浩辑注，孔凡礼点校：《苏轼诗集》卷三十四，中华书局1982年版，第1795页。
[2] 苏轼撰，王文浩辑注，孔凡礼点校：《苏轼诗集》卷四十一，中华书局1982年版，第2286页。
[3] 林语堂：《苏东坡传》，陕西师范大学出版社2006年5月第1版，第194页。

第二章　儒、释、道思想对苏轼的陶冶

佛教自从传入中国后，渐与本土的儒、道二家相结合，形成了中国思想的主干。虽然三家思想的走向不同，但在某种程度上三家都有相同之处。早在六朝时期，刘勰已经发现三者的相同之处，他在《灭惑论》中说："故孔释教殊而道契。"[1]儒、释、道三家的融合，在宋代发展到高峰，成为士大夫思想的主要部分，苏轼是其中的代表之一。苏轼认为："孔老异门，儒释分宫，又于其间，阐律交攻，我见大海，有此南东，江河虽殊，其至则同。"[2]又在为其弟苏辙所著《老子解》作跋时写道："使汉初有此书，则孔老为一；使晋宋间有此书，则佛老不为二。"[3]可见他对儒、释、道三教合一的态度是肯定的。可以说苏轼的思想是融会贯通了儒、释、道三家之思想。然而历来学者对此评价各有不同，有人认为儒家思想是苏轼思想的主流，有人认为道家思想是苏轼思想的主流，有人认为苏轼以儒治世、以老治身而以佛治心，有人认为苏轼仕途得意则以儒、失意则以佛老，甚至有人认为苏轼思想是儒、释、道三家思想的"杂糅"。朱靖华先生在《对传统文化的反思与建构——论苏轼思想的"自己构成自己"》一文中说："这些说法都有其一定的、片面性的道理，但均未能从苏轼整体思想个性的特质方面、从苏轼思维的发展规律上去分析研究他的思想变革，于是，便始终未能真正理清苏轼思想的脉络，这不能不说是当今学术界的大憾事。"[4]文中强调苏轼在继承儒、释、道三家思想过程中的个人主观意识，并以三个阶段论之。朱靖华的这一研究视野颇有见地和创新意义，但笔者认为应该如朱靖华所述从苏轼的个人主观意识以及人生经历而有阶段性选择的继承动机去研究其对儒、释、道三

---

[1]　释僧祐撰：《弘明集》卷八，《四库全书》本。

[2]　《祭龙井辨才文》，载苏轼撰，孔凡礼点校：《苏轼文集》卷六十三，中华书局1986年版，第1961页。

[3]　《跋子由老子解后》，载苏轼撰，孔凡礼点校：《苏轼文集》卷六十六，中华书局1986年版，第2072页。

[4]　中国人民大学中文系主编：《中国苏轼研究》第一辑，学苑出版社2004年版，第23页。

家思想的继承意识。

第一节　奋厉有当世志——对儒家思想的继承意识

一、经籍群书研习圆世志

苏轼青少年时期，其父母为了应举而以儒家经典教之，使其幼而"奋厉有当世志"。为了在将来能够实现治平之事业，苏轼日夜博览研习经籍群书，而主要以儒学为治世之术。他的严谨治学和从实用角度出发的态度，使其对儒家诸经典之义理有着较为独特的理解，其弟苏辙论及苏轼少时治学的态度时说："初学贾谊、陆贽书，论古今治乱，不为空言……"（《亡兄子瞻端明墓志铭》），并认为其兄之学术"博辩无碍，浩然不见其涯也"。[1]

苏轼的学术渊源，首先是受他家乡眉州儒学传统的影响，他在《眉州远景楼记》一文中说："吾州之俗，有近古者三。其士大夫贵经术而重氏族，其民尊吏而畏法，其农夫合耦以相助。盖有三代、汉、唐之遗风，而他郡之所莫及也。始朝廷以声律取士，而天圣以前，学者犹袭五代之弊，独吾州之士，通经学古，以西汉文词为宗师。"[2]这段文字中，苏轼描写了其家乡当时学术之风气，其风气是"贵经术"，重"西汉文词"的古学，而"他郡之所莫及"。可见，苏轼重经学的学术根底。其次，苏轼的学术也有家学渊源。其父亲苏洵是一位重儒家经典的儒者，苏洵的《权书》、《衡论》、《六经论》、《洪范论》等是其学术侧重儒家经典的例证，欧阳修曾在《荐布衣苏洵状》文中评价说："其论议精于物理而善识变权，不为空言而期于有用。其所撰《权书》、《衡论》、《机策》二十篇，辞辩宏伟，传于古而宜于今，实有用之言，非特能文之士也。"[3]可见苏洵重经学而贵实用的视野。关于对儿子的教育，苏洵在《上张侍郎第一书》一文中曾说："洵有二子轼、辙，龆龀授经，不知他习，进趋拜跪，仪状甚野，而独于文字中有可观者。"[4]从这段文字中苏洵对儒家经典的推崇可知，苏轼儒学根底可详。其根底则是儒家经书，不但"龆龀授经，不知他习"，还要"进

---

[1]　苏辙著，陈宏天、高秀芳点校：《苏辙集》卷二十二，中华书局 2004 年版，第 1117 页。

[2]　苏轼撰，孔凡礼点校：《苏轼文集》卷十一，中华书局 1986 年版，第 352 页。

[3]　欧阳修著，李逸安校点：《欧阳修全集》卷一一二，中华书局 2001 年版，第 1698 页。

[4]　苏洵著，曾枣庄、金成礼笺注：《嘉祐集笺注》卷十一，上海古籍出版社 1993 年版，第 345 页。

趋拜跪，仪状甚野"，更可以透见苏洵对儿子学术的影响。另外，其母亲也是以儒家之经籍为主教导苏轼的，据《宋史·苏轼传》卷三百三十八《列传》第九十七载："生十年，父洵游学四方，母程氏亲授以书，闻古今成败，辄能语其要。程氏读东汉《范滂传》，慨然太息，轼请曰：'轼若为滂，母许之否？'程氏曰：'汝能为滂，吾顾不能为滂母邪？'比冠，博通经史，属文日数千言，好贾谊、陆贽书。"

由上所述，可见苏轼的学术根底与儒家经典有着密切的关系。他的这个学术根底侧重于儒家经典，钻研经典这个过程可以说是他的儒学思想陶冶之路。苏轼的《书论》、《诗论》、《礼论》、《春秋论》等可以说是其钻研结果的代表之作，表现了苏轼对儒家思想的继承与坚守。下面以苏轼对儒学经典所提出的见解为探究对象，透窥苏轼以儒家经典构建自己"有当世志"之一斑。

《诗经》是六经之首，亦是儒家经典中重要典籍之一。然因孔子曾言："诗三百，一言以蔽之，曰：'思无邪。'"并以此"诗教"为宗来删诗，而后者毛公释《诗经》、郑玄作《毛诗》笺注时，推孔子之意，以"思"训释为"思念"，故后学多以其为《诗经》之大意，"诗教"之说便始流行，并被历代统治者提倡。关于《诗经》中，所谓非"思无邪"之作，应当如何观之，苏轼在《诗论》中云：

> 《诗》者，天下之人，匹夫匹妇羁臣贱隶悲忧愉佚之所为作也。夫天下之人，自伤其贫贱困苦之忧，而自述其丰美盛大之乐，上及于君臣、父子，天下兴亡、治乱之迹，而下及于饮食、床第、昆虫、草木之类，盖其中无所不具，而尚何以绳墨法度区区而求诸其间哉！此亦足以见其志之无不通矣。夫圣人之于《诗》，以为其终要入于仁义，而不责其一言之无当，是以其意可观，而其言可通也。[1]

从此文中，可见苏轼治学之志趣，温故而知新之视野。其意：言《诗经》之真面目，乃广而实，是其生活中"无所不具"也。"无当"之作，亦是其社会之反照，故可以以之洞察其社会之民情，而知其兴衰。是作之所以得传，乃圣人之用心也，而其之用心则不出于仁与义。何以见故？苏轼在其《既醉备五福论》文中云：

> 夫诗者，不可以言语求而得，必将深观其意焉。故其讥刺是人也，不言其所为之恶，而言其爵位之尊、车服之美而民疾之，以见其不堪也。"君子偕老，副笄六珈"、"赫赫师尹，民具尔瞻"是也。其颂美是人也，不

---

[1]　苏轼撰，孔凡礼点校：《苏轼文集》卷二，中华书局1986年版，第55页。

言其所为之善，而言其冠佩之华、容貌之盛而民安之，以见其无愧也。"缁
衣之宜兮，敝，予又改为兮"、"服其命服，朱芾斯皇"是也。[1]

从此文中苏轼之推论逻辑可知，于《诗经》之志，"不可以言语求而得，必将
深观其意"。何故？"诗言志"而"在心为志，发言为诗"，此乃《诗经》之志也。
换言之，《诗经》虽言之以果，而志在因，以果而知因，是《诗经》之志也。如《三
世因果经》言："欲知前世因，今生受者是；欲知来世果，今生作者是。"苏轼此文，
可谓深得《诗经》之志矣，以其果知其之因，将古之因果，观今之因，而后知其之果也。
若将此两论放在一起读，苏轼对孔子删诗之事持何看法则清晰可辨了。他在《春秋论》
中提出了自己的反对意见：

> 昔者仲尼删《诗》于衰周之末，上自商、周之盛王，至于幽、厉失道之际，
> 而下讫于陈灵。自诗人以来，至于仲尼之世，盖已数百余年矣。愚尝怪《大雅》、
> 《小雅》之诗，当幽、厉之时，而称道文、武、成、康之盛德，及其终篇，
> 又不见幽、厉之暴虐，此谁知其为幽、厉之诗而非文、武、成、康之诗者！
> 盖察其辞气，有幽忧不乐之意，是以系之幽、厉而无疑也。[2]

于此文中，苏轼虽无提及孔子的"三人行，必有我师焉。择其善者而从之，其
不善者而改之"（《论语·乡党第十》）之言，但其意清晰可观。无论是之"邪"
或"无邪"，均有"教"之用也。所以者何？如是说故，"无邪"者可从之，"邪"
者可改之，既不失《诗经》之本，亦无损其之宗。若以"无邪"为宗，而删其"邪"
之作，乃失其之本也，应作如是观也。幽、厉暴虐，故亡。若去本存宗，后世何以
知其之亡也。安国治邦者，应当以之为戒，而传之，不得"责其一言之无当"而去之，
"是以其意可观，而其言可通也"。

《尚书》是一本记载先王政绩之法典、君臣相交之谋策、贤臣告诫君主之言辞、
告诫慰勉人民之告喻、告诫将士或敌人的誓文以及国军对下臣颁布之命令等的经典，
是儒家重要典籍之一。而"后世经传既已乖离，博学者又不思多闻阙疑之义，而务
碎义逃难，便辞巧说，破坏形体；说五字之文，至于二三万言"[3]，"一经说至百余

---

[1] 苏轼撰，孔凡礼点校：《苏轼文集》卷二，中华书局1986年版，第50页。

[2] 苏轼撰，孔凡礼点校：《苏轼文集》卷二，中华书局1986年版，第58页。

[3] 班固：《汉书》，中华书局1962年版，第1723页。

万言"[1] 等如此拘囿于经典中繁琐笺注的现象。苏轼对经典的看法与汉代以来儒者们忽略不顾儒学经世致用的基本精神，导致经典逐渐教条僵化，而不能为社会生活提供有效指导现象则是大相径庭，如其在《书论》中说：

> 愚读《史记·商君列传》，观其改法易令，变更秦国之风俗，诛秦民之议令者以数千人，黥太子之师，杀太子之傅，而后法令大行，盖未尝不壮其勇而有决也。曰：嗟夫，世俗之人，不可以虑始而可乐成也。使天下之人，各陈其所知而守其所学，以议天子之事，则事将有格而不得成者。然及观三代之书，至其将有以矫拂世俗之际，则其所以告谕天下者常丁宁激切，叠叠而不倦，务使天下尽知其君之心，而又从而折其不服之意，使天下皆信以为如此而后从事。其言回曲宛转，譬如平人自相议论而诘其是非。愚始读而疑之，以为近于濡滞迂远而无决，然其使天下乐从而无黾勉不得已之意，其事既发而无纷纭异同之论，此则王者之意也。故常以为当尧舜之时，其君臣相得之心，欢然乐而无间，相与吁俞嗟叹唯诺于朝廷之中，不啻若朋友之亲。虽其有所相是非论辨以求曲直之际，当亦无足怪者。及至汤武征伐之际，周旋反覆，自述其用兵之意，以明晓天下，此又其势然也。惟其天下既安，君民之势阔远而不同，天下有所欲为，而其匹夫匹妇私有异论于天下，以龃龉其上之画策，令之而不肯听。当此之时，刑驱而势胁之，天下夫谁敢不听从。而上之人，优游而徐譬之，使之信之而后从。此非王者之心，谁能处而待之而不倦欤？盖盘庚之迁，天下皆咨嗟而不悦，盘庚为之称其先王盛德明圣，而犹五迁以至于今，今不承于古，恐天之断弃汝命，不救汝死。既又恐其不从也，则又曰，汝罔暨余同心，我先后将降尔罪，暨乃祖，先父亦将告我高后曰，作大戮于朕孙。盖其所以开其不悟之心，而谕之以其所以当然者，如此其详也。若夫商君则不然，以为要使汝获其利，而何恤乎吾之所为，故无所求于众人之论，而亦无以告谕天下。然其事亦终于有成。是以后世之论，以为三代之治柔懦不决。然此乃王霸之所以为异也。夫三代之君，惟不忍鄙其民而欺之，故天下有故，而其议及于百姓，以观其意之所向，及其不可听也，则又反覆而论之，以穷极其说，而服其

---

[1]　班固：《汉书》，中华书局1962年版，第3620页。

不然之心，是以其民亲而爱之。呜呼，此王霸之所为不同也哉。[1]

在此文中，苏轼则扬三代之矫拂世俗，而抑商鞅之商鞅变法。商鞅之际为何要变革秦法？"世俗之人，不可以虑始而可乐成也。"故，然"使天下之人，各陈其所知而守其所学，以议天子之事"，如此变革，则会"有格而不得成者"，此为苏轼抑商鞅变法之由也。相反之下，三代之际，为了"使天下乐从而无龃勉不得已之意"，先则"常丁宁激切，謷謷而不倦，务使天下尽知其君之心"，"使之信之而后从"，若经过"周旋反覆"仍不从，则可以像汤武那样，以"刑驱而势胁"威武来"折其不服之意"，"服其不然之心"。如此顺"其势然"治国，则天下"无纷纭异同之论"，"王者"之心、意应当如此，此为苏轼扬三代矫拂世俗之由也。苏轼如此阐发《书论》的宗旨，一方面体现了他对仁爱的统治者的赞扬，一方面其对《尚书》的研究角度可观。其意为从现实运用意义上去解读和借鉴经典，认为治国平天下者应当如此读《尚书》，而非拘囿于经典中繁琐笺注，忽略不顾其经世致用的精神。

《礼经》是一本记载上古时代国家制度、世俗仪文和礼的道理的经典，也是儒家的重要典籍之一。《左传》隐公十二年云："礼者，所以定国家、安社稷、存人民、利后嗣者也"，但宋前的士大夫们以及宋人的部分学者，接受《礼经》时，往往只注意到其形式方面之制度和仪礼，而忽略了其中的内容意义之所在。苏轼则不然，在《礼论》中云：

> 昔者商、周之际，何其为礼之易也。其在宗庙朝廷之中，笾豆、簠簋、牛羊、酒醴之荐，交于堂上，而天子、诸侯、大夫、卿、士周旋揖让，献酬百拜，乐作于下，礼行于上，雍容和穆，终日而不乱。夫古之人何其知礼而行之不劳也？当此之时，天下之人，惟其习惯而无疑，衣服、器皿、冠冕、佩玉，皆其所常用也，是以其人入于其间，耳目聪明，而手足无所忤，其身安于礼之曲折，而其心不乱，以能深思礼乐之意，故其廉耻退让之节，睟然见于面而盎然发于其躬。夫是以能使天下观其行事，而忘其暴戾鄙野之气。至于后世风俗变易，更数千年以至于今，天下之事已大异矣。然天下之人，尚皆记录三代礼乐之名，详其节目，而习其俯仰，冠古之冠，服古之服，而御古之器皿，伛偻拳曲劳苦于宗庙朝廷之中，区区而莫得其纪，交错纷乱而不中节，此无足怪也。其所用者，非其素所习也，而强使

---

[1] 苏轼撰，孔凡礼点校：《苏轼文集》卷二，中华书局1986年版，第54页。

焉。甚矣夫，后世之好古也。昔者上古之世，盖尝有巢居穴处，污樽抔饮，燔黍捭豚，蒉桴土鼓，而以为是足以养生送死，而无以加之者矣。及其后世，圣人以为不足以大利于天下，是故易之以宫室，新之以笾豆鼎俎之器，以济天下之所不足，而尽去太古之法。惟其祭祀以交于鬼神，乃始荐其血毛，豚解而腥之，体解而爓之，以为是不忘本，而非以为后世之礼不足用也。是以退而体其犬豕牛羊，实其簠簋笾豆铏羹，以极今世之美，未闻其牵于上古之说，选懦而不决也。且方今之人，佩玉服黻冕而垂旒拱手而不知所为，而天下之人，亦且见笑之，是何所复望于其有以感发天下之心哉！且又有所大不安者，宗庙之祭，圣人所以追求先祖之神灵，庶几得而享之，以安临孝子之志者也。是以思其平生起居饮食之际，而设其器用，荐其酒食，皆从其生，以冀其来而安之。而后世宗庙之际，皆用三代之器，则是先祖终莫得而安也。盖三代之时，席地而食，是以其器用，各因其所便，而为之高下大小之制。今世之礼，坐于床，而食于床上，是以其器不得不有所变。虽正使三代之圣人生于今而用之，亦将以为便安。故夫三代之视上古，犹今之视三代也。三代之器，不可复用矣，而其制礼之意，尚可依仿以为法也。宗庙之祭，荐之以血毛，重之以体荐，有以存古之遗风矣。而其余者，可以易三代之器，而用今世之所便，以从鬼神之所安。惟其春秋社稷释奠释菜，凡所以享古之鬼神者，则皆从其器，盖周人之祭蜡与田祖也。吹苇籥，击土鼓，此亦各从其所安耳。嗟夫，天下之礼宏阔而难言，自非圣人而何以处此。故夫推之而不明，讲之而不详，则愚实有罪焉。唯其近于正而易行，庶几天下安而从之，是则有取焉耳。[1]

文中苏轼对于古代之所以制礼的原因，及其对当时的接受礼而不懂礼之意义所在现象进行分析。他的核心思想是"三代之视上古，犹今之视三代也。三代之器，不可复用矣，而其制礼之意，尚可依以为法"。"器"是礼之形式，"意"是礼之内容，形式应该随着时间、空间的改变而改变，礼的内容是可以借鉴的。彼时之"衣服、器皿、冠冕、佩玉"等"皆其所常用也"，用于彼时"身安""心不乱"，而此时则"风俗变易，更数千年以至于今，天下之事已大异矣"，若仍以彼时此类的形式器具为用，则会造成"佩玉服黻冕而垂旒拱手而不知所为"，"伛偻拳曲劳苦

---

[1] 苏轼撰，孔凡礼点校：《苏轼文集》卷二，中华书局1986年版，第56页。

于宗庙朝廷之中，区区而莫得其纪，交错纷乱而不中节”等现象，而“终莫得而安”。礼之用，是使人消除“暴戾鄙野之气”，而达到身心之“安”也。三代之际，已有“宫室”而非上古之时“巢居穴处，污樽抔饮，燔黍捭豚，蒉桴土鼓”，但在祭祀时“乃始荐其血毛，豚解而腥之，体解而爓之”是“不忘本”的表现，是“安恤孝子之志者”之举止，而非三代之礼“不足用”。若不从礼之用来继承，而效仿古人仍用旧制，则“推之而不明，讲之而不详”，而无法使“天下安而从之”也。关于宋儒对《礼经》的理解，苏轼在《礼以养人为本论》一文中说：“今儒者之论则不然，以为礼者，圣人之所独尊，而天下之事最难成者也。牵于繁文而拘于小说，有毫毛之差，则终身以为不可。论明堂者惑于《考工》、《吕令》之说，议郊庙者泥于郑氏、王肃之学。纷纷交错者累岁而不决，或因而遂罢，未尝有一人果断而决行之。此皆论之太详而畏之太甚之过也。”[1] 其意乃批评“今儒者”之“过”，其“过”为拘泥于古礼中的细节，不敢大胆去改变。可见，苏轼对传统文化的继承与创新的意识之所在。

《易经》为“群经之首”，是中国哲学的源头，也是儒家的重要经典之一。《易经》是一本卜筮之书，其书之内容，下明人事，上通天道，论宇宙之万变，能详其书则可知存亡、兴衰，故《易经》被历代安国治邦者所推崇，被儒者所重视。汉以来治《易经》者则常用“取象释义”之法，即以卦象、爻象为解释经传意蕴之视野，宋代治《易经》者，多从其义理出发，而从具体的“义理”进一步向抽象的“天理”转变。苏轼的易学思想既不同于汉代的象数学派，也不同于宋代的义理学派，而是既采用王弼开创的义理易学，排除卦、爻象，直接阐发《易经》经传的微言大义，又不赞同其向抽象的“天理”转变，而坚持老子的“自然无为”之道，侧重阐述《易经》中对生活、治理国家和人民有意义的义理。纪昀在《四库全书总目·易类》里中肯地评定了苏轼的易学观点：“至其他推阐理势，言简意明，往往足以达难显之情，而深得曲譬之旨。盖大体近于王弼，而弼之说惟畅玄风，轼之说多切人事。其文辞博辨，足资启发，又乌可一概屏斥耶？李衡作《周易义海撮要》，丁易东作《周易象义》，董真卿作《周易会通》，皆采录其说，非徒然也。”[2] 纪昀认为苏轼易学是走王弼之路，但撇弃了王弼玄学玄风，将哲理与人事结合来推阐其义理，用以指导现实人生、现实社会。朱熹也在《答汪尚书书》中说：“至若苏氏之言，尚者出入有无，而曲成义理；下者指陈利害，而切近人事。”（《朱子全书》卷五十九）可见，苏轼治《易

---

[1] 苏轼撰，孔凡礼点校：《苏轼文集》卷二，中华书局1986年版，第49页。

[2] 《四库全书总目》卷二《易类》，《四库全书》本。

经》是有针对性地去除其玄学成分，发挥儒家义理，力图以新的姿态重现儒家正统的易学精神，他在《易论》中说：

> 《易》者，卜筮之书也。挟策布卦，以分阴阳而明吉凶，此日者之事，而非圣人之道也。圣人之道，存乎其爻之辞，而不在其数。数非圣人之所尽心也，然《易》始于八卦，至于六十四，此其为书，未离乎用数也。而世之人皆耻其言《易》之数，或者言而不得其要，纷纭迂阔而不可解，此高论之士所以不言欤？夫《易》本于卜筮，而圣人开言于其间，以尽天下之人情。使其为数纷乱而不可考，则圣人岂肯以其有用之言而托之无用之数哉！ [1]

此文中，苏轼认为《易经》之道不在"其数"，而在"其爻之辞"，因其辞是圣人在卜筮中的寄托，"以尽天下之人情"，他反对将圣人"有用之言而托之无用之数"的治学视野。苏轼是如何将《易经》学结合于现实去推阐其义理的呢？他在《御试重巽申命论》中说：

> 昔圣人之始画卦也，皆有以配乎物者也。巽之配于风者，以其发而有所动也。配于木者，以其仁且顺也。夫发而有所动者，不仁则不可以久，不顺则不可以行，故发而仁，动而顺，而巽之道备矣。圣人以为不重，则不可以变，故因而重之，使之动而能变，变而不穷，故曰"重巽以申命"。言天子之号令如此而后可也。天地之化育，有可以指而言者，有不可以求而得者。今夫日，皆知其所以为暖；雨，皆知其所以为润；雷霆，皆知其所以为震；雪霜，皆知其所以为杀。至于风，悠然布于天地之间，来不知其所自，去不知其所入，嘘而炎，吹而冷，大而鼓乎大山乔岳之上，细而入乎窈空屋之下，发达万物，而天下不以为德，摧败草木，而天下不以为怒，故曰天地之化育，有不可求而得者。此圣人之所法，以令天下之术也。圣人在上，天下之民，各得其职。士者皆曰"吾学而仕"，农者皆曰"吾耕而食"，工者皆曰"吾作而用"，贾者皆曰"吾负而贩"，不知圣人之制命令以鼓舞、通变其道，而使之安乎此也。圣人之在上也，天下可由而不可知，可言而不可议，盖得乎巽之道也。易者，圣人之动，而卦者，动

---

[1] 苏轼撰，孔凡礼点校：《苏轼文集》卷二，中华书局1986年版，第52页。

之时也。《蛊》之象曰："先甲三日，后甲三日。"而《巽》之九五亦曰："先庚三日，后庚三日。"而说者谓甲庚皆所以申命，而先后者，慎之至也。圣人悯斯民之愚，而不忍使之遽陷于罪戾也，故先三日而令之，后三日而申之，不从而后诛，盖其用心之慎也。以至神之化令天下，使天下不测其端；以至详之法晓天下，使天下明知其所避。天下不测其端，而明知其所避，故靡然相率而不敢议也。上令而下不议，下从而上不诛，顺之至也。故重巽之道，上下顺也。[1]

此文中，苏轼认为"天子之号令"应具备"仁且顺"，此乃《易经》中"巽之道"。"仁"则可久，"顺"则"可行"，仁、顺具备则"动而能变，变而不穷"。另，"天子之号令"不仅要具备"仁"和"顺"，还要使"天下可由而不可知，可言而不可议"，此乃"巽"的自然之道。此"巽之道"是比较抽象而自然，要"求而得"而非能"指而言"的具体现象，颁布号令时（"动之时"），应"以至神之化令天下，使天下不测其端；以至详之法晓天下，使天下明知其所避。天下不测其端，而明知其所避，故靡然相率而不敢议也"。如此关怀人民，担忧百姓，才可以使得"上令而下不议，下从而上不诛"，以达到"上下顺也"。从此文中，可见苏轼的仁政思想。又在《物不可苟合论》中，苏轼认为"国长短"取决于"天下治乱"者"将欲有为"时是否对"其始""有所甚难"，此谓"详于其始者"也。而"详于其始"即是不仅对成功的因素有详细的了解，而且对失败的原因也有具体的分析，"非为其始之不足以成，而忧其终之易败也"；既不是"求速成之功"的急功近利，只想着成功而考虑成功的条件，更不是连成功的条件也没有考虑，"不能待其足"。如此不详"其始"，事情必定以失败而告终。苏轼的这种思想是受《易经》启发的，故他在此文结语中说："《易》曰：'藉用白茅，无咎。苟错诸地而可矣，藉之用茅，何咎之有。'此古之圣人所以长有天下，而后世之所谓迂阔也。又曰：'嗑者，合也。物不可以苟合，故受之以贲。'尽矣。"[2]这段文字出自《周易·系辞》："'初六，藉用白茅，无咎。'子曰：'苟错诸地而可矣，藉之用茅，何咎之有？慎之至也！夫茅之为物薄而用可重也。慎斯术也，以往，其无所失矣！'"[3]此话教人做人要诚恳，做事要谨慎。以茅垫着供品、送品，说明此人做人的诚恳及做事的谨慎。如此，虽无用之物，亦可变成有

[1] 苏轼撰，孔凡礼点校：《苏轼文集》卷二，中华书局1986年版，第34页。

[2] 苏轼撰，孔凡礼点校：《苏轼文集》卷二，中华书局1986年版，第41页。

[3] 《周易正义·系辞》，北京大学出版社2000年版，第326页。

用之材。一切好坏在于人之态度耳。愚者见愚，智者见智，苏轼以《易经》此语为"物不可以苟合"的理论依据，一切事情不能随便配合，要谨慎做事。这也是《易经》具有现实意义的一面。

《春秋》是孔子作鲁史的一本编年史记书，上始于鲁隐公元年，下止于鲁哀公十四年，共记载了十二公、二百四十二年间大事。《春秋》的笔法，是将善善恶恶、贤贤贱不肖的褒贬判断，寓于记载之中。然而，对此历来学者都从孔子微言大义的角度评价，而苏轼则从人皆有"喜怒哀乐之情"入手分析，在《春秋论》中曰：

> 事有以拂乎吾心，则吾言忿然而不平，有以顺适乎吾意，则吾言优柔而不怒。天下之人，其喜哀乐之情，可以一言而知也。喜之言，岂可以为怒之言耶？此天下之人，皆能辨之。而至于圣人，其言丁宁反覆，布于方册者甚多，而其喜怒好恶之所在者，又甚明而易知也……若夫春秋二百四十二年之间，天下之是非，杂然而触乎其心，见恶而怒，见善而喜，则求其是非之际，又可以求诸其言之喜怒之间矣。今夫人之于事，有喜而言之者，有怒而言之者，有怨而言之者。喜而言之，则其言和而无伤。怒而言之，则其言厉而不温。怨而言之，则其言深而不泄。此其大凡也……此三者，无以加矣……愚故曰《春秋》者，亦人之言而已，而人之言，亦观其辞气之所向而已矣。[1]

此文中，苏轼将《春秋》笔法分为"三者"，即"喜而言之者"、"怒而言之者"和"怨而言之者"，从而断言曰："《春秋》者，亦人之言而已，而人之言，亦观其辞气之所向而已矣。"从此论断中，我们不难发现苏轼的观点，乃是圣人之言同于人之常情。如是说，于《春秋》中，所褒贬之对象则可辨也。故对"成天下之事业，定天下之邪正"之术，苏轼在其《学士院试春秋定天下之邪正论》中云：

> 夫《春秋》者，礼之见于事业者也。孔子论三代之盛，必归于礼之大成，而其衰，必本于礼之渐废。群臣、父子、上下，莫不由礼而定其位。至以为有礼则生，无礼则死。故孔子自少至老，未尝一日不学礼而不治其他。以之出入周旋，乱臣强君莫能加焉。知天下莫之能用也，退而治其纪纲条目，以遗后世之君子。则又以为不得亲见于行事，有其具而无其施设措置之方，于是因鲁史记为《春秋》，一断于礼。凡《春秋》之所褒者，礼之所与也，

---

[1] 苏轼撰，孔凡礼点校：《苏轼文集》卷二，中华书局1986年版，第58页。

其所贬者，礼之所否也。[1]

文中，苏轼强调事业的成败取决于"有礼"和"无礼"，"有礼则生，无礼则死"，礼兴则国盛，礼废则国衰。由此可见，苏轼侧重实用的治学视野之一斑。

由上所述，苏轼虽从不同的角度对儒家经典进行诠释，但始终是借以议政的实用视野为治学的目的，将儒家经典中对现实生活有益之处挖掘出来，构建其"奋厉有当世志"忧国爱民的怀抱。可以说"六经注我"是苏轼对儒家经典继承与坚守的概括。

二、儒者先贤效仿足我观

儒家思想体系是以处理社会上的各种关系为终极目标，可以归纳为处世态度和处世原则，而此处世之术的成败在于是否得人心。所谓"得人心"，上则得王侯将相之意，下则顺百姓黎民之心，得人心者出处之间无事而不成也。处世态度和处世原则是一个人的世界观，通过对生活的观照、对历史人物的审视而建构。分析历史人物的成败原因，观察他们之所长、所短，从中吸取对自己有用之处，来建构这个世界观。故效仿儒者先贤成为历代士大夫阶层的趣向，苏轼也不例外。可以说效仿儒者先贤是苏轼继承儒家思想的另一个途径，从他们身上可以找到各种处世的态度，"善者"则"从之"，"不善者"则"改之"，从而可以完善自己的处世之道，进而建构自己为人的原则。苏轼一生所推崇和敬慕及论及之儒者先贤甚多，在此不便一一罗列陈述，而仅以对苏轼影响较深的一些人为研讨对象，通过他对这些人的所作所为发表的不同评价，窥见其所效仿之万一，以此窥视其对于传统儒家济世思想的继承欲坚守的一面。

苏轼对历代儒者先贤的效仿受其父苏洵的影响很大。欧阳修在《荐布衣苏洵状》文中对苏洵文章的评价说："辞辩闳伟，博于古而宜于今，实有用之言，非特能文之士也。"[2]这一评价是把苏洵与一般好文而不务实之士区别开来。苏轼对父亲这样博古宜今、取古而用于今的风格，深有领悟，他在回复虔州副使俞括的信《答虔倅俞括一首》中说："今观所示议论，自东汉以下十篇，皆欲酌古以驭今，有意于济世之实用，而不志于耳目之观美。此正平生所望于朋友与凡学道之君子也。"[3]通

---

[1] 苏轼撰，孔凡礼点校：《苏轼文集》卷二，中华书局1986年版，第38页。

[2] 欧阳修著，李逸安校点：《欧阳修全集》卷一一二，中华书局2001年版，第1698页。

[3] 苏轼撰，孔凡礼点校：《苏轼文集》卷五十九，中华书局1986年版，第1793页。

过赞同而表明他与同仁为文不在于形式上的观赏之美，而在于济世之实用，其治学视野是"酌古以驭今"。其弟苏辙在《历代论一并引》中也说："父兄之学，皆以古今成败得失为议论之要。"[1]并称"其学出于孟子"，而实则"遍观乎百家"（见《上两制诸公书》）。可见苏轼效仿儒者先贤的用心。

孔子无疑是苏轼一生中最推崇和敬仰的人，苏轼对其学说一一钻研，对其举指则处处效仿，他在《论孔子》中说：

> 鲁定公十二年，孔子言于公曰："臣无藏甲，大夫无百雉之城。"使仲由为季氏宰，将堕三都。于是叔孙氏先堕郈。季氏将堕费，公山不狃、叔孙辄率费人袭公。公与三子入于季氏之宫，孔子命申句须、乐颀下伐之，费人北，二子奔齐，遂堕费。将堕成，公敛处父以成叛，公围成，弗克。或曰：殆哉，孔子之为政也，亦危而难成矣……孔子之所以圣也。盖田氏、六卿不服，则齐、晋无不亡之道。三桓不臣，则鲁无可治之理。孔子之用于世，其政无急于此者矣……孔子以羁旅之臣得政期月，而能举治世之礼，以律亡国之臣，堕名都，出藏甲，而三桓不疑其害己，此必有不言而信，不怒而威者矣。孔子之圣见于行事，至此为无疑也……孔子以哀公十六年卒，十四年，陈恒弑其君，孔子沐浴而朝，告于哀公，请讨之。吾是以知孔子之欲治列国之君臣，使如《春秋》之法者，至于老且死而不忘也。或曰：孔子知哀公与三子之必不从，而以礼告也欤？曰：否。孔子实欲伐齐。孔子既告公。公曰："鲁为齐弱久矣，子之伐之，将若之何？"对曰："陈恒弑其君，民之不予者半。以鲁之众，加齐之半，可克也。"此岂礼告而已哉！哀公患三桓之偪，尝欲以越伐鲁而去之。夫以蛮夷伐国，民不予也，皋如、出公之事，断可见矣，岂若从孔子而伐齐乎？若从孔子而伐齐，则凡所以胜齐之道，孔子任之有余矣。既克田氏，则鲁之公室自张，三桓不治而自服也，此孔子之志也。[2]

此文中，苏轼认为孔子之所以被称为圣人，是他有"浩然之气"能臣，虽然"以羁旅之臣得政期月"，但也"能举治世之礼，以律亡国之臣"；虽然"堕名都，出藏甲"，

---

[1]　苏辙著，陈宏天、高秀芳点校：《苏辙集》卷七《栾城后集》，中华书局2004年版，第958页。

[2]　苏轼撰，孔凡礼点校：《苏轼文集》卷五，中华书局1986年版，第149页。

但也能让"三桓不疑其害己，此必有不言而信，不怒而威者矣"。孔子能有如此之能臣，是因为他以礼治国的思想，别人对孔子的礼治思想具有怀疑的态度，认为孔子那样为政的思想是"亦危而难成"的，但苏轼却认为孔子"臣无藏甲，大夫无百雉之城"的思想是对的。他的论证是齐、晋两国因不以礼约束公卿大臣逾越，故最后亡国于他们手中。另外，苏轼也反对认为孔子也只不过是"以礼告也欤"而已的说法，他认为孔子是坚持自己的礼治观念，有礼则得天下人之心，从而得天下。"陈恒弑其君"是不礼，故会失民心的"民之不予者半"，这样则是亡国在旦夕耳。最后他总结道："若从孔子而伐齐，则凡所以胜齐之道，孔子任之有余矣。既克田氏，则鲁之公室自张，三桓不治而自服也。"这些道理苏轼认为是"断可见"的。明代学者茅坤对苏轼的这个想法表示了赞同，他云："孔子之所以圣，不尽于用鲁；子瞻于孔子之用番，已见得分明。"[1]

关于孔子的渊博学问，应该如何学而用之，苏轼在《孟子论》中阐发得很清楚。

昔者仲尼自卫反鲁，网罗三代之旧闻，盖经礼三百，曲礼三千，终年不能究其说。夫子谓子贡曰："赐，尔以吾为多学而识之者欤？非也，予一以贯之。"天下苦其难而莫之能用也，不知夫子之有以贯之也。是故尧、舜、禹、汤、文、武、周公之法度礼乐刑政，与当世之贤人君子百氏之书，百工之技艺，九州之内，四海之外，九夷八蛮之事，荒忽诞谩而不可考者，杂然皆列乎胸中，而有卓然不可乱者，此固有以一之也。是以博学而不乱，深思而不惑，非天下之至精，其孰能与于此？盖尝求之于六经，至于《诗》与《春秋》之际，而后知圣人之道，始终本末，各有条理。夫王化之本，始于天下之易行。天下固知有父子也，父子不相贼，而足以为孝矣。天下固知有兄弟也，兄弟不相夺，而足以为悌矣。孝悌足而王道备，此固非有深远而难见，勤苦而难行者也。故《诗》之为教也，使人歌舞佚乐，无所不至，要在于不失正焉而已矣。虽然，圣人固有所甚畏也。一失容者，礼之所由废也。一失言者，义之所由亡也。君臣之相攘，上下之相残，天下大乱，未尝不始于此道。是故《春秋》力争于毫厘之间，而深明乎疑似之际，截然其有所必不可为也。不观于《诗》，无以见王道之易。不观于《春秋》，

[1] 四川大学中文系编：《苏轼资料汇编》上编三，中华书局1994年版，第985页。

无以知王政之难。[1]

在此文中，苏轼认为孔子之所以能够把尧、舜、禹、汤、文、武、周公之法度、礼乐、刑政，百家之著述，百工之技艺，九州四海、八夷八蛮之事，甚至荒诞不可考的东西，杂而不乱地纳存于胸中，是因为他能够"一以贯之"。孔子的"一以贯之"指的是什么？苏轼认为其"一"者，"礼"也。何故？如其文中言：君臣、父子不失其本分，"孝悌足而王道备"，则天下不乱；礼废义亡，君臣相攘、上下相残，"天下大乱"。苏轼认为孔子的礼治之道"非有深远而难见"，而是"难行"，然因"其难而莫之能用"。孔子之道重在其用，而用见于行，无"行"则难见其道也。在《孟子论》中，苏轼还认为孟子是继承并发挥了孔子的礼治思想，他说：

> 自孔子没，诸子各以所闻著书，而皆不得其源流，故其言无有统要，若孟子，可谓深于《诗》而长于《春秋》者矣。其道始于至粗，而极于至精。充乎天地，放乎四海，而毫厘有所必计。至宽而不可犯，至密而可乐者，此其中必有所守，而后世或未之见也。且孟子尝有言矣："人能充其无欲害人之心，而仁不可胜用也。人能充其无欲为穿窬之心，而义不可胜用也。士未可以言而言，是以言餂之也。可以言而不言，是以不言餂之也。是皆穿窬之类也。"唯其不为穿窬也，而义至于不可。唯其未可以言而言、可以言而不言也，而其罪遂至于穿窬。故曰：其道始于至粗，而极于至精。充乎天地，放乎四海，而毫厘有所必计。[2]

苏轼认为孟子是以"仁"和"义"来阐发孔子之"礼"。而孟子之道之所以"始于至粗，而极于至精。充乎天地，放乎四海，而毫厘有所必计。至宽而不可犯，至密而可乐者"，是因为孟子将"仁"和"义"归结在人的心意上，无害人之心则"仁"，无行窃之意则"义"。他说"言"与"不言"都是一种手段，工于心计，用以窥测、揣摩、试探对方的好恶意象，企图投其所好，以便利用，此与小偷行窃无异。苏轼认为人人都像孟子那样不妄取、不妄为地坦荡正直，何礼而不周全呢？虽然苏轼曾在《扬雄论》中批评孟子的性善论，在《子思论》里责怪孟子得其师子思的性善说而不善用，但孟子对孔子"礼治"的继承是值得后人肯定和学习的，故曰："后之观孟子者，无观之他，亦观诸此而已矣。"

---

[1]　苏轼撰，孔凡礼点校：《苏轼文集》卷三，中华书局1986年版，第96页。
[2]　苏轼撰，孔凡礼点校：《苏轼文集》卷三，中华书局1986年版，第96页。

孔孟以外，贾谊、陆贽也是苏轼一生中所敬慕的儒者，如《宋史·苏轼传》卷三百三十八《列传》第九十七载："生十年，父洵游学四方，母程氏亲授以书，闻古今成败，辄能语其要……比冠，博通经史，属文日数千言，好贾谊、陆贽书。"苏轼晚年贬居惠州时，在《与王庠书》中也说："儒者之病，多空文而少实用。贾谊、陆贽之学，殆不传于世。"[1] 可见苏轼对贾谊、陆贽二人的敬仰之心。在《贾谊论》中，他说：

> 非才之难，所以自用者实难。惜乎贾生王者之佐，而不能自用其才也。夫君子之所取者远，则必有所待，所就者大，则必有所忍。古之贤人，皆有可致之才，而卒不能行其万一者，未必皆其时君之罪，或者其自取也。愚观贾生之论，如其所言，虽三代何以远过。得君如汉文，犹且以不用死，然则是天下无尧舜，终不可以有所为耶？仲尼圣人，历试于天下，苟非大无道之国，皆欲勉强扶持，庶几一日得行其道。将之荆，先之以子夏，申之以冉有。君子之欲得其君，如此其勤也。孟子去齐，三宿而后出昼，犹曰："王其庶几召我。"君子之不忍弃其君，如此其厚也。公孙丑问曰："夫子何为不豫？"孟子曰："方今天下，舍我其谁哉？而吾何为不豫？"君子之爱其身，如此其至也。夫如此而不用，然后知天下之果不足与有为，而可以无憾矣。若贾生者，非汉文之不用生，生之不能用汉文也。夫绛侯亲握天子玺而授之文帝，灌婴连兵数十万，以决刘吕之雌雄，又皆高帝之旧将，此其君臣相得之分，岂特父子骨肉手足哉？贾生，洛阳之少年，欲使其一朝之间，尽弃其旧而谋其新，亦已难矣。为贾生者，上得其君，下得其大臣，如绛、灌之属，优游浸渍而深交之，使天子不疑，大臣不忌，然后举天下而惟吾之所欲为，不过十年，可以得志。安有立谈之间，而遽为人痛哭哉！观其过湘为赋以吊屈原，悲郁愤闷，跃然有远举之志。其后卒以自伤哭泣，至于夭绝，是亦不善处穷者也。夫谋之一不见用，安知终不复用也？不知默默以待其变，而自残至此。呜呼！贾生志大而量小，才有余而识不足也。古之人，有高世之才，必有遗俗之累。是故非聪明睿智不惑之主，则不能全其用。古今称苻坚得王猛于草莽之中，一朝尽斥去其旧臣而与之谋，彼其匹夫略有天下之半，其以此哉！愚深悲贾生之志，故备论之。亦使人君

---

[1] 苏轼撰，孔凡礼点校：《苏轼文集》卷四十九，中华书局1986年版，第1422页。

得如贾生之臣，则知其有狷介之操，一不见用，则忧伤病沮，不能复振。

而为贾生者，亦慎其所发哉！[1]

贾谊是西汉初年著名的政论家、文学家，年仅二十余岁被文帝召为博士，不到一年又被破格提为太中大夫。然在他23岁那年，被贬为长沙王太傅，后又被召回任梁怀王太傅。因梁怀王坠马而死，贾谊深自歉疚，不久后忧伤而死。司马迁在《史记·屈原贾生列传》中，将贾谊和屈原置于一传，意在于其二人之命运相类，贾谊曾被流贬长沙，后汉文帝召他进京问鬼神之事，晚唐李商隐在《贾生》诗中讽刺其事说："不问苍生问鬼神。"从这些资料来看，好像是汉文帝不能知人善任，贾谊是怀才不遇。苏轼的看法则不然，在《贾谊论》开端说："非才之难，所以自用者实难。惜乎贾生王者之佐，而不能自用其才也。"认为贾谊之遭遇不是"君之罪"，而是"其自取"；是"非汉文之不用生，生之不能用汉文"。原因何在呢？乃因贾谊没有具备心怀远大抱负的君子该有的两个立身处世的准则："待"和"忍"。苏轼一连举出三个能"待"能"忍"的论证。其一是孔子。凡不是"大无道"之国，孔子都勉力去扶持，以图有朝一日能实现他的政治主张。故当孔子想得到楚国的重用时，就先后连派两个学生去表明自己的意思。其二是孟子。因见齐王不能行王道，欲辞官而去，走之前他仍在齐地留三日，他想齐王或许会重召其入朝。其三，尽管孟子不能在齐国实现他的政治怀抱，但他并不悲观，依然快乐地活着，"方今天下，舍我其谁哉？而吾何为不豫？"若像孔孟那样尽了所能，而终不被重用，那不会有什么可以遗憾的了，"夫如此而不用，然后知天下之果不足与有为，而可以无憾矣"。再者，依苏轼的看法，汉文帝是一位明君，贾谊若尽了所能很有可能会被重用的，倘若生不逢时，"天下无尧舜"，也不至于"终不可以有所为"。故苏轼指责贾谊说："夫谋之一不见用，安知终不复用也？不知默默以待其变，而自残至此。"并结论"贾生志大而量小，才有余而识不足也"。他补充说明，"古之人，有高世之才，必有遗俗之累。是故非聪明睿智不惑之主，则不能全其用"。通过这篇论文，苏轼寄托了自己的政治思想，对用才之主若"得如贾谊之臣，则知其有狷介之操，一不见用，则忧伤病沮，不能复振"应多珍惜，而对负才之士"为贾生者，亦慎其所发哉"应多自重。从贾谊身上，苏轼学到了人才有时也要"忍"和"待"，若不得志则要"善处穷时"。因此，当苏轼遭受政治打击无法从政之时，或身在贬地，不管生存环境如何恶劣，他从不怨天

---

[1]　苏轼撰，孔凡礼点校：《苏轼文集》卷四，中华书局1986年版，第105页。

尤人，或自暴自弃，而是选择依然热爱生活，或潜心著述，以求有益于后世，或游山玩水，以求解脱，总能在艰难的生活中找到快乐，总能以满腔热情应对生活的困顿，表现出一种乐观豁达的精神。正因为善处穷，能忍能待，故"乌台诗案"发生后，仍有被复用且大用的机会。

如果说，从贾谊身上苏轼学到仕途失意时要"善处穷"，那么陆贽则让他学到仕途失意时要有陆贽"上以格君心之非，下以通天下之志"、"剖析事理，精当不移"那样的气概。

陆贽是唐代政治家、文学家，大历八年进士，中博学宏辞、书判拔萃科。德宗即位，召充翰林学士。贞元八年出任宰相，但两年后因与裴延龄有矛盾，被贬充忠州别驾，永贞元年卒于任所。在安史之乱后，唐朝由盛转衰，唐德宗时期又发生"建中之乱"，在唐朝面临危急存亡之际，陆贽辅佐唐德宗运筹帷幄，避免了朝廷被倾覆的危险。陆贽以卓越的政治才能使得唐朝已失之民心复归，他代皇帝起草的赦令成为千古绝唱。陆贽不但是一位伟大的政治家，而且还是一位杰出的文学家，曾国藩在《鸣原堂论文》中评论陆贽文章说："无一句不对，无一字不谐平仄，无一联不调马蹄，而义理之精，足以比隆廉、洛气势之盛，亦堪方驾韩、苏。退之本为陆公所取士，子瞻奏议，终身效法陆公。而公之剖析事理，精当不移，则非韩、苏所能及。"[1] 可以说，陆贽是苏轼一生中最为敬慕的前贤，他在《答虔倅俞括一首》中说：

> 轼顿首资深使君阁下。前日辱访，宠示长笺，及诗文一编，伏读数日，废卷拊掌，有起予之叹。孔子曰："辞达而已矣。"物固有是理，患不知，知之患不能达之于口与手。所谓文者，能达是而已。文人之盛，莫如近世，然私所敬慕者，独陆宣公一人。家有公奏议善本，顷侍讲读，尝缮写进御，区区之忠，自谓庶几于孟轲之敬王，且欲推此学于天下，使家藏此方，人挟此药，以待世之病者，岂非仁人君子之至情也哉！今观所示议论，自东汉以下十篇，皆欲酌古以驭今，有意于济世之用，而不志于耳目之观美，此正平生所望于朋友与凡学道之君子也。然去岁在都下见一医工，颇艺而穷，慨然谓仆曰："人所以服药，端为病耳，若欲以适口，则莫如刍豢，何以药为？今孙氏、刘氏皆以药显，孙氏期于治病，不择甘苦，而刘氏专务适口，病者宜安所去取，而刘氏富倍孙氏，此何理也？"使君斯文，未必售于世。

---

[1] 高步瀛选注：《唐宋文举要》，《鸣原堂论文》卷上。

然售不售，岂吾侪所当挂口哉，聊以发一笑耳。进宣公奏议，有一表，辄录呈，不须示人也。余俟面谢，不宣。[1]

苏轼在这篇文章中，表达了自己对陆贽的敬佩之情，"文人之盛，莫如近世，然私所敬慕者，独陆宣公一人"。所欣赏者，乃其人之文风，"皆欲酌古以驭今，有意于济世之用，而不志于耳目之观美"，可谓得孔子"辞达"之旨。是故苏轼在任翰林学上兼待读时，将家中所藏的陆贽奏议之善本，缮写进呈给哲宗，意在向皇帝推荐陆贽之学，进而"推此学于天下，使家藏此方，人挟此药，以待世之病者"。陆贽之学之所以"未必售于世"，在于其学是"忠言逆耳"、"良药苦口"。然治世如医病，宜"端病"而不宜"适口"。从此文中，苏轼所谓自汉代以来"儒者之病，多空文而少实用。贾谊、陆贽之学，殆不传于世"之意可辨，是儒者的急功近利风气日重的现象。虽历史均将贾谊、陆贽二人并称，苏轼本人论述过程中亦然。而事实上，苏轼是更敬佩陆贽的，其人对他一生的影响也更深。他对贾谊、陆贽二人的评价是有所不同的。对贾谊，如上文所述，是批评的，而对陆贽，则是赞扬的，认为陆贽的政治论文有贾谊之长而无其短。故在他晚年，元祐八年（1093）跟吕希哲、吴安诗、丰稷、赵彦若、范祖禹和顾临等人连名给宋哲宗所上的《乞校正陆贽奏议进札子》中，苏轼对陆贽的才华及言论作了全面而精当的评价。

臣等猥以空疏，备员讲读。圣明天纵，学问日新。臣等才有限而道无穷，心欲言而口不逮，以此自惭，莫知所为。窃谓人臣之纳忠，譬如医者之用药，药虽进于医手，方多传于古人，若已经效于世间，不必皆从于己出。伏见唐宰相陆贽，才本王佐，学为帝师。论深切于事情，言不离于道德。智如子房，而文则过；辨如贾谊，而术不疏。上以格君心之非，下以通天下之志。但其不幸，仕不遇时。德宗以苛刻为能，而贽谏之以忠厚；德宗以猜忌为术，而贽劝之以推诚；德宗好用兵，而贽以消兵为先；德宗好聚财，而贽以散财为急。至于用人听言之法，治边御将之方，罪己以收人心，改过以应天道，去小人以除民患，惜名器以待有功，如此之流，未易悉数。可谓进苦口之药石，针害身之膏肓。使德宗尽用其言，则贞观可得而复。臣等每退自西阁，即私相告，以陛下圣明，必喜贽议论。但使圣贤之相契，即如臣主之同时。昔冯唐论颇、牧之贤，则汉文为之太息；魏相条晁、董之对，则孝宣以致中兴。

---

[1] 苏轼撰，孔凡礼点校：《苏轼文集》卷五十九，中华书局1986年版，第1793页。

若陛下能自得师，则莫若近取诸赟。夫六经三史，诸子百家，非无可观，皆足为治。但圣言幽远，末学支离，譬如山海之崇深，难以一二而推择。如赟之论，开卷了然。聚古今之精英，实治乱之龟鉴。臣等欲取其奏议，稍加校正，缮写进呈。愿陛下置之坐隅，如见赟面；反复熟读，如与赟言，必能发圣性之高明，成治功于岁月。臣等不胜区区之意，取进止。[1]

在此文中，苏轼仍以"医者之用药"为喻，针对"治乱之龟鉴"而阐发陆赟之学。他先以"才本王佐，学为帝师"之论断，评价陆赟之才学，后以其人"论深切于事情，言不离于道德"之特征，作为前面论断的理论依据，进而将其人与其他能治乱者进行比较，其人"智如子房，而文则过；辨如贾谊，而术不疏。上以格君心之非，下以通天下之志"，以此比较来补充说明自己前面的论断。如此前后呼应之语，将他对陆赟的评价提到了顶点。故在结论中，他便大胆地将陆赟的奏议与儒家的六经、三史（《史记》、《汉书》、《东观汉记》）、百家诸子等学术进行比较，认为古之术，非不可借鉴治国，只是圣人之学崇深，"难以一二而推择"；然而陆赟之学，"开卷了然"，实在是"聚古今之精英，实治乱之龟鉴"。因此，他便将陆赟的奏议进行了校正缮写，进呈哲宗皇帝，并隐忍劝说，恳切建议哲宗"置之坐隅，如见赟面；反复熟读，如与赟"。哲宗若能如此而作，拯救当时社稷上的种种"弊病"，则是岁月可待了。可见，苏轼对陆赟的推崇态度，他不仅自己终身敬佩，效仿其为文、为人，而且还想推广其学于天下，让更多的人受益于此。综观苏轼的仕途生涯，我们不难发现，他的所有奏议，无不效仿陆赟的文风。例如他的《上皇帝书》、《奏浙西灾伤第一状》、《代张方平谏用兵书》、《乞校正陆赟奏议进札子》等奏折，从内容上看，都是直面君事，勇于指陈时弊，论古今治乱、不为空言；从形式上看，或散或骈，都能明切事理，委曲而透情达理，这与陆赟文风是一脉相承的。故欧阳修曾称赞苏轼的骈体文："往时作四六者多用古人语，及广引故事，以炫博学，而不思述事不畅。近时文章变体，如苏氏父子以四六述叙，委曲精尽，不减古人。"[2]

总之，从孔、孟到贾、陆，苏轼都将其视为自己的老师，从他们身上学会各种处世态度，在实践政治生涯中能够良好地发挥自己的儒家经世思想，在生活中方能

[1] 苏轼撰，孔凡礼点校：《苏轼文集》卷三十六，中华书局1986年版，第1012页。

[2] 《试笔·苏氏四六》，欧阳修著，李逸安校点：《欧阳修全集》卷一〇三〇，中华书局2001年版，第1983页。

安顿好自己的各种际遇。

第二节　对佛家思想的观照

一、禅僧交游忘喜忧

苏轼从少年到病逝，一生交往过的僧人姓名可考者一百三十余人，有过诗来词去者八十余人。苏轼20岁时首次结交成都大圣慈寺的惟度、惟简；嘉祐年间，苏轼在京城与大觉怀琏结识，另外，此年间苏轼还结识了兴国寺浴室的德香、惠汉，眉山正信和尚，秀州僧本莹等，怀琏弟子径山维琳；熙宁年间和元祐年间两度莅杭，苏轼踏遍了各大寺院，结识了一大批僧人，先后姓名可考者四十余人，初到杭州，拜访惠勤、惠思二僧，后与慧辩、辩才、道潜、契嵩、梵臻、清顺、可久、圆照、应言、法明、法言、法涌、闻复、仲殊、宝觉、法云善本、云知和尚等结交。元丰二年（1079）二月，移知湖州过金山时结识佛印了元，元丰七年四月游庐山结识东林常总。贬谪黄州后仍常与他们交往，有的通过书信，有的一起云游，他们之间形成亦师亦友的关系，一生交好。苏轼一生交往的这些禅僧都是一代宗师，才德出众，能文善诗，皆是修学兼具，他们的一生行走去来，对苏轼的思想有相当程度的影响，对排解他人生中的喜忧也大有帮助。所谓"生我者父母，成我者朋友。亲附善者如雾露中行。虽不湿衣时时有润"[1]。下略述数人，以见其"润"之一斑。

（一）早　　年

苏轼一生与佛教结下不解之缘，从降生时母亲应梦，到自、他的梦殊，都离不开前世是僧身。释惠洪在《冷斋夜话》载苏轼云："一夕云庵梦同子由、聪出城迓五祖，戒禅师。既觉，私怪之，以语子由，未卒，聪至。子由迎呼曰：'方与洞山老师说梦，子来亦欲同说梦乎？'聪曰：'夜来辄梦见吾三人者同迎五戒和尚子。'由拊手大笑曰：'世间果有同梦者，异哉！'良久，东坡书至，曰已次奉新，旦夕可相见二人。大喜追笋舆而出城，至二十里建山寺，而东坡至。坐定无可言，则各追绎向所梦以语坡，坡曰：'轼年八九岁时，尝梦其身是僧，往来狭右，又先妣方孕时，梦一僧来托宿，记其颀然而眇一目。'"[2]古人笔记中的事，不可不信，亦不可全信。苏轼前世是否为僧此事并不重要，他一生广交僧人，这是事实。

---

[1]　《缁门警训》卷一《沩山大圆禅师警策》，载《大正新修大藏经》第48册，第1043页。
[2]　《梦迎五祖戒禅师》，《冷斋夜话》卷七，《四库全书》本。

1. 惟度、惟简

苏轼少时曾在多家寺院读书，如华藏寺、实相寺等，13 岁时，开始阅读佛经[1]，苏辙在《龙川略志》中云："予幼居乡间，从子瞻读书天庆观。"[2] 此时的苏轼与其弟在寺庙看书，若有与禅僧接触过也只是打招呼或说几句话耳。真正的交往是苏轼 22 岁游历成都时，在大圣慈寺结识了惟度、惟简二僧。他们与苏轼是一生之交，彼此感情深厚，对苏轼学佛之路大有帮助，尤其是惟简。惟简《补续高僧传》卷第二十三云：

> 宝月大师惟简，字宗古，苏氏，眉山人。于东坡为无服兄。九岁出家，十九得度。二十九赐紫，三十六赐号。师清亮敏达，综练万事，端身以律，物劳己以裕人。人皆高其才，服其心。凡所欲为趣成之。[3]

苏轼与惟简相识时，惟简 43 岁，早已是颇有名望的高僧。苏轼因母亡、父丧，曾两次回蜀奔丧，期间多与惟简游，并应惟简之请作《中和胜相院记》，记中说：

> 文雅大师惟度，器宇落落可爱，浑厚人也。能言唐末、五代事传记所不载者，因是与之游，甚熟。惟简则其同门友也，其为人，精敏过人，事佛齐众，谨严如官府。二僧皆吾之所爱。[4]

苏轼曾将吴道子画板施于惟简院，惟简建大阁收藏，苏轼为之作《四菩萨阁记》。元丰三年，以舍利授宝月大师供养。苏轼谪居黄州时，惟简曾两次派弟子悟清前去探望。绍圣二年惟简圆寂，苏轼正被远贬惠州，法舟、法荣二僧千里迢迢来到海南，求其为惟简作塔铭。苏轼精选上好纸墨，认真撰写。他在《题所书宝月塔铭》中自述：

> 予撰《宝月塔铭用》澄心堂纸，鼠须笔，李廷珪墨，皆一代之选也。丹师不远万里来求铭，予亦不辜其意。[5]

从上文可见苏轼对惟简的恭敬和深厚情谊。惟简是苏轼一生交往时间最长的禅僧，他们的友情持续了近四十年。

---

[1] 详见刘石：《苏轼与佛教三辩》，载《北京师范大学学报》1990 年第 3 期。

[2] 陈宏天、高秀芳点校：《苏辙集》，中华书局 1990 年 5 月版。

[3] 《补续高僧传》卷第二十三《二宝月大师传》，《卍新纂续藏经》第 77 册，第 517 页。

[4] 苏轼撰，孔凡礼点校：《苏轼文集》卷十二，中华书局 1986 年版，第 384 页。

[5] 苏轼撰，孔凡礼点校：《苏轼文集》卷六十九，中华书局 1986 年版，第 2202 页。

2. 怀 琏

嘉祐年间，苏轼在京城与大觉怀琏结识。怀琏，即大觉琏禅师（1009—1090），字器之，福建漳州陈氏子，幼有远韵，聪慧绝人，长为沙门，嗣泐潭怀澄禅师法嗣，清源下十四世。怀琏初往拜谒南昌石门澄禅师，师事之十余年，后事庐山圆通居讷禅师，皇祐二年正月被诏入京师，住十方净因禅院，二月十九日，召对化成殿，问佛法大意，奏对称旨，赐号大觉禅师，开堂演法。治平中年归于四明之育王山广利寺。怀琏善于说法，苏轼在《宸奎阁碑》中云：

> 是时北方之为佛者，皆留于名相，囿于因果，以故士之聪明超轶者皆
> 鄙其言，诋为蛮夷下俚之说。琏独指其妙与孔、老合者，其言文而真，其
> 行峻而通，故一时士大夫喜从之游。[1]

从这段话可见，当时士大夫们极为喜欢与怀琏交往。苏轼在京时，亦多次听怀琏说法，他在《祭大觉禅师文》中回忆说："我在壮岁，屡亲法筵。"[2] 怀琏不仅善说法，而亦善画画。怀琏曾以画相赠苏轼的父亲，苏洵嘱托苏轼作诗以谢，苏轼便写《次韵水官诗》以谢之，诗云：

> 高人岂学画，用笔乃其天。譬如善游人，一一能操船。阎子本缝掖，
> 畴昔慕云渊。丹青偶为戏，染指初尝鼋。爱之不自已，笔势如风翻。传闻
> 贞观中，左衽解椎鬟。南夷羞白雉，佛国贡青莲。诏令拟王会，别殿写戎
> 蛮。熊冠金络额，豹袖拥旛旜。传入应门内，俯伏脱剑拳。天姿俨龙凤，
> 杂沓朝鹏鳣。神功与绝迹，后世两莫扳。[3]

其父苏洵亦曾赠琏禅月罗汉画，作为回赠，怀琏赠苏轼罗汉木。怀琏晚年回住四明，苏轼在《与大觉禅师三首》（其二）云："奉别二十五年，几一世矣，会见无时，此怀可知……恨不得一见老师，更与钻磨也。"[4] 又元丰七，苏轼与参寥子同游庐山，踏访怀琏旧迹，依然满怀感念曰："欲一见之，恐不可复得"，此时怀琏"困

---

[1]　苏轼撰，孔凡礼点校：《苏轼文集》卷十七，中华书局 1986 年版，第 501 页。

[2]　《祭大觉禅师文》，载苏轼撰，孔凡礼点校：《苏轼文集》卷三十六，中华书局 1986 年版，第 1960 页。

[3]　苏轼撰，王文浩辑注，孔凡礼点校：《苏轼诗集》卷二，中华书局 1982 年版，第 86 页。

[4]　苏轼撰，孔凡礼点校：《苏轼文集》卷六十一，中华书局 1986 年版，第 1879 页。

于小人之言，几不安其居”[1]，轼深为忧虑，致简好友赵德麟，求他予以帮助并加之以礼，怀琏圆寂后，苏轼撰《祭大觉禅师文》[2]，以此表达自己心中对怀琏的怀念与哀悼。由此可见，苏轼对怀琏的尊敬与怀念。

此年间，除了怀琏之外，苏轼还结识了怀琏的弟子径山维琳，兴国寺浴室的德香与惠汉、眉山正信和尚、秀州僧本莹等，与他们都结下了终身之谊。

3. 维　　琳

维琳，号无畏，亦称无畏大师，俗姓沈氏，浙江德清县武康人，系南朝梁武帝大臣沈约之后。云门宗怀琏弟子，苏轼莅杭时，因不满径山住持的自传制而加以改革，建立“十方制”，规定官方可以委派高僧主持法席，招请维琳出任径山第七代住持，继登慧渊公法席，从此丛林蔚然，众心归附。后退静于邑之铜山，结庵名无畏，自号无畏大师。维琳自幼好学，能诗善辩，胆略过人（《径山史志》），住无畏庵时，县大夫欲砍山中的松树为官署，维琳知之便在松树上题诗，诗云：

> 大夫去作栋梁材，无复清阴护绿苔。只恐夜深明月下，恐他千里鹤飞来。[3]

县大夫看后便止令，由此可见师之诗才矣。维琳是怀琏弟子，苏氏兄弟在京城与怀琏大师结识的同时结识了维琳，苏辙赠维琳诗，诗中有云：“依依二三老，示我马祖禅。身心忽明旷，不受垢污缠。”[4]苏轼在两度莅杭的过程中曾三游径山，与径山常悟、澄惠、维琳交好，其中与维琳的关系尤为密切。苏轼曾在《维琳》中称赞维琳曰：

> 径山长老维琳，行峻而通，文丽而清。始径山祖师有约，后世止以甲
> 乙住持。予谓以适事之宜而废祖师之约，当于山门选用有德，乃以琳嗣事。
> 众初有不悦其人，然终不能胜悦者之多且公也，今则大定矣。[5]

可见苏轼之所以欣赏维琳，乃是维琳“行峻而通，文丽而清”之故。苏轼与维

---

[1]　《与赵德麟十七首》，载苏轼撰，孔凡礼点校：《苏轼文集》卷五十二，中华书局1986年版，第1544页。

[2]　《祭大觉禅师文》，载苏轼撰，孔凡礼点校：《苏轼文集》卷三十六，中华书局1986年版，第1960页。

[3]　《补续高僧传》卷第十八《宋维琳传》，载《卍新纂续藏经》第77册，第492页中。

[4]　苏辙：《送琳长老还大明山》，载陈宏天、高秀芳点校：《苏辙集》卷十四，中华书局1990年5月版，第264页。

[5]　苏轼撰，孔凡礼点校：《苏轼文集》卷七十二，中华书局1986年版，第2300页。

琳是终生好友，直至晚年仍保持亲密的友谊关系。苏轼贬岭南时，维琳十分关切，曾默祷于佛前，乞其亟返中州[1]，"净慧琳老及诸僧知，因见致恳。知为黙祷于佛，令亟还中州"。后元符三年，苏轼遇赦北归，抵常州，给维琳寄信曰：

> 卧病五十日，日以增剧，已颓然待尽矣。两日始微有生意，亦未可必也。适睡觉，忽见刺字，惊叹久之。暑毒如此，岂耆年者出山旅次时耶？不审比来眠食何如？某扶行不过数步，亦不能久坐，老师能相对卧谈少顷？即告晚凉，更一访。岭南万里不能死，而归宿田野，遂有不起之忧，岂非命也夫！然生死亦细故耳，无足道者，惟为佛为法为众生自重。[2]

苏轼的这两首词词情殷切，表露了老病依恋禅侣的心态，他希望能与维琳"相对卧谈"，维琳闻知苏轼"抱病稍革"，即赶来常州探询，至常州即以一诗问疾苏轼，诗曰：

> 扁舟驾兰陵，自援旧风日。君家有天人，雄雄维摩诘。我口吞文殊，千里来问疾。若以默相酬，露柱皆笑出。[3]

苏轼以诗答曰：

> 与君皆丙子，各已三万日。一日一千偈，电住那容诘。大患缘有身，无身则无疾。平生笑罗什，神咒真浪出。[4]

由此一对一答可以看出二人的友谊和苏轼晚年更加倾向禅宗的心情。苏轼临终那一年，维琳就在他身边。

（二）杭州时期

熙宁四年，苏轼因反对新法而难容于朝廷，便自请外任，是年六月苏轼被任命为杭州通判，十一月至杭任上。从此时到元丰二年（1079）七月先后担任了杭州通

---

[1] 《与参寥子二十一首（其十九）》，载苏轼撰，孔凡礼点校：《苏轼文集》卷六十一，中华书局1986年版，第1867页。

[2] 《与径山长老维琳二首》，载苏轼撰，孔凡礼点校：《苏轼文集》卷六十一，中华书局1986年版，第1884页。

[3] 《与东坡问疾》，载苏轼撰，王文浩辑注，孔凡礼点校：《苏轼诗集》卷四十五，中华书局1982年版，第2459页。

[4] 《答径山琳长老》，载苏轼撰，王文浩辑注，孔凡礼点校：《苏轼诗集》卷四十五，中华书局1982年版，第2459页。

判和密州、徐州、湖州三地的知州，共八年之久（实81个月）。因为仕途不顺、抱负难展，精神上的种种孤闷需要化解，所以苏轼便带着仕途失意的儒家思想走进了释道殿堂游赏、寄情于山水，以寻找精神的安慰。杭州是当时的佛教兴盛之地，佛寺林立、高僧云集；西湖周边山水优美、文人雅会，形成浓郁的佛教文化氛围，余暇便常游览美景，多与诗人墨客往来，在杭任上与禅僧交往甚多。他们的诗来词去，别有一番风流。

1. 惠　　勤

熙宁四年，苏轼因反对新法而难容于朝廷，便自请外任，开始了三年的杭州通判时期。此时欧阳修已经告老还乡，苏东坡特地绕道汝阴去看他。到杭州三日后苏轼便去拜访惠勤，惠勤是欧阳修推荐给苏轼的：

> 欧阳文忠公将老，自谓六一居士。予昔通守钱塘，见公于汝阴而南。公曰："西湖僧惠勤甚文，而长于诗，吾昔为《山中乐》三章以赠之。子闲于民事，求人于湖山间而不并叙可得，则往从勤乎？"予到官三日，访勤于孤山之下，抵掌而论人物。[1]

欧阳修一向"不喜佛老"，又是北宋文坛的领袖人物，却称赞惠勤是能文善诗者，可知惠勤之才。苏轼到杭州后的第三天便迫不及待地来到白居易称为"蓬莱宫在水中央"的孤山，与惠勤相见甚欢。关于此次拜访，苏轼在《腊日游孤山访惠勤惠思二僧》一诗中表达自己的真诚感受，诗曰：

> 天欲雪，云满湖，楼台明灭山有无。水清石出鱼可数，林深无人鸟自呼。
> 腊日不归对妻孥，名寻道人实自娱。道人之居在何许？宝云山前路盘纡。
> 孤山孤绝谁肯庐，道人有道山不孤。纸窗石屋深自暖，拥褐坐睡依团蒲。
> 天寒路远愁仆夫，整驾催归及未晡。出山回望云木合，但见野鹘盘浮图。
> 兹游淡泊欢有余，到家恍如梦蘧蘧。作诗火急追亡逋，清景一失后难摹。[2]

山之"孤绝"，路之"盘纡"，如此偏僻"谁肯庐"？惠勤"庐"之，且道人之"有道"，故"庐"之一切便暖和、亲切了。苏轼此游虽然淡泊但回味无穷，下了山他还不停地回头盼望"云木合"，直到"但见野鹘盘浮图"还仍然回望，甚至回到家

[1]　《六一泉铭》，载苏轼撰，孔凡礼点校：《苏轼文集》卷十九，中华书局1986年版，第565页。

[2]　苏轼撰，王文浩辑注，孔凡礼点校：《苏轼诗集》卷七，中华书局1982年版，第316页。

之后亦不敢相信有如此一处，"恍如梦"。可见苏轼对惠勤及惠勤所住之地的羡慕。苏轼拜访惠勤时，惠恩亦在，于是一并结识，后来他们三人多次同游西湖、同登北山，彼此感情甚深。这里值得注意的是苏轼虽然自请外任杭州，但是属于迫不得已才作的决定，所以他是很失落的，自感仕途不顺。惠勤罢僧职，苏轼写《僧惠勤初罢僧职》表达自己的感受，诗曰：

> 轩轩青田鹤，郁郁在樊笼。既为物所縻，遂与吾辈同。今来始谢去，万事一笑空。新诗如洗出，不受外垢蒙。清风入齿牙，出语如风松。霜髭苗病骨，饥坐听午钟。非诗能穷人，穷者诗乃工。此语信不妄，吾闻诸醉翁。[1]

苏轼对惠勤之谢去僧职而多出新诗充满期望，其实这亦是写给自己、安慰自己的。惠勤原是欧阳修的朋友，后与苏轼成为文字之交。苏轼到杭州的第二年，欧阳修逝世。苏轼赶到孤山与惠勤一起哭祭了一场。熙宁七年（1074），苏轼迁密州知州，行前为惠勤诗集作序，曾讲苏勤之交乃欧之作媒，并称赞惠勤之为人，其序《钱塘勤上人诗集叙》曰：

> 昔翟公罢廷尉，宾客无一人至者。其后复用，宾客欲往。翟公大书其门曰："一死一生，乃知交情。一贫一富，乃知交态。一贵一贱，交情乃见。"……翟公之客，负之于死生贵贱之间，而公之士，叛公于瞬息俄顷之际。翟公罢客，而公罪己，与士益厚，贤于古人远矣。公不喜佛老，其徒有治诗书学仁义之说者，必引而进之。佛者惠勤，从公游三十余年，公常称之为聪明才智有学问者。尤长于诗。公薨于汝阴，余哭之于其室。其后见之，语及于公，未尝不涕泣也。勤固无求于世，而公又非有德于勤者，其所以涕泣不忘，岂为利也哉。余然后益知勤之贤。使其得列于士大夫之间，而从事于功名，其不负公也审矣。[2]

从这段话，可见惠勤之交情，不为名利，只为知音。欧阳修欣赏惠勤之诗文，惠勤欣赏欧阳修之交态。可见，苏轼对惠勤之敬爱。十八年后，即元祐四年（1089），苏轼第二次到杭州任职，再访孤山时，惠勤也已下世了，只见到惠勤的弟子二仲。讲堂上悬挂着欧阳修和惠勤的遗像，堂下流着一泓清泉。这泉水是新发现的，二仲

---

[1]　《僧惠勤初罢僧职》，载苏轼撰，王文浩辑注，孔凡礼点校：《苏轼诗集》卷十二，中华书局1982年版，第576页。

[2]　苏轼撰，孔凡礼点校：《苏轼文集》卷十，中华书局1986年版，第321页。

请苏轼给泉水命名，苏东坡本着惠勤当年的遗意，遂取名为"六一泉"，乃作《六一泉铭》，记录了命名的始末，将他对欧阳修的一腔深情都寄于文中。苏轼还在"六一泉"后盖了一间茅屋，作为自己的居室，不时到此小住，以怀念这两位文坛前辈。

2. 慧　辩

慧辩（1014—1073），字讷翁，号海月，傅氏子，华亭人。从小不爱好弄，其父奇之，故让他到普照寺出家，十九进具足后，往事天竺灵山寺明知大师。慧辩曾任杭州都僧正，讲经传佛二十五年，声名远播，僧俗弟子盈门，也是苏轼"固喜从之游"的著名僧官。苏轼在钱塘时，每遇事不决，心神不安，往寻慧辩，聆听佛法，慧辩一席话，苏轼百忧解。这是惠辩跌坐而化二十一年后，苏轼在《海月辩公真赞并引》一文所诉说的，其文云：

> 余通守钱塘时，海月大师惠辩者，实在此位。神宇澄穆，不见愠喜，而缁素悦服，予固喜从之游。时东南多事，吏治少暇，而余方年壮气盛，不安厥官。每往见师，清坐相对，时闻一言，则百忧冰解，形神俱泰。因悟庄周所言东郭顺子之为人，人貌而天虚，缘而葆真，清而容物，物无道正，容以悟之，使人之意也消，盖师之谓也欤？一日，师卧疾，使人请余入山。适有所未暇。旬余乃往，则师之化四日矣。遗言须余至乃阖棺，跌坐如生，顶尚温也。余在黄州，梦至西湖上，有大殿榜曰弥勒下生，而故人辩才、海月之流，皆行道其间。师没后二十一年，余谪居惠州，天竺净惠师属参寥子以书遗余曰："檀越许与海月作真赞，久不偿此愿，何也？"余矍然而起，为说赞曰：人皆趋世，出世者谁？人皆遗世，世谁为之？爰有大士，处此两间。非浊非清，非律非禅。惟是海月，都师之式。庶复见之，众缚自脱。我梦西湖，天宫化城。见两天竺，宛如平生。云披月满，遗像在此。谁其赞之？惟东坡子。[1]

惠辩临终时遗嘱门徒法眷，须待苏轼至后方盖棺，可见慧辩与苏轼的交情。苏轼到黄州、惠州后仍梦见之、忆及之，可见苏轼与慧辩的交情。僧俗两路、内外二方，在苏轼、惠辩二人看来，乃不足为道矣。慧辩圆寂，苏轼哭之以三诗，其诗云：

> 欲寻遗迹强沾裳，本自无生可得亡。今夜生公讲堂月，满庭依旧冷如霜。

---

[1]　苏轼撰，孔凡礼点校：《苏轼文集》卷二十二，中华书局 1986 年版，第 638 页。

生死犹如臂屈伸，情钟我辈一酸辛。乐天不是蓬莱客，仗西方作主人。欲
访浮云起灭因，无缘却见梦中身。安心好住王文度，此理何须更问人。[1]

可见这位大师与苏轼是何等结识，其影响之巨大、之深远。

3. 辩　　才

辩才（1011—1091）与慧辩二师同是明知大师法嗣，苏轼莅杭时先结识慧辩，
后结识辩才，当时辩才已名震禅门，众学盈门。辩才即元净法师，字无像，杭州于
潜（今浙江临安县）人，10 岁出家于邑僧法雨，每见讲座即发愿将来亦登座说法度生，
16 岁落发进具，18 岁就学于慈云遵式大师，不数年慈云高弟。慈云没后，事明知祖
韶大师，明知讲《止观》至《方便第六》[2]，悟入了第一义谛，后代讲十五年。其后
应杭州太守吕臻请，住持大悲宝阁严，臻还为师请赐紫衣、辩才之号，十年后沈遘
帅杭，请师住持于上天竺寺，居上天竺寺十九年，因僧文犍而迁于下天竺寺，还于潜，
后来复归上天竺寺，住二年，后退居终南山龙井圣寿寺，元祐辛未九月圆寂，寿 81 岁。

苏轼结识辩才后写《赠上天竺辩才师》奉赠，其诗云：

南北一山门，上下两天竺。中有老法师，瘦长如鹳鹄。不知修何行，
碧眼照山谷。见之自清凉，洗尽烦恼毒。坐令一都会，男女礼白足。我有
长头儿，角颊峙犀玉。四岁不知行，抱负烦背腹。师来为摩顶，起走趁奔鹿。
乃知戒律中，妙用谢羁束。何必言法华，佯狂啖鱼肉。[3]

关于辩才的容貌，苏轼称赞"瘦长如鹳鹄"、"碧眼"，可见辩才乃堂堂威貌，
只凭他容貌亦能使人"见之自清凉，洗尽烦恼毒"。辩才又为苏轼之子苏迨治腿病，
经过这件事，苏轼对佛法似乎颇为信服，后来又为苏迨向佛请赎买度牒剃度。

某尚与儿子竺僧名迨于观音前剃落，权寄缁褐，去岁明堂恩，已奏授
承务郎，谨与买得度牒一道，以赎此子。今附赵君赍纳，取老师意，剃度
一人，仍于观音前，略祝愿过，悚息！悚息！[4]

[1]　《吊天竺海月辩师三首》，载苏轼撰，王文浩辑注，孔凡礼点校：《苏轼诗集》卷十，
中华书局 1982 年版，第 479 页。

[2]　《删定止观》卷上《方便第六》，载《卍新纂续藏经》第 55 册，第 704 页下。

[3]　苏轼撰，王文浩辑注，孔凡礼点校：《苏轼诗集》卷九，中华书局 1982 年版，第 464 页。

[4]　《与辩才禅师三首（其二）》，载苏轼撰，孔凡礼点校：《苏轼文集》卷六十一，中华
书局 1986 年版，第 1857 页。

由此可见苏轼与辩才乃至佛门的关系。辩才戒德威严，仪容端严，善法能医，据说他还治好其他人之诸难医怪病：

> 嘉兴令陶象有子得魅疾。巫医不能治。师祝之而愈。越州诸暨陈氏女病心漫不知人。父母以见。师警以微言。醒然而悟。[1]

苏轼敬辩才之德，服辩才之才，爱辩才之仪容，所以离杭之后仍保持书信往来。苏轼在徐州任上闻知辩才被复请住持上天竺寺，写《闻辩才法师复归上天竺，以诗戏问》一诗以相贺，诗中有云：

> 道人出山去，山色如死灰。白云不解笑，青松有余哀。忽闻道人归，鸟语山容开。神光出宝髻，法雨洗浮埃。想见南北山，花发前后台。[2]

可见辩才的现有价值，有情等众、无情万类同沾利乐。历经"乌台诗案"，苏轼几乎丧命，贬居黄州时，辩才极其关心，遣人致以问候，苏轼亦"别来思仰日深"[3]，给参寥的书信中亦有"因录以寄参寥，使以示辩才"句。[4]

元丰七年移知汝州路上，游庐山时，苏轼作《跋太虚辩才庐山题名》一文，其文曰：

> 某与大觉禅师别十九年矣。禅师脱屣当世，云栖海上，谓不复见记，乃尔拳拳耶？抚卷太息，欲一见之，恐不可复得。会与参寥师自庐山之阳并出而东，所至皆禅师旧迹，山中人多能言之者。乃复书太虚与辩才题名之后，以遗参寥。太虚今年三十六，参寥四十二，某四十九，辩才七十四，禅师七十六矣。此吾五人者，当复相从乎？生者可以一笑，死者可以一叹也。[5]

从此文中我们可见他对往日与秦观、参寥、辩才、大觉怀琏禅师同游庐山是何等思念。元祐元年旧党上台，苏轼"东山再起"，在京师春风得意时，亦未曾忘记在杭之旧友。《与辩才禅师三首》之一曰："日望东南一郡，庶几临老复闻法音。"[6]

---

[1] 《释门正统》第五《元净》，载《卍新纂续藏经》第75册，第322页。

[2] 苏轼撰，王文诰辑注，孔凡礼点校：《苏轼诗集》卷十六，中华书局1982年版，第826页。

[3] 《与辩才禅师六首（其五）》，载苏轼撰，孔凡礼点校：《苏轼文集》卷六十一，中华书局1986年版，第1858页。

[4] 《与参寥子二十一首（其五）》，载苏轼撰，孔凡礼点校：《苏轼文集》卷六十一，中华书局1986年版，第1860页。

[5] 苏轼撰，孔凡礼点校：《苏轼文集》卷七十一，中华书局1986年版，第2261页。

[6] 苏轼撰，孔凡礼点校：《苏轼文集》卷六十一，中华书局1986年版，第1857页。

另一信中，苏轼与舍弟为父母"造地藏菩萨一尊，并座及侍者二人"[1]，亦请劳辩才"为指挥选匠便造"，可见他对辩才的信任。

元祐四年，苏轼二度莅杭，此时辩才已退居终南山龙井延寿院，从此誓不出虎溪。至杭二年，苏轼去拜访他，两人谈得十分投机，辩才送苏轼时仍一路"话投机"，过虎溪至风篁岭而不觉。此事苏轼写《辩才老师退居龙井，不复出入。轼往见之。常出至风篁岭。左右惊曰："远公复过虎溪矣。"辩才笑曰："杜子美不云乎：与子成二老，来往亦风流。"因作亭岭上，名之曰过溪，亦曰二老，谨次辩才韵赋诗一首》一诗以记之，其诗云：

> 日月转双毂，古今同一丘。惟此鹤骨老，凛然不知秋。去住两无碍，
> 人天争挽留。去如龙出山，雷雨巷潭湫。来如珠还浦，鱼鳖争骈头。此生
> 暂寄寓，常恐名实浮。我比陶令愧，师为远公优。送我还过溪，溪水当逆流。
> 聊使此山人，永记二老游。大千在掌握，宁有离别忧。[2]

此诗中，苏轼对辩才的"去来"赞扬不已，"去住两无碍"，"去如龙出山"，"来如珠还浦"可见苏轼对辩才的敬仰。

元祐六年九月，辩才趺坐而去，时苏轼在颍州任上，闻其消息甚为悲怆，在《答参寥二首》中云："虽来去本无，而情钟我辈，不免凄怆也。"[3] 在《祭龙井辩才文》中，苏轼对辩才更是推崇有加、赞叹不已，其文曰：

> 呜呼！孔老异门，儒释分宫。又于其间，禅律相攻。我见大海，西北南东。
> 江河虽殊，其至则同。虽大法师，自戒定通。律无持破，垢净皆空。讲无辩讷，
> 事理皆融。如不动山，如常撞钟。如一月水，如万窍风。八十一年，生虽
> 有终。遇物而应，施则无穷。我初适吴，尚见五公。讲有辩、臻，禅有琏、嵩。
> 后二十年，独余此翁。今又往矣，后生谁宗。道俗歔欷，山泽改容。谁持一杯，
> 往吊井龙。我去杭时，白叟黄童。要我复来，已许于中。山无此老，去将安从。
> 噫参寥子，往莫必躬。岂无他人，莫写我胸。[4]

[1] 《与辩才禅师三首（其三）》，载苏轼撰，孔凡礼点校：《苏轼文集》卷六十一，中华书局1986年版，第1857页。

[2] 苏轼撰，王文浩辑注，孔凡礼点校：《苏轼诗集》卷三十二，中华书局1982年版，第1714页。

[3] 《与参寥子二十一首（其六）》，载苏轼撰，孔凡礼点校：《苏轼文集》卷六十一，中华书局1986年版，第1861页。

[4] 苏轼撰，孔凡礼点校：《苏轼文集》卷三十六，中华书局1986年版，第1961页。

后苏轼又在《辩才大师真赞并引》一文中对辩才平生所悟、去来自在加以赞叹，其文曰：

> 辩才大师真赞余顷年尝闻妙法于辩才老师。今见其画像，乃以所闻者赞之：即之浮云无穷，去之明月皆同。欲知明月所在，在汝唾雾之中。[1]

苏轼与辩才彼此感情甚深。苏轼对这位才德兼俱的老师给予极高的评价，与之结交对苏轼的学佛之路乃至对三宝产生信心大有影响。

4. 契　　嵩

契嵩（1007—1072），字仲灵，号佛日，藤州谭津县（今广西藤县）人，俗姓李，7岁于东山沙门出家，13岁落发，14岁受具足戒，19岁游方到衡山，拜谒神鼎，有所契悟，又游袁（今江西）、筠（今湖北）之间，到江西洞山，入晓聪之室，受其印可。契嵩笃信观音，每夜顶戴其像而诵其号，必满十万方寝，自是世间经书章句不学而能。庆历间至钱塘（今浙江杭州），居灵隐寺永安精舍，当时天下的文士都学古文，推崇韩愈排佛而尊孔，契嵩便著《原教论》、《孝论》十余篇，以对抗排佛尊孔之流，提倡儒释一贯。皇祐年间往衡山，未几，迁杭州灵隐寺，以慨叹禅门之陵迟而著《传法正宗定祖图》、《传法正宗记》，厘订自迦叶至达磨之道统，倡二十八祖说，后游京师献所著《辅教篇》三卷、《传法正宗记》十二卷、《传法正宗论》二卷、《传法正宗定祖图》一卷，仁宗甚为嘉赏，嘱传法院编入大藏，并赐紫方袍明教之号。时之达官贵绅多仰师高风，请留悯贤寺，师坚辞之而复归灵隐寺。后被延请入住佛日山数年。熙宁五年六月四日晨兴于灵隐寺，写偈曰："后夜月初明，吾今独自行。不学大梅老，贪闻鼯鼠声。"[2]至中夜而化，享寿66岁。

从现存的材料看，苏轼与契高的交往记录较少，因为苏轼于熙宁四年十一月至杭州，而契嵩则翌年六月圆寂。但是，苏轼曾见过契嵩则是完全可以肯定的，释惠洪在《禅林僧宝传》卷第二十七《明教嵩禅师》记载："东坡曰：吾入吴尚及见嵩。其为人常瞋。盖嵩以瞋为佛事云。"[3]据此来看，苏轼是曾见过契嵩的。苏轼自己在《祭龙井辩才文》一文中亦确定此事："我初适吴，尚见五公。讲有辨、臻，禅有琏、嵩。"（见上文辩才部分）虽苏轼与契嵩交往"因缘"仅有半年之久，彼此来往多少未定，但从苏轼《南华长老重辩师逸事》一文，可见契嵩对苏轼影响的一斑，其文曰：

[1] 苏轼撰，孔凡礼点校：《苏轼文集》卷二十二，中华书局1986年版，第639页。
[2] 《禅林僧宝传》卷第二十七《明教嵩禅师》，《卍新纂续藏经》第79册，第544页下。
[3] 《禅林僧宝传》卷第二十七《明教嵩禅师》，《卍新纂续藏经》第79册，第544页下。

契嵩禅师常瞋，人未尝见其笑；海月慧辩师常喜，人未尝见其怒。予在钱塘，亲见二人皆趺坐而化。嵩既荼毗，火不能坏，益薪炽火，有终不坏者五。海月比葬，面如生，且微笑。乃知二人以瞋、喜作佛事也。世人视身如金玉，不旋踵为粪土，至人反是。予以是知一切法，以爱故坏，以舍故常在，岂不然哉？予迁岭南，始识南华重辩长老，语终日，知其有道也。予自海南还，则辩巳寂久矣。[1]

契嵩与辩才留给苏轼的印象是相反的，契嵩"常瞋"少笑，慧辩则"常喜"少怒，但苏轼认为契嵩、辩才二师都"以瞋、喜作佛事"。苏轼目击他们"皆趺坐而化"，而一是"火不能坏"，一是"面如生，且微笑"之后才悟出"一切法"，可见他们在苏轼心里是何等地位。其实，一个人影响别人，不一定是因他们有过来往，而通过文字也可以达到这一效果。苏轼在杭州时期，契嵩已是举世闻名、震动朝野的一位大师。他的为人、为文都是一代的风范，上至当今皇上宋仁宗"览之嘉叹，付传法院，编次入藏，下诏褒宠，赐紫方袍，号明教"，下至"宰相韩琦大参、欧阳修，皆延见而尊礼之"。[2]如此一代尊师，一向提倡儒释一贯，而苏轼对三教合一始终向往，在苏轼身上不难看到三家之痕迹，因此，苏轼在他门下游学、受益乃是常情之理也。

5. 道　潜

道潜（？—1106），字参寥，大觉怀琏的法嗣，杭州于潜浮溪村（今浙江临安县）人，何氏子，"道潜性偏，憎凡子如仇"（《冷斋夜话》），"好刺讥朋友之过"（苏轼《参寥子真赞》），幼年于智果寺出家，"于内外典无所不窥"，能文章，尤喜为诗，著有《参寥子诗集》十二卷，曾同苏轼因诗而被认为语有讥刺，罚罪还俗，编管充州，后曾肇在翰院，言其非辜，诏复落发为僧。元祐八年（1093）因吕大防所请，赐号妙总大师。崇宁末，归老于潜山，崇宁五年（1106）圆寂，寿世不详。他是宋代著名诗僧，陈师道誉之"释门之表，士林之秀，诗苑之英"[3]，可见其道行和文学修养之深，在士人中名声之高望。

参寥是苏轼交往最为密切的诗僧之一。现存资料表明，苏轼首次莅杭，曾与道潜有过一面之缘，但没有诗文往还。后元丰元年秋天，苏轼在徐州太守任上，参寥

[1] 苏轼撰，孔凡礼点校：《苏轼文集》卷六十六，中华书局1986年版，第2053页。
[2] 《禅林僧宝传》卷第二十七《明教嵩禅师》，载《卍新纂续藏经》第79册，第544页下。
[3] 陈师道：《送参寥序》，载《后山集》卷十一，《四库全书》本。

往彭城拜见苏轼。初识，参寥作《访彭门太守苏子瞻学士》[1] 以表对苏公的感情，苏轼酬以《次韵僧潜见赠》表示对参寥的赞叹，其诗曰：

道人胸中水镜清，万象起灭无逃形。独依古寺种秋菊，要伴骚人餐落英。
人间底处有南北，纷纷鸿雁何兽冥。闭门坐穴一禅榻，头上岁月空峥嵘。
今年偶出为求法，欲与慧剑加砻硎。云衲新磨山水出，霜髭不翦儿童惊。
公侯欲识不可得，故知倚市无倾城。秋风吹梦过淮水，想见橘柚垂空庭。
故人各在天一角，相望落落如晨星。彭城老守何足顾，枣林桑野相邀迎。
千山不惮荒店远，两脚欲趁飞猱轻。多生绮语磨不尽，尚有宛转诗人情。
猿吟鹤唳本无意，不知下有行人行。空阶夜雨自清绝，谁使掩抑啼孤茕。
我欲仙山掇瑶草，倾筐坐叹何时盈。簿书鞭扑昼填委，煮茗烧栗宜宵征。
乞取摩尼照浊水，共看落月金盆倾。[2]

可见苏轼对参寥的深敬，初识即"欲仙山掇瑶草，倾筐坐叹何时盈。簿书鞭扑尽填委，煮茗烧栗宜宵征"。苏轼如此痴情，如此赞叹，参寥对苏轼亦是推崇备至，对苏轼之才华乃至苏轼的旷达坦荡、超然物外的气度赞叹不已。

……精球美璞不能擅，散发宇内为豪英。煌煌苏氏挺三秀，豫章杞梓
参青冥。少年著书即稽古，经纬八极何峥嵘。未央宫中初射策，落笔游刃
挥新硎。翰林醉翁发奇叹，台阁四座争相惊……风流浩荡播江海，粲若高
汉悬明星……铃斋吏退属幽款，一看挥尘银河倾。[3]

正因为有这样一种默契，两人一见如故，于是结下一生之交。参寥在彭门数月至冬告别苏轼南归。后元丰二年三月苏轼由徐州移知湖州，秦观、参寥特意前来结伴而行，三人往游惠山、松江、垂虹亭等地方，四月到湖州遍游诸寺，六月参寥与秦观往游何山并赴越，随后不久发生"乌台诗案"。

元丰三年（1080）二月苏轼到黄州贬居后，精神上受到种种打击，生活上有种种困难，朋友都替他担心。参寥曾多次给他写信，苏轼亦对参寥十分思念，在《与

[1] 《参寥苏轼诗集》卷三，《四库全书》本。
[2] 《次韵僧潜见赠》，载苏轼撰，王文浩辑注，孔凡礼点校：《苏轼诗集》卷十七，中华书局1982年版，第879页。
[3] 《次韵僧潜见赠》，载苏轼撰，王文浩辑注，孔凡礼点校：《苏轼诗集》卷十七，中华书局1982年版，第879页。

参廖子二十一首（其二）》中道：

> 去岁仓卒离湖，亦以不一别太虚、参寥为恨。留语于僧宣，不识能道否？
> 到黄已半年，朋游常少，思念公不去心。懒且无便，故不奏书。远承差人致问，
> 殷勤累幅，所以开谕奖勉者至矣。仆罪大责轻，谪居以来，杜门念旧而已。
> 虽平生亲识，亦断往还，理固宜尔。而释、老数公，反复千里致问，情义之厚，
> 有加于平日，以此知道德高风，果在世外也。[1]

可见苏轼精神上的寂寞，"朋游常少"，故常思念旧友。于是元丰六年（1083）
三月参寥前往探望他，并一直陪伴着他度过这段困难的日子。这段时间两人朝夕相处，
曾同游赤壁、武昌西山、定慧院，彼此诗赋唱和甚多。元丰七年四月苏轼被命移汝州，
参寥作《留别雪堂呈子瞻》，其诗曰：

> 策杖南来寄雪堂，眼看花絮老风光。主人今是天涯客，明日孤帆下渺茫。[2]

两人离开黄州之后沿长江东下，同游庐山，苏轼作《跋太虚辩才庐山题名》[3] 以
赠参寥，后同回潜山，是年六月与参寥别，参寥作《九江与东坡居士话别》曰：

> 雪水黄楼赤壁间，胜游长得共跻攀。屠龙冉冉空三载，窥豹悠悠愧一斑。
> 投锡云林聊避暑，绝江舟楫自东还。求田问舍知何处，杖屦他时访小山。[4]

苏轼作《次韵道潜留别》以和之，曰：

> 为闻庐岳多真隐，故就高人断宿攀。已喜禅心无别语，尚嫌剃发有诗斑。
> 异同更莫疑三语，物我终当付八还。到后与君开北户，举头三十六青山。[5]

苏轼在黄州贬居暮年，参寥一直陪着他，给他种种慰藉，乃知苏轼、参寥二人
的交情。

元祐四年（1089）苏轼以龙图阁学士赴杭州太守。别杭十五年后，今重回旧地，
又一场方外交游，此时苏轼常往钱塘西湖智果院谒见参寥，饮参寥泉悟七年前梦中

[1]　苏轼撰，孔凡礼点校：《苏轼文集》卷六十一，中华书局 1986 年版，第 1859 页。
[2]　《参寥子苏轼诗集》卷五，《四库全书》本。
[3]　苏轼撰，孔凡礼点校：《苏轼文集》卷七十一，中华书局 1986 年版，第 2261 页。
[4]　《参寥子苏轼诗集》卷五，《四库全书》本。
[5]　苏轼撰，王文浩辑注，孔凡礼点校《苏轼诗集》卷二十三，中华书局 1982 年版，第 1233 页。

有"寒食清明都过了，石泉槐火一时新"[1] 之句。

苏轼贬惠州后，两人多次寄信相问，直至苏轼病重并致仕先别而去世。苏轼去世后，参寥作《东坡先生挽词》数首悼之。苏轼与参寥子以诗会友，两人一见如故，交往了二十余年，被害而过从不辍，受辱而友情弥笃。苏轼对这位诗僧十分敬重，在其宦海沉浮中，参寥是他精神上的慰藉。

6. 清顺、可久

清顺，字怡然，钱塘人，为杭州祥符寺僧。晓莹录《感山云卧纪谈》卷上云："顺为人清约介静，不妄与人交，无大故不至城市。士大夫多往就见，时有馈之米者，所取不过数斗，以饼贮置几上，日三二合食之，虽蔬茹，亦不常有。"[2] 释惠洪《冷斋夜话》卷六云："西湖僧清顺，怡然清苦，多佳句。"[3] 可久，字逸老，钱塘人，亦是祥符寺僧。清顺与可久都是"不妄与人交，无大故不至城。士大夫，多往就见"之高僧。

苏轼莅杭时常往祥符寺谒见他们。初到杭州的第一个元宵节，苏轼在祥符寺九曲观灯时，就去拜访了可久，并作《上元过祥符僧可久房，萧然无灯火》一诗，其诗云：

> 门前歌舞斗分朋，一室清风冷欲冰。不把琉璃闲照佛，始知无尽本无灯。[4]

诗人的结识，往往会有同游山玩水，诗来词去。苏轼亦然，在杭州时常与僧友泛湖游山，甚为相得，曾有诗记之，如《五月十日，与吕仲甫、周邠、僧惠勤、惠思、清顺、可久、惟肃、义诠同泛湖游北山》。[5]

苏轼与清顺的诗交比可久要多一些。据说苏轼到杭州后游览西湖僧舍见壁间诗，便去找清顺，周紫芝在《竹坡诗话》中记载：

> 东坡游西湖僧舍，壁间见小诗云："竹暗不通日，泉声落如雨。春风自有期，桃李乱深坞。"问谁所作，或告以钱塘僧清顺者，即日求得之，

[1]《书参寥诗》，载苏轼撰，孔凡礼点校：《苏轼文集》卷六十八，中华书局1986年版，第2144页。

[2]《感山云卧纪谈》卷上，载《卍新纂续藏经》第86册，第665页下。

[3]《僧清顺十竹林下诗》，载《冷斋夜话》卷六，《四库全书》本。

[4] 苏轼撰，王文浩辑注，孔凡礼点校：《苏轼诗集》卷九，中华书局1982年版，第428页。

[5] 苏轼撰，王文浩辑注，孔凡礼点校：《苏轼诗集》卷九，中华书局1982年版，第453页。

一见甚喜,而顺之名出矣。[1]

在杭州清湖桥有水陆院,风景幽雅,清顺曾题诗云:

久服林下游,颇识林下趣。从渠绿阴繁,不碍清风度。闲行石上眠,落叶不知数。一鸟忽飞来,啼破幽绝处。[2]

苏轼在杭州时,督开汤镇运河,宿于水陆院,见之即作《是日宿水陆寺寄北山清顺僧二首》一诗寄清顺,其诗云:

草没河堤暗村寺,藏修竹不知门拾。薪煮药怜僧病扫,地烧香净客魂农。事未休侵小雪佛,灯初上报黄昏。年来渐识幽居味,思与高人对榻论。

长嫌钟鼓聒湖山,此境萧条却自然。乞食绕村真为饱,无言对客本非禅。披榛觅路冲泥入,洗足关门听雨眠。遥想后身穷贾岛,夜寒应耸作诗肩。[3]

这里所说的高人,即清顺僧也,即景生情,忆故人,可见苏轼对清顺的感情。清顺是一位诗僧,因此作垂云亭,苏轼对此事有作《僧清顺新作垂云亭》一诗,其诗云:

江山虽有余,亭榭苦难稳。登临不得要,万象各偃蹇。惜哉垂云轩,此地得何晚。天功争向背,诗眼巧增损。路穷朱栏出,山破石壁狠。海门浸坤轴,湖尾抱云巘。葱葱城郭丽,淡淡烟村远。纷纷乌鹊去,一一渔樵返。雄观快新获,微景收昔遍。道人真古人,啸咏慕嵇阮。空斋卧蒲褐,芒屦每自捆。天怜诗人穷,乞与供诗本。我诗久不作,荒涩旋锄垦。从君觅佳句,咀嚼废朝饮。[4]

从"我诗久不作……从君觅佳句"一句,可见苏轼对清顺诗的欣赏。另外,苏轼还为清顺而作《减字木兰花(双龙对起)》,该词校勘云:"钱塘西湖有诗僧清顺居其上,自名藏春坞。门前有二古松,各有凌霄花络其上,顺常昼卧其下。子瞻

---

[1] 周紫芝:《竹坡诗话》,《四库全书》本。

[2] 《竹庄诗话》卷二十一《清顺·十竹诗·林下》,《四库全书》本。

[3] 苏轼撰,王文浩辑注,孔凡礼点校:《苏轼诗集》卷八,中华书局 1982 年版,第 390 页。

[4] 苏轼撰,王文浩辑注,孔凡礼点校:《苏轼诗集》卷九,中华书局 1982 年版,第 451 页。

为郡，一日，屏骑从过之，松风骚然。顺指落花觅句，子瞻为赋此词。"[1]

苏轼与清顺、可久二僧交往主要是以诗为友。苏轼于《可久、清顺》云：

> 祥符寺可久、垂云、清顺三阇黎，皆予监郡日所与往还诗友也。清介贫甚，食仅足而衣几于不足也，然未尝有忧色。老矣，不知尚健否？[2]

可见他们之间交往的主要途径，同时也表明了苏轼对两位亦僧友亦诗友的敬佩之意。

7. 宝　　觉

熙宁六年冬天，苏轼曾赴常州、润州赈济灾民，翌年过金山时，结识了怀琏的另一弟子润州金山寺宝觉禅师。宝觉禅师乃是有道高僧，严而亲，苏轼在《金山长老宝觉师真赞》云：

> 望之俨然，即之也温。是惟宝觉，大士之像。因是识师，是则非师。因师识道，道亦如是。[3]

远望之则庄严可畏，近靠之却温和可亲，这是苏轼对宝觉禅师的评价，亦是苏轼所敬爱之处。

其实，苏轼早已游金山寺，因其寺为江南著名禅寺，苏轼赴杭莅时第二年即熙宁五年，七月即游住此寺并作有《游金山寺》、《自金山放船至焦山》两首诗[4]。这两首诗中有"山僧苦留看日落"、"我来金山更留宿"、"老僧下山惊客至"之句，说明苏轼那时曾住金山寺并与寺僧接触，但未确定何者。苏轼与宝觉认识是熙宁七年，在常州、润州赈济饥荒时，同柳子玉游金山寺，谒见宝觉禅师。在此苏轼留下醉酒的纪念，醉时乃卧宝觉禅榻，夜醒书诗于壁云：

> 恶酒如恶人，相攻剧刀箭。颓然一榻上，胜之以不战。诗翁气雄拔，禅老语清软。我醉都不知，但觉红绿眩。醒时江月堕，风响变。惟有一龛灯，二豪俱不见。[5]

---

[1] 《减字木兰花（双龙对起）》，载苏轼撰，邹同庆、王宗堂著：《苏轼词编年校注》，中华书局 2002 年版，第 62 页。

[2] 苏轼撰，孔凡礼点校：《苏轼文集》卷十二，中华书局 1986 年版，第 2302 页。

[3] 苏轼撰，孔凡礼点校：《苏轼文集》卷二十二，中华书局 1986 年版，第 636 页。

[4] 苏轼撰，王文浩辑注，孔凡礼点校：《苏轼诗集》卷七，中华书局 1982 年版，第 307、308 页。

[5] 《金山寺与柳子玉饮，大醉，卧宝觉禅榻，夜分方醒，书其壁》，载苏轼撰，王文浩辑注，孔凡礼点校：《苏轼诗集》卷十一，中华书局 1982 年版，第 544 页。

这里的苏轼可爱甚深，入寺可豪饮，醉后卧禅床，不是"各分散"，醒后诗性发，书其寺壁间，既彰显苏轼之洒脱，更见其与宝觉禅师的熟热亲近。离开金山寺，苏轼作《留别金山宝觉、圆通二长老》一诗，其诗云：

沐罢巾冠快晚凉，睡余齿颊带茶香。叙舟北岸何时渡，发东轩未肯忙。

康济此身殊有道，医治外物本无方。风流二老长还往，顾我归期尚渺茫。[1]

每晚之"香茶"，"二老"之来往，风流、逍遥，苏轼之宦海沉浮，归期渺茫，可见苏轼对"二老"生活之羡慕。而五年后即元丰二年（1079）移知湖州，再过金山寺，在《余去金山五年而复至，次旧诗韵，赠宝觉长老》一诗中亦说：

谁能斗酒博西凉，但爱斋厨法豉香。旧事真成一梦过，高谭为洗五年忙。

清风偶与山阿曲，明月聊随屋角方。稽首愿师怜久客，直将归路指茫茫。[2]

历经五年，往事如梦，苏轼仍"归路茫茫"，仍在长作"久客"，为功名奔波，而今金山寺的一切仍是"香"，宝觉禅师仍容易脱俗，真让人羡慕、神往。

苏轼由杭州移知密州，来不及面辞，宝觉得知消息，遂预先乘舟到江北为苏轼饯行。到密州后，苏轼给宝觉写信，叙离杭诸事及离别之情：

去岁赴官，于程限，不能枉舟。一别中流，纵望云山，杳然有不可及之叹。既渡江，遂蒙轻舟见饯，复得笑语一饷之乐。暂荷之怀，殆不可胜言。别来因循，未及修书。专人至，辱教累幅，慰喻反复，读之爽然，如对妙论，仍审比来法履佳胜。某此粗遣，但未有会见之期。临纸惘然，惟万万自重。《至游堂记》即当下笔，递中寄去。近有《后杞菊赋》一首，写寄，以一笑。[3]

苏轼至密州后，宝觉寄信，轼读之，甚感欣慰，如对师前"妙论"，故写《至游堂记》、《后杞菊赋》以赠之，两人之交情不言而喻矣。

（三）黄州时期

元丰二年（1079），苏轼早已远离了政治斗争的风波，政敌王安石经两度罢相之后亦退居金陵（今江苏南京），但命运仍不让苏轼离开是非之漩涡。监察御史里

---

[1]　苏轼撰，王文浩辑注，孔凡礼点校：《苏轼诗集》卷十一，中华书局1982年版，第552页。

[2]　苏轼撰，王文浩辑注，孔凡礼点校：《苏轼诗集》卷十八，中华书局1982年版，第942页。

[3]　《与宝觉禅老三首（其一）》，载苏轼撰，孔凡礼点校：《苏轼文集》卷六十一，中华书局1986年版，第1881页。

行何正臣与舒亶、御史中丞李定以及国子博士李宜等人先后进札，弹劾苏轼《湖州谢上表》[1]及诗文中某些讽刺新法的部分有"讥讽文字"，对朝廷乃至对神宗不满，有"愚弄朝廷……讪谤讥骂"[2]、"教天下之人无尊君之义"[3]的叛逆思想。如他们把苏轼《王复秀才所居双桧》一诗中的"根到九泉无曲处，世间惟有蛰龙知"[4]也当作一个罪证，在神宗面前说："陛下飞龙在天，而轼求知于地下蛰龙，非不臣而何？"[5]在这帮小人的谗言下，宋神宗降旨拘捕苏轼，于是苏轼刚上任湖州知州不久，于七月十八日被台官皇甫遵逮捕押回汴京审问，八月十八日入狱。这就是北宋历史上有名的文字狱——"乌台诗案"。由于神宗祖母曹太后的干预和许多大臣的讲情，只定苏轼一个"讥讽政事"的罪名，被贬为黄州（今湖北黄冈）团练副使、本州安置。

政治生涯中的挫折和打击，突遭横祸几乎丧命，45 岁的苏轼到达贬所黄州之后，物质生活艰难，精神生活也很糟糕。身为朝廷罪人，不便与人来往，不敢作诗为文，唯有杜门深居，其他的书不敢多读，只有读"佛经以遣日"，其他文字不敢多作，唯佛语可略书之："但得罪以来，未尝敢作文字。《经藏记》皆逝语，想醒酿无由，故敢出之。"[6]如果说有来往的话，那就是禅僧和道士。在黄州期间能在精神上给苏轼慰藉的正是他的这些方外之友。

1. 了   元

了元（1032—1098），字觉老，号佛印，俗姓林，饶州浮梁（今江西景德镇）人，家世业儒，3 岁学《论语》，5 岁诵诗三千首，及长而精通《五经》，风韵飘逸，乡里称他为"神童"。后志慕般若空宗，曾于竹林寺读《楞严经》，知旧学不及之，白父母求出家，礼宝积寺日用禅师为师，受具足戒后遍参诸师。初入庐山开先寺礼云门下三世善暹禅师为师，因问答敏捷受到赏识，成为善暹禅师之法席。年十九又到庐山圆通寺参谒居讷禅师，居讷欣赏他的文笔，"骨格已似雪窦"（指重显禅师），让他接替原由怀琏曾担任的书记职位。在江州（治今江西九江）承天寺住持职位空

[1] 《湖州谢上表》一表中有"知其愚不适时，难以追陪进；察其老不生事，或能牧养小民"等语，激怒了朝中的"新进"。见苏轼撰，孔凡礼点校：《苏轼文集》卷二十三，中华书局1986年版，第 654 页。

[2] 《监察御史里行何正臣札子》，载《苏轼年谱》卷十八，第 449 页。

[3] 《国子博士李宜之状》，载《苏轼年谱》卷十八，第 449—450 页。

[4] 苏轼撰，王文浩辑注，孔凡礼点校：《苏轼诗集》卷八，中华书局1982年版，第 412 页。

[5] 徐干学：《资治通鉴后编》卷八十四，《四库全书》本。

[6] 苏轼撰，孔凡礼点校：《苏轼文集》卷五十一《与滕达道六十八首（其十五）》，中华书局1986年版，第 1480 页。

缺时，居讷推荐了元前往就任。在此后四十年间，了元历任淮山的斗方寺，庐山的开先寺、归宗寺，丹阳的金山寺、焦山寺（今皆镇江），江西的大仰山寺住持，并且四次任南康军云居山真如寺（今江西永修县五垴峰顶）住持。自从出家之后，用功修习，参悟义理，终成宗门阐法之大将，广开法席，为僧俗七众之所敬慕。宋神宗因钦仰师德风，赐高丽之磨衲、金钵，"佛印禅师"之号。

早在元丰二年（1079）苏轼由徐州移知湖州过金山时，二人就已相识，有《蒜山松林中可卜居，余欲僦其地，地属金山，故作此诗与金山元长老》一诗[1]，但二人只有一次之遇。苏轼到黄州贬居后，才真正与他交往。黄州贬所在庐山金山寺对岸，四年贬居苏轼常往谒之，饮茶、吟诗、谈道，留下了许多佳话。关于苏轼与佛印禅师斗机锋的故事，如今被编成了话本小说，如《醒世恒言》第十二卷《佛印师四调琴娘》、《喻世明言》第三十卷《明悟禅师赶五戒》等故事演义为小说戏曲，在民间广为流传，尤其是在丛林中无人不知他们之事。现在金山寺"四宝室"中的"镇寺之宝"乃是苏轼输给了佛印留下来的，此事在《丛林盛事》有所记载：

> 佛印一日入室次。忽东坡至。印云。此间无榻座。不及奉陪居士。坡云。暂借和尚四大为榻座。印曰。山僧有一问。居士若道得即请坐。若道不得即输却玉带。坡欣然曰。便请。印曰。居士适来道。借山僧四大为榻座。只如山僧四大本空。五阴非有。居士向什么处坐。坡拟议。不能加答。遂解玉带。大咲而出。印却以云山衲衣赠之。[2]

苏轼在黄州时期佛印给了他许多慰藉，彼此感情深厚，苏轼曾得美石百枚，送给佛印，并作《怪石供》、《后怪石供》[3]，佛印曾欲给苏轼买田京口，未果。苏轼居常州时，应了元之劝，书《楞伽经》，付与了元刻印成书，以示功德。元丰七年四月，苏轼离开黄州，到庐山游览佛印亦陪同，留山中十余日别佛印去荆南、金陵、扬州，后归阳羡舟次，瓜步以书抵金山告佛印不必出山迎接，但佛印却去迎苏轼，苏轼笑问之，佛印即说偈曰：

> 赵州当日少谦光，不出山门见赵王。争似金山无量相，大千都是一禅床。[4]

---

[1]　苏轼撰，王文浩辑注，孔凡礼点校：《苏轼诗集》卷二十四，中华书局1982年版，第1277页。

[2]　《丛林盛事》卷上，载《卍新纂续藏经》第86册，第686页中。

[3]　苏轼撰，孔凡礼点校：《苏轼文集》卷六十四，中华书局1986年版，第1986、1987页。

[4]　《云居佛印元禅师》，载释惠洪撰：《禅林僧宝》卷二十九，《四库全书》本。

苏轼被贬惠州时，了元极其关心他的道心，故以佛法相劝慰寄书，书曰：

> 子瞻中大科，登金门，上玉堂，远放寂寞之，权臣忌子瞻为宰相耳。人生一世间，如白驹过隙，三十年功名富贵，转盼成空，何不一笔勾断，寻取自家本来面目，万劫常住永无堕落。昔有问师："佛法在甚处？"师曰："在行住坐卧处，著衣吃饭处，屙屎撒尿处，没理没会处，死活不得处。"子瞻胸中有万卷书，下笔无一点尘，到这地位，不知性命所在，一生聪明，要做甚么？三世佛，则是一个有血性的汉子，子瞻若能脚下承当，把三二十年富贵功名，贱如泥土，努力向前，珍重！珍重！[1]

佛印这一番话是《楞伽》之玄月，亦是马祖道一的"平常心是道"，这便是苏轼贬居海南时的安身之法。

2. 东林常总

东林常总（1025—1091），即江州东林兴龙寺常总照觉禅师，剑州尤溪（今福建尤溪县）人，延平施氏子，仁宗景祐二年（1035）年十一依宝云寺文兆法师出家，年十九落发，依大中寺契恩律师受具，初至吉州禾山禅智材公，次依黄龙慧南禅师，密授大法决旨，出住泐潭，元丰三年（1079）住持东林太平兴国禅院（东林寺），元祐三年（1088），徐国王奏号，照觉禅师。

元丰七年苏轼被命为汝州团练副使，四月游庐山，宿东林寺与照觉常总论无情道，有所契悟，黎明献《赠东林总长老》一偈：

> 溪声便是广长舌，山色岂非清净身。夜来八万四千偈，他日如何举似人。[2]

在庐山十余日，与常总朝夕相处，常总的道风骨骼，使苏轼有所感悟，作《题西林壁》一诗：

> 横看成岭侧成峰，远近高低各不同。不识庐山真面目，只缘身在此山中。[3]

苏轼与常总的相处时间虽然不长，但受其影响甚深，甚至被列为东林常总的法嗣。关于此事释惠洪在《冷斋夜话》中记载：

> 福州僧可遵，好作诗，暴所长以盖人，丛林貌礼之，而心不然。尝题

---

[1] 《居士分灯录》卷下《苏轼》，载《卍新纂续藏经》第86册，第596页。

[2] 苏轼撰，王文浩辑注，孔凡礼点校《苏轼诗集》卷二十三，中华书局1982年版，第1218页。

[3] 苏轼撰，王文浩辑注，孔凡礼点校《苏轼诗集》卷二十三，中华书局1982年版，第1219页。

诗汤泉壁间。东坡游庐山偶见，为和之。遵曰：禅庭谁立石龙头，龙口汤泉沸不休。直待众生尘垢尽，我方清冷混常流。东坡曰：石龙有口口无根，龙口汤泉自吐吞。若信众生本无垢，此泉何处觅寒温。[1]

又据《居士分灯录》记载，献东林长老偈后，到荆南时：

> 闻玉泉承皓机锋不可触拟，抑之，即微服求见。皓问："尊官高姓？"轼曰："姓秤，乃秤天下长老底秤。"皓喝曰："且道这一喝重多少？"轼无对，自此益重禅宗。[2]

从此苏轼被列为临济宗黄龙派东林的法嗣。虽然此说常受学者质疑，但可见苏轼此庐山一游的收获之一斑。

除了以上所考之外，绍圣元年（1094）四月，哲宗以"讥斥先朝"之罪把苏轼由定州远贬岭南，初到惠州（今广东惠阳）贬所时，宿嘉祐寺，结识了惠诚。初到贬所而无居处，是苏轼谪居生活之通例，黄州如此，惠州、儋州也不例外。而苏轼一生住宿的僧舍很多，惠州嘉祐寺当是他寓居时间最长的佛寺。《东坡志林》载："绍圣元年十月三日，始至惠州，寓于嘉枯寺松风亭，杖履所及，鸡犬相识，明年，迁于合江之行馆。"[3]据此，东坡寓居嘉祐寺至少得有好几个月，乃至于所到处则"鸡犬相识"，他在这块地皮上踩得很是熟热了。由此可见他们之间交往的情况。他曾为惠诚随手开列了一份与自己交往的僧禅的名单，其中有曰：

> 予在惠州，有永嘉罗汉院僧惠诚来谓曰："明日当还浙东。"问所欲干者，予无以答之。独念吴、越多名僧，与予善者常十九，偶录此数人以授惠诚，便归见之，致予意，且谓道于居此起居饮食状，以解其念也。信笔书纸，语无伦次，又当尚有漏落，方醉不能详也。[4]

这里还需要说明的是，即使加上上述名单，也还未能尽苏轼一生交游僧禅之全，"漏落者"仍然是多数。本章之所以主要以考察苏轼通判杭州期间以及黄州时期交往的佛僧为主，对此后的交往情况不涉及，是因为以上所交往的禅僧对他思想以及

---

[1] 《僧可遵好题诗》，载《冷斋夜话》卷六，《四库全书》本。

[2] 《居士分灯录》卷下《苏轼》，载《卍新纂续藏经》第86册，第596页。

[3] 《东坡志林》卷一《别王子直》，中华书局1981年版，第22页。

[4] 《东坡志林》卷二《付僧惠诚游吴中代书十二》（其十二），中华书局1981年版，第40页。

诗歌创作有较大的影响，故述之，其后虽也有过交往，但实际上不多，影响不大，故忽而不述。

总而言之，上面所提及与苏轼交游的僧人，仅是部分列举。苏轼一生与僧人交往甚密，每到新地，尽游诸寺，以僧为友，无分宗派，"处处题清诗，麋鹿尽相识"[1]。苏轼如此遇佛寺则必游历，见僧禅便多交往，"故云生我者父母，成我者朋友。亲附善者，如雾露中行，虽不湿衣，时时有润"。苏轼与僧交往，受其影响乃自然而然也。

二、释典阅览拔愚蒙

严羽《沧浪诗话》曾提"以文字为诗"[2]之说，评价宋诗之风，盖宋士大夫"读书破万卷"，而尤偏爱以学问入诗，并追求"下笔如有神"之际。宋人作诗偏重"学问"的这种创作现象，苏轼最有代表性，清人赵夔在《注东坡诗集序》中曰："盖胸中之书，汪洋浩博，下笔之际，不知为我语耶、它人之语也，观者以意达之可也。"[3]盖宋代国家政策，印刷技术发展，佛教典籍刊行日多，这无疑丰富了诗人的题材。苏轼一生与佛家结下不解之缘，他颇爱研读释典，清人赵翼在《瓯北诗话》中云："东坡旁通佛老……至于摹仿佛经，掉弄禅语，以之入诗，殊觉可厌。"[4]但他不是一个虔诚的佛教徒，习佛并非真诚地相信报应与西方，也不是为了什么超三乘、登觉岸、往西天，仅选其精学而用之，企图求得心安。如在《答毕仲举书（其一）》文中他说："若世之君子，所谓超然玄悟者，仆不识也。往时陈述古好论禅，自以为至矣，而鄙仆所言为浅陋。仆尝语述古，公之所谈，譬之饮食龙肉也，而仆之所学，猪肉也，猪之与龙，则有间矣，然公终日说龙肉，不如仆之食猪肉实美而真饱也。不知君所得于佛书者果何耶？为出生死、超三乘，遂作佛乎？抑尚与仆辈俯仰也？学佛老者，本期于静而达，静似懒，达似放，学者或未至其所期，而先得其所似，不为无害。"[5]可见他学佛的实用之一面。

关于释教经典的特色，进士郭印有诗云："《楞严》明根尘，《金刚》了色空；《圆觉》

[1] 苏辙：《偶游大愚见余杭明雅照师旧识子瞻能言西湖旧游将行赋诗送之》，载陈宏天、高秀芳点校：《苏辙集》卷十三，中华书局1990年5月版。

[2] 郭绍虞：《沧浪诗话校释》，人民文学出版社1961年版，第26页。

[3] 赵夔：《百家注东坡先生诗序》，载苏轼撰，王文浩辑注，孔凡礼点校：《苏轼诗集》，中华书局1982年版，附录二，第2832页。

[4] 四川大学中文系编：《苏轼资料汇编》上编四，中华书局1994年版，第1313页。

[5] 苏轼撰，孔凡礼点校：《苏轼文集》卷五十六，中华书局1986年版，第1671页。

祛禅病,《维摩》现神通。四书皆其教,真可发愚蒙。"[1]苏轼对这些大乘经颇有研究,并善于沿用,对其人生颇有影响。下略举几部他所爱读的释典,以洞见其影响之一斑。

(一)《维摩经》

《维摩经》是苏轼研读最早、受影响最大的一部释教经典。《维摩经》的主要思想是以"不二"法门为中心,讨论诸法实相之真理。此不二法门是不能用语言、文字表达的,是言语道断、心行处灭,离四句绝百非之不可思议法。僧肇在《维摩经义疏》云:"统万行以权智为主。树德本以六度为根。济朦惑以慈悲为首。语宗极以不二为言。"[2]所谓"权智"是"权智"与"实智"之并称,又称"权实二智"。权智即能了知佛为了方便权巧说有三乘之智;实智即了知法本一乘真实之智,"实智"属于"体","权智"属于"用"。所以说《维摩经》以"权实二智"为宗。因为不二是"理",二智是"教",以理而显教,因教而明理,故理为智之根本,二智为不二之教法。因此,以权实二智为宗者亦是显"不二"之法门,明不可思议之真理。"不二"之法不可所说,净名与诸声闻菩萨以种种权巧方便,为适化众生而演说此不可思议之法。

《维摩经》不仅是内容玄奥,不可说、不可思议,而且其文字亦华丽优美,是一部文学意味十分浓厚的佛经,因此,在中国广为流传,可以说是家喻户晓,成为中国士大夫爱读喜阅的一部经文。僧肇大师当时就是因为读《维摩经》而出家皈依佛教,成为中国三论宗的开创先驱者,继承了罗什的般若中观思想。《三论玄义》记载释僧肇云:"每读老子庄周之书。因而叹曰:'美即美矣。然栖神冥累之方犹未尽也。'后见净名经。欣然顶戴谓亲友曰:'吾知所归极矣。'遂弃俗出家。"[3]《净名经》即《维摩经》的别称,僧肇因读此经有心得,"知所归",而"弃俗出家"。苏轼读《维摩经》也有心得,虽没有弃俗出家,但对于其思想以及创作风格的影响着实不小。

苏轼的思想出入儒道,杂染佛禅。儒家思想给了他入世的动力和入世后的行为准则;道家思想给了他心灵憩歇的驿站,是他修身之术的来源;佛禅思想给了他逃避现实后的一座避难所。这三者有机地结合起来,相辅相成,互相渗透,外以儒家为治世,内以佛老之养心,内外结合构成了苏轼生死观的奇绝景观。清人王懋竑《读

[1] 郭印:《云溪集》卷五《闲看佛书》,(台湾)商务印书馆影印文渊阁《四库全书》本。
[2] 《维摩经义疏》卷第一《释名第二》,载《大正新修大藏经》第38册,第913页中。
[3] 《三论玄义》,载《大正新修大藏经》第45册,第1页下。

书记疑》曰："以佛、老之道治性养心而以周、孔之道治天下，是佛、老得其精而周、孔得其粗矣。"[1]《维摩经》是他"治性养心"最好的佛经之一，在其佛家思想的形成中占有重大的地位。在其诗集中，早在凤翔初仕时期，已出现以《维摩经》入诗的诗作，其诗云：

> 昔者子舆病且死，其友子祀往问之。鉴井自叹息，造物将安以我为。
> 今观古塑维摩像，病骨磊嵬如枯龟。乃知至人外生死，此身变化浮云随。
> 世人岂不硕且好，身虽未病心已疲。此叟神完中有恃，谈笑可却千熊罴。
> 当其在时或问法，俯首无言心自知。至今遗像兀不语，与昔未死无增亏。
> 田翁里妇那肯顾，时有野鼠衔其髭。见之使人每自失，谁能与诘无言师。[2]
>
> ——《凤翔八观·维摩像，唐杨惠之塑，在天柱寺》

此诗吟咏唐代著名雕塑家杨惠之所塑的维摩诘像，表现了他对《维摩经》中维摩居士的敬佩与向往。诗作以《庄子》"至人无己，神人无功，圣人无名"[3]来消除物我，达到"无所待"境界来称赞维摩居士。可见苏轼对维摩居士的最初认识，是通过《庄子》而达成的，这也是中国人最初习佛的基本路径，甚至整个古代中国的士大夫阶层亦如是。此诗又以《庄子》"子祀往问子舆病"[4]的寓言为开端，巧妙关合《维摩经》"尔时长者维摩诘自念，寝疾于床"[5]，可见苏轼对这部佛经的研读之深，但因以"身虽未病心已疲"的心态去认识它，所以此时苏轼对这部佛经的理解只是属于初步阶段，十年后，神宗熙宁年间，他的认识更加一层。如其《吉祥寺僧求阁名》诗云：

> 过眼荣枯电与风，久长那得似花红。上人宴坐观空阁，观色观空色即空。[6]

此诗是苏轼自任凤翔判官以来，经历了丧父丧妻继娶、两次赴京任职及与宰相王安石政见抵牾而外出任官等一系列家事仕事的变化后，借《维摩经》义理而生发的感慨。前两句借用《维摩经》的"是身如电念念不住……是身无寿为如风"语

---

[1] 王懋竑撰：《读书记疑》卷十六《白田草堂续集》。

[2] 苏轼撰，王文浩辑注，孔凡礼点校：《苏轼诗集》卷三，中华书局1982年版，第110页。

[3] 《庄子·逍遥游》卷一。

[4] 《庄子·大宗师》卷六。

[5] 《维摩经·弟子品第三》，载《大正新修大藏经》第14册，第539页下。

[6] 苏轼撰，王文浩辑注，孔凡礼点校：《苏轼诗集》卷七，中华书局1982年版，第331页。

意[1]，表明自己对"过眼"的认识，风与电都同过眼万事一样无住，既无住为何对荣辱、得失执着痛苦呢？诗后两句就是解决其人生的最大难题，他又借用《维摩经》中的"夫宴坐者。不于三界现身意。是为宴坐。不起灭定而现诸威仪。是为宴坐。不舍道法而现凡夫事。是为宴坐。心不住内亦不在外。是为宴坐。于诸见不动而修行三十七品。是为宴坐。不断烦恼而入涅槃。是为宴坐"[2]语意，阐发自己的看法。《维摩经》所讲"宴坐"意义甚深，苏轼这里仅采用其精微部分入诗，即以心不执着、不为事逐眼前过而烦恼作为诗的意境。可见他对《维摩经》乃至佛教教义的认识和理解已经进了一步。时隔不久，他又曰：

> 门前歌鼓斗分朋，一室清风冷欲冰。不把琉璃闲照佛，始知无尽本无灯。[3]
>
> ——《上元过祥符僧可久房，萧然无灯火》

从此诗中可见，苏轼开始对"心"的世界有所认识和追求，"无尽本无灯"语出《维摩经·菩萨品第四》："诸姊有法门名无尽灯。汝等当学。无尽灯者。譬如一灯燃百千灯。"[4]这里所讲的"一灯燃百千灯"法门，强调的是心不执着的妙处，即一是一切、一切是一妙处之所在。杭州的上元节，处处灯火辉煌、歌鼓阗阗，与可久房间的"萧然无灯火"完全相反。苏轼借用《维摩经》"无尽灯"的精神，给可久房间的无灯火情况加以升华，成为灯火玲珑飘然，与杭州大街上的情形全然不二。此举虽属文学的创作手法，但亦可洞见其心之妙悟境界。同样是在熙宁年间，在另外一首诗中他又云：

> 殷勤稽首维摩诘，敢问如何是法门。弹指未终千偈了，向人还道本无言。[5]
>
> ——《和文与可洋川园池三十首·无言亭》

此诗前两句采《维摩经》义理成诗，"问如何是法门"，典出《维摩经·入不二法门品第九》："尔时维摩诘。谓众菩萨言。诸仁者。云何菩萨入不二法门。各随所乐说之。"[6]后两句渗透了"不二法门"的精神，故说"道本无言"，《入不二法门品》的主要内容是三十二位菩萨各随所乐说"入不二法门"后，维摩诘以"默

---

[1]　《维摩经·方便品第二》，载《大正新修大藏经》第 14 册，第 539 页上。

[2]　《维摩经·弟子品第三》，载《大正新修大藏经》第 14 册，第 539 页下。

[3]　苏轼撰，王文浩辑注，孔凡礼点校：《苏轼诗集》卷八，中华书局 1982 年版，第 427 页。

[4]　《维摩经·菩萨品第四》，载《大正新修大藏经》第 14 册，第 542 页下。

[5]　苏轼撰，王文浩辑注，孔凡礼点校：《苏轼诗集》卷十四，中华书局 1982 年版，第 672 页。

[6]　《维摩经·入不二法门品第九》，载《大正新修大藏经》第 14 册，第 550 页中。

然无言"对之，形成灭尽语言的局面。苏轼在此诗中借用维摩诘的"不二法门"并采用禅宗偈颂的写作手法，阐述自己对"无言"的认识，虽缺乏诗歌状物言情的灵性，但从字面上看却切合《无言亭》诗题，给人以殆同"经抄"之感。然而，从另一个角度来审查，这便是他对现实反映奇特的一首诗，也就是他所谓"有为而作"的创作观。苏轼面谏神宗反对新法，遭拒后自请外任，不敢再言，而借用维摩诘的"无言"表示其心中的孤闷。故他说"道本无言"，这里的"道"可以理解为"新法"的反面，是他所认为是对的一面，"无言"也有不必言、不要言的意思。苏轼一向以儒家思想立志，而此时此刻因处境进退两难，进者则恐怕对皇帝有所"撞车"，退者则违背自己的始终原则。可见，此时的苏轼是何等痛苦。而苏轼一生一直处于那种进退两难、欲归隐但又怕"高处不胜寒"的痛苦之中，维摩诘居士以及《维摩经》便是他一生的好伴侣，帮助他度过人生的痛苦。所以，他对《维摩经》的认识与理解，随着他的经历而加深，如在《臂痛谒告，作三绝句示四君子》之三诗中，他便有如此心得的感慨：

> 小阁低窗卧晏温，了然非默亦非言。维摩示病吾真病，谁识东坡不二门。[1]

这首诗作于宋哲宗元祐年间，苏东坡已是知命之年了。早在神宗元丰二年苏轼四十来岁时，即遭遇"乌台诗案"，被贬黄州，仕途上受到极大的挫折，对宦海风波、尘世磨难有了更深切的感受，心境也因此而显得比较淡泊。魏启鹏先生认为"维摩诘示病于外而精神智慧充实于内"[2]是苏轼所佩服之处。其实，维摩诘示病是为了破除众生之病采用的方便权巧。破何病？执着病也，执着"有"，执着"无"，执着无"有无"。东坡居士"识"维摩诘居士虽是"病"但只是示病，重要的是心无病，对比之下自己虽身真有病，但心无病，故叹曰"谁识东坡不二门"。这里的"身"可以理解为物质的生活、现实的痛苦、仕途的荣辱等外缘。从此诗中，可以洞见苏轼的追求，可谓"不为五斗米折腰"，而是精神的寄托、内心的喜乐。又如在另外一首诗中，他说：

> 净名毗耶中，妙喜恒沙外。初无往来相，二土同一在。云何定慧师，
> 尚欠行脚债。请判维摩凭，一到东坡界。[3]
>
> ——《次韵定慧钦长老见寄八首》（其八）

[1] 苏轼撰，王文浩辑注，孔凡礼点校：《苏轼诗集》卷三十四，中华书局1982年版，第1800页。
[2] 魏启鹏：《苏诗禅味八题》，载《东坡诗论丛》，四川人民出版社1986年版，第26页。
[3] 苏轼撰，王文浩辑注，孔凡礼点校：《苏轼诗集》卷三十九，中华书局1982年版，第2114页。

"净名"梵文是"Vimalakirti"，是维摩诘的意译；"毗耶"即"毘耶离城"（国城名），是佛在世维摩诘居住的地方，本居住于渺远的恒沙之外的妙喜国，为了辅释迦之教化，故使用神通委身在毘耶离城居住。此诗作于宋哲宗绍圣元年，时苏轼被远贬惠州，而愈贬愈远，遥远的路途中很想见定慧长老一面，但此机会几乎不可。因此，他只能借用《维摩经》中的神奇故事来满足他的希望。此诗中的"东坡界"是"不二"的境界，也就是神奇的境界。只有不执着才有那个神奇境界，苏轼大概也就是以此念头去探望定慧长老。可见，苏轼非常注重内心的境界，而且常以不二法门作为他心灵家园的归处，在另一首诗中他又云：

> 十方三界世尊面，都在东坡掌握中。送与罗浮德长老，携归万窍总号风。[1]
>
> ——《送佛面杖与罗浮长老》

唐人李渤（773—831），字浚之，百家之书无不该综，故有李万卷之号。《圆悟佛果禅师语录》载：

> 李万卷问归宗和尚。须弥纳芥子则不问。如何是芥子纳须弥。宗云。尔身如椰子大。万卷书着在甚处。归宗老汉寻常一条白棒。打佛打祖。及乎李万卷问着。不免曲顺人情放开一线。然他用处也只教尔当头截去。后来众中无识者。便道。芥子是心。须弥是万卷。纳之于心何所不可。佛法若只如此。[2]

李渤不悟心之大广，故有"芥子纳须弥"的疑问。苏轼则不然，"十方三界世"之大广，而"都在东坡掌握中"。因他已深悟不二法门的宗旨，所以没有李渤的疑问。苏轼此诗典出《维摩经·不思议品第六》，其文云：

> 诸佛菩萨有解脱名不可思议。若菩萨住是解脱者。以须弥之高广内芥子中无所增减。须弥山王本相如故。而四天王忉利诸天。不觉不知己之所入。唯应度者乃见须弥入芥子中。是名住不思议解脱法门。又以四大海水入一毛孔。不娆鱼鳖鼋鼍水性之属。而彼大海本相如故。诸龙鬼神阿修罗等不觉不知己之所入。于此众生亦无所娆。又舍利弗。住不可思议解脱菩萨。断取三千大千世界。如陶家轮着右掌中。掷过恒河沙世界之外。其中众生

---

[1]　苏轼撰，王文浩辑注，孔凡礼点校：《苏轼诗集》卷三十九，中华书局1982年版，第2154页。
[2]　《圆悟佛果禅师语录》卷第十三，载《大正新修大藏经》第47册，第773页上。

不觉不知已之所往。又复还置本处。都不使人有往来想。而此世界本相如故。[1]

从这段经文可见"解脱"之妙用，谓解脱就是心不执着，心不执着即同虚空，因此可以纳万象而不障碍。

由上所说，可见《维摩经》对苏轼的影响之深，其影响有二：①苏轼通过它找到精神的归宿，在宦海沉浮的仕途生涯中，《维摩经》给了他不少慰藉；②不仅对他本人有所影响，他的诗歌受益也不小，所谓苏轼诗歌标榜着随遇而安的特征，作为这个命题的内涵，恐怕离不开《维摩经》这部大乘经。

（二）《金刚经》

在卷帙浩繁的般若类佛经中，《金刚经》可以说是最精彩、完美的一部，它详细地阐述了佛学的核心思想，本经洋洋洒洒五千多言，归纳起来其实只有一个宗旨："灭相"——众生所感受认识到的一切物质和精神现象，故"可看成是般若的一个略本，因为根本般若的重要思想它都有了"[2]。贯穿此经的是空观和无住精神，如经所讲："一切有为法，如梦、幻、泡、影，如露亦如电，应作如是观。"[3]又云："应如是生清净心，不应住色生心，不应住声、香、味、触、法生心，应无所住而生其心。"皆是苏轼所爱慕者，而且对《金刚经》的旨义可以说是深解，在《金刚经跋尾》中云：

> 闻昔有人，受持诸经，摄心专妙。常以手指，作捉笔状。于虚空中，写诸经法。是人去后，此写经处，自然严净，雨不能湿。凡见闻者，孰不赞叹，此希有事。有一比丘，独拊掌言，惜此藏经，止有半藏。乃知此法，有一念在，即为尘劳。而况可以，声求色见。今此长者，谭君文初，以念亲故，示人诸相。取黄金屑，书《金刚经》，以四句偈，悟入本心。灌流诸根，六尘清净。方此之时，不见有经，而况其字。字不可见，何者为金。我观谭君，孝慈忠信，内行纯备。以是众善，庄严此经，色相之外，炳然焕发。诸世间眼，不具正见，使此经法，缺陷不全。是故我说，应如是见。东坡居士，说是法已，复还其经。[4]

达摩言"不立文字，教外别传，直指人心，见姓成佛"，"道副对曰。如我所见。

---

[1] 《维摩经·不思议品第六》，载《大正新修大藏经》第 14 册，第 546 页中。

[2] 吕澂：《印度佛学源流略讲》，上海人民出版社 2002 年版，第 86 页。

[3] 《金刚经》，载《大正新修大藏经》第 8 册，第 752 页中。

[4] 苏轼撰，孔凡礼点校：《苏轼文集》卷六十六，中华书局 1986 年版，第 2087 页。

不执文字不离文字而为道用。师曰。汝得吾皮。尼总持曰。我今所解如庆喜见阿閦佛国。一见更不再见。师曰。汝得吾肉。道育曰。四大本空五阴非有。而我见处无一法可得。师曰。汝得吾骨"[1]。《金刚经》云："应无所住而生其心"，"一切有为法，如梦、幻、泡、影，如露亦如电，应作如是观"，"若以色见我，以音声求我，是人行邪道，不能见如来"。苏轼说"有一念在，即为尘劳。而况可以，声求色见"，"不见有经，而况其字。字不可见，何者为金"，可见他已得《金刚经》之骨。"无住"是《金刚经》的精微之处，苏轼深悟其宗旨，并常采摄入诗，如《书焦山纶长老壁》云：

> 法师住焦山，而实未尝住。我来辄问法，法师了无语。法师非无语，
> 不知所答故。君看头与足，本自安冠屦。譬如长鬣人，不以长为苦。一旦
> 或人问，每睡安所措。归来被上下，一夜无着处。辗转遂达晨，意欲尽镊去。
> 此言虽鄙浅，故自有深趣。持此问法师，法师一笑许。[2]

此诗紧扣"未尝住"三字展开，采《金刚经》义理入诗，对"不住心"进行十分有趣的说明。"法师住焦山，而实未尝住"二句典出《金刚经》："应生无所住心。若心有住，则为非住。"[3]全篇无象无景，只是通过一个"有深趣"的小故事，表达了一种禅思佛理。但苏轼采用禅宗偈颂的做法把这个小故事，用诗歌的艺术形式讲述得委婉曲致，妙趣横生，也很有吸引力。所以，王次公在此诗下评注道："此篇，先生用小说一段事，裁以为诗，而意最高妙。"[4]清人纪昀则评曰："直作禅渴，而不以禅揭为病，语妙故也。不讨人厌处在挥洒如意。"[5]赵克宜则认为："禅语烂熟，涉笔自成奇趣，是对长老语，是题壁诗，非可一概用此格也。"[6]有时苏轼以戏谑的方式，但不乏甚妙之意境，来表示其"无住"范畴。如于《闻辩才法师复归上天竺，以诗戏问》诗中云：

> 何所闻而去，何所见而回。道人笑不答，此意安在哉。昔年本不住，

---

[1]　《景德传灯录》卷第三《第二十八祖菩提达磨》，载《大正新修大藏经》第51册，第218页下。

[2]　苏轼撰，王文浩辑注，孔凡礼点校：《苏轼诗集》卷十一，中华书局1982年版，第552页。

[3]　《金刚经》，载《大正新修大藏经》第8册，第750页中。

[4]　王次公注《书焦山纶长老壁》，载苏轼撰，王文浩辑注，孔凡礼点校：《苏轼诗集》卷十一，中华书局1982年版，第552页。

[5]　纪的评：《苏文忠公苏轼诗集》卷十一。

[6]　赵克宜：《角山楼苏诗评注汇钞》卷四。

今者亦无来。此语竟非是，且食白杨梅。[1]

辩才本主持上天竺寺，因僧文犍而迁于下天竺寺，后来复归上天竺寺。苏轼以和谐语气借用《晋书》："康（嵇康）居贫，尝与向秀共锻于大树之下，以自赡给。颍川锺会，贵公子也，精练有才辩，故往造焉。康不为之礼，而锻不辍。良久，会去，康谓曰：'何所闻而来？何所见而去？'会曰：'闻所闻而来，见所见而去。'"[2] 问辩才师"何所闻而去，何所见而回"。辩才以笑答之，因此苏轼以"昔年本不住，今者亦无来"两句解之，此语点化《金刚经》义理而成。"不住"、"无来"两词容摄《金刚经》"应无所住而生其心"、"应生无所住心"、"如来者，无所从来，亦无所去，故名如来"的精微，把一切为辩才去而悲、来而喜的事相，全然消解于无形，汪师韩评此诗云："'昔本不住'，'今者无来'，说来真是无缚无脱。较闻所闻而来，见所见而去，更上一层矣。"[3] 诗后两句境界更高，把"无住"宗旨翻尽根底，将其归回安住于微妙的"现在"，只有"食"了"白杨梅"才知其味，只有心住于"无住"之中，方能知其妙处，可谓"无穷之诗意"已纳于此"有限"之句矣。

苏轼一生仕途坎坷，到处流动，随时迁居，因此，对于动和静、去与来有深刻的体验。如元丰元年，在徐州知州时，与僧道潜放舟百步洪抒发感慨：

长洪斗落生跳波，轻舟南下如投梭。水师绝叫凫雁起，乱石一线争磋磨。
有如兔走鹰隼落，骏马下注千丈坡。断弦离柱箭脱手，飞电过隙珠翻荷。
四山眩转风掠耳，但见流沫生千涡。险中得乐虽一快，何异水伯夸秋河。
我生乘化日夜逝，坐觉一念逾新罗。纷纷争夺醉梦里，岂信荆棘埋铜驼。
觉来俯仰失千劫，回视此水殊委蛇。君看岸边苍石上，古来篙眼如蜂窠。
但应此心无所住，造物虽驶如吾何。回船上马各归去，多言譊譊师所呵。[4]

——《百步洪二首》（其一）

此诗的中心内容是由于目睹陈迹，追怀曩昔，而想到"纷纷争夺醉梦里"，最后归结到"心无所住"。前半部分写流水，发展了"逝者如斯"的意思。流水本来就是顷刻不住的迁变者，而洪水之变尤为甚焉，如"骏马下注"、"断弦离柱"、"箭

[1] 苏轼撰，王文浩辑注，孔凡礼点校：《苏轼诗集》卷十六，中华书局1982年版，第824页。
[2] 唐太宗文皇帝御撰：《晋书》四十九《列传第十九》。
[3] 汪师韩：《苏诗选评笺释》卷二，汪氏长沙刻本。
[4] 苏轼撰，王文浩辑注，孔凡礼点校：《苏轼诗集》卷十六，中华书局1982年版，第891页。

脱手"。后半部分以《金刚经》空观照之，"无住心"旨义摄之。起以"我生乘化日夜逝"为照摄之桥梁，"坐觉一念逾新罗"为归纳之立足。"一箭逾新罗"典出《景德传灯录》："'问如何是金刚一只箭？'师曰：'道什么？'其僧再问。师曰：'过新罗国去也。'"[1]"如何是金刚一只箭？"意思是请指示扫荡一切的禅法。"道什么？"因为心外无禅，不应向外驰求。"过新罗国去也"，是讽刺对方被妄念所缚，一问再问，离所求更远了。中以"争夺醉梦里"，"荆棘埋铜驼"，"俯仰失千劫"，"古来篙眼如蜂窠"等语句进一步解释，作为总结的理论。结以"无住"统摄全诗，"回船上马各归去"是现实雄厚的辩证。汪师韩曰："用譬喻为文，是轼所长。此篇摹写急流轻舟，奇势迭出，笔力破余地，亦真是险中得乐也。后幅养其气以安舒，犹时见警策，收煞得住。"[2]所言甚确。至于翁方纲，"此篇之本题，则序中所谓'追怀曩游，已为陈迹'也。试以此意读之，则所谓'兔走华落'、'骏马注坡'、'弦离箭脱'、'电过珠翻'者，一层内又贯入前后两层，此是何等神光！而仅仅以叠下譬喻之文法赏之耶？查初白评此诗，亦谓'连用比拟，古所未有'。予谓此盖出自《金刚经》偈子耳"[3]，其评论更上一层。从此诗中，可见诗人在精神上可以摆脱人生得失的痛苦的同时，在人生观上能以乐观的心态面对世事变迁，《金刚经》的妙用是不小的。

又如元符三年，苏轼经历了人生最艰难、最痛苦的岭海贬谪时期，在北归途中，作《庚辰岁人日作，时闻黄河已复北流，老臣旧数论此，今斯言乃验，二首》，该诗之二写道：

> 不用长愁挂月村，槟榔生子竹生孙。新巢语燕还窥砚，旧雨来人不到门。
> 春水芦根看鹤立，夕阳枫叶见鸦翻。此生念念随泡影，莫认家山作本元。[4]

此诗末二句典出《金刚经》"一切有为法，如梦幻泡影，如露亦如电，应作如是观"[5]以及《楞严经》"徒获此心未敢认为本元心地"。[6]纪昀曰："末亦无聊自宽之语，勿以禅悦视之。"纪昀先生之语，笔者不敢苟同。因为，此时的苏轼已经是65岁之人，

[1] 《景德传灯录》卷第二十一《前福州长庆院慧棱禅师法嗣》，载《大正新修大藏经》第51册，第375页中。

[2] 汪师韩：《苏诗选评笺释》卷二，载《丛睦汪氏丛书》。

[3] 翁方纲：《石洲诗话》卷三，人民文学出版社1981年版，第99页。

[4] 苏轼撰，王文浩辑注，孔凡礼点校《苏轼诗集》卷四十三，中华书局1982年版，第2341页。

[5] 《金刚经》，载《大正新修大藏经》第8册，第752页中。

[6] 《楞严经》卷第二，载《大正新修大藏经》第19册，第111页上。

历经了人生大起大落的荣辱，他应该能感觉到人生万事只是过眼耳。所以"此生念念随泡影"之语，非"无聊自宽之语"，而是他心底之话。而此时，他已经感觉到自己的病身，仅如晓露，已看见自己远离尘世，让位后代日近，"槟榔生子竹生孙"，"新巢语燕还窥砚"，哪还有什么比"安住"好心更好的呢？时隔不久，苏轼在《明日，南禅和诗不到，故重赋数珠篇以督之，二首》之一中写道："未来不可招，已过那容遣。中间现在心，一一风轮转。"[1] 这里苏轼是采用《维摩经》的"若过去生过去生已灭。若未来生未来生未至。若现在生现在生无住"[2]，还是《金刚经》的"过去心不可得，现在心不可得，未来心不可得"[3]，恐怕难以定论了。清人赵夔有言："盖胸中之书，汪洋浩博，下笔之际，不知为我语耶、它人之语也，观者以意达之可也。"[4] 应作如是观。

（三）《坛经》

《坛经》与《金刚经》都以"无念为宗，无相为体，无住为本"的"三无"为宗旨，开创了南宗禅派，中华禅宗六祖慧能亦因听《金刚经》"应无所住而生其心"之句而悟道。《坛经》是六祖慧能所悟的心语，因此才成为中国僧人著作中唯一一部被称作"经"的经典性著作。《坛经》的宗旨是强调自性清净，顿悟成佛，故自唐以来，一直为禅僧爱读、士大夫喜阅的佛经之一，故禅门把它当作修行的指南针，士大夫把它当作精神的归处。苏轼无疑是其中的优秀代表之一，尤其对《坛经》可以说是已得其"骨"。其《论六祖坛经》云：

> 近读六祖《坛经》，指说法、报、化三身，使人心开目明。然尚少一喻。试以喻眼：见是法身，能见是报身，所见是化身。何谓"见是法身"？眼之见性，非有非无，无眼之人，不免见黑，眼枯睛亡，见性不灭，则是见性，不缘眼有无，无来无去，无起无灭。故云"能见是法身"。何谓"能见是报身"？见性虽存，眼根不具，则不能见，若能安养其根，不为物障，常使光明洞彻，见性乃全。故云"能见是报身"。何谓"所见是化身"？根性既全，一弹指顷，所见千万，纵横变化，俱是妙用。故云"所见是化身"。此喻既立，三身愈明，

[1] 苏轼撰，王文浩辑注，孔凡礼点校：《苏轼诗集》卷四十五，中华书局1982年版，第2436页。

[2] 《维摩经·菩萨品第四》，载《大正新修大藏经》第14册，第542页上。

[3] 《金刚经》，载《大正新修大藏经》第8册，第751页中。

[4] 赵夔：《百家注东坡先生诗序》，载苏轼撰，王文浩辑注，孔凡礼点校：《苏轼诗集》，中华书局1982年版，附录二，第2832页。

如此是否？[1]

六祖慧能以自性来解释三身："清净法身佛"，谓吾人之身即是如来法身，故吾人之自性本即清净，并能生出一切诸法；"圆满报身佛"，谓自性所生之般若之光若能涤除一切情感欲望，则如一轮明日高悬于万里晴空之中，光芒万丈，圆满无缺；"自性化身佛"，谓吾人若能坚信自性之力胜于一切化身佛，则此心向恶，便入地狱，若起毒害之心，便变为龙蛇，若此心向善，便生智慧，若起慈悲之心，便变为菩萨。苏轼认为慧能所讲的"法、报、化三身"，虽"使人心开目明"，但还有不足之处，即以眼为喻。从眼之根和眼之见性阐述自己对法、报、化三身的理解，可见他对《坛经》的理解之深。苏轼在此仅以人的六根（眼、耳、鼻、舌、身、意）之一为喻，其他五根有何不妥，为什么他不立说呢？这恐怕要跟他的《日喻》连解，其文有云："生而眇者不识日，问之有目者。或告之曰：'日之状如铜盘。'扣盘而得其声。他日闻钟，以为日也。或告之曰：'日之光如烛。'扪烛而得其形。他日揣，以为日也。"[2]这段文字可谓是一语双关：一方面，这是他的讽刺文，讽刺何者？即那些为升官拔职，而蒙着眼、拍马屁，赞成"新变法"者；另一方面，又委婉地提醒皇帝，不要听那些拍马屁的进言，而要亲自去体验情况。因此，他强调人的眼之见性，况且他的文学创作观是"常行于所当行，常止于不可不止"（《自评文》），不为其他五根立说是他的"止于不可不止"。

纵观苏轼的全部诗歌，以《坛经》义理入诗的诗句较多，多达三十余处，主要以自性清净与无住思想切入，构成苏轼超越逆境、达成无所往而不乐的重要乐观人格支柱之一。如《西山诗和者三十余人，再用前韵为谢》中云：

石中无声水亦静，云何解转空山雷。欲就诸公评此语，要识忧喜何从来。

愿求南宗一勺水，往与屈贾湔余哀。[3]

韦应物诗云："水性本云静，石中固无声。如何两相激，雷转空山惊。"苏轼在此六句中借用《坛经》中"值印宗法师讲涅槃经。时有风吹幡动。一僧曰风动。一僧曰幡动。议论不已。惠能进曰。不是风动。不是幡动。仁者心动"[4]事典，以"仁者心动"之旨义解之。可见他对静与动的了知，心动即起分别念头，故才有动静之分，

---

[1] 苏轼撰，孔凡礼点校：《苏轼文集》卷六十六，中华书局1986年版，第2082页。

[2] 苏轼撰，孔凡礼点校：《苏轼文集》卷六十四，中华书局1986年版，第1980页。

[3] 苏轼撰，王文浩辑注，孔凡礼点校《苏轼诗集》卷二十七，中华书局1982年版，第1459页。

[4] 《坛经·行由第一》，载《大正新修大藏经》第48册，第349页上。

心不动即不起分别念头，如此何动之有，又何静之无？对于人生的忧喜亦应作如是观。"愿求南宗一勺水"表现作者对慧能禅法的神往，求"南宗一勺水"即求得自性清净，而自性清净本离动与静，故能含万象。又于《书王定国所藏王晋卿画着色山二首》之一曰：

> 白发四老人，何曾在商颜。烦君纸上影，照我胸中山。山中亦何有，
> 木老土石顽。正赖天日光，涧谷纷斓斑。我心空无物，斯文何足关。君看
> 古井水，万象自往还。[1]

此诗紧扣"未曾有"三字展开，进行"推倒扶起"，再三否定一切色有，深合清人刘熙载在《艺概》中"东坡诗推倒扶起，无施不可，得诀只在能透过一层，及善用翻案耳。东坡诗善于空诸所有，又善于无中生有，机括实自禅悟中来。以辩才三昧而为韵言，固宜其舌底澜翻如是"的评价。[2]前六句对昔者四老人曾经衣冠甚伟、商山俱识进行否定，谓之推倒。昔日风流都不见，只见纸上愁君影，"胸中山"，谓之扶起，"山中亦何有"再次推倒。诗后六句借曹溪之水破除去来、今古存亡之念。"我心空无物，斯文何足关"，采《坛经》"菩提本无树，明镜亦非台。本来无一物，何处惹尘埃"[3]之义理成诗，谓之"透过一层"，"李万卷问归宗和尚。须弥纳芥子则不问。如何是芥子纳须弥。宗云。尔身如椰子大。万卷书着在甚处。归宗说：'万卷书着在甚处'"[4]，苏轼说："我心空无物，斯文何足关"，谓之翻案也。诗作后两句更上一层，采摄《坛经》的自性清净思想，进行最后的"扶起"，并高妙地还复当时的本来面目。全诗曲折地将"王定国所藏王晋卿画"中的昔事，总结归纳于万象自性本来清净，故纪昀评此诗曰："意境深微，气亦浑雅。"以佛教义理作为诗的总结意境乃是苏轼常采取的手法之一，《坛经》的主要思想亦不例外。因自性本来清净，故应不必起主、宾彼此分别之念，而应反照自己，他云：

> 天形倚一笠，地水转两轮。五伯之所运，毫端栖一尘。功名半幅纸，
> 儿女浪苦辛。子有折足铛，中容五合陈。十年此中过，却是英特人。延我
> 地炉坐，语软意甚真。白灰如积雪，中有红麒麟。勿触红麒麟，作灰维那瞋。

---

[1] 苏轼撰，王文浩辑注，孔凡礼点校《苏轼诗集》卷三十一，中华书局1982年版，第1638页。

[2] 刘熙载撰：《艺概·诗概》，载四川大学中文系编：《苏轼资料汇编》上编四，中华书局1994年版，第1528页。

[3] 《坛经·行由第一》，载《大正新修大藏经》第48册，第347页下。

[4] 《圆悟佛果禅师语录》卷第十三，载《大正新修大藏经》第47册，第773页上。

拱手但默坐，墙壁徒谆谆。今宵恨客多，污子白氎巾。后夜当独来，不须主与宾。蒲团坐纸帐，自要观我身。[1]

——《赠月长老》

此诗以赞扬手法表示自己对月长老的敬爱，通过对比笔法显示出自己对长老的世界的羡慕。长老虽年高，白发苍苍如雪，但心中有"红麒麟"即佛心如如不动，"白"、"红"第一对比也。他又采用道生法师"聚石为徒"故事来形容长老之德行兼具，"墙壁徒谆谆"之句借用《佛祖统纪》中典故："（法师道生）唱阐提之人皆得成佛。时大本未传。孤明先发。旧学僧党以为背经。遂显大众摈而遣之。师正容誓曰。若我所说背经当见身疠疾。若与实相不背。愿舍寿之日。踞师子座遂拂衣而行。及后大经至。圣行品云。一阐提人虽复断善犹有佛性。于是诸师皆为愧服。师被摈南还入虎丘山。聚石为徒讲涅槃经。至阐提处则说有佛性。且曰。如我所说契佛心否。群石皆为点头。"[2]当时因为大乘经未传入中国，因此道生所讲，僧俗不信，道生法师便聚石为徒，后来他所提倡的教义得到大大弘扬。苏轼以道生与长老相比，第二对比也。"天形"对"一笠"、"地水"对"两轮"、"毫端"对"一尘"、"功名"对"幅纸"、"语软"对"意甚真"，是第三对比。而且自己正为了这些轻不足道的东西而在红尘世界之内奔波与长老的生活全然两立，这是第四对比也。进行如此对比之后，他采摄《坛经》的自性清净、无住思想，化解内外之分。

诗后四句点化《坛经》中两段义理而成诗，其一曰："祖潜至碓坊。见能腰石舂米。语曰。求道之人。为法忘躯。当如是乎。乃问曰。米熟也未。惠能曰。米熟久矣。犹欠筛在。祖以杖击碓三下而去。惠能即会祖意。三鼓入室。祖以袈裟遮围。不令人见。为说金刚经。至应无所住而生其心。惠能言下大悟。一切万法不离自性。遂启祖言。何期自性本自清净。何期自性本不生灭。何期自性本自具足。何期自性本无动摇。何期自性能生万法。"[3]其二曰："祖（弘忍）相送（慧能）直至九江驿。祖令上船。五祖把橹自摇。惠能言。请和尚坐。弟子合摇橹。祖云。合是吾渡汝。惠能云。迷时师度。悟了自度。"[4]此诗亦是苏轼以归纳手法创作的诗作。《题过所画枯木竹石三首》之一曰：

[1] 苏轼撰，王文浩辑注，孔凡礼点校:《苏轼诗集》卷三十四，中华书局1982年版，第1802页。
[2] 《佛祖统纪》卷第二十六《十八贤传》，载《大正新修大藏经》第49册，第266页上。
[3] 《坛经·行由第一》，载《大正新修大藏经》第48册，第349页上。
[4] 《坛经·行由第一》，载《大正新修大藏经》第48册，第349页上。

老可能为竹写真，小坡今与石传神。山僧自觉菩提长，心境都将付卧轮。[1]

此诗后二句采《坛经·机缘第七》："有僧举卧轮禅师偈曰：'卧轮有伎俩，能断百思想。对境心不起，菩提日日长。'师（慧能）闻之。曰：'此偈未明心地。若依而行之。是加系缚。'因示一偈曰：'惠能没伎俩，不断百思想。对境心数起，菩提作么长。'"[2]以此旨义作结。"菩提"即智慧，是佛性，顿悟成佛，就是智慧发开，菩提增长，而菩提自性清净，故他说"自觉菩提长"。在《午窗坐睡》中云：

蒲团蟠两膝，竹几阁双肘。此间道路熟，径到无何有。身心两不见，息息安且久。睡蛇本亦无，何用钩与手。神凝疑夜禅，体适剧卯酒。我生有定数，禄尽空余寿。枯杨不飞花，膏泽回衰朽。谓我此为觉，物至了不受。谓我今方梦，此心初不垢。非梦亦非觉，请问希夷叟。[3]

此诗仍以《坛经·行由第一》中"菩提本无树，明镜亦非台。本来无一物，何处惹尘埃"[4]义趣作结语。在《次韵答刘景文左藏》中云：

我老诗坛仆鼓旗，借君佳句发良时。但空贺监杯中物，莫示孙郎帐下儿。夜烛催诗金烬落，秋芳压帽露华滋。故应好语如爬痒，有味难名只自知。[5]

此诗苏轼以痒为喻，将一种很俗的生理上的感受，在典雅端庄的诗歌里，升华为一种艺术感受，揭示了艺术欣赏中那种奇妙无比、难以言传的审美现象，可谓化俗为雅，雅俗共赏。诗末句典出《坛经·行由第一》："惠明虽在黄梅。实未省自己面目。今蒙指示。如人饮水。冷暖自知。"[6]这种以俗为雅作诗，以佛教义理作为总结，在苏轼诗集中是不胜枚举的。不仅如此，有时他常以演绎手法作诗，用佛教义理作为开篇的视野，以《坛经》的思想作为统摄全篇的主导思想。如《钱道人有诗云"直须认取主人翁"，作两绝戏之》之二：

有主还须更有宾，不如无境自无尘。只从半夜安心后，失却当前觉痛人。[7]

[1] 苏轼撰，王文浩辑注，孔凡礼点校：《苏轼诗集》卷四十三，中华书局1982年版，第2347页。
[2] 《坛经·机缘第七》，载《大正新修大藏经》第48册，第358页上。
[3] 苏轼撰，王文浩辑注，孔凡礼点校：《苏轼诗集》卷四十一，中华书局1982年版，第2286页。
[4] 《坛经·行由第一》，载《大正新修大藏经》第48册，第347页下。
[5] 苏轼撰，王文浩辑注，孔凡礼点校：《苏轼诗集》卷二十三，中华书局1982年版，第1648页。
[6] 《坛经·行由第一》，载《大正新修大藏经》第48册，第349页上。
[7] 苏轼撰，王文浩辑注，孔凡礼点校：《苏轼诗集》卷四十七，中华书局1982年版，第2525页。

又如《次韵定慧钦长老见寄八首》之二：

　　铁桥本无柱，石楼岂有门。舞空五色羽，吠云千岁根。松花酿仙酒，木客馈山飧。我醉君且去，陶云吾亦云。[1]

此两诗都以《坛经·行由第一》"菩提本无树，明镜亦非台。本来无一物，何处惹尘埃"[2]的要义作为开篇的视野。由上所述，可以洞见苏轼对《坛经》是何等喜爱，他自己曾说"不向南华结香火，此生何处是真依"[3]。

综上所言，可见苏轼对《金刚经》和《坛经》是何等喜爱。从思想角度看，如果说《维摩经》帮助他获得能认识人生的本来面目的智慧，那么《金刚经》和《坛经》帮助他如何运用这个智慧来处理人生存亡意义的问题。从创作角度看，《金刚经》和《坛经》的灭尽着相思想，给他提供不少写诗的源泉，或以之作为归纳而用，或以之作为演绎而用，或以之作为主导思想贯入全篇而用，等等。因此，苏轼的诗歌所呈现出的是另一番景色。

（四）《楞严经》

自唐以来《楞严经》是士大夫床头之典籍，凡诸大家无不读之者，尤其是宋人。王安石归老钟山之后，每曰："今见此经者，见其所示，性觉妙明，本觉明妙。知根身器界生起，不出我心。"[4]苏辙自称曾"取《楞严经》翻覆熟读，乃知诸佛涅槃正路，从六根入"[5]。黄庭坚也很熟悉《楞严经》，他不仅亲自手书《楞严经》[6]，而且诗中也常用《楞严经》中的典故语词。苏轼晚年谪居儋州时，在《次韵子由浴罢》一诗中云："《楞严经》在床头，妙偈时仰读。"[7]可见，《楞严经》在士大夫中的地位。

《楞严经》是一部圆如来之密因，具菩萨之万行，标迷悟之根本的大乘经文。

---

[1]　苏轼撰，王文浩辑注，孔凡礼点校《苏轼诗集》卷三十九，中华书局1982年版，第2114页。

[2]　《坛经·行由第一》，载《大正新修大藏经》第48册，第347页下。

[3]　苏轼：《昔在九江，与苏伯固唱和。其略曰："我梦扁舟浮震泽，雪浪横江千顷白。觉来满眼是庐山，倚天无数开青壁。"盖实梦也。昨日又梦伯固手持乳香婴儿示予，觉而思之，盖南华赐物也。岂复与伯固相见于此耶？今得书，知已在南华相待数日矣。感叹不已，故先寄此诗》，载苏轼撰，王文浩辑注，孔凡礼点校：《苏轼诗集》卷四十四，中华书局1982年版，第2408页。

[4]　《林间录》卷下。

[5]　《书楞严经后》，苏辙著，陈宏天、高秀芳点校：《苏辙集》卷二十一，中华书局2004年版，第1112页。

[6]　黄庭坚：《豫章先生遗文》卷九《书自书楞严经后》。

[7]　苏轼撰，王文浩辑注，孔凡礼点校：《苏轼诗集》卷四十二，中华书局1982年版，第2302页。

本经的要旨是明根尘，主要内容是佛为阿难逐一宣说人之六根（眼、耳、鼻、舌、身、意）和六尘（色、声、香、味、触、法）之间因缘互动的问题，如对于眼之见性，他说：

> 阿难白佛言：世尊！必妙觉性，非因非缘。世尊云何常与比丘。宣说见性，具四种缘。所谓，因空因明，因心因眼，是义云何。佛言阿难，我说世间，诸因缘相，非第一义。阿难，吾复问汝。诸世间人，说我能见。云何名见，云何不见。阿难言，世人因于，日月灯光。见种种相，名之为见。若复无此，三种光明，则不能见。阿难，若无明时，名不见者。应不见暗。若必见暗，此但无明，云何无见。阿难，若在暗时，不见明故，名为不见。今在明时，不见暗相，还名不见。如是二相，俱名不见。若复二相，自相陵夺。非汝见性，于中暂无。如是则知，二俱名见。云何不见。是故阿难，汝今当知，见明之时，见非是明。见暗之时，见非是暗。见空之时，见非是空。见塞之时，见非是塞。四义成就，汝复应知。见见之时，见非是见。见犹离见，见不能及。云何复说，因缘自然，及和合相。汝等声闻，狭劣无识。不能通达，清净实相。吾今诲汝，当善思惟。无得疲怠，妙菩提路。[1]

佛之所言见性无碍，从不暂间，非明而有，亦非暗而无，又云：

> 阿难！汝更听此，祇陀园中。食办击鼓，众集撞钟。钟鼓音声，前后相续。于意云何。此等为是，声来耳边，耳往声处。阿难！若复此声，来于耳边。如我乞食，室罗筏城。在祇陀林，则无有我。此声必来，阿难耳处。目连迦叶，应不俱闻。何况其中一千二百五十沙门。一闻钟声，同来食处。若复汝耳，往彼声边。如我归住，祇陀林中。在室罗城，则无有我。汝闻鼓声。其耳已往，击鼓之处。钟声齐出，应不俱闻。何况其中，象马牛羊，种种音响。若无来往，亦复无闻。是故当知，听与音声，俱无处所。即听与声，二处虚妄。本非因缘，非自然性。[2]

听性亦然，从不暂间，非有声时而有，亦非无声时而无。其他四根，亦复如是。故知非目而见，非耳而听，非鼻而闻，非舌而知味，非身而有触，非意而能了知。于是佛告阿难："由是六根，互相为用。阿难！汝岂不知？今此会中，阿那律陀，

———————————

[1] 《楞严经》卷第二，载《大正新修大藏经》第19册，第113页上。

[2] 《楞严经》卷第三，载《大正新修大藏经》第19册，第115页下。

无目而见。跋难陀龙，无耳而听。殑伽神女，非鼻闻香。骄梵钵提，异舌知味。舜若多神，无身有触。如来光中，映令暂现。既为风质，其体元无。诸灭尽定，得寂声闻。如此会中，摩诃迦叶。久灭意根，圆明了知，不因心念。"[1]佛为了确定会众中是否对六尘还有怀疑不解之处，令二十五位弟子，各随所证说之，时观世音以闻、思、修为解，成为圆通第一。

在此不厌其烦，繁录斯文，以见其文笔之美，内容之深奥，比喻之巧合。《楞严经》既有深奥的哲学内涵，又有浓厚的文学色彩，故能满足士大夫精神上的追求，并为其在创作方面提供不少帮助。在他们当中，苏轼无疑是优秀代表之一，他对《楞严经》极为推崇。其《跋柳闳楞严经后》云："《楞严经》者，房融笔授，其文雅丽，于书生学佛者为宜。"[2]又于《书柳子厚大鉴禅师碑后》云："大乘诸经至《楞严经》，则委曲精尽，胜妙独出者，以房融笔授故也。"[3]早在熙宁四年（1071），苏轼时年36岁，就摄用《楞严经》义理入诗。其诗云：

> 过眼荣枯电与风，久长那得似花红。上人宴坐观空阁，观色观空色即空。[4]
>
> ——《吉祥寺僧求阁名》

此诗末句出《楞严经》之典："云何十二处本如来藏妙真如性？阿难！汝且观此，祇陀树林，及诸泉池。于意云何？此等为是，色生眼见，眼生色相。阿难！若复眼根，生色相者。见空非色，色性应销。销则显发，一切都无。色相既无，谁明空质。空亦如是。若复色尘，生眼见者。观空非色，见即销亡。亡则都无，谁明空色。是故当知，见与色空，俱无处所。即色与见，二处虚妄。本非因缘，非自然性。"[5]采摄义理成诗。又如他以议论为诗的诗篇就是采摄了《楞严经》的义理，其诗云：

> 若言琴上有琴声，放在匣中何不鸣。若言声在指头上，何不于君指上听。[6]
>
> ——《题沈君琴》

此诗明显地以《楞严经》的义理入诗。其经云："譬如琴瑟，箜篌琵琶，虽有妙音。若无妙指，终不能发。汝与众生，亦复如是。宝觉真心，各个圆满。如我按指，

---

[1]　《楞严经》卷第三，载《大正新修大藏经》第19册，第115页下。

[2]　苏轼撰，孔凡礼点校：《苏轼文集》卷六十六，中华书局1986年版，第2065页。

[3]　苏轼撰，孔凡礼点校：《苏轼文集》卷六十六，中华书局1986年版，第2084页。

[4]　苏轼撰，王文浩辑注，孔凡礼点校：《苏轼诗集》卷七，中华书局1982年版，第331页。

[5]　《楞严经》卷第三，载《大正新修大藏经》第19册，第115页下。

[6]　苏轼撰，王文浩辑注，孔凡礼点校：《苏轼诗集》卷四十七，中华书局1982年版，第2534页。

海印发光。汝暂举心，尘劳先起。由不勤求，无上觉道，爱念小乘，得少为足。"[1]又云："声无既无灭，声有亦非生。生灭二圆离，是则常真实。"[2]

以上两诗中，苏轼都以《楞严经》"眼根"、"耳根"的义理作为全诗的观照对象。关于耳根和眼根，经中佛之所讲最为玲珑神妙，采用的比喻生动有趣。洞察苏轼诗集，我们不难看到他多次采摄它入诗：

> 伛偻山前叟，迎我如迎新。那知梦幻躯，念念非昔人。江湖久放浪，朝市谁相亲。却寻泉源去，桃花逢避秦。[3]

——《再过常山和昔年留别诗》

> 醉中虽可乐，犹是生灭境。云何得此身，不醉亦不醒。痴如景升牛，莫保尻与领。点如东郭俊，束缚作毛颖。乃知嵇叔夜，非坐虎文炳。[4]

——《和饮酒二十首》（其十三）

> 菊盎萸囊自古传，长房宁复是臞仙。应从汉武横汾日，数到刘公戏马年。对玉山人虽老矣，见恒河性故依然。王郎九日诗千首，今赋黄楼第二篇。[5]

——《在彭城日，与定国为九日黄楼之会。今复以是日，相遇于宋。
凡十五年，忧乐出处，有不可胜言者。而定国学道有得，百念灰冷，而颜
益壮，顾予衰病，心形俱悴，感之作诗》

以上所举三首诗都采用《楞严经》同一典故义理入诗，其典曰："佛言大王，汝见变化，迁改不停。悟知汝灭，亦于灭时。知汝身中，有不灭耶。波斯匿王，合掌白佛，我实不知。佛言：我今示汝，不生灭性。大王！汝年几时，见恒河水。王言：我生三岁，慈母携我。谒耆婆天，经过此流。尔时即知，是恒河水。佛言大王，如汝所说。二十之时，衰于十岁。乃至六十，日月岁时，念念迁变。则汝三岁，见此河时。至年十三，其水云何。王言：如三岁时，宛然无异。乃至于今，年六十二，亦无有异。佛言：汝今自伤，发白面皱。其面必定，皱于童年。则汝今时，观此恒河。与昔童时，观河之见，有童毫不。王言：不也世尊。佛言：大王！汝面虽皱，而此见精，性未曾皱。皱者为变，不皱非变。变者受灭，彼不变者，元无生灭。云何于中，

[1] 《楞严经》卷第四，载《大正新修大藏经》第19册，第120页下。
[2] 《楞严经》卷第六，载《大正新修大藏经》第19册，第129页下。
[3] 苏轼撰，王文浩辑注，孔凡礼点校《苏轼诗集》卷二十六，中华书局1982年版，第1381页。
[4] 苏轼撰，王文浩辑注，孔凡礼点校《苏轼诗集》卷三十五，中华书局1982年版，第1888页。
[5] 苏轼撰，王文浩辑注，孔凡礼点校《苏轼诗集》卷三十五，中华书局1982年版，第1904页。

受汝生死。而犹引彼，末伽梨等。都言此身，死后全灭。"[1] 这里佛为了更好地给波斯匿王讲不生灭性，他采用问答的方式，来确认恒河之水性随着时间的流逝仍不变。苏轼在这三首中采摄此典故的侧面不一样。在第一首中，从生命生灭变迁无常角度入手，虽然不是在佛与波斯匿王问答的过程中，它不是话题的重点，但涉及人随着时间的流逝而不断地老化，因此容易引起读者的伤感，"那知梦幻躯，念念非昔人"的诗句就是其伤感的表现；第二首中的"犹是生灭境"诗句则透过一层引用之；第三首中的"见恒河性故依然"诗句正用之。虽然从不同的侧面引用该经的义理，但也能给其诗歌带来所谓以议论为诗的特征。又如：

> 圆间有物物间空，岂有圆空入井中。不信天形真个样，故应眼力自先穷。
> 连环已解如神手，万窍犹号未济风。稽首问公公大笑，本来谁碍更求通。[2]

> ——《记梦》

此诗前两句连用《楞严经》中对"眼根"所讲的两则典故。第一句用《楞严经》："佛告阿难，一切世间，大小内外。诸所事业，各属前尘。不应说言，见有舒缩。譬如方器，中见方空。吾复问汝，此方器中，所见方空。为复定方，为不定方。若定方者，别安圆器，空应不圆。若不定者，在方器中，应无方空。"[3] 以佛经义理作为开篇的手法，乃苏轼常用的手法之一。第二句用《楞严经》："阿难！空性无形，因色显发。如……凿井求水。出土一尺，于中则有，一尺虚空。如是乃至，出土一丈。中间还得，一丈虚空。空虚浅深，随出多少。此空为当，因土所出。因凿所有，无因自生。阿难若复此，空无因自生。未凿土前，何不无碍。唯见大地，迥无通达。若因土出，则土出时，应见空入。若土先出，无空入者。云何虚空，因土而出。若无出入，则应空土。元无异因，无异则同。则土出时，空何不出。若因凿出。则凿出空，应非出土。不因凿出。凿自出土，云何见空。"[4] 此段经文，内容深奥，而采用的比喻更为巧妙，因此，苏轼多有点化、容摄，作为创作观照对象的切玉刀。苏轼题画诗富有理趣，这是学界共知的，而其中以点化《楞严经》义理成诗者尤甚。如仍是用此典故，但不作诗的开端，而作诗的结语，其诗云：

> 白发四老人，何曾在商颜。烦君纸上影，照我胸中山。山中亦何有，

---

[1] 《楞严经》卷第二，载《大正新修大藏经》第 19 册，第 110 页中。
[2] 苏轼撰，王文浩辑注，孔凡礼点校《苏轼诗集》卷二十五，中华书局 1982 年版，第 1326 页。
[3] 《楞严经》卷第二，载《大正新修大藏经》第 19 册，第 111 页下。
[4] 《楞严经》卷第三，载《大正新修大藏经》第 19 册，第 118 页中。

木老土石顽。正赖天日光，涧谷纷斓斑。我心空无物，斯文定何间。君看古井水，万象自往还。[1]

——《书王定国所藏王晋卿画着色山二首》（其一）

此诗末两句是全篇的灵魂，乃诗人因见画有感而作，诗意深远，使全篇上不继续沉溺伤感，下不再空谈玄论，行止妥当，因此，堪当纪昀"意境深微，气亦浑雅"之称赞。

由上所举，苏轼主要点化《楞严经》一则"眼根"典故义理入诗，但在他诗集里有的诗作则多采典故入诗。如在《虔州景德寺荣师湛然堂》中云：

卓然精明念不起，兀然灰槁照不灭。方定之时慧在定，定慧寂照非两法。妙湛总持不动尊，默然真入不二门。语息则默非对语，此话要将《周易》论。诸方人人把雷电，不容细看真头面。欲知妙湛与总持，更问江东三语掾。[2]

徽宗建中靖国元年，苏轼时年 66 岁，经历了岭海贬居生涯，在北归途中，路过景德寺时有感而作此诗。全诗连用《楞严经》三个典故。"卓然精明念不起"典出《楞严经》："佛告阿难，且汝见我，见精明元。此见虽非，妙精明心。"[3] "定慧寂照非两法"典出《楞严经》："所谓，摄心为戒，因戒生定，因定发慧。是则名为，三无漏学。""妙湛总持不动尊"典出《楞严经》："妙湛总持不动尊，首楞严王世希有。"可见，他晚年经常阅读此经。对于《楞严经》，苏轼给予很高的评价，因此，在《赠眼医王生彦若》中说：

针头如麦芒，气出如车轴。间关脉络中，性命寄毛粟。而况清净眼，内景含天烛。琉璃贮沉瀣，轻脆不任触。而子于其间，来往施锋镞。笑谈纷自若，观者颈为缩。运针如运斤，去翳如拆屋。常疑子善幻，他技杂符祝。子言吾有道，此理君未瞩。形骸一尘垢，贵贱两草木。世人方重外，妄见瓦与玉。而我初不知，刺眼如刺肉。君看目与翳，是翳要非目。目翳苟二物，易分如麦菽。宁闻老农夫，去草更伤谷。鼻端有余地，肝胆分楚蜀。吾于五轮间，荡荡见空曲。如行九轨道，并驱无击毂。空花谁开落，明月自朏朒。

[1] 苏轼撰，王文浩辑注，孔凡礼点校《苏轼诗集》卷三十一，中华书局1982年版，第1638页。

[2] 苏轼撰，王文浩辑注，孔凡礼点校《苏轼诗集》卷四十五，中华书局1982年版，第2430页。

[3] 《楞严经》卷第二，载《大正新修大藏经》第 19 册，第 111 页上。

请问乐全堂，忘言老尊宿。[1]

苏轼为了赞扬眼医王生彦若医术之高明，连用《楞严经》关于"眼根"的三个典故。"而况清净眼"用《楞严经》："吾今为汝，建大法幢。亦令十方，一切众生。获妙微密，性净明心，得清净眼。"[2] "内景含天烛"用《楞严经》："阿难白佛言世尊，如佛所言，不见内故，不居身内。身心相知，不相离故，不在身外。我今思惟，知在一处。佛言处今何在。阿难言。此了知心。既不知内，而能见外。如我思忖，潜伏根里。犹如有人，取瑠璃椀，合其两眼。虽有物合，而不留碍。彼根随见，随即分别。然我觉了，能知之心。不见内者，为在根故。分明瞩外，无障碍者，潜根内故。"[3] "空花谁开落"用《楞严经》："佛言彼之迷人，正在迷时。倏有悟人，指示令悟。富楼那，于意云何。此人纵迷。于此聚落，更生迷不。不也世尊。富楼那，十方如来，亦复如是。此迷无本，性毕竟空。昔本无迷，似有迷觉。觉迷迷灭，觉不生迷。亦如翳人，见空中花。翳病若除，华于空灭。"[4] 如此看来，对针眼医王医术之高明的程度，只能用《楞严经》非目而见的境界来形容，可见苏轼对《楞严经》的推崇。同样的手法，在另外一诗中，他将《楞严经》的"鼻观"引入诗歌的评价，以"鼻根"品味黄鲁直烧香诗偈，其和黄氏诗偈云：

> 四句烧香偈子，随香遍满东南。不是闻思所及，且令鼻观先参。万卷明窗小字，眼花只有斓斑。一炷烟消火冷，半生身老心闲。[5]
>
> ——《和黄鲁直烧香二首》

在第一首中，苏轼连用《楞严经》的两则典故，后者用鼻观来品味黄鲁直烧香的诗，其典曰："孙陀罗难陀。即从座起。顶礼佛足。而白佛言。我初出家从佛入道。虽具戒律，于三摩提。心常散动，未获无漏。世尊教我，及俱絺罗，观鼻端白。我初谛观，经三七日。见鼻中气，出入如烟。身心内明，圆洞世界。遍成虚净，犹如琉璃。烟相渐消。鼻息成白，心开漏尽。诸出入息，化为光明。照十方界，得阿罗汉。"[6] 在第二首中他用《楞严经》另外一个鼻观典故："香严童子，即从座起。顶礼佛足，

[1] 苏轼撰，王文浩辑注，孔凡礼点校：《苏轼诗集》卷二十五，中华书局1982年版，第1331页。
[2] 《楞严经》卷第一，载《大正新修大藏经》第19册，第109页上。
[3] 《楞严经》卷第一，载《大正新修大藏经》第19册，第107页中。
[4] 《楞严经》卷第一，载《大正新修大藏经》第19册，第120页中。
[5] 苏轼撰，王文浩辑注，孔凡礼点校：《苏轼诗集》卷二十八，中华书局1982年版，第1477页。
[6] 《楞严经》卷第五，载《大正新修大藏经》第19册，第126页下。

而白佛言。我闻如来，教我谛观，诸有为相。我时辞佛，宴晦清斋。见诸比丘，烧沈水香。香气寂然，来入鼻中。我观此气，非木非空，非烟非火。去无所著，来无所从。由是意销，发明无漏。如来印我，得香严号。"[1] 用"鼻根"品诗，苏轼乃属第一名。黄氏诗偈的美妙，随着帐中香的香气四处传遍，只能用鼻子来闻才能感觉到它的美处；这诗偈中的智慧不是凭耳闻心思便能企及，而是要靠嗅觉的观照才能参透。虽然苏轼在此用戏谑的方式，从嗅觉的角度来观诗偈，但显然是最高的种种品诗境界。

苏轼将《楞严经》当作写作观照对象的切玉刀，还将它当成修炼的宝典，来观照自己。其《观台》是例证：

> 三界无所住，一台聊自宁。尘劳付白骨，寂照起黄庭。残磬风中嫋，
> 孤灯雪后青。须防童子戏，投瓦犯清冷。[2]

此诗可以说，处处可见其宝典。前幅以点化《楞严经》中"见闻如幻翳，三界若空花。闻复翳根除，尘销觉圆净"[3] 义理作开篇，末两句以容摄《楞严经》中"优波尼沙陀，即从座起。顶礼佛足，而白佛言。我亦观佛，最初成道。观不净相，生大厌离。悟诸色性，以从不净。白骨微尘，归于虚空。空色二无。成无学道"[4] 和"如是扰乱相待生劳。劳久发尘自相浑浊。由是引起尘劳烦恼"[5] 要义入观，以参透《楞严经》中"净极光通达，寂照含虚空。却来观世间，犹如梦中事"义趣为全诗承上启下作用。后幅采摄、融化《楞严经》中"月光童子，即从座起。顶礼佛足，而白佛言。我忆往昔，恒河沙劫。有佛出世，名为水天。教诸菩萨，修习水精，入三摩地。观于身中，水性无夺。初从涕唾，如是穷尽。津液精血，大小便利。身中漩澓，水性一同。见水身中，与世界外，浮幢王刹。诸香水海，等无差别。我于是时，初成此观。但见其水，未得无身。当为比丘，室中安禅。我有弟子，窥窗观室。唯见清水，遍在屋中，了无所见。童稚无知，取一瓦砾，投于水内。激水作声，顾盻而去。我出定后，顿觉心痛。如舍利弗，遭违害鬼。我自思惟，今我已得，阿罗汉道，久离病缘。云

[1] 《楞严经》卷第五，载《大正新修大藏经》第19册，第125页下。
[2] 苏轼撰，王文浩辑注，孔凡礼点校《苏轼诗集》卷三十二，中华书局1982年版，第1688页。
[3] 《楞严经》卷第六，载《大正新修大藏经》第19册，第129页下。
[4] 《楞严经》卷第五，载《大正新修大藏经》第19册，第125页下。
[5] 《楞严经》卷第五，载《大正新修大藏经》第19册，第120页上。

何今日，忽生心痛。将无退失。尔时童子，捷来我前，说如上事。我则告言。汝更见水。可即开门，入此水中，除去瓦砾。童子奉教，后入定时。还复见水，瓦砾宛然。开门除出。我后出定，身质如初"[1]"水观"修炼法作结。"水观"是佛教修习十六观想法门之一，又作水想观、水相观。见冰之映彻之相，而观想极乐国土之琉璃地，即先观水之澄清，次起冰想，见冰之映彻而作琉璃想，观想净土琉璃地之内外映彻。"观水"之意，又称水三昧、水轮观，即观身中涕、唾、便利等与水性同一，与香水海并无差别。若观法成就，则于水得自然，能随意于身之内外现出水，称为水定。

"水观"的要旨是《观无量寿经》主要讲述的修习法门之一，虽不是《楞严经》的核心思想，但描述也相当形象生动而且直观，讲述月光童子修习水观而修得圆满无上正等正觉过程，而且他所达到的大定境界又是通过那位无知的童稚投掷、除去瓦砾的事相过程而形象化地显现出来的，虽不可思议，却比较容易领悟与把握。因此，苏轼多次点摄入诗，除上一首诗外，在他的诗集中，还在其他两首诗出现。第一首是《武昌酌菩萨泉送王子立》："送行无酒亦无钱，劝尔一杯菩萨泉。何处低头不见我，四方同此水中天。"[2]这首诗作于宋神宗元丰四年，也就是苏轼因"乌台诗案"获罪而贬谪到黄州的第二年。第二首诗是《臂痛谒告，作三绝句示四君子》（其二）："心有何求遣病安，年来古井不生澜。只愁戏瓦闲童子，却作泠泠一水看。"[3]此诗作于宋哲宗元祐六年苏轼守颍州时，与《武昌酌菩萨泉送王子立》诗相隔了十年。这一阶段，是苏轼仕途生涯起落浮沉最为频繁、变化最大的时期。清人王文诰评此诗说："此诗运意独佳，妙在驱遣释乘，绝无障碍，故可喜也。"[4]其实，更为可喜的是，苏轼结合自己的人生际遇来体味和感悟月光菩萨的水观修习，在更深层次上认识到，清净心的修得只是一个开始，并非一劳永逸，尚需精心地、持久地、无间断地加以维系与呵护，这是苏轼从佛教"水观"中得到的开悟。

"八还辩见"是《楞严经》的要旨，在苏轼的诗集中也有提及。如早在首次通判杭州时，不仅引用它，而且有引用其说明，其诗曰：

> 卧闻禅老入南山，净扫清风五百间。我与世疏宜独往，君缘诗好不容攀。

[1]　《楞严经》卷第五，载《大正新修大藏经》第19册，第127页中。

[2]　苏轼撰，王文诰辑注，孔凡礼点校：《苏轼诗集》卷二十一，中华书局1982年版，第1084页。

[3]　苏轼撰，王文诰辑注，孔凡礼点校：《苏轼诗集》卷三十四，中华书局1982年版，第1800页。

[4]　王文诰评：《臂痛谒告，作三绝句示四君子》，载苏轼撰，王文诰辑注，孔凡礼点校：《苏轼诗集》卷三十四，中华书局1982年版，第1800页。

自知乐事年年减，难得高人日日闲。欲问云公觅心地，要知何处是无还。[1]

——《病中独游净慈，谒本长老，周长官以诗见寄，仍邀游灵隐，因次韵答之》

诗末句公自注：《楞严经》云："我今示汝无所还地"，"无所还地"是佛与阿难讨论心性的归宿时提到的概念，经云："阿难言，若我心性，各有所还。则如来说，妙明元心，云何无还。惟垂哀愍，为我宣说。佛告阿难，且汝见我，见精明元。此见虽非，妙精明心。如第二月，非是月影。汝应谛听，今当示汝，无所还地。"[2]此诗苏轼采摄经典八还辩见义理作为结语，与他在《书王定国所藏王晋卿画着色山二首》作结的手法一样，诗意深远，行止妥当，所谓"行于所当行"、"止于不可不止"。又于《次韵道潜留别》中云：

为闻庐岳多真隐，故就高人断宿攀。已喜禅心无别语，尚嫌剃发有诗斑。

异同更莫疑三语，物我终当付八还。到后与君开北户，举头三十六青山。[3]

此诗中的"异同更莫疑三语"句，是中国士大夫最为关注的"三语掾"。《晋书·阮瞻传》记载：阮瞻"见司徒王戎。戎问曰：'圣人贵名教，老庄明自然，其旨同异？'瞻曰：'将无同。'戎咨嗟良久，时人谓之三语掾。"《世说新语·文学》也记载了这个故事，但说是王衍和阮修的对话。无论是王戎和阮瞻或王衍和阮修，这篇对话在当时是有名的。这四个人都是有名的玄学家，而且王戎和王衍是其中的领袖。所以，可以认为这是当时玄学家的一般见解。"贵名教"、"明自然"是当时辩论很激烈的问题。二者本来是对立的，可是，阮瞻说是"将无同"。这三个字需要解释一下。《世说新语》有一条说：谢安同许多客人游海，碰见大风，客人都说要回转，谢安的游兴正发，不肯回去。后来风更大，谢安才说："为此，将无归？"船上的人马上就把船开回来了。《世说新语》又有一条说：孟嘉是当时的一名士，庾亮镇守武昌的时候，叫他当一名"从事"。褚裒善于赏鉴人才。"过武昌，问庾曰：'闻孟从事佳，今在此不？'庾云：'卿自求之'。褚眄睐良久，指嘉曰：'此君小异，得无是乎？'庾大笑曰：'然'。"（《识鉴》注引）这是"将无"在当时

[1] 苏轼撰，王文浩辑注，孔凡礼点校：《苏轼诗集》卷十，中华书局1982年版，第474页。

[2] 《楞严经》卷第二，载《大正新修大藏经》第19册，第111页上。

[3] 苏轼撰，王文浩辑注，孔凡礼点校：《苏轼诗集》卷二十三，中华书局1982年版，第1233页。

的用法，意思是：恐怕是，大概是，也许是，可能是。"将无同"意思是恐怕是同吧。孔丘和老聃怎么同呢？原来何晏和王弼在这方面已经作了不少的说明。《孟嘉别传》也记载了这个故事，其中"得无是乎"作"将无是乎"。"得无是乎"即"将无是乎"。苏轼对此则持肯定的态度，而不是恐怕是、大概是、也许是的态度。不仅如此，在诗的下一句，他还将《楞严经》的"八还辩见"作为解释，其经云："此诸变化，明还日轮。何以故。无日不明，明因属日。是故还日，暗还黑月。通还户牖，拥还墙宇。缘还分别，顽虚还空。鬱壆还尘，清明还霁。则诸世间，一切所有，不出斯类。汝见八种，见精明性，当欲谁还。"[1]苏轼的见解更上一层。从此诗中，可见《楞严经》在他心目中是何等地位，以及他对儒、释、道三教合一持赞成的态度。苏轼不仅对三家思想的合流赞成，对于"出世""入世"也有相当多的看法。其《和陶桃花源》有云：

> 凡圣无异居，清浊共此世。心闲偶自见，念起忽已逝。欲知真一处，
> 要使六用废。[2]

苏轼一生对陶渊明归隐的境界非常神往，本身也多次欲想如陶公那样归隐，但始终没有做到，所以一生承受着欲隐欲仕的痛苦。此诗作于贬居惠州时期，以归纳手法入手，以大题作为诗的发端，前四句的意思是说凡与圣、清与浊只是心里执着而有耳，"心闲"则一切无，在此"心闲"应以心无执着解，心不执着便是没有清浊之分、凡圣之异了。苏轼以此见解去和陶诗，其实他在对自己不能像陶渊明那样归隐进行了解释。早在熙宁四年，他已有"未成小隐聊中隐，可得长闲胜暂闲"[3]这样的诗句，此诗采用了白乐天《中隐》之诗意，白乐天诗云："大隐住朝市，小隐入丘樊。丘樊太冷落，朝市太嚣喧。不如作中隐，隐在留司官。似出复似处，非忙亦非闲。"可见苏轼如何在麻醉自己以求得解脱，认为隐与不隐也就是一个"心"之而已，森林隐居只是小隐，身居闹市而心不"闹"才是真隐，讲此境界的莫过于《楞严经》。因此，在诗的后两句，苏轼以《楞严经》的"六尘互用"作为他的视野，其经云："阿难若言一者。耳何不见，目何不闻。头奚不履，足奚无语。若此六根，

---

[1]　《楞严经》卷第二，载《大正新修大藏经》第 19 册，第 111 页上。

[2]　苏轼撰，王文浩辑注，孔凡礼点校：《苏轼诗集》卷四十，中华书局 1982 年版，第 2196 页。

[3]　苏轼：《六月二十七日望湖楼醉书五绝》（其五），载苏轼撰，王文浩辑注，孔凡礼点校：《苏轼诗集》卷七，中华书局 1982 年版，第 339 页。

决定成六。如我今会，与汝宣扬，微妙法门。汝之六根，谁来领受。阿难言：我用耳闻。佛言：汝耳自闻，何关身口。口来问义，身起钦承。是故应知，非一终六，非六终一。终不汝根，元一元六。阿难当知是根，非一非六。由无始来，颠倒沦替。故于圆湛，一六义生。汝须陀洹，虽得六销，犹未亡一。"[1] 可见，他把真隐的境界视为把握好六尘的境界，换而言之就是人在生活中，不管森林也好，闹市也罢，只要保持着六根对六尘而不生妄想的状态就是真隐的境界。

由上所说，可见《楞严经》是苏轼一生滚瓜烂熟之宝典，对他的思想以及人格大有影响，对他诗歌创作的益处更为明显，在一定程度上营造他"以议论为诗"的风格。

（五）其他经典

除上述四部大乘经典外，苏轼涉猎的其他佛经还有不少，如《华严经》、《圆觉经》等佛教大乘经。

《华严经》是华严宗的经典，本要旨是事理无碍、法界缘起。入宋之后，本经的构想一圆融无碍的宇宙体系与禅宗注重发明人的主观心性结合，是构筑宋代理学的重要因素，成为宋代士大夫推崇的经典。在这样的思潮中，苏轼习禅而兼学《华严经》不言而喻。他曾有意抄写此经而未成。其门生李之仪云："（苏轼）在中山时谓予曰：'早有意写《华严经》，不谓因循，今则眼力不追矣，良可惜者！子能勉之否？'"[2] 佛教认为抄经者会获得无量福报，苏轼是否亦如此认为？他在《书孙元忠所书华严经后》中云："其子元忠，为公亲书《华严经》八十卷，累万字，无有一点一画，见怠堕相。人能摄心，一念专静，便有无量感应。""有无量感应"[3] 恐怕与佛教所讲能获福报不二。无论是否认为有此等福报，但他曾经想过抄写该经典是事实，又一心赞扬他人抄写此经亦是事实的，可见他对这部经典的喜爱。

苏轼对《华严经》的法界缘起尤其推崇，在诗中多有表现：

> 梦里青春可得追，欲将诗句绊余晖。酒阑病客惟思睡，蜜熟黄蜂亦懒飞。芍药樱桃俱扫地，鬓丝禅榻两忘机。凭君借取《法界观》，一洗人间万事非。[4]
>
> ——《和子由四首·送春》

[1] 《楞严经》卷第四，载《大正新修大藏经》第19册，第123页上。

[2] 李之仪：《姑溪居士苏轼文集》卷三十八《跋东坡书多心经》。

[3] 《书孙元忠所书华严经后》，载苏轼撰，孔凡礼点校：《苏轼文集》卷七十，中华书局1986年版，第2208页。

[4] 苏轼撰，王文浩辑注，孔凡礼点校：《苏轼诗集》卷十三，中华书局1982年版，第628页。

我老人间万事休，君亦洗心从佛祖。手香新写《法界观》，眼净不觑登伽女。[1]

——《送刘寺丞赴余姚》

《法界观》是《华严经》所说法界真理之观法。法界观有三种：第一"真空观"，观一切诸法原无实性，色即是空，空即是色，空与色无碍，而泯绝无寄；第二"理事无碍观"，观差别之事法与平等之理性炳然而存，两者相遍、相成、相害、相即、相非，无碍镕融；第三"周遍含容观"，观事物之大小相融、一多相即，遍摄无碍而交参自在。上举的第一首作于熙宁末年，苏轼在密州知州任上。第二首作于元丰二年，苏轼移知湖州时。苏轼想借鉴《华严经》的法界观思想来排遣他在生活中因那些是非而起的烦恼。洞察苏轼诗集，我们不难看到《华严经》思想的表现主要是洗心、除烦恼的一面。

欲问云公觅心地，要知何处是无还。[2]

——《病中独游净慈，谒本长老，周长官以诗见寄，仍邀游灵隐，因
次韵答之》

人间热恼无处洗，故向西斋作雪峰。[3]

——《雪斋》

尚有读书清净业，未容春睡敌千钟。[4]

——《次韵答子由》

浮空眼缬散云霞，无数心花发桃李。[5]

——《独觉》

以上所举例子，都引用《华严经》的思想，"觅心"则问云公，云公即《华严经》卷第六十二《入法界品第三十九之三》所讲的胜乐国土中的德云菩萨。可见《华严经》帮助苏轼获得精神上的慰藉，以一体平等的观点看待外物，树立一种放旷潇洒的人生态度。在创作方面，《华严经》的重法界缘起，造成他诗歌的意境亦包罗万象。钱谦益在《读苏长公文》中曰："晚读《华严经》，称心而谈，浩如烟海，无所不有，

---

[1] 苏轼撰，王文浩辑注，孔凡礼点校：《苏轼诗集》卷十八，中华书局1982年版，第952页。

[2] 苏轼撰，王文浩辑注，孔凡礼点校：《苏轼诗集》卷十，中华书局1982年版，第474页。

[3] 苏轼撰，王文浩辑注，孔凡礼点校：《苏轼诗集》卷十八，中华书局1982年版，第927页。

[4] 苏轼撰，王文浩辑注，孔凡礼点校：《苏轼诗集》卷二十，中华书局1982年版，第1056页。

[5] 苏轼撰，王文浩辑注，孔凡礼点校：《苏轼诗集》卷四十一，中华书局1982年版，第2284页。

无所不尽，乃喟然而叹曰：'子瞻之文，其有得于此乎？'文而有得于《华严经》，则事理法界，开遮涌现，无门庭，无墙壁，无差择，无拟议，世谛文字，固已荡无纤尘，又何自而窥其浅深，议其工拙乎？"[1]钱谦益未读《华严经》之前，对苏轼的这种古今未见的奇特风格茫然不知其津涯，读《华严经》之后，才明白其妙不在语言文字的深浅、工拙，而在于其中贯穿了《华严经》"理事无碍，事事圆融无碍"的思想。

《圆觉经》是可以彻底解决人生痛苦烦恼的经典，是指引如何修行成佛的经典。因此，不仅被丛林中的僧禅，还被世俗中的士大夫推崇。

苏轼诗作采摄《圆觉经》词汇，义理者亦不在少数，如其《次韵答元素》中"莫把存亡悲六客，已将地狱等天宫"[2]的诗句就是采用《圆觉经》："一切障碍即究竟觉。得念失念无非解脱。成法破法皆名涅槃。智慧愚痴通为般若。菩萨外道所成就法同是菩提。无明真如无异境界。诸戒定慧及淫怒痴俱是梵行。众生国土同一法性。地狱天宫皆为净土。有性无性齐成佛道。一切烦恼毕竟解脱。法界海慧照了诸相犹如虚空。此名如来随顺觉性。"[3]此诗作于元丰五年（1082），也就是苏轼在黄州贬居第三年，生活极为艰难，朋友都替他担心，如此诗引文说："余旧有赠元素词云：天涯同是伤流落。元素以为今日之先兆，且悲当时六客之存亡。六客盖张子野、刘孝叔、陈令举、李公择及元素与余也。"但对于存亡的恐惧他却以"地狱等天宫"的"如来随顺觉性"置之。再如《闻潮阳吴子野出家》中云："四大犹幻座，衣冠矧外物。"[4]佛家认为人是由地、水、火、风四大缘合而存在，不合时就同于死亡。苏轼"四大犹幻座"诗句引用《圆觉经》："即知此身毕竟无体。和合为相。实同幻化。四缘假合。妄有六根。六根四大。中外合成。妄有缘气。于中积聚似有缘相假名为心。善男子。此虚妄心若无六尘则不能有。四大分解无尘可得。于中缘尘各归散灭。毕竟无有缘心可见。善男子。彼之众生幻身灭故幻心亦灭。幻心灭故幻尘亦灭。幻尘灭故幻灭亦灭。幻灭灭故非幻不灭。"[5]人的身体如此假合，更不用说那些外物的"衣冠"，那还有什么要执着呢？乃知《圆觉经》给了苏轼一把能断除烦恼的慧剑。

综上所言，释典是苏轼一生研读的典籍，从中他获得了不少益处。从思想角度

[1] 钱谦益：《读苏长公文》，载四川大学中文系编：《苏轼资料汇编》上编三，中华书局1994年版，第1088页。

[2] 苏轼撰，王文浩辑注，孔凡礼点校：《苏轼诗集》卷二十一，中华书局1982年版，第1114页。

[3] 《圆觉经》，载《大正新修大藏经》第17册，第917页中。

[4] 苏轼撰，王文浩辑注，孔凡礼点校：《苏轼诗集》卷四十七，中华书局1982年版，第2554页。

[5] 《圆觉经》，载《大正新修大藏经》第17册，第914页中。

而言，在儒、释、道三家合流之中，它占有极为重要的地位，弥补了儒家思想"独善其身"的一面，构筑他思想上出、处自如的因素，营造他随缘自适的放旷潇洒人格。从创作角度看，释典无疑是他创作源泉不可或缺的材料之一，给他一把切玉刀，面对唐人辉煌的墙壁，劈开一条新路，改变诗言志缘情的传统局面，构成他作品中包罗万象，浩浩不见其涯的境界，仅诗歌而言，"以才学为诗，以议论为诗"，释典是其诗作的重要因素。在宋代士大夫学佛、习禅、研读释典的浪潮中，苏轼是优秀的、具有代表性的博辩无碍居士之一。

第三节　对道家思想的采摄

一、方外交游得逍遥

苏轼一生游览过的道观不计其数，如彭祖庙、庄子祠堂、终南山太平宫、杭州表忠观、天竺观、得阳天庆观、广州罗浮道院等，每到一处，他几乎都要浏览当地宫观，结识当地的道士。苏轼一生中所结交之朋友甚多，有文字记载的不下百人，其中也有不少是佛门弟子、道界逸人的方外之交，仅与道士之交往而有姓名者三十余人，如少年时期有张易简、李伯祥、陈太初，青年时期有滕道长、费孝先、李士宁，签判凤翔时期有张昊之、赵宗，治平熙宁年间有奇士、唐子霞、沈偕、吴复古、李若之、张天骥、王景纯、钱自然，谪居黄州时期有张憨子、陆惟忠、黄照道人、何圣可、杨世昌、赵吉、崔成老、胡洞微、梁冲，元祐更化时期有乔仝、蹇拱辰、武道士、姚安世，谪居惠州时期有何德顺、邓守安、陈熙明、贾道人、何宗一、刘宜翁、邹葆光、黄睢道人、海上道人，儋州谪居时期有邵彦肃、司命宫杨道士、王公辅，北归途中有钱世雄、术士谢晋臣、阳孝本、谢子和，等等。他们脱俗的道风，使苏轼在凡俗生活中找到心安的感觉，在宦海浮沉生涯中找到精神上的侣携。其次，苏轼在与他们的交往过程中自然会涉及道术及其理论的交流，这也是苏轼接受道家思想的另一个途径。下以苏轼与道士交往较为密切而对他影响较大的事件为考察对象，以此透窥苏轼思想中道家思想参与的成分。

（一）眉山张易简道士

苏轼最早接触的道士是张易简，庆历三年（1043），苏轼在《道士张易简》文中说："吾八岁入小学，以道士张易简为师。童子几百人，师独称吾与陈太初者。

太初，眉山市井人子也。余稍长，学日益，遂第进士制策，而太初乃为郡小吏。其后余谪居黄州，有眉山道士陆惟忠自蜀来，云：太初已尸解矣。蜀人吴师道为汉州太守，太初往客焉。正岁旦，见师道求衣食钱物，且告别。持所得尽与市人贫者，反坐于戟门下，遂卒。师道使卒舁往野外焚之，卒骂曰：'何物道士，使吾正旦舁死人！'太初微笑开目曰：'不复烦汝。'步自戟门至金雁桥下，趺坐而逝。焚之，举城人见烟焰上眇眇焉有一陈道人也。"[1]苏轼自幼就跟张易简道士学习，当时陈太初是他的同学，在众多学生中张道士最称赞的是苏轼、陈太初二人，道士李伯祥也很看好苏轼，在《题李伯祥诗》中，苏轼疑惑地回忆说："眉山矫道士李伯祥好诗，诗格亦不甚高，往往有奇语。如'夜过修竹寺，醉打老僧门'之句，皆可爱也。余幼时学于道士张易简观中，伯祥与易简往来，尝叹曰：'此郎君贵人也。'不知其何以知之。"[2]可没想到，三十余年后，苏轼贬居黄州，仕途上的挫败，使得他精神受到沉重的打击，而陈太初"尸解"，灵魂逍遥自在。此时，苏轼不免生起向往道士们的那种逍遥自在的生活，这种羡慕的心态在他往后的日子里，几乎没有间断过，故在元符元年（1098），贬居海南时，梦到张道士。关于师生梦里对话，他在《众妙堂记》中说：

> 眉山道士张易简，教小学，常百人，予幼时亦与焉。居天庆观北极院，予盖从之三年。谪居海南，一日梦至其处，见张道士如平昔，汛治庭宇，若有所待者，曰："老先生且至。"其徒有诵《老子》者曰："玄之又玄，众妙之门。"予曰："妙一而已，容有众乎？"道士笑曰："一已陋矣，何妙之有。若审妙也，虽众可也。"因指洒水薙草者曰："是各一妙也。"予复视之，则二人者手若风雨，而步中规矩，盖焕然雾除，霍然云散。予惊叹曰："妙盖至此乎！庖丁之理解，郢人之鼻斫，信矣。"二人者释技而上，曰："子未睹真妙，庖、郢非其人也。是技与道相半，习与空相会，非无挟而径造者也。子亦见夫蜩与鸡乎？夫蜩登木而号，不知止也。夫鸡俯首而啄，不知仰也。其固也如此。然至蜕与伏也，则无视无听，无饥无渴，默化于荒忽之中，候伺于毫发之间，虽圣知不及也。是岂技与习之助乎？"二人者出。道士曰："子少安，须老先生至而问焉。"二人者顾曰："老

［1］ 苏轼撰，王松龄点校：《东坡志林》卷二，中华书局1981年版，第46页。
［2］ 苏轼撰，孔凡礼点校：《苏轼文集》卷六十八，中华书局1986年版，第2136页。

先生未必知也。子往见蝈与鸡而问之,可以养生,可以长年。"[1]

从记梦文中,可见苏轼晚年被远贬岭海时,心中还怀念着在张道士那里念书的愉快时光,也许是因为觉得如今已是暮年,身仍在尘世奔波,仍被那些营营缠绵之,而幼年"欲逃窜山林"的梦想仍是梦想,这个心事在《与刘宜翁使君书》中也有表达"轼龆龀好道,本不欲婚宦,为父兄所强,一落尘网,不能迫逭,然未尝一念忘此心也。"[2]刘宜翁是曾在三茅山学道的隐逸之人。这首诗写于苏轼晚年被贬惠州与他通信时,此语应是出自肺腑。那个梦中的教诲正是张道士在苏轼脑海里种下"龆龀好道"的种子多年后的硕果。可见,虽在幼年时期,苏轼和道士张易简有师生之谊的时间不长,后来师生几乎没有机会交往,但此事对苏轼一生宦海沉浮产生了极其深远的影响。那些"长恨此身非我有,何时忘却营营。夜阑风静縠纹平,小舟从此逝,江海寄余生"(《临江仙》)、"我不如陶生,世事缠绵之"(《和陶饮酒二十首》其一)等崇隐之诗句中,所表现出的苏轼的归隐情结,一定是受其幼年与张道士相处的那段日子影响的。

苏轼在仕途得意时,没时间也少有机会与方外人士接触和交往,但在通判杭州时期,尤其是在贬居黄州、岭海时期,与道士的交往深多。根据对苏轼诗文的考察,与他关系较为密切的道士达十几人,其中最密切的有杭州表忠观钱自然道士、浔阳天庆观胡洞微道士、眉山陆惟忠道士、罗浮山邓守安道士、广州何宗一及张道士、徐州戴道士、藤州邵彦肃道士、庐山赛拱辰道士、永和清都观谢道士等。这几位方外道人与苏轼是亦师亦友关系,他们一直陪伴着苏轼度过了他人生中的风风雨雨,苏轼在仕途上受到沉重打击时,不管在精神上还是生活中他们都给了苏轼无比的慰藉。

(二)杭州表忠观钱自然道士

熙宁年间,王安石变法被大力推行,苏轼多次反对无效,于是自请外任,熙宁四年苏轼得通判杭州差遣,在这期间游山玩水,结识不少禅师和道士,钱自然道士是其中的一位。钱道士,名自然,号通教大师,原是吴越国王之孙,宋太祖、宋太宗统一天下时,吴越国王不战而归顺,忠心可嘉,但"故吴越国王钱氏坟庙及其父祖妃夫人子孙之坟,在钱塘者二十有六,在临安者十有一,皆芜废不治,父老过之,有流涕者"(详见《表忠观碑》)。为了表彰钱道士祖先吴越国王归顺大宋的忠心,

---

[1] 苏轼撰,孔凡礼点校:《苏轼文集》卷十一,中华书局1986年版,第361页。

[2] 苏轼撰,孔凡礼点校:《苏轼文集》卷四十九,中华书局1986年版,第1415页。

苏轼"愿以龙山废佛祠曰妙因院者为观，使钱氏之孙为道士曰自然者居之。凡坟庙之在钱塘者以付自然，其在临安者以付其县之净土寺僧曰道微，岁各度其徒一人，使世掌之。籍其地之所入，以时修其祠宇，封殖其草木，有不治者，县令丞察之，甚者易其人，庶几永终不坠，以称朝廷待钱氏之意"。[1]朝廷批准了他的这片忠孝之心，改妙因院为表忠观，苏轼亲自撰写了《表忠观碑》。虽然没有文字记载，但彼此因为修建表忠观之事，而来往应该比较频繁。因此，苏轼移知湖州时，钱道士仍为了修建道观来找过苏轼，苏轼在《送表忠观钱道士归杭并引》中说："熙宁十年，诏以龙山废佛祠为表忠观。元丰二年，通教自杭来，见予于吴兴。问：'观亦卒工乎？'曰：'未也，杭人比岁不登，莫有助我者。'余曰：'异哉，杭人重施轻财，是不独为福田也，将自托于不朽，今岁成矣，子其行乎？'及还，作诗送之。先王旧德在民心，著令称忠上意深。堕泪行看会祠下，挂名争欲刻碑阴。凄凉破屋尘凝坐，憔悴云孙雪满簪。未信诸豪容郭解，却从他县施千金。"[2]修建表忠观一直是苏轼的心愿，从开始修建到苏轼二度莅杭，时隔十四年之久仍未修成，他又再上书请求朝廷加以关注，在《乞桩管钱氏地利房钱修表忠观及坟庙状》文中又说："检准熙宁十年十月十一日中书札子节文……又准元丰五年三月十八日中书札子节文……右臣窃惟钱氏之忠，著于甲令，朝野共知，不待臣言。而坟庙荒毁，行路嗟伤。就使朝廷特赐钱物，为之修完，犹不为过，而况本家自有地利房钱，可以支用，岂忍利此毫末，归之有司！恭惟神宗皇帝，深念钱氏之忠，特改妙因院，赐名表忠观，仍使其裔孙道士钱自然住持。而有司不能推明圣意，奏乞尽数拨还地利房钱，以助修完，经今十四年，表忠观既未成就，而诸处坟庙，依前荒毁，使先帝表显忠臣之意，徒为空言。"[3]当时杭州佛教盛行，而苏轼竟然请求废寺为观，所以十四年未成其原因可想而知，如苏轼所言，"杭人重施轻财，是不独为福田"，但对改寺为观之事杭州人是不赞同的，"杭人比岁不登，莫有助我者"。苏轼"父老过之，有流涕者"之言，或夸张，或是事实，但"流涕者"不多。因此，王文浩作注时有"其旨微矣"之言。由此可见，苏轼对钱自然道士是何等交情，对道教是何等推崇。

（三）浔阳天庆观胡洞微道士

苏轼交游较密的道士中，还有浔阳天庆观胡洞微道士。胡洞微道士，江西九江人，

---

[1]　苏轼撰，孔凡礼点校：《苏轼文集》卷十七，中华书局1986年版，第499页。

[2]　苏轼撰，王文浩辑注，孔凡礼点校：《苏轼诗集》卷十九，中华书局1982年版，第970页。

[3]　苏轼撰，孔凡礼点校：《苏轼文集》卷三十二，中华书局1986年版，第904页。

是薪州名医庞安常之徒，精通医术与养生。苏轼居黄州时与庞安常关系密切，故也时常同胡洞微切磋医术和养生问题，胡道士也曾给苏轼治病，因此，与他结下深厚友谊，可以说是苏轼的患难之交。苏轼在黄州常杜门斋居，也曾"借得天庆观道堂三间，燕坐其中，谢客四十九日，虽不能如张公之不语，然亦常闭户反视，想当有深益也"[1]。元丰三年五月十一日，苏轼曾夜间梦游人家井间，石上生紫藤，主人说是石芝，苏轼折而食之，味如鸡苏而甘，醒来第二天作《石芝》[2]诗，并书赠胡洞微道士。元丰七年春，苏轼"游慈湖山中，得数本，以石盆养之，置舟中。间以文石，石英璀璨芬郁，意甚爱焉。顾恐陆行不能致也，乃以遗九江道士胡洞微，使善视之"[3]。

（四）眉山陆惟忠道士

眉山陆惟忠道士，字子厚，与苏轼同是眉山人，也是张易简的深交。苏轼贬居黄州时，他曾来看望过，并以自著《内外丹指略》授之。既是同乡，又与张易简相知甚熟，故苏轼与他交往甚密。陆惟忠道士"好丹药，通术数，能诗，萧然有出尘之姿，久客江南，无知之者"[4]，初从苏轼游于黄州，以所作《内外丹指略》授苏轼，后二人去高安见子由，子由对其诗文大加赞赏。后来苏轼被贬惠州时，他又不远万里南下去看望。此时，苏轼对养生修炼之术兴趣日浓，故曾向他请教，在《与陆子厚一首》中，苏轼说："惠州凡百不恶，杜门养疴，所念君弃家求道二十余年，不见异人，当得异书。见许今春相访，果然能践言，何喜如之。"[5]唯忠去世，苏轼亲为之作《陆道士墓志铭》（见《苏轼文集》卷十五，第468页），铭中记载了他们一生的交往，可见苏轼与陆惟忠道士情谊之深厚。

（五）绵竹武都山杨士昌道士

杨士昌道士，四川绵竹人，能鼓琴、善吹箫、精酿酒、晓星历、通黄白药术，是多才多艺高人。他是苏轼谪居黄州时期人生境界升华的催化者。苏轼曾在《次韵孔毅父久旱已而甚雨三首》中表达对杨道士逍遥无所牵挂的羡慕之情，"君家有田水昌田，我家无田忧入室。不如西州杨道士，万里随身惟两膝"[6]。元丰五年五月，

---

[1]　《与王定国四十一首之八》，载苏轼撰，孔凡礼点校：《苏轼文集》卷五十二，中华书局1986年版，第1516页。

[2]　苏轼撰，王文浩辑注，孔凡礼点校：《苏轼诗集》卷二十，中华书局1982年版，第1047页。

[3]　《石菖蒲赞并叙》，载苏轼撰，孔凡礼点校：《苏轼文集》卷二十一，中华书局1986年版，第617页。

[4]　苏轼撰，孔凡礼点校：《苏轼文集》卷六十七，中华书局1986年版，第2122页。

[5]　苏轼撰，孔凡礼点校：《苏轼文集》卷六十，中华书局1986年版，第1853页。

[6]　苏轼撰，王文浩辑注，孔凡礼点校：《苏轼诗集》卷二十一，中华书局1982年版，第1121页。

杨士昌自庐山来黄州访苏轼，彼此朝夕相处，是年七月十六日（1082）二人乘着皓月当空"泛舟游于赤壁之下"，苏轼"扣舷而歌之"，杨士昌用箫"倚歌而和之"，"其声呜呜然：如怨如慕，如泣如诉；余音袅袅，不绝如缕；舞幽壑之潜蛟，泣孤舟之嫠妇"。苏轼此时感觉"飘飘乎如遗世独立，羽化而登仙"，便写下了千古佳作《前赤壁赋》。一年后，元丰六年五月八日，杨士昌回四川，苏轼帖赠，赞其才华《帖赠杨世昌二首》："仆谪居黄冈，绵竹武都山道士杨世昌子京，自庐山来过余，口口年乃去。其人善画山水，能鼓琴，晓星历骨色及作轨革卦影，通知黄白药术，可谓艺矣。明日当舍余去，为之怅然。浮屠不三宿木下，真有以也。"[1] 此贴表达苏轼在临别前的眷恋之情，由此可见他们道俗交往之深情。

（六）庐山崔成老道士

庐山崔成老道士，名闲，号玉涧道人，江西星子人，擅长音乐，尤其在琴艺方面很有造诣。元丰五年苏轼被贬黄州时结识崔成老道士，成为琴友。是年十二月，苏轼在《送酒与崔成老》诗中，自序云："夜来一笑之欢，岂可多得，今日雪堂得无少寂寞耶？往安州玉泉一酌果子，少许夜琴一弄，谁与同者，莫是木上座否？"其诗曰："雪堂居士醉方熟，玉涧山人冷不眠，送与安州泼醅酒，从今三日是三年。"[2]后来为欧阳修、沈遵所作的《醉翁操》补词完后，苏轼还请崔闲抚琴，并歌其词。元丰六年二月，在《与陈章朝请二首（之二）》中再次谈到与崔闲以琴会友的快乐日子："示谕学琴，足以自娱，私亦欲耳。但老懒不能复劳心尔。有庐山崔闲者，极能此，远来见客，且留之，时令作一弄也。"[3]元丰七年三月，两次出游雪堂诸胜都听到崔闲琴声，使得苏轼在苦难生活中找到快乐、安逸的闲情。

（七）筠州丐者赵吉

赵吉，山西代州人，少年师事五台僧不终，后弃之游四方，并与扬州蒋君俱学，蒋以药毒其目，而遂失明，后居高安，好饮酒，醉后便骂人，被当时世人称为"狂人"。元丰三年（1080），苏辙谪居高安时，赵吉去拜见了苏辙，据苏辙《丐者赵生传》载："生两目皆翳，视物不明。然时能脱翳见瞳子，碧色。自脐以上，骨如龟壳，自心以下，骨如锋刃。两骨相值，其间不合如指。尝自言生于甲寅，今一百二十七年矣。"他见苏辙后则说："吾知君好道而不得要，阳不降，阴不升，故肉多而浮，面赤而疮。

［1］ 苏轼撰，孔凡礼点校：《苏轼文集》卷六，中华书局1986年版，第2587页。

［2］ 苏轼撰，王文浩辑注，孔凡礼点校：《苏轼诗集》卷四十八，中华书局1982年版，第2617页。

［3］ 苏轼撰，孔凡礼点校：《苏轼文集》，中华书局1986年版，第1709页。

吾将教君挽水以溉百骸，经句诸疾可去，经岁不怠，虽度世可也。"苏辙便按照他的方法去作，"不能久，故不能究其妙"[1]，并告之苏轼。

苏轼谪居黄州时，他喜欢苏轼的易学，为了求书前来拜见，在黄州留了半年之久。苏轼移居汝州他也跟随着，到兴国知军杨绘那里，太守想留他，因此苏轼与他在此告别。赵吉喜欢豢养禽鸟六畜，常以一物相随，寝食皆在一起，一次被所蓄骏骡踢伤致死，杨绘将赵吉埋葬。一年后，元祐元年苏轼被召还京师，四川僧人法震去拜谒苏轼时，说在云安的旅馆中见到一位年老的乞丐，自言姓赵，在黄州与苏轼认识，请法震转致问候。当时兴国知军新任太守朱彦博的儿子恰好也在场，听说此事后，将此告诉了父亲。朱彦博即遣人打开了赵吉的棺木，棺内真的不见尸体，只有一根拐杖和两只腿。前是陈太初尸解，后是赵吉尸解，使得苏轼对道教的修炼得道更加相信，对道家修炼的理解也有所变化，他与道家高人的交往由形交上升到了神交。

（八）罗浮山冲虚观邓守安道士

苏轼贬谪惠州时认识了邓守安道士，他是一位深得苏轼敬重的有道者，在《与王敏仲十八首之十一》中云："罗浮山道士邓守安，字道立。山野拙讷，然道行过人，广、惠间敬爱之，好为勤身济物之事。"[2]另在《题罗浮》中也说："道士邓守安字道玄，有道者也。"[3]（此两者记载邓守安之字不一，因"玄"字以毛笔行书很容易看成"立"字，故笔者从后者）在《寄邓道士（并引）》中也称赞邓道士是有道者，"罗浮山有野人，相传葛稚川之隶也。邓道士守安，山中有道者也，尝于庵前见其足迹长二尺许"[4]。与陆惟忠道士书信来往时，信中也曾夸奖邓守安道士，"罗浮有一邓道士名守安，专静有守，皆世外良友。世外之道，金丹为上，仪邻次之，服食草木又次之，胎息三住为本，殆无出此者"（《与陆子厚一首》，载苏轼撰，孔凡礼点校：《苏轼文集》卷六十，第1853页）。在惠州期间苏轼曾与他共同设计引蒲涧山滴水岩之水入广州城，解决广州市民饮咸苦水的问题，在《与王敏仲十八首之十一》中，苏轼表达对邓守安道士的感激：

> 广州一城人，好饮咸苦水，春夏疾疫时，所损多矣。惟官员及有力者
> 得饮刘王山井水，贫下何由得。惟蒲涧山有滴水岩，水所从来高，可引入城，

[1]　苏辙著，陈宏天、高秀芳点校：《苏辙集》卷二十五，中华书局2004年版，425页。

[2]　苏轼撰，孔凡礼点校：《苏轼文集》卷五十六，中华书局1986年版，第1689页。

[3]　苏轼撰，孔凡礼点校：《苏轼文集》卷七十一，中华书局1986年版，第2268页。

[4]　苏轼撰，王文浩辑注，孔凡礼点校：《苏轼诗集》卷三十九，中华书局1982年版，第2097页。

盖二十里以下耳。若于岩下作大石槽，以五管大竹续处，以麻绳，漆涂之，随地高下，直入城中。又为一大石槽以受之，又以五管分引，散流城中，为小石槽以便汲者。不过用大竹万余竿，及二十里间，用葵茅苫盖，大约不过费数百千可成。然须于循州置少良田，令岁可得租课五七千者，令岁买大筋竹万竿，作筏下广州，以备不住抽换。又须于广州城中置少房钱，可以日掠二百，以备抽换之费。专差兵匠数人，巡觑修葺，则一城贫富同饮甘凉，其利便不在言也。自有广州以来，以此为患，若人户知有此作，其欣愿可知。喜舍之心，料非复塔庙之比矣。然非道士至诚不欺，精力勤干，不能成也。敏仲见访及物之事，敢以此献，直望仙尔，世间贪爱无丝毫也，可以无疑。从来帅漕诸公，亦多请与语。某喜公济物之意，故详以告，可否更在熟筹，慎勿令人知出于不肖也。[1]

苏轼认为此事"非道士至诚不欺，精力勤干，不能成"，即若没有道士帮忙广州市民的饮咸苦水问题就难以解决了，因此，在《与程正辅七十一首之三十八》中认为"诚"是成事之根、达道之本，"邓道士州中住两月，已归山。究其所得，亦无他奇，但归根宁极，造次颠倒，心未尝离尔。此士信能力行，又笃信不欺，常欲损己济物，发于至诚也"[2]。与邓道士一起相处两个月，除了共同设计引水系统外，他们有时还夜游饮酒而得奇书，"予在白鹤新居，邓道士忽叩门，时已三鼓，家人尽寝，月色如霜，其后有伟人，衣桃榔叶，手携斗酒，丰神英发如吕洞宾者，曰：'子尝真一酒乎！'三人就座，各饮数杯，击节高歌合江楼下。风振水涌，大鱼皆出。袖出一书授予，乃真一法及修养九事。末云九霞仙人李靖书。"[3]有时一起酿酒，酒成"拜奠北斗真君"而发生奇事，"将奠，雨作。已而清风肃然，云气解驳，月星皆现，魁杓明爽。彻奠，阴雨如初"[4]。有时苏轼看书有感而发，写诗寄给邓道士，其诗云："一杯罗浮春，远饷采薇客。遥知独酌罢，醉卧松下石。幽人不可见，清

[1] 苏轼撰，孔凡礼点校：《苏轼文集》卷五十六，中华书局1986年版，第1689页。

[2] 苏轼撰，孔凡礼点校：《苏轼文集》卷五十四，中华书局1986年版，第1605页。

[3]《记授真一酒法》，载苏轼撰，孔凡礼点校：《苏轼文集》卷七十二，中华书局1986年版，第2312页。

[4]《记朝斗》，载苏轼撰，孔凡礼点校：《苏轼文集》卷七十一，中华书局1986年版，第2271页。

啸闻月夕，聊戏庵中人，空飞本无迹。"[1] 可见他们情谊之深厚。

（九）藤州邵彦肃道士

藤州邵彦肃道士，名彦肃，四川人，曾与苏轼是同窗。嘉祐年间，他们先后中了进士。苏轼中进士后踏上仕途，而邵彦肃则不愿为官，千里迢迢来到容州一座仙家会聚的都峤山，静心修道。绍圣四年（1097）苏轼在惠州贬所被再贬到琼州，迁贬途中过藤州，不忘旧情登都峤山访邵彦肃道士。而后据《舆地纪胜》记载，苏轼被贬琼州儋耳时，邵道士非常同情苏轼之遭遇，便跟随他前往琼州，并相伴了三年，直到苏轼生活安定后，他才回都峤山。

苏轼在晚年北归无望时曾打算在琼州了却余生，但元符三年（1100）忽接到遇赦北归的圣旨，便于此年六月二十日渡海北归，约于此年九月底路过容州，特意到都峤山拜访邵道士。久别重逢，两人一起欣然相处了十几日，苏轼跟他分享别来在修行方面的心得，"身如芭蕉，心如莲花。百节疏通，万窍玲珑。来时一，去时八万四千。此义出《楞严经》，世未有知之者也"。[2] 苏轼要离开时，邵道士送苏轼到苍梧，二人乘舟顺绣江而下。将要分开那晚，两人依依难舍，一直倾谈至深夜，苏轼在《藤州江上夜起对月，赠邵道士》诗中云：

> 江月照我心，江水洗我肝，端如径寸珠，坠此白玉盘。我心本如此，月满江不湍，起舞者谁欤？莫作三人看！峤南瘴疠地，有此江月寒，乃知天壤间，何人不清安！床头有白酒，盎若白露溥，独醉还独醒，夜气清漫漫。仍呼邵道士，取琴月下弹，相将乘一叶，夜下苍梧滩。[3]

夜已三更，苏轼却还辗转难眠，于是他叫醒邵道士，一同月下抚琴狂歌。别时，苏轼还作《送邵道士彦肃还都峤》一诗赠他，其诗云：

> 乞得纷纷扰扰身，结茅都峤与仙邻。少而寡欲颜常好，老不求名语益真。许迈有妻还学道，陶潜无酒亦从人。相随十日还归去，万劫清游结此因。[4]

诗中表达了苏轼对邵道士的敬慕之情，愿意与他结下万劫之交。邵道士是苏轼

[1]　《寄邓道士》，载苏轼撰，王文浩辑注，孔凡礼点校：《苏轼诗集》卷三十九，中华书局1982年版，第2097页。

[2]　《书赠邵道士》，载苏轼撰，孔凡礼点校：《苏轼文集》卷六十六，中华书局1986年版，第2083页。

[3]　苏轼撰，王文浩辑注，孔凡礼点校：《苏轼诗集》卷四十四，中华书局1982年版，第2386页。

[4]　苏轼撰，王文浩辑注，孔凡礼点校：《苏轼诗集》卷四十四，中华书局1982年版，第2389页。

的晚年深交，在精神上这位道士给予他很大的慰藉。

由上所述，苏轼一生宦海沉浮中，在生活以及精神上遭遇了逆境，这些方外之道士朋友给予他无比的慰藉，他们的仙风道骨、潇洒的为人为事深深而直接地影响了苏轼，使得他在遭遇患难时仍保持着清醒的状态，乐观地活着而不放浪形骸，甚至活得更有滋味，从而造就了他潇洒的性格，营造了他旷达的创作笔锋，使得他活得更有价值。同时，在跟他们交往的过程中，苏轼的道家修养也得以提升，在儒、释、道融通里程中也得到了进展。

二、道典参研乐人生

苏轼一生以实用视野为治学态度，吸取融摄儒、释、道思想等诸家学说，构建了自己的思想体系，其弟苏辙曾在《亡兄子瞻端明墓志铭》中说："初好贾谊、陆贽书，论古今治乱，不为空言。既而读《庄子》，喟然叹息曰：'吾昔有见于中，口未能言，今见《庄子》，得吾心矣！'……既而谪居于黄，杜门深居，驰骋翰墨，其文一变，如川之方至，而辙瞠然不能及矣！后读释氏书，深悟实相，参之孔老，博辩无碍，浩然不见其涯也。"[1] 然对苏轼的这种融合儒、释、道三家学说的思想体系中，道家思想占什么样的地位，历来学者看法不一，有的认为是主流的，有的认为是以其治身，有的认为是嬗变于其说，但各有其理，难以统一。但无论是哪种说法，都承认其思想的融合一面，儒、释、道三家思想是苏轼思想构建的主要部分。为了避免进入左右两派分歧，笔者欲从苏轼学习道家思想的动机这个角度去研究，则更容易起见，更易进行客观评论。

任何一个人想学一种东西，一定有其学习动机存在。苏轼"八岁入小学，以道士张易简为师"。此时应该也有接触到道家书籍，但此时学习主要是以考试为目的，时间基本都用来研究儒家经时济世之书籍，因此基本没有时间去研读道典。苏轼幼年虽也曾有过"韶龀好道，本不欲婚宦"，而欲"逃窜山林"过出世生活的想法，但也只是一种羡慕道士生活的悠闲而产生的幼稚幻想，而并没有研究他的现实动机。到嘉祐六年（1061），26岁的苏轼以"贤良方正能直言极谏"科制策，以入三等的优秀成绩踏上了仕途，除大理评事凤翔府签判。在任签书凤翔判官时，闲暇时间很多，苏轼曾写过"不悲去国悲流年"（《和子由蚕市》）、"不恨故园远，空嗟芳岁徂"（《中隐堂诗》其三）、"退居吾久念，长恐此心违"（《中隐堂诗》其三）等诗句，感

---

[1] 苏辙著，陈宏天、高秀芳点校：《苏辙集》卷二十二，中华书局2004年版，第1117页。

叹时间的流逝，可见他这段时间的悠闲和无聊。因此，早年幻想的催促、闲暇生活的机缘，使他来到终南山上清太平宫研读《道藏》。虽是打发无聊日子，以及满足幼年的好奇心，但这段时期《道藏》的研读使苏轼在道家思想方面得到了强化和深入，苏辙的所谓"既而读《庄子》，喟然叹息曰：'吾昔有见于中，口未能言，今见《庄子》，得吾心矣！'"应该是苏轼此时所发之言。经过一段时间的研读，苏轼便作《读道藏》一诗寄给苏辙，其诗云：

> 嗟余亦何幸，偶此琳宫居。宫中复何有？戢戢千函书。盛以丹锦囊，冒以青霞裾。王乔掌关龠，蚩尤守其卢。乘闲窃掀搅，沙猎岂暇徐。至人悟一言，道集由中虚。心闲反自照，皎皎如芙蕖。千岁厌世去，此言乃籧篨。人皆忽其身，治之用土苴。何暇及天下，幽忧吾未除。[1]

诗中苏轼讲他读《道藏》的缘起和心得。苏辙看后作《和子瞻读道藏》云："道书世多有，吾读老与庄。老庄已云多，何况其骈傍。所读嗟甚少，所得半已强。有言至无言，既得旋自忘。譬如饮醇酒，已醉安用浆。昔者惠子死，庄子哭自伤。微言不复知，言之使谁听。哭已辄复笑，不如敛此藏。脂牛杂肥羜，烹熟有不尝。安得西飞鸿，送弟以与兄。"[2]苏辙认为读书不在多，而在体会，如人饮水自知冷暖，"有言至无言，既得旋自忘。譬如饮醇酒，已醉安用浆"。兄弟二人皆深得老庄奥旨。考察苏轼在凤翔府任上所作的诗，发现他很多次游览终南山，可见这时期他对《道藏》的兴趣，可以说这段时期研读《道藏》是苏轼快活的方式。

从治平二年（1065）凤翔签判任满还朝到熙宁四年（1071）往杭州通判期间，苏轼所有的精力基本上都放在施展儒家怀抱的经世济时事业上，忙着与王安石争论新法，故研究道典的动机暂且驱散。在任杭州通判期间，其实也没什么动机去研读道典。此时，只是对现实不满，需要找人诉说心中的不平，因此或跟方外交游，或游山玩水散散心耳。另外，这时他也忙着做一些对当地人民有实际意义的事情，所以也没有时间和精力去研究典籍。熙宁十年（1077）移知徐州，而此地乃"道家基地，天师故里"，是中国第一位养生学家彭祖的老家，苏轼本身就有过隐居生活的幻想，这样的条件他必定会加以利用。另外，在徐州期间，他也曾应秘书丞王兢县令请求，为他所建造庄子祠堂撰写记文，因此要进一步钻研《庄子》而

---

[1] 苏轼撰，王文浩辑注，孔凡礼点校：《苏轼诗集》卷四，中华书局1982年版，第181页。

[2] 苏辙著，陈宏天、高秀芳点校：《苏辙集》卷二，中华书局2004年版，第35页。

后写《庄子祠堂记》，文中曰：

> 谨按《史记》，庄子与梁惠王、齐宣王同时，其学无所不窥，然要本归于老子之言。故其著书十余万言，大抵率寓言也。作《渔父》、《盗跖》、《胠箧》，以诋訾孔子之徒，以明老子之术。此知庄子之粗者。余以为庄子盖助孔子者，要不可以为法耳。楚公子微服出亡，而门者难之。其仆操棰而骂曰："隶也不力。"门者出之。事固有倒行而逆施者。以仆为不爱公子，则不可；以为事公子之法，亦不可。故庄子之言，皆实予，而文不予，阳挤而阴助之，其正言盖无几。至于诋訾孔子，未尝不微见其意。其论天下道术，自墨翟、禽滑厘、彭蒙、慎到、田骈、关尹、老聃之徒，以至于其身，皆以为一家，而孔子不与，其尊之也至矣。[1]

在此文中，苏轼反对前人对庄子"诋訾孔子"的看法，这样是得其"粗"而未得其"本意"，其"本意"苏轼认为是"助孔子"，"其尊之也至矣"。从此文中可见，此时苏轼仍以儒家思想去研究他说，而且从中可看出他对庄子的研究已经深入很高境界了。《庄子祠堂记》第二段载："然余尝疑《盗跖》，《渔父》，则若真诋孔子者。至于《让王》、《说剑》，皆浅陋不入于道。反复观之，得其《寓言》之意，终曰：'阳子居西游于秦，遇老子。老子曰："而睢睢，而盱盱，而谁与居。太白若辱，盛德若不足。"阳子居蹴然变容。其往也，舍者将迎其家，公执席，妻执巾栉，舍者避席，炀者避灶。其反也，舍者与之争席矣。'去其《让王》，《说剑》，《渔父》，《盗跖》四篇，以合于《列御寇》之篇，曰：'列御寇之齐，中道而反曰："吾惊焉，吾食于十浆，而五浆先馈。"'然后悟而笑曰：'是固一章也。'庄子之言未终，而昧者剿之以入其言。余不可以不辨。凡分章名篇，皆出于世俗，非庄子本意。"[2]从此文中，我们可以更清楚地看出苏轼对庄子的熟悉，而且这种考证的治学态度，跟苏轼往日之学态度和兴趣完全不同。苏轼一直都是"不为空言"的实用派，对于道典的研读兴趣是在于寻找人生之真谛、治心之道，而不是为了完成这些繁琐的考证、注解工作，正如他在《养生诀》中所说："读书、延问方士多矣。其法百数，择其简易可行者，间或为之，辄有奇验。"[3]

---

[1] 苏轼撰，孔凡礼点校：《苏轼文集》卷十一，中华书局1986年版，第347页。

[2] 苏轼撰，孔凡礼点校：《苏轼文集》卷十一，中华书局1986年版，第347页。

[3] 苏轼撰，孔凡礼点校：《苏轼文集》卷七十三，中华书局1986年版，第2335页。

"乌台诗案"发生后，苏轼研读道家经典则进入另一个阶段。由于精神受到巨大的打击，此时苏轼精神处于惊慌状态，需要一种安心之法。因为，贬居黄州期间，他常杜门谢客，静坐默照，研读道典，其弟苏辙在《亡兄子瞻端明墓志铭》中所说的"谪居于黄，杜门深居，驰骋翰墨"应该是指苏轼闭门研读佛家和道家经典，以求安心之法之事实。诗案变故是苏轼思想嬗变的转折点，从思考人生的价值意识转到思考存在价值意识，使得其对庄子的理解更进一层，从苏轼《广成子解》[1]中对《庄子·在宥》的黄帝问道于广成子之事进行诠释，可以证实这一点，下不厌其烦，将其文陈列加以分析：

> 黄帝立为天子，十九年，令行天下，闻广成子在于崆峒之山，故往见之。曰："我闻吾子达于至道。敢问至道之精。吾欲取天地之精，以佐五谷，以养民人，吾又欲官阴阳，以遂群生，为之奈何？"
> 苏解：道固有是也。然自是为之，则道不成。

在这里苏轼通过批判黄帝之所为乃背道之举，来对至道者进行辨析。至道者所至的地方，只会给那个地方带来好处，有情（民人）、无情（五谷）同沾利乐，因为至道者只会顺其自然而行事，如此无所机心就会自然而然地成了"阴阳"主宰。而黄帝则欲"有为"，动念则有机心，有机心则违背自然规律，如是故便永远不能达到至道的境界。苏轼此解也契合佛家的思想，《禅宗颂古联珠通集》有记载张拙秀才参石霜禅师而悟道后出偈："光明寂照徧河沙。凡圣含灵共我家。一念不生全体现。六根才动被云遮。断除烦恼重增病。趣向真如亦是邪。随顺世缘无罣碍。涅盘生死等空华。"[2]一念不生则见性成佛，若有一念，哪怕是"真如"念，即使有想作佛的念头，也是邪念，就会成为成佛的障碍，应该是"随顺世缘"道才成。黄帝的问道，"欲取天地之精，以佐五谷，以养民人，吾又欲官阴阳"，虽然是"真如"之念，是善心，但这样也成了至道的障碍。可见苏轼对《庄子》的理解之深。

> 广成子曰："而所欲问者，物之质也，而所欲官者，物之残也。"
> 苏解：得道者不问，问道者未得也。得道者无物无我，未得者固将先我而后物。夫苟得道，则我有余而物自足，岂固先之耶。令乃舍己而问物，

---

[1]　苏轼撰，孔凡礼点校：《苏轼文集》卷六，中华书局1986年版，第176页。

[2]　《禅宗颂古联珠通集》卷第二十七，载《新纂卍新纂续藏经》第65册，第644页、1295页中。

恶其不情也。故曰"而所欲问者，物之质也，而所欲官者，物之残也"。言其情在于欲己长生，而外托于养民人、遂群生也。夫长生不死，岂非物之实，而所谓养民人、遂群生，岂非道之余乎？

广成子所说的是黄帝言行之不一，不合乎自然规律，而苏轼则以推论法，"得道者不问，问道者未得也"，对得道者进行解释，即用"无物无我"的境界，来判断黄帝的动念不是善念而是恶念，是自私的想法，"欲己长生，而外托于养民人、遂群生"为进一步解释《庄子》之意，此解更明白矣。

"自而治天下也，云气不待族而雨，草木不待黄而落，日月之光，益以荒矣。"

苏解：天作时雨，山川出云。云行雨施，而山川不以为劳者，以其不得已而后雨，非雨之也。春夏发生，秋冬黄落，而草木不以为病者，以其不得已而后落，非落之也。今云不待族而雨，草木不待黄而落，虽天地之精，不能供此有心之耗，故荒亡之符，先见于日月，以一身占之，则耳目先病矣。

苏轼在这里接着广成子的意思，阐发了自己对黄帝那样违背自然规律行事会造成灾害的看法，逆天而行受害者先是自己。"以一身占之"一句，也是苏轼自己反省之托言，之所以有黄州贬居，是因为反对了新法，反对了历史自然发展规律而有之。

"而佞人之心，翦翦者，又奚足以语至道？"

苏解：真人之与佞人，犹谷之与稗也。所种者谷，虽瘠土堕农，不生稗也。所种者稗，虽美田疾耕，不生谷也。今始学道，而问已不情。佞伪之种，道何从生！

"佞人之心"即是想有为而为，而且还想将至道之术为之，广成子认为这样更有野心，故离至道更远了，好武器落到恶人手里后果是不可想象的。苏轼则以一种比喻来解释广成子这个意思，而且这种比喻是来自农家躬耕的经验的，这恐怕与他在黄州躬耕事情是不无关系的。

黄帝退，捐天下，筑特室，席白茅，间居三月，复往邀之。广成子南首而卧，黄帝顺下风，膝行而进，再拜稽首而问曰："闻吾子达于至道，敢问治身奈何而可以长久？"

苏解：弃世独居，则先物后己之心，无所复施，故其问也情。

在此苏轼则对黄帝再问进行了解读，认为黄帝直接问"治身"之术是"先物后己之心"，故合乎情理。苏轼的这个观点是完全站在儒家思想角度来阐释的，与前文所问则形成了欲治理国家先修身的儒家有为套路。

广成子蹶然而起曰："善哉问乎！来，吾语汝至道。"

苏解：广成子至此，始以道语黄帝乎？曰：否。人如黄帝而不足以语道，则天下无足语者矣。吾观广成子之拒黄帝也，其语至道已悉矣。是以间居三月而复往见，蹶然为之变，其受道岂始于此乎？

在这里苏轼对"广成子蹶然而起"并称赞黄帝的动作及态度做了诠释，认为此举说明广成子早在第一次拒绝告诉黄帝时已经授予他了，而不是到此才教。认为广成子高兴是因为觉得黄帝已经领悟到他没有用语言直接表达的"至道"之道，赐教与受教都是在自然而然的无形之中完成的，从中可以窥见苏轼对《庄子》的深刻理解。

"至道之精，窈窈冥冥，至道之极，昏昏默默。"

苏解：窈窈冥冥者，其状如登高望远，察千里之毫末，如临深俯幽，玩万仞之藏宝也。昏昏默默者，其状如枯木死灰，无可生可然之道也。曰：道止于此乎？曰：此窈冥昏默之状，乃致道之方也。如指以为道，则窈冥昏默者，可得谓之道乎？人能弃世独居，体窈冥昏默之状，以入于精极之渊，本有不得于道者也。学道者患其散且伪也，故窈窈冥冥者，所以致一也，昏昏默默者，所以全真也。

赐教与受教已经完成，黄帝已经达道，为何广成子还要"语汝至道"？因黄帝虽已达道，但仍不知晓己达道，而"至道"是"窈窈冥冥"、"昏昏默默"难以辨别，故说之。然"至道"本无言，离诸念，广成子又在此言之，岂不是自相矛盾乎？苏轼在此以佛解庄，巧妙地解答了这个难题。《大智度论》云："语以得义义非语也。如人以指指月以示惑者。惑者视指而不视月。人语之言。我以指指月令汝知之。汝何看指而不视月。"[1] 借用此意思，苏轼说"此窈冥昏默之状，乃致道之方也。如指以为道，则窈冥昏默者"，可见苏轼以释、道互补之态度，去研究释、道其之教义。

---

[1]　《大智度初品中十方诸菩萨来释论》第十五，载《大正新修大藏经》第25册，第125、1509页上。

"无视无听，抱神以静，形将自正。必静必清，无劳汝形，无摇汝精，乃可以长生。目无所见，耳无所闻，心无所知，汝神将守形，形乃长生。慎汝内，闭汝外，多知为败。"

　　苏解：自此以上，皆真实语，广成子提耳画一以教人者。无视无听，抱神以静，则无为也。心无所知，则无思也。必静必清，无劳汝形，无摇汝精，则无欲也。三者具而形神一，形神一而长生矣。内不慎，外不闭，二者不去，而形神离矣。或曰：广成子之于道，若是数数欤？曰：谷之不为稗，在种者一粒耳，何数不数之有。然力耕疾耘，不可废也。

　　道家的"至道"目的是长生，而修炼的实践要求是"慎内"和"闭外"。然"慎内"要"心无所知"以达"神将守形"；"闭外"要"目无所见，耳无所闻"以达形清神静。苏轼则进一步具体化，解释说"目无所见，耳无所闻"是要"无为"，"心无所知"则是要"无思"，"形清神静"则要"无欲"，如此形神可以合一，而长生。

　　"我为汝遂于大明之上矣，至彼至阳之原也，为汝入于窈冥之门矣，至彼至阴之原也。"

　　苏解：窈冥昏默，长生之本。长生之本既立，亦必有坚凝之者。二者如日月水火之用。所以修炼变化，坚气而凝物者也，盖必有方矣。然皆必至其极，不极不化也。

　　道家认为"至道"的境界是"至阳"和"至阴"的太虚无极境界。苏轼再作诠释确定这种"至道"是长生之本，有了长生之本以确定会有"坚凝"，是通过修炼变化而产生的"坚气而凝物者"，他还强调要做到"至其极"才出现变化。可见苏轼从道家思想中学到了"物极必反"的辩证思想。

　　"天地有官，阴阳有藏。"

　　苏解：广成子以窈冥昏默立长生之本，以无思无为无欲去长生之害，又以至阴至阳坚凝之，吾事足于此矣。天地有官，自为我治之，阴阳有藏，自为我蓄之。为之者在我，成之者在彼。

　　在此苏轼再次确定道家的长生之本是"窈冥昏默"，而要达到长生之本的方法是"无思无为无欲"，然守住道长生之本是"至阴至阳"。若能如此而作，天地都是由我来做主，阴阳是为我而存在着。

"慎守汝身，物将自壮。"

苏解：言长生可必也，物岂有稚而不壮者哉。

于此苏轼则用反问句来强调庄子的自然之道。

"我守其一，以处其和。故我修身千二百岁矣，吾形未尝衰。"黄帝
再拜稽首曰："广成子之谓天矣。"广成子曰："来，余语汝。彼其物无穷，
而人皆以为终，彼其物无测，而人皆以为极。"

苏解：物本无终极，其分也成也，其成也毁也。物未尝有死，故长生
者物之固然，非我独能。我能守一而处和，故不见其分成与毁尔。

从这段话，我们看到道家"能量守恒定律"的科学辩证思想。苏轼对此解释更
为清楚、透彻。

"得吾道者，上为皇而下为王。失吾道者，上见光而下见土。"

苏解：皇者其精也，王者其粗也，生者明，死者幽，幽者不知明，明
者不知幽。

在此道家进一步解释万物的变化规律及存在方式的转换。苏轼再补充，说人们
没看到万物长生的一面，因为人们都是以一种局限性去看问题，这样往往看不到问
题的真面目，"幽者不知明，明者不知幽"，正所谓"旁观者清"也。

"今天百昌皆生于土，而反于土。故余将去汝，入无穷之门，以游无
极之野。"

苏解：盖将有以示化去世形解入土之意也欤？

到此苏轼则对道家的长生的理解已经达到终极境界，然以一种问句，谦虚地肯
定了自己已经了悟了道家"至道"之境界。

"吾与日月参光，吾与天地为常，当我缗乎，远我昏乎，人其尽死而
我独存乎！"

苏解：南荣趎挟三人以见老子，老子诃之，则矍然自失，人我皆丧。
夫挟人以往固非也，人我皆丧亦非也。故学道能尽死其人独存其我者寡矣。
可见、可言、可取、可去者，皆人也，非我也。不可见、不可言、不可取、
不可去者，真我也。近是则智，远是则愚，得是则得道矣。故人其尽死而

我独存者，此之谓也。古今虽异，吾不知缮之所谓也。以文意求之，其犹日明也欤？

在这里苏轼用"以庄解庄"方式来进行诠释，他用《庄子·庚桑楚》中南荣趎见老子的典故，"老子曰：'子何与人偕来之众也？'南荣趎惧然顾其后。老子曰：'子不知吾所谓乎？'南荣趎俯而惭，仰而叹曰：'今者吾忘吾答，因失吾问。'"老子所谓"人偕来之众"不是他人，而是南荣趎本人所带来的烦恼、忧愁等人的七情六欲的念头。苏轼以此意来解释庄子"人其尽死而我独存"这句话的意思。苏轼将一个人分为"人"和"我"两个方面存在，"人"则是那些"可见、可言、可取、可去者"；"真我"是"不可见、不可言、不可取、不可去者"。苏轼所谓的"真我"是无我的境界，越靠近无我境界时越靠近"至道"的境界，这样的人是智者；相反之下，则是离"至道"越远，这样的人是愚者。

《广成子解》是苏轼研读道典的结晶，通过此文我们可以知道苏轼对道典的熟悉程度，以及其对他一生的影响。苏轼在《与刘器之》中表达了他对这篇注解得意的态度："志仲本以乌丝栏求某录杂诗耳，某自出意，欲与写《广成子解》篇。舟中热倦，遂忘之，然此意终在也，今岂可食言哉！"[1] 志仲本来求他书写的是杂诗，而他自己提出建议，要写《广成子解》，而且这个心愿一直放在心上。庄子的这段记载是黄帝受教和悟道的过程，从对这段记载解释过程中，苏轼也找到了自己幼年"有见于中，口未能言"的答案，实现了"心安"的目的。从以下面四个方面，笔者认为这篇《广成子解》是苏轼在黄州时期的作品。其一，由上所述，从《广成子解》的内容看，与苏轼初到黄州贬所精神上所需要的东西相吻合。庄子"至道"的境界是无我的境界，与天地、日月共存，内脱一切妄念，外离一切所有相，正是苏轼需要安抚心灵惊慌的安心之法。从形式上看，文中则有两处比喻以农家种田经验作为诠释的手段："真人之与佞人，犹谷之与稗也。所种者谷，虽瘠土堕农，不生稗也。所种者稗，虽美田疾耕，不生谷也"，"谷之不为稗，在种者一粒耳，何数不数之有。然力耕疾耘，不可废也"。这些比喻与躬耕生活有很大的关系，与苏轼黄州东坡躬耕的生活恐怕是不无关系的。其二，从苏轼在诗案发生前后时期的思想，我们就会发现他对儒、道思想有所变化。在熙宁十年（1077）知徐州期间写《庄子祠堂记》时有所言："以为庄子盖助孔子者"，由此可见，他是持道助儒看法的。而十四年后，

---

[1] 苏轼撰，孔凡礼点校：《苏轼文集》卷五十六，中华书局 1986 年版，第 1667 页。

元祐六年（1091）也是"乌台诗案"发生后十二年，在《上清储祥宫碑》中则说："道家者流盖出于黄帝老子，其道以清静无为为宗，以虚名应物为用，以慈位不争为行，合于《周易》'何思何虑'，《论语》'仁者静寿'之说，如是而已。"[1] 此时，在苏轼看来，儒家的经典《周易》、《论语》与道家思想是相通且在精神理想上是平等的，而不是道助儒的看法，他认为儒、释、道宗旨是统一的，如在《跋子由〈老子解〉后》文中说："使汉初有此书，则孔、老为一；晋、宋间有此书，则佛、老不为二。不意老年见此寄特。"[2] 元祐六年在颖州任上又于《祭龙井辩才文》中说："孔老异门，儒释分宫。又于其间，禅律相攻。我见大海，西北南东。江河虽殊，其至则同。"[3] 可见苏轼对于三家殊途同归的看法。然而，苏轼的《广成子解》一篇是针对《庄子·在宥》中黄帝问道于广成子之事而进行诠释，黄帝是统治阶级的代表人物，广成子是道家的得道人物，黄帝向他求治世之术，以非常虔诚的态度去求之。苏轼的儒、道平等，甚至道高于儒的思想，始见于此。苏轼在熙宁十年和元祐六年时期思想发生嬗变，黄州时期是其嬗变的关键时期，《广成子解》是其例证。其三，综观苏轼第二次请外任及晚年贬居生涯的作品，我们就会发现他对道教关注更多的是道教治身之法，故主要从葛洪的《抱朴子》进行养生之术、炼丹求仙之方等方面的研究，而非研究其说的思想及义理。尤其贬居惠州以后，生活处境日益艰难，在瘟疫流行的恶劣环境中生活，加上苏轼本来身体不壮健，如他在《次韵乐著作》一诗中说"少年多病怯杯觞"，在《乔太傅见和复次韵答之》中又说"百年三万日，老病常居半"，等等，因此，苏轼不得不注意治身之术，道教是其最佳选择。另外，贬居岭海期间，苏轼所向往的是陶渊明，追求的是平淡，此时苏轼人生的儒、释、道已经不在教义层次上存在，而是渗透在其生活中。因此，从著术动机到著术内容来看，《广成子解》是这段时期的作品。其四，元丰三年，在黄州贬所，苏轼曾写《铁拄杖》一诗，此诗"崇道求仙"色彩很浓，诗中有"忽然赠我意安在，两脚未许甘衰歇。便寻辙迹访崆峒，径渡洞庭探禹穴"[4]之句，与《广成子解》中"闻广成子在于崆峒之山"之语极其相似。可见，二者之间在创作时间上有一定的关系。

　　苏轼在第二次外任以及晚年贬居岭海期间，研读道典主要是寻找治身之术。因此，在这段时期他醉心于养生术的研究，并亲身实践过多种养生功法。综观苏轼涉及养

［1］　苏轼撰，孔凡礼点校：《苏轼文集》卷十七，中华书局1986年版，第502页。

［2］　苏轼撰，孔凡礼点校：《苏轼文集》卷六十六，中华书局1986年版，第2072页。

［3］　苏轼撰，孔凡礼点校：《苏轼文集》卷六十三，中华书局1986年版，第1961页。

［4］　苏轼撰，王文浩辑注，孔凡礼点校：《苏轼诗集》卷二十，中华书局1982年版，第1063页。

生的诗文，可见其养生之术是受到葛洪的影响，在与道家道士高人交往时学到的，如《问养生》、《养老篇》、《养生诀》、《养生偈》、《续养生论》、《龙虎铅汞论》、《采日月精华赞》、《日喻》、《广心斋铭》、《静常斋记》等，论述了他的养生之术。他不仅论述，而且还要亲身实践。特别是在不惑之年，他记录了自己亲身体验、行之有效的养生方法，为后人留下了许多宝贵的经验。如他在《养生诀》中写道："近年颇留意养生。读书、延问方士多矣。其法百数，择其简易可行者，间或为之，辄有奇验。今此闲放，益究其妙乃知神仙长生非虚语耳。其效初不觉，但积累百余日，功用不可量。比之服药，其力在倍。久欲献之左右，其妙处非语言文字所能形容，然可道其大略，若信而行之，必有大益。"[1] 从这段文字中，我们可以看出苏轼在养生之术方面是广益多师，并亲身去力行其术。

由上所述，苏轼研究道典主要从满足幼年的神仙幻想、中年的治心以及晚年的治身三大需要而出发，而常以庄子为研究的重点。无论从哪种研读动机出发，最终的目的都是为了让生活变得更好。"仁者见仁，智者见智。"虽然苏轼研读道典所收获的并不一定是道家思想的真谛，但最终仍使得苏轼的人生更旷达、潇洒，对于构建其儒、释、道融合境界有着极大的帮助。

---

[1] 苏轼撰，孔凡礼点校：《苏轼文集》卷七十三，中华书局1986年版，第2335页。

第三章　苏轼对儒、释、道思想的超越意识

苏轼一生以一种经世务实的态度，继承融会儒、释、道三家思想，构建自己的人生境界。在继承三家思想的过程中，往往有自己主观思想的参与。不仅如此，在不同的人生阶段，他对三家思想的侧重态度也有所不同，而不是始终保持同等、不变的态度。在仕途得意时，他积极用事，尽力而为，"专利国家而不为身谋"[1]。从不为自己利害而只为国家、人民着想；仕途失意时，他便纵横山水，穷览释经道典，广与方外交游，把精力转入探索心灵的世界，思考人生生存意义与价值。然而，正因为如此，苏轼在接受传统的过程中才有其超越的表现。虽然在不同的人生际遇，则有不同的表现，但这不能说仕途得意时，儒家思想居其思想的主导之位，更不能说仕途失意时，释道思想是其思想的主流，而是在一生中的不同阶段，承担不同的历史角色，表现出不同的人生境界。"表现"与"所表现"是不同的概念，对于苏轼儒、释、道思想，不能含糊将彼论此，以泉论源地片面评价，更不能一概而论。下以继承与超越意识位视角，论述之，窥见其对传统的超越意识。

第一节　用舍由时，行藏在我——对儒家穷与达的超越

在儒、释、道盛行的北宋，士大夫们往往根据自己处境的变化，而取其所需，或崇儒，或偏道，或奉佛，出入于三教之中。苏轼一生出入于三教，其思想兼具儒、释、道三家，虽在宦海沉浮一生中，有嬗变于道，参证于佛，而终偏于儒。儒家的"穷则独善其身，达则兼济天下"（《孟子·尽心上》）思想是苏轼一生处事的原则，综观其一生，我们不难看到在其思想中"兼济天下"思想始终是占上风的，可以说"兼济天下"是他政治生涯和文学创作中"一以贯之"的思想。然而，历来学者一般认为，当他仕途得意时，则"兼济"思想占主流，而仕途失意时，则"独善"思想占上风。

---

[1]　《谏院题名记》，司马光著，李之亮笺注：《司马温公集编年笺注·附录》卷六《年谱二》，巴蜀书社 2009 年版，第 261 页。

然而，有学者认为苏轼被贬谪时有将"独善"作为自己的处世态度是一种消极表现，对此论点，笔者不敢苟同。

"达则兼济天下"是中国古代文人理想的人生，而"穷则独善其身"则是不得已而为之的处世态度。前者是理想的人生，后者是不得已而为之的处世态度，然而前者只能在"达"时才可以实现，后者在"穷"时才不得已不实现。从而使得这两种处世态度不能同时在一个人身上并存，而是截然两立的。因此，儒生们无不以"学而优则仕"为目标，故在几千年封建社会中，"学而优则仕"已成为一条社会通则，而无不以立德、立功、立言为自己仕途的终极目标。但在他们的政治生涯中，也常遭遇挫折和打击，有的投河自尽，有的郁闷而亡，有的仍然坚强地笑对人生百态。何也？不善出入于三教之中，故不"善穷处"耳。屈原是否曾研读庄子之学，是我们无法确认的，但能肯定的是，在他的作品中绝无庄子之踪迹，贾谊则不然，其《鹏鸟赋》则是借庄子思想来发泄郁闷，因此他们经不起挫折。他们的挫折，没有哪个像苏轼那样，一而再、再而三地被贬，最后还是远贬荒芜的岭海，但他始终仍保持着快乐心情，始终是以积极态度面对人生百态，堪称"善穷处"之士。对儒家"穷则独善其身，达则兼济天下"的思想，苏轼是最有发言权的，"达"时则积极用事，无不微言，无不尽心，显示了儒家经世济民的精神；"穷"时随缘自适，修身养性，潜心著述，展现了庄禅顺其自然的品格，极致地发挥了三家思想的融通天地，呈现出一种可仕可隐、无适而不可的新型处世原则模式，而臻于超越了传统的"兼济"与"独善"的境界。

苏轼从小就受到家庭教育的影响，儒家的经世济民思想是他"学而优则仕"的理想目标，但在吸收了儒家思想的同时，对道家和佛家思想也有所研习，因此他的思想中带有出世的影子。而这个影子会使得他在仕途上，无论是顺境还是逆境，都能受到微妙的影响。虽然，处在仕途名利斗争场上，但他始终没有被同化为汲汲功名、虚伪弄权的俗吏政客，而是表现出不惜一切代价，仅为社稷、人民利益而奋斗，一切所作所为都是为了报国爱民的积极态度；虽然，长期的流放贬谪生涯也未使他退化为"世事不关心，独求自解脱"的隐士，而是以出世之姿去入世，以随缘自适的无比热情去感化人生，感化际遇。无论穷或达，苏轼都以一种积极乐观的态度去面对，在他思想中儒家的"兼济天下"内涵，不仅仅是在"达"时才可以实现，反而在"穷"时更能实现；"独善其身"也不仅仅在"穷"时才不得已而为之，而是在"达"时更要为之。在《思堂记》文中，他说：

　　建安章质夫，筑室于公堂之西，名之曰"思"，曰："吾将朝夕于是，凡吾之所为，必思而后行。子为我记之。"嗟乎！余天下之无思虑者也。遇事则发，不暇思也。未发而思之则未至，已发而思之则无及，以此终身不知所思。言发于心而冲于口，吐之则逆人，茹之则逆余，以为宁逆人也，故卒吐之。君子之于善也，如好好色；其于不善也，如恶恶臭。岂复临事而后思，计议其美恶而避就之哉？是故临义而思利，则义必不果；临战而思生，则战必不力。若夫穷达得丧，死生祸福，则吾有命矣！少时遇隐者曰："孺子近道，少思寡欲。"曰："思与欲若是均乎？"曰："甚于欲。"庭有二盎以蓄水，隐者指之曰："是有蚁漏，是日取一升而弃之，孰先竭？"曰："必蚁漏者。"思虑之贼人也，微而无间。隐者之言，有会于余心，余行之。且夫不思之乐，不可名也。虚而明，一而通，安而不懈，不处而静，不饮酒而醉，不闭目而睡。将以是记思堂，不以谬乎？虽然，言各有当也。万物并育而不相害，道并行而不相悖，以质夫之贤，其所谓思者，岂世俗之营营于思虑者乎？《易》曰："无思也，无为也"，我愿学焉；《诗》曰："思无邪"，质夫以之。[1]

　　文中苏轼将道家虚静无为思想跟儒家君子必坦荡有为统一起来，并提升到无为而为的超脱境界。实现这种境界不一定在"穷"时，而是在或"穷"或"达"时，都要有所意识。苏轼不仅将这个境界停留在思考意识层面上，而且在他一生中时时刻刻都处于进行的状态中，因此才有晚年在《自题金山画像》中用"问汝平生功业，黄州、惠州、儋州"的诗句来总结自己一生的际遇。对他仕途的遭遇来说，这是自嘲诗句，但对于文学、对于人民来说这是事实，无疑这是他一生大起大落的写照。从中我们可以看到苏轼对儒家穷达观念的超越。

　　综观中国历史，我们不难发现历代文人在他们仕途失意不得已而为的"独善其身"时，有不少人感到失落和绝望，在他们作品中呈现出的往往是一种或消极避世、或怨天骂地、或放荡不羁、或放浪形骸的处世态度。苏轼则不然，仕途失意时，仍然保持着无比的潇洒光辉，仕途失意不代表"兼济天下"的消失，而转为"独善其身"的另一种存在方式。不能明为则暗为，所谓的暗为是时时刻刻不忘以天下为己任的处世态度，始终不忘生的价值、活的意义。因此，每到仕途不顺，苏轼便自请外任，

[1]　苏轼撰，孔凡礼点校：《苏轼文集》卷十一，中华书局1986年版，第363页。

在这期间他很积极地为当地人民谋利益，做了很多有意义的事情。如在杭州通判期间曾往常、润、苏、秀等州赈济饥民；熙宁十年（1077）徐州知州任上，黄河决堤，水汇徐州城下，他亲自率领军民筑堤抗洪；元祐五年（1090），在杭州知州任上，做了很多名垂千古的工程，疏浚西湖，筑建长堤，稳定谷价，还建了一座医院；苏轼在仕途最失意即被贬儋州时，仍在当地开办"儋州学府"，"以诗书礼乐之教，转化其风俗，改变其人心"[1]。当时儋州是边远闭塞之地，学生没什么书籍来研究，他便亲自编写经说，如"潮州人吴子野渡海从苏轼学"、"琼州进士姜唐佐从苏轼学"、"葛延之渡海来从学"等，这足以证明苏轼是一个始终不忘以天下为己任的人。甚至在"乌台诗案"发生后，贬居黄州时，他在写给好友李常的信中仍说："吾侪虽老且穷，而道理贯心肝，忠义填骨髓，直须谈笑于死生之际……虽怀坎壈于时，遇事有可尊主泽民者，便忘躯为之，祸福得丧，付与造物。"[2]"乌台诗案"的沉重打击，仍不能消灭他"尊主泽民"的决心。如前文所论苏轼一生中，在仕途坎坷时，贾谊的教训是他时时刻刻不忘的，因此，每在贬居期间，生活都面临着无比的艰辛，在饥寒、毒瘴的贬所，朋友们常为他的处境担忧，而他却觉得不应有"愁煎"之忧，觉得"甚与穷者相宜"，在《与章子厚参政书二首》文中说："黄州僻陋多雨，气象昏昏也。鱼稻薪炭颇贱，甚与穷者相宜。然轼平生未尝作活计，子厚所知之。俸入所得，随手辄尽。而子由有七女，债负山积，贱累皆在渠处，未知何日到此。见寓僧舍，布衣蔬食，随僧一餐，差为简便，以此畏其到也。穷达得丧，粗了其理，但禄廪相绝，恐年载间，遂有饥寒之忧，不能不少念。然俗所谓水到渠成，至时亦必自有处置，安能预为之愁煎乎？"[3]甚至觉得那些环境不足以挂齿："轼罪大责薄，居此固宜，无足言者。瘴疠之邦，僵朴者相属于前，然亦有以取之。非寒暖失宜，则饥饱过度，苟不犯此者，亦未遽病也。若大期至，固不可逃，又非南北之故矣。以此居之泰然。不烦深念。"[4]故他在与亲戚友人书信来往时常以"安时处顺"的处世态度来安慰他们，如在《与赵晦之四首》（之三）中写道："某谪居既久，安土

[1] 曾枣庄：《苏轼评传》，四川人民出版社1981年版，第318页。

[2] 《与李公择十七首》之十一，载苏轼撰，孔凡礼点校：《苏轼文集》卷五十一，中华书局1986年版，第1500页。

[3] 苏轼撰，孔凡礼点校：《苏轼文集》卷四十九，中华书局1986年版，第1411页。

[4] 《与王庠书》，载苏轼撰，孔凡礼点校：《苏轼文集》卷四十九，中华书局1986年版，第1422页。

忘怀，一如本是黄州人，元不出仕而已。"[1] 不仅仅只是为了开解自己、安慰友人，久居贬所苏轼慢慢地对这里产生了感情，甚至把它当作自己的家乡，有时还在心中表达很乐意在那里生活，如在《吾谪海南，子由雷州，被命即行，了不相知。至梧乃闻其尚在藤也，且夕当追及。作此诗示之》诗中表白说："他年谁作舆地志，海南万里真吾乡。"[2] 在《食荔枝二首》（其二）中写道："罗浮山下四时春，卢橘杨梅次第新。日啖荔枝三百颗，不辞长作岭南人。"[3] 离别海南时在《别海南黎民表》中依依不舍地写道："我本海南民，寄生西蜀州。忽然跨海去，譬如事远游。平生生死梦，三者无劣优。知君不再见，欲去且少留。"[4] 综观苏轼贬居期间的作品，我们不难发现这些作品所表达的诗人状态，不但没有失落或埋怨的态度，而且相反还充满着快乐、怡然的精神状态。

苏轼在"达"时，则走陆贽之路，从不因任何理由而放弃"兼济天下"的理想奋斗，不顾个人的利害安危直言进谏。熙宁变法中，苏轼处处都为社稷、人民着想，所以多次上书进谏王安石变法的不适，甚至对皇帝的御旨也进谏劝告，如熙宁二年十二月，神宗下旨开封府减价买灯四千余盏，他便上书对神宗进谏劝止。

> 臣伏见中使传宣下府市司买浙灯四千余盏，有司具实直以闻，陛下又令减价收买，见已尽数拘收，禁止私买，以须上令。臣始闻之，惊愕不信，咨嗟累日。何者？窃为陛下惜此举动也。臣虽至愚，亦知陛下游心经术，动法尧舜，穷天下之嗜欲，不足以易其乐；尽天下之玩好，不足以解其忧，而岂以灯为悦者哉。此不过以奉二宫之欢，而极天下之养耳。然大孝在乎养志，百姓不可户晓，皆谓陛下以耳目不急之玩，而夺其口体必用之资。卖灯之民，例非豪户，举债出息，畜之弥年。衣食之计，望此旬日。陛下为民父母，唯可添价贵买，岂可减价贱酬？此事至小，体则甚大。凡陛下所以减价者，非欲以与此小民争此豪末，岂以其无用而厚费也？如知其无用，何必更索？恶其厚费，则如勿买。且内庭故事，每遇放灯，不过令内东门杂物务临时收买，数目既少，又无拘收督迫之严，费用不多，民亦无憾。故臣愿追还前命，凡悉如旧。京城百姓，不惯侵扰，恩德已厚，怨讟易生，

———————————

[1] 苏轼撰，孔凡礼点校：《苏轼文集》卷五十七，中华书局1986年版，第1710页。

[2] 苏轼撰，王文浩辑注，孔凡礼点校《苏轼诗集》卷四十一，中华书局1982年版，第2243页。

[3] 苏轼撰，王文浩辑注，孔凡礼点校：《苏轼诗集》卷四十，中华书局1982年版，第2192页。

[4] 苏轼撰，王文浩辑注，孔凡礼点校：《苏轼诗集》卷四十三，中华书局1982年版，第2362页。

可不慎欤！可不畏欤！[1]

这样公然与皇帝唱反调是极其危险的，但苏轼仍不顾一切，只为了他心中的"兼济天下"思想，而直言进谏。苏轼不顾自己所处境地之卑微屡次上奏发表自己的意见，反对"新法"，跟皇帝唱反调，《宋史》记载："上阅辙状，问：'辙与轼如何，观其学问颇相类。'王安石曰：'轼兄弟大抵以飞箝捭阖为事。'上曰：'如此则宜合时事，何以反为异论？'"[2] 神宗对苏轼的这种不"合时事"处处唱反调颇为不解。连苏轼本身也曾在《杭州召还乞郡状》给皇帝的奏章中说："王安石新得政，变易法度，臣若少加附会，进用可必。"[3] 在《与杨元素十七首》（之十七）中也说道："昔之君子，惟荆是师；今之君子，惟温是随，所随不同，其为随一也。老弟与温相知至深，始终无间，然多不随耳。"[4] 不管是新党执政，还是旧党上台，如果"少加附会"，苏轼的仕途也许会很成功，或至少不会有黄州、岭海之贬。尤其旧党上台时，只要苏轼可以做到"少加附会"，凭太皇太后对他的推崇，他的仕途可以说是如鱼得水，但当他看到"交契最深"的司马光不顾"报国"、"便民"原则，欲尽废新法时，就挺身而出，不仅对元祐初年"刑部大理寺列上熙宁已来不该赦降去官法凡数十条，尽欲删去"的做法表示了全面的反对，与执政者也"屡争之"。可见，苏轼那份报国的"致君尧舜"之心，从未被任何势力、处境而减损，那份积极的"兼济天下"之志在他身上从未被泯灭。

苏轼的穷达之际的超越意识不仅停留在处顺境而不放荡、身处逆境而不颓丧的表层上，还在于不以之当作什么可自豪之事的内涵里，这种超越意识来自坦然的情怀、真挚的胸襟。他曾在《书李简夫诗集后》中这样评价陶渊明："欲仕则仕，不以求之为嫌；欲隐则隐，不以去之为高。饥则扣门而乞食；饱则鸡黍以迎客。古今贤之，贵其真也。"[5] 如果以"吾不能为五斗米折腰，拳拳事乡里小人邪"来评价陶渊明的清高、有骨气、不为利禄所动，则不免失之于片面，甚至显得有些滑稽。难道陶渊明"学而优则仕"的目标只是为了"五斗米"吗？他的彭泽挂冠而去、辞职归乡说明他不愿意与当时官场上的人打交道，因为那样彼此都不愉快，不如自己辞官归田，而彼

---

[1] 苏轼：《谏买浙灯状》，载苏轼撰，孔凡礼点校：《苏轼文集》卷二十五，中华书局1986年版，第726页。

[2] 脱脱等：《宋史》卷十五《本纪第十四·神宗二》，中华书局1985年版。

[3] 苏轼撰，孔凡礼点校：《苏轼文集》卷三十二，中华书局1986年版，第911页。

[4] 苏轼撰，孔凡礼点校：《苏轼文集》卷五十五，中华书局1986年版，第1655页。

[5] 苏轼撰，孔凡礼点校：《苏轼文集》卷六十八，中华书局1986年版，第2148页。

此都快乐。他的归隐不代表他认为官场上的人是不快乐，只有归隐才快乐，去者如愿，留者亦快乐。苏轼这种评价才是比较公允的，与陶渊明的胸怀比较贴切。陶渊明的这种洒脱胸襟是苏轼一辈子所敬仰与膜拜的，在他的宦海沉浮生涯中，时时刻刻都保持着这种胸襟，坦然对待去来。关于这种来去自在的人生，在《辩才老师退居龙井，不复出入。轼往见之。常出至风篁岭。左右惊曰："远公复过虎溪矣。"辩才笑曰："杜子美不云乎：与子成二老，来往亦风流。"因作亭岭上，名之曰过溪，亦曰二老，谨次辩才韵赋诗一首》中，也曾如此赞扬辩才禅师：

> 日月转双毂，古今同一丘。惟此鹤骨老，凛然不知秋。去住两无碍，人天争挽留。去如龙出山，雷雨巷潭湫。来如珠还浦，鱼鳖争骈头。此生暂寄寓，常恐名实浮。我比陶令愧，师为远公优。送我还过溪，溪水当逆流。聊使此山人，永记二老游。大千在掌握，宁有离别忧。[1]

此诗中，苏轼对辩才的"去来"赞扬不已，"去住两无碍"，"去如龙出山"，"来如珠还浦"，辩才的这种心不著于物的境界，是苏轼一辈子敬仰而膜拜的。从理论上来讲，陶渊明、辩才的这种境界比起苏轼的穷达之超越的境界好像是更高一筹，但从人生价值的实践看，苏轼的穷达境界则略高一筹。闹中取静，在人间完成净土世界，这是苏轼所创造出的可仕可隐的穷达统一的境界。

苏轼如何能够将"兼济天下"与"独善其身"统一起来，而做到穷达的超越呢？这是一个态度问题，他在《沁园春》中说：

> 孤馆灯青，野店鸡号，旅枕梦残。渐月华收练，晨霜耿耿，云山摛锦，朝露溥溥，世路无穷，劳生有限，似此区区长鲜欢。微吟罢，凭征鞍无语，往事千端。
>
> 当时共客长安，似二陆初来俱少年。有笔头千字，胸中万卷；致君尧舜，此事何难？用舍由时，行藏在我，袖手何妨闲处看。身长健，但优游卒岁，且斗尊前。[2]

这首词是苏轼在熙宁七年（1074）自海州赴密州途中作的，如他所说，"致君尧舜，此事何难？"接着以孔子在《论语·述而》中所说的"用之则行，舍之则藏"来回答，而且还很独特地解读了孔子的意思。"用舍由时，行藏在我"，他认为"用"

[1]　苏轼撰，王文浩辑注，孔凡礼点校《苏轼诗集》卷三十二，中华书局1982年版，第1714页。
[2]　苏轼撰，邹同庆、王宗堂著：《苏轼词编年校注》，中华书局2002年版，第134页。

或"舍"是从客观角度来评价，而"行"或"藏"是由个人主观意识来决定的，"袖手何妨闲处看"，只要换个角度来看问题，无论是穷是达都可以"优游卒岁"。因此，苏轼在从黄州移汝州的途中，拜见当时已下野的王安石，他曾劝王安石不能按"事君的常礼"，"在朝则言，在野则不言"，而要以"仁厚治天下"。可见，苏轼在"穷则独善其身"的时候，内心深处仍然时时刻刻不灭"达则兼济天下"之志。

总之，苏轼无论是"穷"是"达"，都以一种超脱的情怀、热情的胸襟、尽心的态度，去面对人生种种际遇。穷达之际仍能保持平衡的心态，将儒家的理想人生模型与不得已而为之的处世态度统一起来，从而超越儒家的传统思想，实现人生可仕可隐的自由境界。

第二节　何必言法华，佯狂啖鱼肉——对释家思想的超越

平常心是道苏轼一生中学佛习禅的爱好随着仕途的遭遇而加深，而且对佛教的思想他往往是以实用的态度去继承。如他曾在《赠上天竺辩才师》诗中说："南北一山门，上下两天竺。中有老法师，瘦长如鹳鹊。不知修何行，碧眼照山谷。见之自清凉，洗尽烦恼毒。坐令一都会，男女礼白足。我有长头儿，角颊崚犀玉。四岁不知行，抱负烦背腹。师来为摩顶，起走趁奔鹿。乃知戒律中，妙用谢羁束。何必言法华，佯狂啖鱼肉。"此诗的前半部分写辩才禅师超群脱俗的仪容，后半部分先讲述了辩才法师为苏轼的儿子苏迨摩顶之事。关于此事苏辙在《龙井辩才法师塔碑》中也有提及："予兄子瞻中子迨，生三年不能行，请师为落发摩顶祝之。不数日能行如他儿。"[1] 接着，苏轼以赞叹的口气讲述了辩才禅师不拘一格的生活方式，"乃知戒律中，妙用谢羁束，何必言法华，佯狂啖鱼肉？"[2] 由于自己儿子"生三年不能行"而辩才禅师摩顶后就可以"起走趁奔鹿"，因此苏轼悟出佛教的妙用不在于谨守戒律、束缚于教义上的小节，而在于妙用其教义，吸取其有益之处，从而令人摆脱一切羁束，使人们在左右受绊的生活中找到自由自在的天地。从《答毕仲举书（其一）》中我们可以更清楚地看到苏轼的这一特点，其文说："若世之君子，所谓超然玄悟者，仆不识也。往时陈述古好论禅，自以为至矣，而鄙仆所言为浅陋。仆尝语述古，公之所谈，譬之饮食龙肉也，而仆之所学，猪肉也，猪之与龙，则有间矣，然公终

---

[1] 苏辙著，陈宏天、高秀芳点校：《苏辙集·栾城後集》卷二十四，中华书局 2004 年版，第 1143 页。

[2] 苏轼撰，王文浩辑注，孔凡礼点校：《苏轼诗集》卷九，中华书局 1982 年版，第 464 页。

日说龙肉，不如仆之食猪肉实美而真饱也。不知君所得于佛书者果何耶？为出生死、超三乘，遂作佛乎？抑尚与仆辈俯仰也？学佛老者，本期于静而达，静似懒，达似放，学者或未至其所期，而先得其所似，不为无害。"[1]苏轼认为对于佛教教说应如追求食猪肉那样，以朴素、实用的精神去接受，而不应以如追求吃龙肉那样，高谈虚论去接受。可见苏轼学佛习禅并非真诚地相信报应与西方，也不是为了什么超三乘、登觉岸、往西天，仅选其精学而用之，企图求得心安。从中我们不难看出他的洒脱以及不拘小节的胸襟，也不难看出他对佛教思想的继承与超越意识。然而，苏轼的这种对佛教教说的继承态度，恰恰与佛家所提倡的"现法乐住"和"平常心是道"宗旨相吻合，下文就此论述，借以洞见苏轼对佛教思想的继承与超越意识。

一、现法乐住

所谓的"现法乐住"，即现法乐、现法安乐住、现法喜乐住，这种感觉是由修善静虑，住于解脱之法乐。《阿毗达磨俱舍论》曰："如契经说。有修等持若习若修若多所作得现乐住。乃至广说。善言通摄净及无漏。修诸善静虑得住现法乐。"[2]意思是通过禅坐破除因执着而生的烦恼后，得到的喜悦。据《阿毗达磨大毗婆沙论》卷二十六所讲，因断除烦恼而得"不动心解脱"即"现法乐住"，并将之分为出家乐、远离乐、寂静乐、三菩提乐。[3]又《瑜伽师地论》中云："正信舍家趣于非家。解脱烦笼居家迫迮种种大苦。名出离乐断除诸欲恶不善法。证初静虑离生喜乐。名远离乐。第二静虑已上诸定寻伺止息。名寂静乐。一切烦恼毕竟离系。于所知事如实等觉。此乐名为三菩提乐。"[4]由上述记载中，我们可以看出佛家所谓的"现法乐住"就是身、心远离众苦之因，而强调当下之心的作用。故释迦牟尼佛灭度时曾说："若欲脱诸苦恼。当观知足。知足之法即是富乐安隐之处。知足之人虽卧地上犹为安乐。不知足者虽处天堂亦不称意。不知足者虽富而贫。知足之人虽贫而富。不知足者常为五欲所牵。为知足者之所怜愍。"[5]佛教在破除执着、烦恼，入于涅槃的过程中，十分强调、重视心的作用。

苏轼在接受佛教思想方面主要是出自调解心态的目的，而常以实用的视野吸取

[1] 苏轼撰，孔凡礼点校：《苏轼文集》卷五十六，中华书局1986年版，第1671页。
[2] 《阿毗达磨俱舍论》卷二十八，载《大正新修大藏经》第29册，第150页上。
[3] 《阿毗达磨大毗婆沙论》卷第二十六，载《大正新修大藏经》第27册。
[4] 《瑜伽师地论》卷第三十五，载《大正新修大藏经》第29册，第483页中。
[5] 《佛垂般涅槃略说教诫经》，载《大正新修大藏经》第12册，第1111页中。

其精华来洗心、安心，使得他无论是仕途得意时身居高堂之位，还是仕途失意时身处贬居之旷野，都能找到心灵上的快乐。从中我们不难看出苏轼人生的快乐与其心态之关系，早在嘉祐六年（1061），26岁的苏轼刚步入仕途就在《和子由渑池怀旧》诗中说：

人生到处知何似，应似飞鸿踏雪泥。泥上偶然留指爪，鸿飞那复计东西。

老僧已死成新塔，坏壁无由见旧题。往日崎岖还记否，路长人困蹇驴嘶。[1]

苏轼在此诗中抒发了自己对人生无常、无定的基本看法与态度，全诗透出他的随缘自适性格，去来自在的人生。所谓的"到处"就是人生的种种处境，"知何似"则是满足并安顿际遇的心态，顺境不喜、逆境不悲。苏轼的这种思想与佛教所提倡的心不著于境、人云逍遥的思想相吻合，慧照禅师曾说："但能随缘消旧业。任运着衣裳。要行即行。要坐即坐。无一念心希求佛果。"[2]顺其自然而行事，人生的终极目的是幸福与快乐，满足于当下处处便是净土。苏轼诗中"应似飞鸿踏雪泥"的内涵与慧照禅师"无一念心希求佛果"的宗旨完全一致。苏轼又在《定风波（常羡人间琢玉郎）》词中说：

谁羡人间琢玉郎，天应乞与点酥娘。尽道清歌传皓齿，风起，雪飞炎海变清凉。

万里归来颜愈少，微笑，笑时犹带岭梅香。试问岭南应不好？却道：此心安处是吾乡。[3]

元祐元年（1086），苏轼被贬居黄州归来，与因受"乌台诗案"的牵连也被远贬岭海的王定国相见时作此诗。胡仔在《苕溪渔隐丛话后集》中引孙宗鉴《东皋杂录》中云："王定国岭外归，出歌者劝东坡酒，坡作《定风波》。"[4]故苏轼在词中序文说"王定国歌儿曰柔奴，姓宇文氏，眉目娟丽，善应对，家世在京师；定国南迁归，余问柔，广南风土，应是不好。柔对曰：此心安处，便是吾乡。因为缀此词。"词中苏轼表达了自己对王定国歌妓寓娘达观情怀的赞赏，意思是奴儿如此旷达，那么主人何等胸襟可知了，以此称赞王定国的旷达胸襟。人生的灾难、生活的困境不但没使王定

[1] 苏轼撰，王文浩辑注，孔凡礼点校：《苏轼诗集》卷三，中华书局1982年版，第96页。

[2] 《镇州临济慧照禅师语录》，载《大正新修大藏经》第47册，第497页上。

[3] 苏轼撰，邹同庆、王宗堂著：《苏轼词编年校注》，中华书局2002年版，第578页。

[4] 胡仔纂集，廖德明校点：《苕溪渔隐丛话后集》卷四十《丽人杂记》，人民文学出版社1962年版，第334页。

国灰心丧志，反而还使得他的胸襟更加旷达，可见逆境是造就人性格的有利条件。苏轼通过赞扬别人的旷达，借以抒发自己对人生遭遇的态度，择境不如安之，正所谓"既来之，则安之"。其实，"此心安处是吾乡"之观念，苏轼早在元丰七年（1084）的《浣溪沙（倾盖相逢胜白头）》一词中说过：

> 倾盖相逢胜白头。故山空复梦松楸。此心安处是菟裘。 卖剑买牛吾欲老，乞浆得酒更何求。愿为辞社宴春秋。[1]

所谓的"菟裘"指晚年归隐之处。《左转·鲁隐公十一年》记载："使营菟裘，吾将老焉。"菟裘，是当时鲁国之小邑，后世称晚年隐居之处为"菟裘"。苏轼在此词的前两句回忆二十余年与所结交朋友的感情，联想到自己宦海沉浮的人生，故欲还乡归隐，连作梦也梦到回故乡，但接着又说"此心安处是菟裘"，心安之处便是归隐之处。可见佛教的"无住"、"乐住"思想如何营造了苏轼随遇而安的情怀。又在《十拍子（白酒新开九酝）》词中说：

> 白酒新开九酝，黄花已过重阳。身外傥来都似梦，醉里无何即是乡。
> 东坡日月长。
> 玉粉旋烹茶乳，金齑新捣橙香。强染霜髭扶翠袖。莫道狂夫不解狂。
> 狂夫老更狂。[2]

身外之物如梦一样不真实，醉时狂放不羁如在家乡一样自由，梦中超出、醉中回醒是苏轼旷达胸襟的特征。

正因为佛教"无住"、"乐住"的思想，使得苏轼无论在哪里都能很快适应环境，并找到生活的乐趣。如在熙宁三年（1070），苏轼因为屡次上书言论王安石新法的不是，被调离朝廷，以殿中臣、直史馆判官告院权开封府推官，虽然此时在官场上遇到困难，怀抱无法施展，爱国忧民之志难以实现，深感苦闷，但他并不像贾谊那样郁闷而亡，而仍有闲情雅兴栽花插柳，排解当下苦闷之心，在《答杨济甫十首》（之四）中他说：

> 某近领腊下教墨，感服眷厚，兼审起居佳胜。某此与贱累如常。舍弟差入贡院，更半月可出。都下春色已盛，但块然独处，无与为乐。所居厅前有小花圃，课童种菜，亦少有佳趣。傍宜秋门，皆高槐古柳，一似山居，

[1] 苏轼撰，邹同庆、王宗堂著：《苏轼词编年校注》，中华书局2002年版，第478页。
[2] 苏轼撰，邹同庆、王宗堂著：《苏轼词编年校注》，中华书局2002年版，第476页。

颇便野性也。渐暖，惟千万珍重。[1]

京都"春色已盛"苏轼为何"块然独处，无与为乐"呢？苏轼的这个情结是跟对当时政坛的不满有关的，表现出他对仕途开始产生了失望的念头。虽然仕途不自在、官场中受束缚，但并不使他的生活只有苦恼而没有快乐。苏轼在此诗中的这种快乐生活方式近于白居易"中隐"的境界，过着既没有樊丘之冷落也无朝市之嚣喧的生活。其实，苏轼这种境界只是一种人生的阶段性选择，他始终比较赞同东方朔隐身于"金马门"中的境界，过着既做官但又不同流合污的"朝隐"生活，而不太赞同白居易"中隐"的人生抉择。但苏轼在仕途上遇到无奈时，对白居易的"中隐"思想也会有所借鉴，这也反过来说明他的人生境界非常近于佛家"现法乐住"的精神，不执着于任何一种生活方式、生活态度，而是随缘自适、随遇而安。他在通判杭州时期也曾在《六月二十七日望湖楼醉书五首（其五）》诗中说：

未成小隐聊中隐，可得长闲胜暂闲。我本无家更安往，故乡无此好湖山。[2]

在此诗中苏轼仍是唱中隐的基调，而非大隐或小隐。其实，在此之前苏轼是比较向往大隐的境界的，他曾提倡"惟有王城最堪隐，万人如海一身藏"[3]，"大隐本来无境界，北山猿鹤谩移文"[4]等，苏轼赞同如"王注"引王康琚《反招隐》诗中的"大隐隐朝市，小隐隐薮泽"的大隐基调，而不赞同如"施注"引自居易《中隐》诗云"大隐住朝市，小隐入丘樊。樊丘太冷落，朝市太嚣喧。不如作中隐，隐在留司官，似出复似处，非忙亦非闲。唯此中隐士，致身吉且安"的小隐抉择。白居易认为这样似隐似士非闲非忙，名利物质俱有而风险痛苦俱无，才是"致身吉安"的最佳方式。苏轼此时在仕途上遇到小挫折，进既不能大用，退又不得甘心，故说"我本无家更安往，故乡无此好湖山"，表现出处处无家处处家的旷达、自适人生。"乌台诗案"发生后，苏轼贬居黄州，仍能很快地适应那荒僻之地的生活，在《初到黄州》诗中说：

自笑平生为口忙，老来事业转荒唐。长江绕郭知鱼美，好竹连山觉笋香。

[1] 苏轼撰，孔凡礼点校：《苏轼文集》卷五十九，中华书局1986年版，第1809页。

[2] 苏轼撰，王文浩辑注，孔凡礼点校：《苏轼诗集》卷七，中华书局1982年版，第341页。

[3] 《病中闻子由得告不赴商州三首（其一）》，载苏轼撰，王文浩辑注，孔凡礼点校：《苏轼诗集》卷四，中华书局1982年版，第156页。

[4] 《夜直秘阁呈王敏甫》，载苏轼撰，王文浩辑注，孔凡礼点校：《苏轼诗集》卷五，中华书局1982年版，第225页。

逐客不妨员外置，诗人例作水曹郎。只渐无补丝毫事，尚废官家压酒囊。[1]

仕途得意时则前呼后拥，失意时则门前冷落的"团练副使"水曹郎"逐客"，但苏轼依旧豪气不减，自嘲自讽地安之。全诗以自嘲、自讽的语气，表白自己人生士隐的抉择。如果选择了"士"之路，那是为了"致君尧舜"的怀抱而选，而不仅仅是为了"为口忙"的那些营营而为之，"士"则要有所作有所为，要名副其实，绝不能像现在这样虽是"逐客"的"水曹郎"丝毫无补于事，但仍领着官家的俸禄。诗开篇就说自己因谋生糊口而忙碌，但到头来还是荒唐无就，接着写"鱼美"、"笋香"之黄州。意思是说既然只为了养家糊口，那么处处便是可以找到"为口忙"的物质，而比起"为口忙"的官场还要踏实、稳定。这种"乐住"精神，在《答李端叔书》文中也有提及：

> 得罪以来，深自闭塞，扁舟草屦，放浪山水间，与樵渔杂处，往往为醉人所推骂。辄自喜渐不为人识，平生亲友，无一字见及，有书与之亦不答，自幸庶几免矣。[2]

贬居黄州时期，苏轼要么杜门深居，要么就"扁舟草屦，放浪山水"，与樵夫、渔翁杂处，不被人识，甚至还被人推骂，他还自喜。苏轼旷达之情怀在《黄泥坂词》中展现得更为清晰，其词曰：

> 出临皋而东骛兮，并丛祠而北转。走雪堂之陂陀兮，历黄泥之长坂。大江汹以左缭兮，渺云涛之舒卷。草木层累而右附兮，蔚柯丘之囷蓫。余旦往而夕还兮，步徙倚而盘桓。虽信美而不可居兮，苟娱余于一眄。余幼好此奇服兮，袭前人之诡幻。老更变而自哂兮，悟惊俗之来患。释宝璐而被缯絮兮，杂市人而无辨。路悠悠其莫往来兮，守一席而穷年。时游步而远览兮，路穷尽而旋反。朝嬉黄泥之白云兮，暮宿雪堂之青烟。喜鱼鸟之莫余惊兮，幸樵苏之我嫚。初被酒以行歌兮，忽放杖而醉偃。草为茵而块为枕兮，穆华堂之清宴。纷坠露之湿衣兮，升素月之团团。感父老之呼觉兮，恐牛羊之予践。于是蹶然而起，起而歌曰月明兮星稀，迎余往兮饯余归。岁既宴兮草木腓，归来归来兮，黄泥不可以久嬉。[3]

---

[1]　苏轼撰，王文浩辑注，孔凡礼点校：《苏轼诗集》卷二十，中华书局1982年版，第1031页。

[2]　苏轼撰，孔凡礼点校：《苏轼文集》卷四十九，中华书局1986年版，第1432页。

[3]　苏轼撰，王文浩辑注，孔凡礼点校：《苏轼诗集》卷四十八，中华书局1982年版，第2643页。

从雪堂到城中临皋亭有一段泥路，是他出入城中必经之路，苏轼称其"黄泥坂"。虽然是草屋、泥路，但苏轼颇为称意，故道："朝嬉黄泥之白云兮，暮宿雪堂之青烟。喜鱼鸟之莫余惊兮，幸樵苏之我嫚。"像神仙居住之处一般朝暮烟云缭绕，人来鱼鸟不惊。尤其是此词中提及了他一次酒后回来醉卧路中，抱月如梦而不觉，后被农民们叫起，怕他被牛羊踩踏，然起来"月明兮星稀"歌而归。元丰六年（1083）四月又是一次酒后夜游，留下了一首千古绝唱的《临江仙》，其词曰：

> 夜饮东坡醒复醉，归来仿佛三更。家童鼻息已雷鸣，敲门都不应，倚仗听江声。长恨此身非我有，何时忘却营营，夜阑风静縠纹平，小舟从此逝，江海寄余生。[1]

苏轼夜醉后与客高歌数遍而散，回去后家人已熟睡，"敲门都不应"，便"倚仗听江声"。次日外间传言苏轼夜中作此词告别人世，挂冠服江边，坐舟走了。这次他把徐君猷太守吓坏了，罪犯逃走，本州太守是难脱其咎的，他便急忙去探虚实，到苏轼家才知道他醉卧还不曾醒。这首词传到神宗皇帝那里，皇帝也有如此怀疑。

苏轼贬居岭海时，生活条件比起黄州更加窘迫，如他《与程秀才三首》之其一说："此间食无肉，病无药，居无室，出无友，冬无炭，夏无泉。"[2]几乎什么也没有，但凭借佛教的"乐住"思想，在精神上也找到了慰藉，很快便适应了这个瘴雾之荒地。他在《独觉》诗中说：

> 瘴雾三年恬不怪，反畏北风生体疹。朝来缩颈似寒鸦，焰火生薪聊一快。红波翻屋春风起，先生默坐春风里。浮空眼缬散云霞，无数心花发桃李。悠然独觉午窗明，欲觉犹闻醉鼾声。回首向来萧瑟处，也无风雨也无晴。[3]

"独觉"是佛教术语，也叫缘觉、缘一觉、因缘觉，既是声闻与缘觉等二乘之一，也是声闻、缘觉与菩萨等三乘之一。"独觉"是指于现在身中，无师独悟，性乐寂静而不受任何他人说法教化的独自悟道之修行者。"独觉"即辟支佛，因于无佛之世，而常乐寂静，独自修行，自己觉悟而离生死，故谓之独觉。《圆觉经》云："若善男子于彼善友不起恶念。即能究竟成就正觉。心花发明照十方刹。"[4]又《华

[1] 苏轼撰，邹同庆、王宗堂著：《苏轼词编年校注》，中华书局2002年版，第467页。
[2] 苏轼撰，孔凡礼点校：《苏轼文集》卷五十五，中华书局1986年版，第1627页。
[3] 苏轼撰，王文浩辑注，孔凡礼点校《苏轼诗集》卷四十一，中华书局1982年版，第2284页。
[4] 《圆觉经》，载《大正新修大藏经》第17册，第920页中。

严经》云："譬如有人得自在药。离五恐怖。何等为五。所谓火不能烧。水不能漂。毒不能中。刀不能伤。熏不能害。菩萨摩诃萨。亦复如是。发菩提心。摄萨婆若。离五恐怖……菩提心华亦复如是。一日所熏功德香。彻十方佛所。一切声闻缘觉。以无漏心熏诸功德。于百千劫所不能及。"[1] 这里说"成就正觉"是"心花发明"的前提，菩提心花开即能"离五恐怖"。独觉乐就是三菩提乐之一，属于"现法乐住"的一种。苏轼在此诗中所描写的是独觉的境界。写此诗时，在岭海地区，节属冬天，气候浩寒，"寒鸦"要"缩颈"，要"焰火生薪"。既然如此，诗中却说"春风起"、"发桃李"，这是苏轼之心境，而无写实也，"心花"即"独觉"修成的心境。如此心境，"虽卧地上犹为安乐"，无论"瘴雾"还是严寒都不会影响到行者的心态。瘴雾三年习以为常，默坐春风快然自足，午窗明净，心花发明，正是悟境将至，即"也无风雨也无晴"之境界。苏轼的这种超越困境、转悲为喜、随缘自适的达观，乃是佛教所谓的"现法乐住"境界。远贬岭海时，亲戚朋友都特别为他担心，但苏轼到达贬所与百姓相处一段时间后，就适应了这方水土和风情，不仅如此，他还很乐意作此方人民，在《食荔支二首（其二）》诗中说："日啖荔支三百颗，不妨长作岭南人。"[2] 甚至认为自己是南海人民，在《吾谪海南，子由雷州，被命即行，了不相知，至梧乃，闻其尚在藤也。旦夕当追及，作此诗示之》诗中说："他年谁作舆地志，海南万里真吾乡。"[3] 又在《别海南黎民表》中说："我本海南民，寄生西蜀州。忽然跨海去，譬如事远游。"[4]

由上所述，可见佛教"现法乐住"的精神始终贯穿于苏轼的思想，建构了其随遇而安的旷达性格，安慰了其大起大落的人生。

二、平常心是道

禅宗六祖惠能禅师把正法眼藏的如来慧命，传给南岳怀让和青原行思以后，禅宗的法派就从这二支发展起来，后南岳怀让禅师再传与马祖道一禅师，青原行思禅师再传与石头希迁禅师。然而石头与马祖二系宗风不同，使得它们的表达方式各异。石头门下重视偈颂，而马祖门下重视言句。石头一系禅人多过着山居乐道的生活，

---

[1]　《华严经》卷第五十九《入法界品第三十四之十六》，载《大正新修大藏经》第 9 册，第 776 页下。

[2]　苏轼撰，王文浩辑注，孔凡礼点校：《苏轼诗集》卷四十，中华书局 1982 年版，第 2192 页。

[3]　苏轼撰，王文浩辑注，孔凡礼点校：《苏轼诗集》，中华书局 1982 年版，第 2243 页。

[4]　苏轼撰，王文浩辑注，孔凡礼点校：《苏轼诗集》，中华书局 1982 年版，第 2362 页。

在离世超尘之中耽于玄想。他们表达自己的禅解与情怀，更多地使用偈颂的形式。而马祖道一提倡"平常心是道"，他曾开示僧众曰："道不用修，但莫污染。何为污染？但有生死心，造作趣向皆是污染。若欲直会其道，平常心是道。谓平常心无造作、无是非、无取舍、无断常、无凡无圣。经云。非凡夫行非贤圣行是菩萨行。只如今行住坐卧、应机接物尽是道。"[1] 故马祖门下自洪州开始，即在官僚士大夫间普及；贞元、元和年间鹅湖大义、嵩山如满、章敬怀晖、兴善惟宽等先后北上长安，进入朝廷，入世向社会各层人士弘扬佛法，留下了许多记录，成为"语本"、"广语"等。洪州以后，南泉普愿继承并发扬光大马祖禅师所提倡"平常心是道"的思想，从此"平常心是道"便成为禅林中禅师们所向往的精神，据《景德传灯录》卷第十记载："（赵州从谂禅师）异日问南泉。如何是道。南泉曰。平常心是道。师曰。还可趣向否。南泉曰。拟向即乖。师曰。不拟时如何知是道。南泉曰。道不属知不知。知是妄觉不知是无记。若是真达不疑之道。犹如太虚廓然虚豁。岂可强是非邪。"[2] 赵州从谂禅师乃于言下顿悟玄旨，心如朗月。禅林中，所谓"平常心是道"即是认为日常生活中如平常之喝茶、吃饭、搬柴、运水处等行、住、坐、卧四威仪之起居动作，皆与道为一体。禅宗提倡"平常心是道"的目的是让行者破除是非、取舍、断常、凡圣、有无、得失等执着心，一念不生，方能灭尽烦恼之因。"造作趣向皆是污染"，所谓"趣向"即是欲作佛之念，此念也是一种执着，故张拙秀才悟道后出偈说："断除烦恼重增病。趣向真如亦是邪。"[3]

在思想上，苏轼"欲仕则仕，不以求之为嫌；欲隐则隐，不以去之为高。饥则扣门而乞食；饱则鸡黍以迎客"[4]。其旷达人生与佛教的"平常心是道"所强调的无念思想，可以说是不谋而合。在创作上，自然平淡的风格也与佛教这种一念不生的平常心有着密切关系。如熙宁四年（1071）通杭时在《腊日游孤山访惠勤惠思二僧》诗中说：

天欲雪，云满湖，楼台明灭山有无。水清石出鱼可数，林深无人鸟自呼。

腊日不归对妻孥，名寻道人实自娱。道人之居在何许？宝云山前路盘纡。

孤山孤绝谁肯庐，道人有道山不孤。纸窗石屋深自暖，拥褐坐睡依团蒲。

[1]　《景德传灯录》卷第二十八，载《大正新修大藏经》第51册，第440页上。

[2]　《大正新修大藏经》第51册，第276页下。

[3]　《禅宗颂古联珠通集》卷第二十七，载《新纂卍新纂续藏经》第65册，第644页中、1295页。

[4]　《书李简夫苏轼诗集后》，载苏轼撰，孔凡礼点校：《苏轼文集》卷六十八，中华书局1986年版，第2148页。

天寒路远愁仆夫，整驾催归及未晴。出山回望云木合，但见野鹘盘浮图。

兹游淡泊欢有余，到家恍如梦蘧蘧。作诗火急追亡逋，清景一失后难摹。[1]

"鸟自呼"、诗人"自娱"、道人"自暖"，表面上看一切好像毫无相干，但实质是一整体的和谐自然，因一切都是在平常的状态中存在的。淡然的景色，而浓郁的禅味，正是"道人有道山不孤"、"兹游淡泊欢有余"。全诗所呈现出的意蕴正合马祖道一所提倡，赵州从稔所发扬的"平常心是道"之意。元丰八年（1085）在《惠崇春江晓景二首（其一）》诗中说：

竹外桃花三两枝，春江水暖鸭先知。蒌蒿满地芦芽短，正是河豚欲上时。[2]

此诗是苏轼为僧惠崇所画的"春江晚景"图题写之作。"诰案"引纪昀曰："此是名篇，与象实为深妙。"全诗描绘了春江生机盎然的景色，颇有意境，尽管我们看不到"九僧"之一的惠崇禅师之画，但也能从此诗句中大致想象出那幅戏鸭图。桃花、蒌蒿、芦芽、鸭、河豚等各安其位、乐其乐，一切都在平常的状态中存在着禅意，尤其是"春江水暖鸭先知"之句，这句与《坛经·行由第一》中"惠明虽在黄梅。实未省自己面目。今蒙指示。如人饮水。冷暖自知"[3]之语相类似，禅者住于禅悦之中，自心知之，而旁人也只能心会。全诗透出一种任意逍遥的日用禅趣。贬居岭海时期，在生活中处处都呈现出这种"平常心是道"的日用禅趣，如《谪居三适三首》之三诗中说：

安眠海自运，浩浩潮黄宫。日出露未晞，郁郁漆霜松。老栉从我久，齿疏含清风。一洗耳目明，习习万窍通。少年苦嗜睡，朝谒常匆匆。爬搔未云足，已困冠巾重。何异服辕马，沙尘满风骏。彫鞍响珂月，实与杻械同。解放不可期，枯柳岂易逢。谁能书此乐，献与腰金翁。

——《旦起理发》

蒲团盘两膝，竹几阁双肘。此间道路熟，径到无何有。身心两不见，息息安且久。睡蛇本亦无，何用钩与手。神凝疑夜禅，体适剧卯酒。我生有定数，禄尽空余寿。枯杨下飞花，膏泽回衰朽。谓我此为觉，物至了不受。谓我今方梦，此心初不垢。非梦亦非觉，请问希夷叟。

——《午窗坐睡》

[1] 苏轼撰，王文浩辑注，孔凡礼点校：《苏轼诗集》卷七，中华书局1982年版，第316页。
[2] 苏轼撰，王文浩辑注，孔凡礼点校：《苏轼诗集》卷二十六，中华书局1982年版，第1401页。
[3] 《坛经·行由第一》，载《大正新修大藏经》第48册，第349页上。

长安大雪年，束薪抱衾裯。云安市无井，斗水宽百忧。今我逃空谷，孤城啸鸺鹠。得米如得珠，食菜不敢留。况有松风声，釜鬲鸣飕飕。瓦盎深及膝，时复冷暖投。明灯一爪剪，快若鹰辞鞲。天低瘴云重，地薄海气浮。土无重膇药，独以薪水瘳。谁能更包裹，冠履装沐猴。[1]

——《夜卧濯足》

在《旦起理发》诗中写早晨的安眠栉发清静安闲之乐，《午窗坐睡》诗中写午睡"非梦亦非觉"超然物外的禅境之乐，《夜卧濯脚》诗中写夜晚濯脚之乐，在海岛孤城的"空谷"之中，自由自在，排忧适性，过着闲情生活。三诗呈现出一种像出家人一样清静的生活，行住坐卧皆在禅定之中。苏轼的这种超脱功名利禄，在生活处处均能摄心正念，与禅宗提倡的"平常心是道"精神完全一致。苏轼贬居岭海时期的淡然生活，无不与禅宗的这种思想相吻合，以此来观照人生的真谛，使自己心灵得到充实，精神上达到适意和自由的境界。其实，苏轼被贬惠州时，佛印了元曾写书以禅宗的"平常心"思想相劝慰之，其书曰：

子瞻中大科，登金门，上玉堂，远放寂寞之滨，权臣忌子瞻为宰相耳。人生一世间，如白驹过隙，三十年功名富贵，转盼成空，何不一笔勾断，寻取自家本来面目，万劫常住永无堕落。昔有问师："佛法在甚处？"师曰："在行住坐卧处，著衣吃饭处，屙屎撒尿处，没理没会处，死活不得处。"子瞻胸中有万卷书，下笔无一点尘，到这地位，不知性命所在，一生聪明，要做甚么？三世佛，则是一个有血性的汉子，子瞻若能脚下承当，把三二十年富贵功名，贱如泥土，努力向前，珍重！珍重！[2]

在此书中，佛印以马祖道一的"平常心是道"之玄旨来开导苏轼，教其好好珍重生命的分分秒秒，好好把握当下生活中行住坐卧的心境，人生的终极目的是"寻取自家本来面目"的境界，即是追求超越生死的目的，而不是追求功名利禄的目的。苏轼本身也曾以这种"平常心"的禅意相劝友人，如在《吴子野绝粒不睡，过作诗戏之，芝上人、陆道士皆和，予亦次其韵》诗中说：

聊为不死五通仙，终了无生一大缘。独鹤有声知半夜，老蚕不食已三眠。

---

[1] 苏轼撰，王文浩辑注，孔凡礼点校：《苏轼诗集》卷四十一，中华书局1982年版，第2285页。

[2] 《居士分灯录》卷下《苏轼》，载《续藏经》第86册，第596页下。

怜君解比人间梦，许我时逃醉后禅。会与江山成故事，不妨诗酒乐新年。[1]

苏轼虽以"戏"的语气与道士吴子野宣说自己的看法，但从中不难看出苏轼的真诚态度。他认为绝粒不睡的修炼方法是不对的，而更向往禅宗的"平常心是道"的修炼方式。此诗首联与佛印开导他的一样，以"了无生一大缘"人生终极目的为开篇，接着说"独鹤有声知半夜，老蚕不食已三眠"，意思是说在宇宙间，万物都在其位完成其责，都是在自然的规律中存在着，只要把握好当下就可以找到精神上的解脱。这是苏轼所谓"醉后禅"的含义，不执着于任何一种修炼方式，只要不违背自然规律，一切都是法门。故"不妨诗酒乐新年"便是苏轼在修道方面所采取的态度，也是他一生所向往的境界。苏轼于《禅戏颂》文中仍以戏的语气说：

> 已熟之肉，无复活埋。投在东坡无碍羹釜中，有何不可。问天下禅和子，
> 且道是肉是素，吃得是吃不得是？大奇大奇，一碗羹，勘破天下禅和子。[2]

吃肉与否只是表面的形式而已，最重要的是禅心，心不着于相，吃的是素还是荤都同一味，那是禅味。有这样的心境则无论到哪儿都不会被环境影响，所谓的"在欲行禅"便是这种平常心的境界。苏轼的这种"酒肉穿肠过，佛祖心中留"境界与《维摩诘经·观众生品第七》中诸菩萨不执着的境界相通，其经云："时维摩诘室有一天女。见诸大人闻所说法便现其身。即以天华散诸菩萨大弟子上。华至诸菩萨即皆堕落。至大弟子便着不堕。一切弟子神力去华不能令去。尔时天女问舍利弗。何故去华。答曰。此华不如法是以去之天曰。勿谓此华为不如法。所以者何。是华无所分别。仁者自生分别想耳。若于佛法出家有所分别为不如法。若无所分别是则如法。观诸菩萨华不著者已断一切分别想故。譬如人畏时非人得其便。如是弟子畏生死故。色声香味触得其便也。已离畏者一切五欲无能为也。结习未尽华着身耳。结习尽者华不着也。"[3] 不起执着、分别之心，则一切"不如法"也成了如法，有执着、分别之心，则一切如法也会成了不如法。这段经文，强调行者在行禅、修道过程中应以平常之心态来安顿万境。在《观妙堂记》文中，我们更清楚地看到苏轼这种"平常心是道"的思想。其文说：

> 不忧道人谓欢喜子曰："来，我所居室，汝知之乎？沉寂湛然，无有

---

[1] 苏轼撰，王文浩辑注，孔凡礼点校：《苏轼诗集》卷四十，中华书局1982年版，第2213页。

[2] 苏轼撰，孔凡礼点校：《苏轼文集》卷二十，中华书局1986年版，第595页。

[3] 《大正新修大藏经》第14册，第547页下。

喧争，嗒然其中，死灰槁木，以异而同，我既名为观妙矣，汝其为我记之。"
欢喜子曰："是室云何而求我？况乎妙事了无可观，既无可观，亦无可说。
欲求少分可以观者，如石女儿，世终无有。欲求多分可以说者，如虚空花，
究竟非实。不说不观，了达无碍，超出三界，入智慧门。虽然如是置之，
不可执偏，强生分别，以一味语，断之无疑。譬用筌蹄，以得鱼兔，及施
灯烛，以照丘坑。获鱼兔矣，筌蹄了忘，知丘坑处，灯烛何施。今此居室，
孰为妙与！萧然是非，行住坐卧，饮食语默，具足众妙，无不现前。览之不有，
却之不无，傥知觉知，要妙如此。当持是言，普示来者。入此室时，作如是观。"[1]

禅就在"行住坐卧，饮食语默"生活中，无不"具足众妙，无不现前"。再如《游
诸佛舍，一日饮酽茶七盏，戏书勤师壁》诗中说：

> 示病维摩元不病，在家灵运已忘家。何烦魏帝一丸药，且尽卢仝七碗茶。[2]

维摩诘示病而实不病，示病是为了方便说法，方便使大众悟到佛法的妙用，使
众生破除执着。他虽身为居士而能为诸大菩萨、大声闻说法；虽然默然无语，但却
是雄辩滔滔的。维摩诘的生活方式、行道态度是苏轼一生所效仿与神往的境界。

正因为禅宗的这种"平常心是道"的态度以及"道不用修，但莫污染"的修炼态度，
苏轼在一生大起大落、数贬屡迁的生涯中，仍能保持着平衡、安定的心境。在诗词
中此类语句甚多，如：

> 欲问云公觅心地，要知何处是无还。
> ——《病中独游净慈，谒本长老，周长官以诗见寄，仍邀游灵隐，因
> 次韵答之》，载《苏轼诗集》卷十，第474页

> 何时杖策相随去，任性逍遥不学禅。
> ——《仆去杭五年，吴中仍岁大饥疫，故人往往逝去，闻湖上僧舍不
> 复往日繁丽，独净慈本长老学者益盛，作此诗寄之》，载《苏轼诗集》卷
> 十九，第970页

> 苦热诚知处处皆，何当危坐学心斋。
> ——《泛舟城南，会者五人，分韵赋诗，得"人皆若炎"字四首（其二）》，

---

[1]　苏轼撰，孔凡礼点校：《苏轼文集》卷十二，中华书局1986年版，第404页。
[2]　苏轼撰，王文浩辑注，孔凡礼点校：《苏轼诗集》卷十，中华书局1982年版，第508页。

载《苏轼诗集》卷十九，第 976 页

暂借好诗消永夜，每逢佳处辄参禅。

——《夜直玉堂，携李之仪端叔诗百余首，读至夜半，书其后》，载《苏
轼诗集》卷三十，第 1616 页

我心空无物，斯文定何间。君看古井水，万象自往还。

——《书王定国所藏王晋卿画著色山二首（其一）》，载《苏轼诗集》
卷三十一，第 1639 页

世事子如何，禅心久空寂。世间出世间，此道无两得。

——《闻潮阳吴子野出家》，载《苏轼诗集》卷四十七，第 2554 页

由上所举的诗句，不难看出禅宗的"平常心是道"思想对苏轼的影响，在他的生活中这种禅心处处可见。这种禅心是来自灭尽执着之心，学禅在平常心，不可以拘束于任何一种形式，心不住于万法，也不离于万法。佛法就在生活中，禅是在现实社会里，而不是在深山穷谷，也不一定在庄严清净之处。

总之，苏轼一生中始终保持着"平常心是道"的思想，无论何去何从他的禅心皆不离日用，始终赞同"在欲行禅"的生活方式，无论发生什么事故，他都能淡然处之。佛教"平常心是道"的思想，不仅使得他在大起大落的人生中仍获得平静心境，而且在创作上也造就了他自然平淡的风格。可以说是，佛教的"平常心是道"思想，是苏轼转悲为喜的媒介、化险为夷的法门。

第三节　苦热诚知处处皆，何当危坐学心斋——对道家思想的超越

苏轼自幼就有"欲逃窜山林"的梦想，曾在《与王庠五首（其一）》文中自述说："少时本欲逃窜山林，父兄不许，迫以婚宦，故汩没至今。"[1] 晚年贬居惠州时，在《与刘宜翁使君书》中也有表达他这个幼年梦想，说："轼龆龀好道，本不欲婚宦，为父兄所强，一落尘网，不能迫道，然未尝一念忘此心也。"[2] 虽然他认为自己自从踏上仕途后就被那些"营营"、"蜗角虚名，蝇头微利"的"世味"所诱，而"汲汲强奔走"，但又常反思说"人生本无事"，"人生到处知何似，应似鸿雁蹈雪泥"，"此身非我有"，等等。苏轼的这种对人生痛苦的反思，可以说是有得益于道家思想的，

---

[1]　苏轼撰，孔凡礼点校：《苏轼文集》卷六十，中华书局 1986 年版，第 1820 页。

[2]　苏轼撰，孔凡礼点校：《苏轼文集》卷四十九，中华书局 1986 年版，第 1415 页。

173

而又从反思转化为"逍遥齐物追庄周",并形成了自己超然旷达的胸襟、随遇而安性格。然而,跟学佛习禅一样,由于经世致用的精神,苏轼接受了道家思想,如在《泛舟城南,会者五人,分韵赋诗,得"人皆若炎"字四首(其二)》诗中他说:"苦热诚知处处皆,何当危坐学心斋。"[1]意思是说不要将学道形式化,执着于表层意思,而强调顺其自然,"道"处处皆是。以下将论述苏轼继承道家思想过程中的超越意识一面。

一、顺其自然

"顺其自然"是道家处事的基本态度,《老子》说:"人法地,地法天,天法道,道法自然。"[2]这里的"自然"是指道的本身之绝对性,无需要依靠任何一种外界的力量而独立存在。顺其自然是无执着于任何事物、概念等的一种处事态度。庄子继承了老子的"自然本体论",并将它看成修身养心的基本态度,这种安时处顺的思想是庄子思想体系的重要理论之一。道教继承了道家自然观思想形成的宗教化的宇宙、天人、生命的综合观念,使道教自然观具有以"自然为顺,事不逆天之义"。[3]《太平经》中说:"天地之性,独贵自然,各顺其事,毋敢逆焉。"[4]

道家的自然观是一种超越生死的人生态度,而具有安之若命的现实意义。尤其是自从庄子将老子思想发展成为"无待逍遥"坐忘的目标,即忘记了自身以便与自然合二为一时,道家思想便成为了古今人士超越生命的理论。庄子认为生活中没有任何一种外界是我所欲求的,于我的心灵来说也就没有任何限制,我因无所待而自由,故他提倡"知不可奈何,而安之若命"[5]。无论是先秦两汉期间的百家争鸣,还是唐宋之际文化的灿烂、思想的融汇,明清之期思想的反复耕耘,乃至于如今世界文明的交流和融会,道家的顺其自然思想仍然是人们超越人生遭遇的手段之一。

苏轼一生推崇道家"顺其自然"的思想,侧重其体、用两方面,从认识万物的本质,发挥其作用,这是苏轼安顿人生的手段。在《次荆公韵四绝(其二)》诗中说:

> 斫竹穿花破绿苔,小诗端为觅榿栽。细看造物初无物,春到江南花自开。[6]

又在《墨花》诗中说:

---

[1] 苏轼撰,王文浩辑注,孔凡礼点校:《苏轼诗集》卷十九,中华书局1982年版,第976页。

[2] 《老子》第二十五章。

[3] 饶宗颐:《老子想尔注校笺》,上海古籍出版社1991年版,第69页。

[4] 《道藏》第二十四册,文物出版社、上海书店、天津古籍出版社1988年影印本,第351页。

[5] 《庄子·德充符》。

[6] 苏轼撰,王文浩辑注,孔凡礼点校:《苏轼诗集》卷二十四,中华书局1982年版,第1252页。

造物本无物，忽然非所难。花心起墨晕，春色散毫端。缥缈形才具，
扶疏态自完。莲风尽倾倒，杏雨半披残。独有狂居士，求为黑牡丹。兼书
平子赋，归向雪堂看。[1]

苏轼这两首诗的内容与庄子所讲相类似，《庄子》说："泰初有无，无有无名"[2]，
又说："有先天地生者物邪？物物者非物。物出不得先物也，犹其有物也。犹其有物也，
无已。"[3] 郭象在《南华真经·序》文中也曾说："上知造物无物，下知有物之自造
也。"[4] "道"是一种无形而实体存在的概念，但它是万物存在的自然规律。苏轼在
这两首诗中，形象地阐发了道家的"道体"之概念，并以富有文学的形式述之，"春
到江南花自开"，"缥缈形才具，扶疏态自完"。万物的实体都自然而然地自生自灭，
而"道"则不因为任何外界的作用，乃至物本身生灭而生灭。关于"恒"存的观念，
苏轼在《九成台铭》文中说：

虽然，韶则亡矣，而有不亡者存。盖常与日月寒暑晦明风雨并行于天
地之间。[5]

在这段文字中，苏轼认为"韶"（相传舜所作之乐曲）虽然不存在了，但仍有
不亡并与日月、寒暑、晦明、风雨并行存在于天地之间的东西存在着，这东西就是
永恒不变的道体。在他所撰的《东坡易传》中，我们可以更清楚地看出这一点。

物未有穷而不变者。故恒非能执一而不变，能及其未穷而变尔。穷而
后变，则有变之形；及其未穷而变，则无变之名；此其所以为恒也。[6]

苏轼的这段文字是对《易传》中"恒"条的解释，《易传》曰："天地之道，
恒久而不已也。'利有攸往'，终则有始也。"文中强调万物之自然的运动原理，
物之形有生灭的变化，而物之体即道体则常恒不变。

苏轼接受道家之道体的思想，主要是为了解决现实生活中的问题，而不是为了
满足高谈玄论，他常强调尽其自然之理而行事，如在《上曾丞相书》文中说：

---

[1]　苏轼撰，王文浩辑注，孔凡礼点校《苏轼诗集》卷二十五，中华书局1982年版，第1353页。

[2]　《庄子·天地》。

[3]　《庄子·知北游》。

[4]　郭象撰：《南华真经注·序》，宋刻本，第2页。

[5]　苏轼撰，孔凡礼点校：《苏轼文集》卷十九，中华书局1986年版，第567页。

[6]　《东坡易传》卷四，《四库全书》本。

> 轼不佞，自为学至今，十有五年。以为凡学之难者，难于无私。无私之难者，难于通万物之理。故不通乎万物之理，虽欲无私，不可得也。己好则好之，己恶则恶之，以是自信则惑也。是故幽居默处而观万物之变，尽其自然之理，而断之于中。其所不然者，虽古之所谓贤人之说，亦有所不取。虽以此自信，而亦以此自知其不悦于世也。[1]

苏轼认为"通万物之理"才能做到"无私"，若未通其理，处事时则往往会有自己主观意识的感情参与。故在处事态度方面，他往往"尽其自然之理，而断之于中"，凡不合乎自然运动规律的，一律不取，哪怕是圣贤之说。处事态度方面如此，创作方面亦然，如在《与谢民师推官书》中说：

> 大略如行云流水，初无定质，但常行于所当行，常止于所不可不止。文理自然，姿态横生。[2]

在创作方面，苏轼追求自然行文，适当的行止"大略如行云流水"，方能有"姿态横生"之妙文。

由上所述，我们不难看出苏轼无论是在处事方面，还是在创作方面，多效仿、推崇道家之自然观，刘熙载在《艺概》卷二中评道："东坡、放翁两家诗，皆有豪有旷，但放翁是有意要做诗人，东坡虽为诗，而仍有夷然不屑之意，所以尤高。"[3]刘熙载所评极是，乃是一针见血地言中苏轼一生追求顺其自然之宗旨。

然而，对于道家的"自然观"，苏轼不仅仅停留在认识道体程度上，而他更注重其对人生的作用，如他在《吾谪海南，子由雷州，被命即行，了不相知，至梧，乃闻其尚在藤也。且夕当追及，作此诗示之》诗中曾说："平生学道真实意，岂与穷达俱存亡。"[4]所谓的"真实意"是指道之用也。另在《东莞资福堂老柏再生赞》中说：

> 生石首肯，装松肘回。是心苟真，金石为开。堂去柏枯，其留复生。此柏无我，谁为枯荣？方其枯时，不枯者存。一枯一荣，皆方便门。人皆

[1] 苏轼撰，孔凡礼点校：《苏轼文集》卷四十八，中华书局1986年版，第1378页。

[2] 苏轼撰，孔凡礼点校：《苏轼文集》卷四十九，中华书局1986年版，第1418页。

[3] 刘熙载撰：《艺概》，上海古籍出版社1978年版，第67页。

[4] 苏轼撰，王文浩辑注，孔凡礼点校《苏轼诗集》卷四十一，中华书局1982年版，第2243页。

不闻，瓦砾说法。今闻此柏，炽然常说。[1]

学道贵在用，用贵在顺其自然，万物皆有来去、生死，不应来之而喜，去之而忧，因去者也有不去者存，存者也藏去者存。这首赞中，苏轼借柏树枯而复生阐发自己顺其自然之思想，从中不难看出他的达观是来自道家的自然观。再如《春帖子词·太皇太后阁六首（其一）》中说：

> 雕刻春何力，欣荣物自知。发生虽有象，覆载本无私。[2]

《庄子》中说："齑万物而不为义，泽及万世而不为仁，长于上古而不为老，覆载天地刻雕众形而不为巧。此所游已。"[3] 粉碎了万物也不认为是道义，施舍恩泽于万世也不认为是仁爱，长久于上古也不算老，刻雕天地间万物之形也不算技巧。能做到这样彻底无执着，就是已经进入"道"的境界。苏轼说"欣荣物自知"、"覆载本无私"就是这种无我、无物的境界。他认为万物的运行都是有物本身的自然规律，而不因任何外界作用而运行，故在《和陶形赠影》中说："天地有常运，日月无闲时。孰居无事中，作止推行之。细察我与汝，相因以成兹。忽然乘物化，岂与生灭期。梦时我方寂，偃然无所思。胡为有哀乐，辄复随涟洏。我舞汝凌乱，相应不少疑。还将醉时语，答我梦中辞。"[4]

苏轼正因为体悟到万物道体的永恒存在，万事之成坏均是自然的规律，人生的种种际遇也如此，故不应执着于"恒与变"、"得与失"、"成与败"、"荣与辱"，而应顺其自然，任意逍遥面对一切，如他所说"胜固欣然，败亦可喜。优哉游哉，聊复尔耳"[5]那样旷达。然而这种思想在他的诗词中则变成了"无待"、"逍遥"、"忘"、"无所思"等人生观，并以此概念来表达自己的这种自然境界，如在《石苍舒醉墨堂》诗中说：

> 人生识字忧患始，姓名粗记可以休。何用草书夸神速，开卷惝怳令人愁。
> 我尝好之每自笑，君有此病何年瘳。自言其中有至乐，适意无异逍遥游。
> 近者作堂名醉墨，如饮美酒销百忧。乃知柳子语不妄，病嗜土炭如珍馐。

---

[1] 苏轼撰，孔凡礼点校：《苏轼文集》卷二十二，中华书局1986年版，第637页。
[2] 苏轼撰，王文浩辑注，孔凡礼点校：《苏轼诗集》卷四十六，中华书局1982年版，第2477页。
[3] 《庄子·大宗师》。
[4] 苏轼撰，王文浩辑注，孔凡礼点校：《苏轼诗集》卷四十二，中华书局1982年版，第2306页。
[5] 《观棋》，载苏轼撰，孔凡礼点校：《苏轼文集》卷四十二，中华书局1986年版，第2310页。

君于此艺亦云至，堆墙败笔如山丘。兴来一挥百纸尽，骏马倏忽踏九州。

我书意造本无法，点画信手烦推求。胡为议论独见假，只字片纸皆藏收。

不减钟张君自足，下方罗赵我亦优。不须临池更苦学，完取绢素充衾裯。[1]

所谓"人生识字忧患始"，意思是说人生有了知识，就会容易有是非之辨别，会容易产生利害之计较，因此容易有烦恼，故说"姓名粗记可以休"，即是心中无执着、计较、是非等等，这样生活也容易找到快乐、幸福。苏轼的这种说法是强调人的天真性、自然性，这种天真与自然是人的可贵之处，这也是道家所追求的无私境界。诗中苏轼"自言其中有至乐，适意无异逍遥游"，表达自己愿意过着无私、逍遥的生活。又在《送文与可出守陵州》诗中说：

壁上墨君不解语，见之尚可消百忧。而况我友似君者，素节凛凛欺霜秋。

清诗健笔何足数，逍遥齐物追庄周。夺官遣去不自沉，晓梳脱发谁能收。

江边乱山赤如赭，陵阳正在千山头。君知远别怀抱恶，时遣墨君消我愁。[2]

从此诗中，我们能更清楚地看到苏轼对道家思想的向往，"清诗健笔何足数，逍遥齐物追庄周"，是一种强烈的归隐愿望，表达出他对官场的厌倦，这也反映了他的庄子逍遥游世的艺术品味和人生境界。他在《迁居》诗中说：

前年家水东，回首夕阳丽。去年家水西，湿面春雨细。东西两无择，缘尽我辄逝。今年复东徙，旧馆聊一憩。已买白鹤峰，规作终老计。长江在北户，雪浪舞吾砌。青山满墙头，（聚委）鬈几云髻。虽惭抱朴子，金鼎陋蝉蜕。犹贤柳柳州，庙俎荐丹荔。吾生本无待，俯仰了此世。念念自成劫，尘尘各有际。下观生物息，相吹等蚊蚋。[3]

此时，苏轼已经饱受官场的辛酸，贬居岭海时期，佛老思想便是他精神的支撑。"无待"是一种生活态度，其实对苏轼来说，贬居海南时，他人生已经没什么可待的了，但如果没有长期的积累，很难有如此的谈吐。尤其是诗后面"俯仰了此世。念念自成劫，

[1] 苏轼撰，王文浩辑注，孔凡礼点校：《苏轼诗集》卷六，中华书局1982年版，第235页。

[2] 苏轼撰，王文浩辑注，孔凡礼点校：《苏轼诗集》卷六，中华书局1982年版，第250页。

[3] 苏轼撰，王文浩辑注，孔凡礼点校：《苏轼诗集》卷四十，中华书局1982年版，第2194页。

尘尘各有际"三句，这种生命存在意识实与佛经道典无异。现实生活的磨炼和庄子思想的陶冶，使苏轼不再拘泥于仕途的得与失、荣与辱，其人生境界得到了升华。

综上所述，可见"顺其自然"是苏轼道家思想的突出特征之一，也是在其思想体系中较为明显的特征。然而他的"顺其自然"思想是现实中的一种积极的处事态度，往往出现在他尽了"人事"而仍"不可奈何"[1]才退之而以此来寻找精神上的安慰之妙方。

二、无为心斋

"心斋"是道家提倡的一种修身养性方法。道家认为"心斋"是"齐物"、"坐忘"、"得道"必经的境界。庄子在《人间世》中说："若一志；无听之以耳，而听之以心；无听之以心，而听之以气：听止于耳，心止于符。气也者，虚而待物者也，唯道集虚，虚者心斋也。"[2]所谓"心斋"就是虚空的心境，是无为、无思的结果。道家的"心斋"是一种先关闭感官的认知活动，进入宁静的内心深处，摈弃一切思虑活动，而后以心的无知无觉攀缘极虚极静的境界。"心斋"的目的是"抱神"，"神"能抱，形则自正，"神将守形，形乃长生"，庄子说："无视无听，抱神以静，形将自正。必静必清，无劳汝形，无摇汝精，乃可以长生。目无所见，耳无所闻，心无所知，汝神将守形，形乃长生。慎汝内，闭汝外，多知为败。"[3]通过耳目对外界形声的封闭以达内心的虚静，内虚静而形不散，从而做到长生。这里庄子还强调多知害道，因为多知则难以做到心斋。

苏轼对道家"心斋"内涵的理解，可以说是别具一格，以一种宽阔的胸怀吸取了"心斋"精神。首先，苏轼以"无思"、"无私"角度继承之，在《广心斋铭》中说：

> 细德险微，爱争彼我。君子广心，物无不可。心不运寸，中积琐琐。得之戚戚，忿欲生火。沃以远水，井泉无波。天下为量，万物一家。前圣后圣，惠我光华。[4]

---

[1] 苏轼撰，孔凡礼点校：《苏轼文集》卷十一，中华书局1986年版，第354页。

[2] 《庄子·人间世》。

[3] 《庄子·在宥》。

[4] 苏轼撰，孔凡礼点校：《苏轼文集》卷十九，中华书局1986年版，第576页。

这段斋铭中，苏轼认为胸襟狭隘、争名逐利的小人，难以做到"心斋"的境界，只有胸襟坦荡、情怀宽广的君子，才可以达到"万物一家"的"心斋"境界。他在《赠袁陟》诗中说：

　　　是身如虚空，万物皆我储。胡为强分别。百金买田庐。不见袁夫子，神马载尻舆。游于无何有，一饭不愿余。官湖为我池，学舍为我居。何以遗子孙，此身自蘧蒢。薰风暗杨柳，秋水净芙蕖。应观我知子，不怪子知鱼。[1]

苏轼认为只有具备这种虚空之心才能真正做到与道统一的境界，故强调不要有彼此分别之心，"不怪子知鱼"，而强调自我心中的体会，"应观我知子"。在《和陶杂诗十一首（其九）》中说：

　　　余龄难把玩，妙解寄笔端。常恐抱永叹，不及丘明迁。亲友复劝我，放心饯华颠。虚名非我有，至味知谁餐。思我无所思，安能观诸缘。已矣复何叹，旧说易两篇。[2]

如上文所述，"无待"是苏轼追求的一种人生态度，那么"思我无所思"是他追求的一种精神境界。此诗中"思我无所思"是一种儒、释、道思想的结合，即是儒家"思无邪"、佛家"趣向真如亦是邪"、道家"心斋"的结合。其实，对三家的这种思想苏轼曾表示怀疑，如他在《思无邪斋铭》的序文中说："夫有思皆邪也，无思则土木也，吾何自得道，其惟有思而无所思乎？"[3]但经过自身努力，将三家思想的观照结合起来修炼，到了晚年贬居岭海时期，他对此颇有所悟。在《虔州崇庆禅院新经藏记》中说："吾非学佛者，不知其所自来，独闻之孔子曰：'《诗》三百，一言以蔽之，曰：思无邪。'夫有思皆邪也，善恶同而无思，则土木也，云何能便有思而无邪，无思而非土木乎！呜呼，吾老矣，安得数年之暇，托于佛僧之宇，尽发其书，以无所思心会如来意，庶几于无所得故而得者。谪居惠州，终岁无事，宜若得行其志。而州之僧舍无所谓经藏者，独榜其所居室曰思无邪斋，而铭之致其

[1]　苏轼撰，王文浩辑注，孔凡礼点校：《苏轼诗集》卷二十四，中华书局1982年版，1264页。
[2]　苏轼撰，王文浩辑注，孔凡礼点校：《苏轼诗集》卷四十一，中华书局1982年版，第2277页。
[3]　苏轼撰，孔凡礼点校：《苏轼文集》卷十九，中华书局1986年版，第574页。

志焉。"[1] 故又在《和陶移居二首（其二）》诗中说："葺为无邪斋，思我无所思。"[2]
苏轼的这种"无所思"既不同于孔子对《诗经》所概括的"思无邪"思想纯真，又
对道家"心斋"封闭感官认知有所超越，苏轼的这种境界臻于君子坦荡、名利淡泊
的"无私"境界，在《续养生论》中说：

> 凡有思皆邪也，而无思则土木也。孰能使有思而非邪，无思而非土木乎？
> 盖必有无思之思焉。夫无思之思，端正庄栗，如临君师，未尝一念放逸，
> 然卒无所思。[3]

"人"既然活着，就必然要有所思，人非土木，孰能无思。但只要不陷入功利
的忧患和价值的困惑之中，则思而无私。因此，苏轼曾提出"若有所思而无所思，
以受万物之备"[4] 的命题，可见，"无思"、"无私"是苏轼所吸取道家"心斋"的
特征，由上所述我们不难看出其超越的一面。

其次，苏轼将道家"心斋"看成是一种清净无为的境界，是心境上的无为而不
是生活中的无为。如他在《答毕仲举书（其一）》文中说：

> 学佛老者，本期于静而达，静似懒，达似放，学者或未至其所期，而
> 先得其所似，不为无害。[5]

在这段文字中，苏轼说学佛习道的目的是要达到心灵上的"静"与"达"，而
不是身体上的"静"与"达"，如果追求身体上的这种境界就会流入"懒"与"放"。
他认为这才是真正理解佛老清净无为的思想。又在《送岑著作》诗中说：

> 懒者常似静，静岂懒者徒？拙则近于直，而直岂拙欤？夫子静且直，
> 雍容时卷舒。嗟我复何为，相得欢有余。我本不违世，而世与我殊。拙于
> 林间鸠，懒于冰底鱼。人皆笑其狂，子独怜其愚。直者有时信，静者不终居。
> 而我懒拙病，不受砭药除。临行怪酒薄，已与别泪俱。后会岂无时，遂恐

---

[1]　苏轼撰，孔凡礼点校：《苏轼文集》卷十二，中华书局 1986 年版，第 390 页。

[2]　苏轼撰，王文浩辑注，孔凡礼点校：《苏轼诗集》卷四十，中华书局 1982 年版，第 2191 页。

[3]　苏轼撰，孔凡礼点校：《苏轼文集》卷六十四，中华书局 1986 年版，第 1983 页。

[4]　《书临皋亭》，载苏轼撰，孔凡礼点校：《苏轼文集》卷七十一，中华书局 1986 年版，第 2278 页。

[5]　苏轼撰，孔凡礼点校：《苏轼文集》卷五十六，中华书局 1986 年版，第 1671 页。

出处疏。惟应故山梦，随子到吾庐。[1]

从这首诗的内容我们可以看出苏轼对清静无为的看法，他选择了无为的"狂"生，所谓的"狂"（见本书第一章）倾向于天真、"无私"。诗中他解释说自己表面上是"懒者"、"拙者"，事实上则是一位"静者"、"直者"、狂徒，所以"人皆笑其狂"，然他觉得"其愚"得可怜。诗的最后一句"惟应故山梦，随子到吾庐"是苏轼进一步解说其"野性"，是"梦"中才归隐，现实中是随遇而安地追求心灵上归隐的"疏狂"者。可见苏轼的清静无为是一种精神上的境界，而不是身体上的清静无为。他认为只有心胸坦荡诚明，才能真正达到"心斋"的境界，那样才可以做到"虚而明，一而通，安而不懈，不处而静，不饮酒而醉，不闭目而睡"[2]的境界。只有懂得什么是"清静无为"，才能在面对人生"穷达得丧，死生祸福"时仍能保持"虚静"状态，做到淡漠名利、超越穷达。正因为这种"心斋"的体悟，苏轼一生无论遭遇何等处境，他都能转悲为喜，内心仍能保持着恬静自适、清净无为的境界，处处都可以实现"心斋"的修炼方法，"苦热诚知处处皆，何当危坐学心斋"[3]，从而实现其身心的随遇而安。

由上所述，可见苏轼"心斋"思想是一种心灵上"无思"、清净无为的坦荡人生，而不是杜门静坐、闭目封耳的人生。因此，苏轼一生未曾归隐过，而仍能做到清静无为的境界。处处皆可行"心斋"便是苏轼随遇而安的人生抉择。

---

[1] 苏轼撰，王文诰辑注，孔凡礼点校：《苏轼诗集》卷七，中华书局1982年版，第329页。

[2] 《思堂记》，载苏轼撰，孔凡礼点校：《苏轼文集》卷十一，中华书局1986年版，第363页。

[3] 《思堂记》，载苏轼撰，孔凡礼点校：《苏轼文集》卷十一，中华书局1986年版，第363页。

第四章　苏轼对生死的超越意识

　　生死是人类的永恒主题，也是儒、释、道三家思想的重要内容。儒、释、道三家对于生命探索各有不同的理论系统，而常被中国各阶层人士在思考生命的价值、超越生死的过程中借鉴和参考。苏轼也不例外，他曾在《留题仙都观》诗中对生死发出感叹，"真人厌世不回顾，世间生死如朝暮"[1]，在思考生命价值方面可以说是深受儒、释、道三家理论思想的影响。饱受了文字狱的折磨，经历了这样的"出生入死"后，他对人生价值的思考有了深刻的体验。诗案发生过程中，苏轼曾萌生过轻生的念头，所以出狱后他对生命价值的思考有很大改变。从贬居黄州时期，他便重新思考人生存在的意义与价值，从而对生死的意义有更深的体悟，使其在坎坷人生中仍呈现出超越生死的境界。本章以苏轼一生对儒、释、道三家对生命哲学思想的继承，以及他在宦海沉浮的生涯中对儒、释、道思想精髓有意识地借鉴和参考为研究目标，通过探寻苏轼汲三家之所长，形成自己人生观的过程，窥见其对生死的超越意识。

第一节　儒、释、道的超越生死理论

一、儒家超越生死的理论

　　中国儒家思想是针对人的学说，他们承认人有生必有死，"生，人之始也；死，人之终也"[2]。生死是自然现象，人类无法改变其规律，尤其对于死的问题，儒家认为人类是无法知晓的。在生死过程中，唯一能把握住的就是"生"的一面，因此，儒家特别注重生之进取，认为做好"生"时的事情，能构建死而不亡的身后名声。儒家如何安顿人的"生"而超越生死呢？

---

[1]　苏轼撰，王文浩辑注，孔凡礼点校：《苏轼诗集》卷一，中华书局1982年版，第18页。
[2]　《荀子·礼论》。

首先，以生前的贡献为追求生命永恒的法则。儒家是"有为"、"入世"的学说，认为人的生命价值是在"生"时的贡献，而不在"死"后的设想。因此，儒家侧重于人"生"的一面，而对于"死"的问题少有论及，如《论语·先进》中云："季路问事鬼神。子曰：'未能事人，焉能事鬼？'曰：'敢问死。'曰：'未知生，焉知死？'"《论语·颜渊》中曰："子夏曰：'商闻之矣，死生有命，富贵在天。'"从表层上看，他们的意思是说"生"时的种种事情还没做好，谈什么死后事情呢；从深层的意思看，其实如果人能做好生时的事情，自然会有死而不亡的超越。从这个角度展开，儒家强调在人有生之年，通过不懈的努力来追求生命的意义与价值，从而实现生命的不朽。《左传》襄公二十四年载叔孙豹"太上有立德、其次有立功、其次有立言，虽久不废，此之谓不朽"之言，而被儒者们尊崇为是人在生前创造不朽的基本观念。所谓"立德"是针对道德操守而言，即树立道德，提高道德修养，给人们树立道德方面的榜样。所谓"立功"是指为国为民尽自己所能做出贡献，是事功业绩，"创业垂统"，"为法与天下，可传入后世"。[1]所谓"立言"是指将真知灼见形诸语言文字，以救世之心著书立说。儒家认为能按叔孙豹这番话去做，便可以生前受人尊敬，死后受人推崇，故有死而不亡。儒家主张通过追求"身后之名"、"不朽之名"来实现生命的永恒，超越个体生命、超越物质欲求而追求精神满足的独特形式。孔子曾曰"君子疾没世而名不称焉"[2]，屈原曾写"老冉冉其将至今，恐修名之不立"[3]，诸如此类重视身后"不朽之名"的例子还有许多，从中我们可以看出儒家对生死关系的基本看法。

　　其次，以道德为衡量生与死的意义与价值的规范。儒家既然以三不朽来追求生命的永恒，但对于三不朽仍轻重有序，他们将"德"放在"才"（立功和立言）之前面，强调道德的重要性。"道德"思想是贯穿儒家学说的核心。孔子在《论语·卫灵公》中说："'赐也！女以予为多学而识之者与？'对曰：'然，非与？'曰：'非也。予一以贯之。'"何为"一以贯之"呢？"子曰：'由！知德者鲜矣。'"[4]儒家所谓的道德则是仁和义，进而通过仁和义来衡量生与死的意义与价值。虽然儒家极其重视人的生命，如孔子曾说"天地之性，人为贵"[5]，将人尊为宇宙间最宝

　　[1]　《孟子·离娄》。
　　[2]　《论语·卫灵公》。
　　[3]　《离骚》。
　　[4]　《论语·卫灵公》。
　　[5]　《孝经·圣治章》。

贵的生命，据《论语·乡党》记载："厩焚。子退朝，曰：'伤人乎？'不问马。"马厩失火，按道理说应该问及马的情况，但孔子则关注人的情况，可见其对"人命关天"的重视，但儒家更重视仁和义。孔子曾说："志士仁人，无求生以害仁，有杀身以成仁。"[1]孔子的意思是说不能为了求得活命而损害仁义，在面临仁义和生命的选择时，为了守仁义的原则，可牺牲自己的生命。在继承孔子的仁义精神上，孟子可以说是得其之真旨，他也强调说："生亦我所欲也，义亦我所欲也。二者不可得兼，舍身而取义者也。"[2]孟子的这段话里"舍身而取义"的思想是从孔子一脉传承而来的，人的性命虽然重要，但道德仁义比之更重要。儒家的生死观到了荀子则更深化，他说："人之所欲，生甚矣；人之所恶，死甚矣；然而人有从生成死者，非不欲生而欲死也，不可以生而可以死也。"[3]仍以道德至上准则衡量生死，认为生与死的抉择是自由的。对于孔孟衡量生与死的道德标准"度"的把握，荀子则进一步补充说明，在对生死与仁义的抉择，务必以群体利益而非个人利益优先考虑，取舍务必符合社会人群的志向，而不是个人的欲望。

最后，以生活质量为评价生命存在价值的标准。儒家既强调生前的贡献，又以道德抉择生死的取舍衡量，意味着认为生命价值是在于质量而不在于长短。孔子曾叹曰："朝闻道，夕死可矣。"[4]孔子认为活着要有质量、有道德，坦荡为人，问心无愧，面临人生生死的选择时，虽死而无憾。儒家以这种"善其生"、追求"生"的意义，来实现对死亡的超越。子曰："笃信好学，守死善道，危邦不入，乱邦不居。天下有道则见，无道则隐。邦有道，贫且贱焉，耻也；邦无道，富且贵焉，耻也。"[5]故孔子认为不"善其生"则生活就没有质量，是很耻辱的生活。孔子的弟子曾子也曾说："士不可以不弘毅，任重而道远。仁以为己任，不亦重乎！死而后已，不亦远乎！"[6]生活的质量在于对"仁"的恪守，以实行仁道为己任，直到死才能罢休，以此态度去活，那么无论活得多短，他的生命也将延伸。孟子继承了孔子这种积极入世的思想，并进一步阐释他对生活质量的看法，"莫非命也，顺受其正；是

---

[1]　《论语·卫灵公》。
[2]　《孟子·告子上》。
[3]　《荀子·正名》。
[4]　《论语·里仁》。
[5]　《论语·泰伯》。
[6]　《论语·泰伯》。

故知命者不立乎岩墙之下。尽其道而死者，正命也"[1]。认为任何一种东西虽然都有它的命运，但不能因为是命运，就不懂得珍惜性命，甚至导致生命的损毁，他所谓的"正命"则是尽其所能，行其该行的道德，终身不改。这才是真正懂得"命运"、懂得生活的人。生命的价值在于生则为道德而生，即以自己的生命去践行仁义；死则为道德而死，即以自己生命的代价换取道德的价值实现，所谓"杀身而成仁"、"舍生而取义"，是逝者为道德而死的内在价值。关于人的价值，荀子的生命价值观为："水火有气而无生，草木有生而无知，禽兽有知而无义，人有气有生有知亦且有义，故最为天下贵也。"[2] 人之有义，故成为宇宙间最珍贵的存在。可见，儒者将生活的质量归纳于活得有道义，有仁义的人生是最有质量的人生。

综上所述，可见儒家将道德立为生命之本，是衡量生与死的最高原则。儒家虽重视生命的存在，反对轻蔑生命的态度，但并不意味着赞同苟且偷生，将生命的价值与仁义道德的操守结合起来，形成一种超越生死的有为思想体系，从而实现人生的生而有意义、死而不亡的境界。

二、道家超越生死的理论

生死观是道家重要的伦理范畴，其观念主要表现在《道德经》和《南华经》中，老子高扬生命价值"生"的一面，而庄子则转为穷究其"死"的一面。然其二说，主要从理性与感性两方面来突破生死的局限，从而实现了"死而不亡"至高的超越境界。

首先，道家以理性的辩证眼光为手段，认识万物的实质，消除精神上生与死的界限，从而实现"齐生死"的境界。"齐"是无差别，万物之成与灭和人之生与死在"道"的视野下，均无差别。老子认为宇宙是个大生命体，"道"是其体之母，而"道"是无始无终、不生不灭的永恒存在体，然万物之"生"，则从其母生而非能自生，"生"的根源不断，故"生"可长存，"天地之所以能长且久者，以其不自生，故能长生"[3]。万物是不能自生的，是一种渐生的过程，是由小到大、由弱到强的，所谓"合抱之木，生于毫末"[4]，合抱树之大是从细小而生长的。老子认为人之生亦如此，亦是由弱小状态到强大状态的渐进过程，他说："人之生也柔弱，其

[1]　《孟子·尽心上》。
[2]　《荀子·王制》。
[3]　《道德经·七章》。
[4]　《道德经·六十四章》。

死也坚强。草木之生也柔脆，其死也枯槁。故坚强者死之徒，柔弱者生之徒。是以兵强则灭，木强则折。强大处下，柔弱处上。"[1]老子以辩证的眼光洞察了万物之生灭循环，柔弱、细微却是在朝刚硬、强大发展，故属"生之徒"；刚硬、强大则会衰弱，故属"死之徒"，而老子认为"死之徒"则不是"道"，他说："物壮则老，是谓不道，不道早已。"[2]意思是说不符合于"道"的，就会很快死亡。然万物灭后便是入于道，从道中而复生，故老子说："有物混成，先天地生。寂兮寥兮，独立而不改，周行而不殆，可以为天地母。吾不知其名，强字之曰：道，强为之名曰：大。大曰逝，逝曰远，远曰反。故道大，天大，地大，人亦大。域中有四大，而人居其一焉。人法地，地法天，天法道，道法自然。"[3]可见"道"是"生"的状态，然万物之生灭的循环过程是不依靠任何外力，而由其本身独立存在，并且循环不息地运转。因为万物是在不停息循环变化的过程中存在，故没有所谓"物"的存在。老子认为通过观照万物之"无物"，参照人生命之"无我"来超越生死，他说："吾之所以有大患者，为吾有身，及吾无身，吾有何患。"[4]老子的意思是说有形必有坏，无形则无坏，这样通过超越自我肉体的存在来超越生死。

庄子继承了老子关于道的概念，"生"的循环变相后，进而考察"死"的真相，从而详细地阐发生死的实质，揭开万物生死同一体，他说："察其始而本无生；非徒无生也而本无形，非徒无生也而本无气。杂乎芒芴之间，变而有气，气变而有形，形变而有生；今又变而之死，是相与为春秋冬夏四时行也二。"[5]这段话是庄子在妻子去世时仍"箕踞鼓盆而歌"的解释。人本来就没有生命；不仅没有生命，也没有形骸；不仅没有形骸，也没有元气，混杂在恍惚之间，衍变成有元气，元气衍变成有形骸，形骸衍变成有生命，然又衍变到死亡。生与死都是衍变相互作用构成的，如春过夏至、秋往冬来四季运行一样。庄子认为关于万物之始与终均同一体，他在《知北游》中说："生也死之徒，死也生之始，孰知其纪！人之生，气之聚也；聚则为生，散则为死。若死生之徒，吾又何患！故万物一也，是其所美者为神奇，其所恶着为臭腐；臭腐复化为神奇，神奇复化为臭腐。故曰，'通天下一气耳'。圣人故贵一。"[6]人之

---

[1]　《道德经·七十六章》。

[2]　《道德经·三十章》。

[3]　《道德经·二十五章》。

[4]　《老子·十三章》。

[5]　《庄子·至乐》。

[6]　《庄子·知北游》。

生与死是气之聚与散，万物亦然，美可以便成恶，恶也可以变为美，神奇中有臭腐，臭腐中涵神奇，如此辩证规律，都由气做主。在庄子看来，死是生命"生"的变相，是一种"复归其根"（《知北游》）的另一种存在。庄子超越生死的理论与老子相似，也是通过"坐忘"来实现超越，他说："忘己之人，是之谓入于天。"[1] 所谓"入于天"是指人忘掉自己肉体的存在，将自己融入大自然，这样就可以"见独"而达到"至道"境界，他说："已外生矣，而后能朝彻，朝彻而后能见独，见独而后能无古今，无古今而后能入于不死不生。"[2] "坐忘"的历程是忘掉肉体的存在，进而大彻大悟，大悟后则可见"至道"，见"至道"后，则达到无古今存的境界，从而便"入于不死不生"的永恒。然而在超越生死观念上，庄子不同于老子的是除了"无我"内容外，还加上了"无心"的内容，而其"无心"的获得过程，则是虚其心，"若一志；无听之以耳，而听之以心；无听之以心，而听之以气：听止于耳，心止于符。气也者，虚而待物者也，唯道集虚，虚者心斋也"[3]。所谓的"心斋"就是虚空的心境，是无思的结果。"心斋"的目的是"抱神"，"神"能抱，形则自正，"神将守形，形乃长生"。庄子说："无视无听，抱神以静，形将自正。必静必清，无劳汝形，无摇汝精，乃可以长生。目无所见，耳无所闻，心无所知，汝神将守形，形乃长生。慎汝内，闭汝外，多知为败。"[4] 通过耳目对外界形声的封闭以达内心的虚静，内虚静而形不散，故能长生。庄子还强调多知害道，因为多知则难以做到心斋。

其次，道家以"乐死"的观念来看待生死问题，从而实现超越生死焦虑的感性认识。如上所述，通过理性观察，生死是生命的两面存在，呈循环不息的状态，死亡是一种休息，暂且回归家乡（"道"）等待着再化为另一种"生"。那么，死亡就不再是恐怖的事了，甚至是值得高兴的事。因此才有"庄子妻死，惠子吊之，庄子则方其踞鼓盆而歌"[5] 之事。为了加强对死亡焦虑的超越意识，庄子进一步高论死的世界比生的世界快乐，通过这种"乐死"、与"苦生"的观念，来消除人对死亡的焦虑与恐惧，从而可以实现对于死亡的超越。

道家认为人生是在辛苦的状态中运转，庄子说："贫贱天恶也；所苦者，身不得安逸，口不得厚味，形不得美服，目不得好色，耳不得音声……富者，苦身疾作，

[1] 《庄子·天地》。
[2] 《庄子·大宗师》。
[3] 《庄子·人间世》。
[4] 《庄子·在宥》。
[5] 《庄子·至乐》。

多积财而不得尽用，其为形也亦外矣。夫贵者，夜以继日，思虑善否，其为形也亦疏矣。人之生也，与忧俱生，寿者惛惛，久忧不死，何苦也！其为形也亦远矣。"[1]贫穷的人身体得不到物质生活上的满足；富贵的人，为了财富、权位、厚禄等，日夜操劳，身心都得不到安逸；长寿的人受苦的日子更长。每一种人生都有其痛苦的存在，既要承受形体上的痛苦，所谓"一受其成形，不亡以待尽。与物相刃相靡，其行尽如驰，而莫之能止，不亦悲乎！终身役役而不见其成功，然疲役而不知其所归，可不哀邪！"[2]人自从有了形体，就不能忘掉自身，与外界环境或相互对立、或相互顺应而奔波，终身不能停止、休息，又要承受心理上的折磨，所谓"大知闲闲，小知间间。大言炎炎，小言詹詹，其寐也魂交，其觉也形开，与接为构，日以心斗。缦者、窖者、密者。小恐惴惴，大恐缦缦"[3]。人为了创造生存的条件而劳神废智，为了追逐名利而勾心斗角，心灵终日不得安宁。如是观照，则会觉得死是一种休息，"其生若浮，其死若休"[4]。可以说死是一种解脱，"佚我以老，息我以死"[5]。衰老是一种闲适，死亡是一种"安息"，所以将其视为"善"事。

　　道家为了让人获得精神上生死的超越，除了上述通过"以生为丧，以死为反"的比较，来安慰人对死亡的恐惧外，道家还以一种神秘色彩来宣扬其哲学思想。如庄子曾被骷髅入梦，而与之进行了对话："庄子之楚，见空髑髅，髐然有形，撽以马捶，因而问之……于是语卒，援髑髅，枕而卧。夜半，髑髅见梦曰：'子之谈者似辩士。视子所言，皆生人之累也，死则无此矣。子欲闻死之说乎？'庄子曰：'然。'髑髅曰：'死，无君于上，无臣于下；亦无四时之事，从然以天地为春秋，虽南面王乐，不能过也。'庄子不信，曰：'吾使司命复生子形，为子骨肉肌肤，反子父母妻子闾里知识，子欲之乎？'髑髅深矉蹙曰：'吾安能弃南面王乐而复为人间之劳乎！'"[6]活着的人有着种种负担，而死去的人则没有。因为死去的人上则无君主，下则无臣子，也不因一年四季的冷暖、炎凉气节变化操劳，自由自在地与天地共存，比南面为王还要快乐。庄子试探骷髅是否愿意再回去做人，被骷髅拒绝，"吾安能弃南面王乐而复为人间之劳乎！"再次确定，死去的人之快乐、自在。庄子通过这

[1]　《庄子·至乐》。
[2]　《庄子·齐物论》。
[3]　《庄子·齐物论》。
[4]　《庄子·刻意》。
[5]　《庄子·大宗师》。
[6]　《庄子·至乐》。

段骷髅应梦的对话，宣扬活着的人之苦难和死去的人之快乐。庄子不仅高论"乐死"观念，他在临终时，仍以坦然丝毫无所畏惧的态度面临死亡，《杂篇·列御寇》记载："庄子将死，弟子欲厚葬之。庄子曰：'吾以天地为棺椁，以日月为连璧，星辰为珠玑，万物为赍送。吾葬具岂不备邪？何以加此？'弟子曰：'吾恐乌鸢之食夫子也。'庄子曰：'在上为乌鸢食，在下为蝼蚁食，夺彼与此，何其偏也！'"[1]他相信，他马上可以归家，入于天地间，与宇宙共存，因此他感到喜悦而无恐惧。

总之，道家一方面以冷静而辩证的眼光，认识了万物之生死循环不息的存在状态，认识了人的"无我"状态，消除了生死的界限；另一方面以生为苦、以死为乐的感性认识，宣扬死后的快乐，消除了对死亡的恐惧，从而实现了对生死的超越。

三、佛家出离生死观

既不同于儒家以"善生"得"不朽"之名，又不同于道家以"苦生"、"乐死"超越死亡的焦虑，佛家认为三界之中生死流转是无边苦海，《法华经》说："三界无安，犹如火宅，众苦充满，甚可怖畏，常有生老病死忧患，如是等火，炽然不息。"[2]所谓"三界"，即欲界、色界和无色界。欲脱离生死，必须断除生死之因，而烦恼是生死之根，然烦恼之所生则由无明，贪欲和我执之缘起，断除此三者则出离三界的生死轮回，入于涅槃之境。

所谓"出离三界"即"出世"。佛教的"出世"含义是出离世间的一切因素，而不仅仅是出离现实的社会生活。而佛教所谓的"世"与儒家的入世、道家的避世思想中的"世"不同。儒家的"入世"中的"世"是指现实社会生活或者说是"人伦日用、家国天下"中形形色色的现象。道家之"世"也是指家国天下、社会人生，而其忘世或避世，则是或忘或避这个"世"耳。在佛教看来，儒家止于人乘，"入世"思想不仅有所入，也有所出，入则是入人道，出则出地狱、饿鬼和畜生三恶道；道家出人乘，而止于天乘，最高境界则如老子所说的"及吾无身，吾有何患"的境界，然道家的避世思想不仅有所避，也有所求，避的是三恶道和人道，求的是天道。佛教认为人道和天道都还在三界之中，还在生死轮回中流转。佛家认为出世脱离生死是断除生死之因，而不仅仅是一种空间的迁移，从世俗社会迁移到躲避社会责任的山林之中，"讲出离生死不是讲迁境，不是讲从一个境迁到另一个境叫出离"[3]

[1]　《庄子·列御寇》。

[2]　《妙法莲华经》卷第二，载《大正新修大藏经》第 9 册，第 13 页下。

[3]　吴信如：《楞伽经讲记》下册，中国文史出版社 2003 年版，第 804 页。

佛教认为一切诸法，都因种种条件和合而成立，即任何事物都因各种条件之互相依存而有变化而刹那生灭，因此没有固定不变之物存在。一切诸法生则从缘生，灭亦从缘灭，佛教称为"生灭缘起"，而有十二种缘生起：无明、行（造作）、识、名色、六处、触、受、爱、取、有、生、老死，而一刹那间心中具足十二支。此十二支中，前者为后者生起之因，前者若生，后者亦生，即所谓"此有故彼有，此起故彼起"；前者若灭，后者亦灭，即所谓"此无则彼无，此灭则彼灭"，可见十二种缘生起是生死相续之理。《缘起论》中说：

> 十二因缘又称十二缘起，共由十二支前后刹那无间相续之法所成，即：（一）老死，包括老、死、忧、悲、苦、恼等人生所不能免除之痛苦事实，以此为观察之起点。（二）生，为老死之源。（三）有，即所谓之"存在"，为"生"之源，具体言之，即指欲有、色有、无色有等三有；经由此三有之依报、正报，始有吾人之"生"。（四）取，即执着之意；由于执着妄心之故，吾人方堕于三有之境界。（五）爱，为执着之本源，亦为现实界之根源。（六）受，即是感情，然感情不起于自身，而系由刺激之反应而生者。（七）触，即感情（受）之所依。（八）眼、耳、鼻、舌、身、意等六入，又称六根，为触所依赖之感觉器官，亦为一切爱欲缘起之条件。（九）名色，即心、身，为生命组织之全体，亦为五蕴之有机复合体，乃六入所赖以成立者。（十）识，为统一心、身之认识作用。（十一）行，即业，乃造作、行为之义。（十二）无明，即无知之意；行为之根源乃无始以来一种盲目意志。上记十二支所成之十二缘起有顺观（称为流转缘起）、逆观（称为还灭缘起）两种。顺观系自"苦"开始，探索其原因所推求出之十二项具体条件；逆观则就逐一之条件，倒逆次第而审谛、彻悟，以灭除老、死、忧、悲、苦、恼等众苦。[1]

"老死"的根源是"无明"，由此断除无明，则断除生死之根。何为"无明"？"无明"者梵语"avidyā"，巴利语"avijjā"，"烦恼"的别称，是不如实知见，即不通达真理与不能明白理解事相或道理之精神状态，泛指无智、愚昧，特指不解佛教道理之世俗认识，俱舍宗和唯识宗认为无明是"心所"（心之作用）。据有部

---

[1]　星云大师监制、慈怡法师主编：《佛光大辞典》，北京图书馆出版社1993年版，第6129页。

宗和唯识宗理论，"无明"有"相应无明"与"不共无明"二种。所谓"相应无明"，系与贪欲等根本烦恼相应共起，即因烦恼起，而无明起，因无明起，烦恼起，彼此相应相续；所谓"不共无明"，则没有与无明相应而起者也，其无明独自生起。佛教认为无明为一切烦恼之根本，断除无明是断除烦恼，没有烦恼的世界是涅槃的世界，佛教所谓的"涅槃"世界不是在西方极乐，而在每个人的"心所"中，因无烦恼而建立起来的世界。

何为"贪欲"？梵语"lobha"，"rāga"，"abhidhyā"，佛教认为"贪欲"是十不善、十大烦恼之一。据《瑜伽师地论》云："贪有五种。一于内身欲欲欲贪。二于外身淫欲淫贪。三境欲境贪。四色欲色贪。五萨迦耶欲萨迦耶贪……淫相应贪复有四种。一显色贪。二形色贪。三妙触贪。四承事贪。"[1] 所谓"显色贪"即是对于他人之身显现出来的青、黄、赤、白等色而起贪着，所谓"形色贪"即是对于形相长短、娇媚等的形色而起贪着，所谓"妙触贪"即是对于接触自己以及他人身的细软、光滑等产生快感而起贪着，所谓"供奉贪"即是对于他人之趋承服侍、折旋俯仰等奉陪态度而起贪着。人之"贪欲"主要是由眼、耳、鼻、舌、身、意六根，接触色、情、香、味、触、法六尘，产生一切感觉，然各个按自身所好之对境，引生出种种喜乐之念，从而起贪著之心以及想要取得的欲望。佛教认为"贪欲"与"相应无明"共起，是三界轮回苦之根本烦恼。因此，《法华经·譬喻品》中曰："诸苦所因，贪欲为本。若灭贪欲，无所依止，灭尽诸苦，名第三谛。"[2] 灭欲即是灭苦，欲生即苦生，因所贪欲的对景，是缘起生灭之境，而无自性的变化状态，喜乐之念也因此而变化生灭，因变化生灭而生种种烦恼，然烦恼起，则离涅槃之静境，而入于生死轮回苦海之中，故断除"贪欲"则脱离生死轮回。

何为"我执"？梵语"ātma-grāha"，意思是执着实我。佛教认为众生[3]之体是由五蕴[4]之假和合而成，故无实相。如果妄执它是具有主宰作用之实体个我的存在，

[1] 《瑜伽师地论》卷第二十六，载《大正新修大藏经》第30册，第428页下。

[2] 《妙法莲华经》卷第二，载《大正新修大藏经》第9册，第13页下。

[3] 众生：有情、含识、含生、含情、含灵、群生、群萌、群类。

[4] 五蕴：①色蕴：即一切色法之类聚；②受蕴：苦、乐、舍、眼触等所生之诸受；③想蕴：眼触等所生之诸想；④行蕴：除色、受、想、识外之一切有为法，亦即意志与心之作用；⑤识蕴：即眼识等诸识之各类聚。

而产生"我"[1]与"我所"[2]等的妄想分别，就会生起诸烦恼，流转轮回生死。据《阿毗达磨俱舍论》云："我执有五种失。谓起我见及有情见，堕恶见趣。同诸外道。越路而行。于空性中，心不悟入，不能净信，不能安住，不得解脱。圣法于彼不能清净。"所谓"我见"即执着有实我之妄见，也就是以非我妄执为我，"有情见"即是妄执有情之实相存在，因由此二见，而后产生"恶见"，即指邪恶之见解如外道邪教一样。佛教认为因"我执"而产生了"不能净信"、"不能安住"、"不能清净"、"不得解脱"等害道之后果。小乘佛教甚至将"我执"视为万恶之本，是一切谬误与烦恼之根源。关于"我执"《成唯识论》中云："我执略有二种。一者俱生。二者分别。"[3]所谓"俱生"即俱生我执，即指先天性的我执，然因为无始以来虚妄熏习的内因力，而永恒地与身存在，其之生起，是非由邪教或邪分别而起；所谓"分别我执"是指后天所起之我执，其之生起，是由外缘力，而非与自身，即是邪教，或邪分别影响而起。佛教认为因为分别而生起的"我执"，此"我执"会让"业力"生起；因俱生而生起的"我执"，此"我执"会让"业力"得以滋润生长。"我执"使众生之身心产生忧恼，而生起诸烦恼，因烦恼而自有流转轮回生死。

总之，佛教脱离生死的基本理论，是从认识一切诸法皆无生灭，生则由因缘和合而生，灭也由因缘散而灭，然其生灭属于相续而无实相的状态，此生则彼生，此灭则彼灭。通过了悟一切诸法皆无生无灭、无有生灭之实相的真谛，来断"无明"，破"我执"，离"贪欲"，从而灭除烦恼，实现超出生死轮回苦海。

第二节　吾生如寄耳——苏轼对存在的意识与超越

一、生命之短暂的超越意识

综观中国历史，我们会发现没有哪一个踏上了仕途的士大夫，没有经历过人生的得失、荣辱、进退等际遇。每当他们面临人生生存价值与意义的抉择时，往往都按照自己道德观念的衡量标准，来决定他们对生死的取舍，死者有死者的决断理由，活者有活者的支撑理念。无论是哪一种取舍，都代表着他们对人生价值的思考，其

---

[1]　原意为"呼吸"，引申为生命、自己、身体、自我、本质、自性。泛指独立永远之主体，此主体潜在于一切物之根源内，而支配统一个体。

[2]　即我之所有、我之所属之意。即以自身为我，谓自身以外之物皆为我所有。

[3]　《阿毗达磨俱舍论》卷第二十九，载《大正新修大藏经》第29册，第154页下。

褒贬自有春秋。他们的人生价值观，对我们当今活着的人有不可磨灭的借鉴与参考价值。其中，苏轼的人生价值观，无疑是较为典型的代表。苏轼在宦海沉浮中，无论面临何等际遇，都能从中解脱出来。当他面临困境时，我们看到的往往是一个"梅经霜雪香愈烈"逆境不倒的乐天派。甚至，当人生遭遇困境，他活得更有意义和价值，其贬谪生涯与文学成就足以证实这一点。而他一生能做到"无所往而不乐"的境界，跟他对生死的理解与超越有着不可否认的关系。苏轼的超越生死观，不仅仅依靠一家之说，而是有意识地结合各家之所长，通过借鉴、参融来树立的。他的生死观是一种对生命的理性观察，认识人生的本质，认识其永恒的一面，进而超越生死，提高生命存在的价值，实现精神上的超脱，下详述之。

考察苏轼的诗词，我们不难看到他的生命意识是一种基于宇宙与生命的比较而树立的态度。从意识到宇宙的永恒，转到认识生命的短暂，将人生看成是一种"寄寓"的存在，从而排解人生各种际遇。关于苏轼诗词中"寄寓"的主题，早在宋代已有人发现，文天祥曾为此赋《浩浩歌》，其歌曰："浩浩歌，人生如寄可奈何。春秋去来传鸿燕，朝暮出没奔羲娥。青丝冉冉上霜雪，百年欻若弹指过。封侯未必胜瓜圃，青门老子聊婆娑。江湖流浪何不可，亦曾力士为脱靴。清风明月不用买，何处不是安乐窝。鹤胫岂长凫岂短，夔足非少蚿非多。浩浩歌，人生如寄可奈何。不能高飞与远举，天荒地老悬网罗。到头北邙一抔土，万事碌碌空奔波。金张许史久寂寞，古来贤圣闻丘轲。乃知世间为长物，惟有真我难灭磨。浩浩歌，人生如寄可奈何。春梦婆，春梦婆，拍手笑呵呵。是亦一东坡，非亦一东坡。"[1] 文天祥认为将人生视为"寄寓"的态度是一种达观，"达者之流"。清人张道在《苏亭诗话》中更详细地统计之，云："东坡诗有自袭句，略为记之。如'……吾生如寄耳'，见十六卷（《寄子由》），又见十卷（《过淮》），又见三十二卷（《送芝上人游庐山》），又见三十九卷（《郁孤台》），又见四十二卷（《和陶拟古》）。"[2] 因为"略为记之"所以才发现了五处之多。现代学者王水照先生，则补而计之，共有九处之多（详见王水照《苏轼研究》，河北教育出版社1999年版，第76页），而且王水照提及苏轼在其他诗词中类似"人生如寄"还有很多。笔者为了方便起见，将其诗词中有关类似"人生如寄"之句子做了统计（见本书附录3）。苏轼诗集里，除了9处出现

[1] 文天祥：《陈贯道摘坡诗"如寄"以自号，达者之流也，为赋浩浩歌一首》，载《文山集》卷二，《四书全书》本。

[2] 四川大学中文系编：《苏轼资料汇编》，中华书局1994年版，第1995页。

"吾生如寄耳"之句外，其他类似"人生如寄"之诗句，共35处；在词集里，共5处。统计表明，其创作时期主要是在苏轼人生后半部分，即通判杭州时期后。

关于"寄"一词，《说文解字》曰："寄，托也。"可见"寄"的过程是由主动变成非主动，"寄"完，则对于其所"寄"的一些义务、责任等，由"寄"者托给所被"寄"者，而"寄"者则以"托"的心态处之。苏轼的诗词中"寄"的含义并非如此，"寄"仍带有主观色彩，"寄"的过程完毕，主人公仍不托其责任给所被"寄"，而常以清醒状态掌握其所"寄"，在《江子静自序》中说："能得吾性而不失其在己，则何往而不适哉！"[1]虽然苏轼的诗词中，也有些"寄寓"例子表现出"寄"者失去了掌握权，而呈现出具有"寄托"意义的消极心态，如元丰六年（1083）在《临江仙》中写道：

> 夜饮东坡醒复醉，归来仿佛三更。家童鼻息已雷鸣。敲门都不应，倚杖听江声。长恨此身非我有，何时忘却营营。夜阑风静縠纹平。小舟从此逝，江海寄余生。[2]

这首词作于苏轼被谣传已病逝不久后，词中表达了他因那些身外之"营营"而劳神累身，故想将其人生寄托给命运，任其漂流无定之心态。从中，我们可以隐约地看到他对现实的不满，不满于社会，不满于自己的种种无奈。以类似的心态，他在《雨夜宿净行院》中说：

> 芒鞋不踏利名场，一叶轻舟寄渺茫。林下对床听夜雨，静无灯火照凄凉。[3]

这首诗是苏轼被贬岭海时期的作品。诗中的"寄"是针对"踏"而言，形成一种进与出的对立。"利名场"是其进出的对象，而出后则进入"一叶轻舟寄渺茫"的人生状态。又如早年任凤翔府签判时，苏轼曾在《将往终南和子由见寄》诗中写道："人生百年寄鬓须，富贵何啻葭中莩。"[4]但此类"寄寓"例子不多。在苏轼的诗词中，绝大部分都是表达一种对人生存在价值思考的达观。由上述三首诗，不难发现其中的原因。每当苏轼将人生价值归结于功名利禄时，则往往呈现出其人生观消极的一面。因为如果仅仅是为了离开功名利禄场所而离开，为了不受生活中的那些"营营"捆绑，

---

[1] 苏轼撰，孔凡礼点校：《苏轼文集》卷十，中华书局1986年版，第332页。

[2] 苏轼撰，邹同庆、王宗堂著：《苏轼词编年校注》，中华书局2002年版，第467页。

[3] 苏轼撰，王文浩辑注，孔凡礼点校：《苏轼诗集》卷四十三，中华书局1982年版，第2368页。

[4] 苏轼撰，王文浩辑注，孔凡礼点校：《苏轼诗集》卷四，中华书局1982年版，第180页。

而回归田园寻找另一种闲情的生活，则不免有些消极。难道入世之士，仅仅是为了这些"营营"吗？答案显然是否定的。

从表层意义来看，苏轼在诗词中的"寄寓"主题所表达的是一种对生命存在的觉醒，它是清醒而自觉地将生命放在时间轴上给自己定位的产物，王水照先生说："'寄'，是寓居之意，即谓此世界对任何一个生命来说，皆非永恒停留之所，生命从别的地方来，还要归别的地方去，只是一段时间寄居于人世。"[1] 从这个表层意义上看，苏轼的这种思想与前人是一样的。都从对时间流逝的感受中体悟了生命的短暂，如《诗经》中有不少诗篇对时间与生命存在做出了探索，如《小雅·天保》表达了诗人对山阜、冈陵的永久之稳重，川源的不竭之奔腾，日月的永恒之光辉，松柏的长青之茂盛的向往："天保定尔，以莫不兴。如山如阜，如冈如陵，川之方至，以莫不增"，"如月之恒，如日之升。如南山之寿，不骞不崩。如松柏之茂，无不尔或承"。朱熹在《诗集传》中说阜陵"皆高大之意"，"川之方至，言其盛长之未可量也"，[2] 与这些相比，人的生命就显得短暂和脆弱得可怜；又如《唐风·蟋蟀》中，对时节流逝，反复发出时不我待的感叹："今我不乐，日月其慆"，"今我不乐，日月其迈"，"今我不乐，日月其除"；又如《曹风·蜉蝣》中，因看到蜉蝣朝生暮死，其生命极为短暂的现象，而联想到了人生，故反复发出："心之忧矣，于我归处"，"心之忧矣，于我归息"，"心之忧矣，于我归说"等感叹生命短暂的例子。苏轼也认为生命是短暂、渺小的，在《赤壁赋》中写道：

> 寄蜉蝣于天地，渺沧海之一粟。哀吾生之须臾，羡长江之无穷。挟飞仙以遨游，抱明月而长终。知不可乎骤得，托遗响于悲风。[3]

如文天祥所说的"清风明月不用买，何处不是安乐窝"那样，苏轼面对短暂的生命，穷其一生守着快乐心态，以积极的态度来"挟飞仙以遨游，抱明月而长终"。人看"蜉蝣"生命之短暂，犹宇宙之于人，生命也如此之短暂。苏轼在诗词中，从不同的角度去表达其对生命之短暂的沉思。有时因为亲戚朋友离别而感到人生之无常，故引发对自己人生无定的感叹，如在《罢徐州，往南京，马上走笔寄子由五首（其一）》中写道：

[1] 王水照、朱刚：《苏轼评传》，南京大学出版社 2004 年版，第 45 页。
[2] 朱熹：《苏轼诗集传》，上海古籍出版社 1980 年版，第 104 页。
[3] 苏轼撰，孔凡礼点校：《苏轼文集》卷一，中华书局 1986 年版，第 5 页。

　　吏民莫扳援，歌管莫凄咽。吾生如寄耳，宁独为此别。别离随处有，
悲恼缘爱结。[1]

　　此诗作于元丰二年（1079）二月，罢徐州知州，移知湖州途中。是时苏轼已在
七年多中（熙宁四年，即1071年六月通判杭州）经历了杭州、密州、徐州的迁移，
而今又移知湖州，因此深感人生之无定，人生是个离别场："别离随处有，悲恼缘
爱结。"苏轼这种感叹与佛教缘起观相似，因"取"之执着而"爱"生，"爱"灭
即"苦恼"生，"悲恼缘爱结"，苏轼的这种悲恼是佛教所谓"爱别离苦"的八苦
之一。"别离苦"也包括生死别离，此事也引起了苏轼对人生短暂的思考，如在《次
韵林子中王彦祖唱酬》中云：

　　早知身寄一沤中，晚节尤惊落木风。昨梦已论三世事，岁寒犹喜五人同。
雨余北固山围座，春尽西湖水映空。差胜四明狂监在，更将老眼犯尘红。[2]

　　因听到友人莘老、公择去世的消息，而叹曰："早知身寄一沤中，晚节尤惊落
木风。"从而想到现在"五人"（自己、子中、彦祖、子敦、完夫）虽然还是健康，
但不久后也会与莘老、公择二人一样归尘土。"三世事"也是梦幻的存在，"夫三
代之视上古，犹今之视三代也"[3]，历史人物不就是其理吗？苏轼在《和陶乞食》中
便作如是观：

　　庄周昔贷粟，犹欲春脱之。鲁公亦乞米，炊煮尚不辞。渊明端乞食，
亦不避嗟来。呜呼天下士，死生寄一杯。[4]

　　逍遥的庄周、热情的鲁公、高洁的渊明今何在？也不都是生死难逃吗？可见，
苏轼对自己生命短暂存在的自觉，是来自对现实的观照和对历史的沉思。
　　有时因世事不如意、此起彼伏而感到生命也在变易中存在。苏轼诗词中，此类"寄
寓"例子比较多，如：

　　黄州在何许，想像云梦泽。吾生如寄耳，初不择所适。
　　　　　　　　　　　　　　　　——《过淮》，载《苏轼诗集》卷二十，第1022页

　[1]　苏轼撰，王文浩辑注，孔凡礼点校：《苏轼诗集》卷十八，中华书局1982年版，第935页。
　[2]　苏轼撰，王文浩辑注，孔凡礼点校：《苏轼诗集》卷三十二，中华书局1982年版，第1683页。
　[3]　《礼论》，载苏轼撰，孔凡礼点校：《苏轼文集》卷二，中华书局1986年版，第56页。
　[4]　苏轼撰，王文浩辑注，孔凡礼点校：《苏轼诗集》卷四十，中华书局1982年版，第2204页。

我生天地间，一蚁寄大磨。区区欲右行，不救风轮左。虽云走仁义，

未免违寒饿。

——《迁居临皋亭》，载《苏轼诗集》卷二十，第 1053 页

平生弱羽寄冲风，此去归飞识所从。好语似珠穿一一，妄心如膜退重重。

——《次韵答子由》，载《苏轼诗集》卷二十，第 1056 页

此生念念浮云改，寄语长淮今好在。故人宴坐虹梁南，新河巧出龟山背。

——《龟山辩才师》

苏轼认为自己踏上仕途的目的是为了报国济民，行仁义，而不是为了"五斗米"，这样的动机若不成名，也不至于"虽云走仁义，未免违寒饿"，甚至"我本不违世，而世与我殊"。[1] 因而感到"世与我殊"，意识到万事变化无常，生命也在无常变化中存在，故其生命显得更短暂虚无。"我生天地间，一蚁寄大磨。区区欲右行，不救风轮左。""平生弱羽寄冲风，此去归飞识所从。"

有时是以一种辩证的眼光对待无常变化，如：

吾生如寄耳，何者为祸福。不如两相忘，昨梦那可逐。

——《和王晋卿》，载《苏轼诗集》卷二十七，第 1422 页

聚散一梦中，人北雁南翔。吾生如寄耳，送老天一方。

——《谢仲适坐上送王敏仲北使》，载《苏轼诗集》卷三十七，第

1992 页

漂零竟何适，浩荡寄此身。

——《过汤阴市得豌豆大麦粥示三儿子》，载《苏轼诗集》卷三十七，

第 2025 页

此类例子"寄"的含义，则与道家万物都在循环不息变化中存在的生死观，以及佛家此生则彼生、此灭则彼灭的缘起观相同。事物本来无我，都是变化中的存在，缘生而生，那么此身何有之可言呢，更不用说荣辱得失的身外之物了。此类的"寄"是一种对人生的达观。相反，因意识到世事无常、生命短暂，而想逃离世俗、回归大自然寻找快乐，"寄"所寄寓的思想则较为消极，此类上文已有述之。

---

[1] 《送岑著作》，载苏轼撰，王文浩辑注，孔凡礼点校：《苏轼诗集》，中华书局 1982 年版，第 329 页。

有时是一种觉醒，通过重新认识自我来排解人生的苦难，如：

> 此身江海寄天游，一落红尘不易收。未许相如还蜀道，空教何逊在扬州。又惊白酒催黄菊，尚喜朱颜映黑头。火急著书千古事，虞卿应未厌穷愁。

——《次韵王定国倅扬州》，载《苏轼诗集》卷二十九，第 1535 页

> 还朝如梦中，双阙眩金碧。复穿鹓鹭行，强寄麋鹿迹。劳生苦昼短，展转不能夕。

——《次韵定国见寄》，载《苏轼诗集》卷三十六，第 1920 页

> 吾生如寄耳，送老天一方。幸子遇明主，陈经入西厢。归期不可缓，倚相宜在傍。

——《谢仲适坐上送王敏仲北使》，载《苏轼诗集》卷三十七，第
1992 页

生命的短暂虚无自己无法超越，但快乐是自己可以掌握的，说"一落红尘不易收"其实是说已"收"了，"收"是说自己很清醒自己在做什么？为什么做？言"展转不能夕"其实是已"能夕"，已了悟"多知"害道，多事劳生，不如像"麋鹿"那样以天真、单纯的心态面对人生百态，如此便"人生如寄何不乐，任使绛蜡烧黄昏"[1]。

总之，面对人生百态、万事的无常变化，苏轼仍保持着觉醒的心态，将其人生看成一种短暂的"寄寓"，融入于人生中而不失其人生超越存在的价值。

二、以"寄寓"之心态安人生之万境

苏轼能够正确面对他人生中一系列坎坷的遭遇，从而不遁入消极避世之世界，是因为他能够将生命视为短暂、虚幻的肉身存在，与永恒的人生价值相对立。不像前人那样，因为意识到人生之短暂无常，而将尽情地享受有限的生命作为把握今生的措施，"如被雨雪，先集维霰。死表无日，无几相见。乐酒今夕，君子维宴"[2]。因觉得生死难料，相聚难逢，而要及时行乐。这是一种对时间流逝与生命存在进行思考的产物，随着时间的流逝，历史前进，这种思考发展成为对时间流逝与功业意识联系起来的思考，《离骚》是其代表之一，从某种程度上讲，时间流逝意识贯穿了《离骚》全诗。而先秦哲学家尤其是道家，虽进一步将时间与生命作为思考主题，

---

[1]　《答吕梁仲屯田》，载苏轼撰，王文浩辑注，孔凡礼点校：《苏轼诗集》卷十五，中华书局1982年版，第774页。

[2]　《诗经·小雅·頍弁》。

以融通宇宙的审美襟怀、万物生死的辩证观,使诗歌境界进一步开拓,但仍以"苦生"、"乐死"的态度处之。后世之人不懈地探索、沉思生命的存在与时间的流逝,从《古诗十九首》的作者们一面高唱着"人生天地间,忽如远行客"……"浮浮阴阳移,生命如朝露;人生忽如寄,寿无金石固",然感叹"为乐当及时"到低吟"立身苦不早",到曹操将"人生几何"的慨叹导向"天下归心"的欲望;从阮籍"去者余不及,来者吾不留"的无奈,到陶渊明一面饱受"日月掷人去,有志不获骋。念此怀悲凄,终晓不能静"的痛苦煎熬,一面以"纵浪大化中,不喜亦不惧"的达观来排解痛苦与煎熬等的沉吟,无不是对时间意识不断强化与深入的历史。苏轼深受启迪,从受伤的心灵渐渐地淡出,迈进快乐和自由之境。王水照先生所说的苏轼在诗词中的"寄寓"主题所表达的"乃是审美的人生态度。有此态度,便处处有可乐,'寄寓'的人生于是转悲为喜"[1]。

其实,苏轼能以"寄寓"心态,超越生死,安顿人生,主要是受庄子"寄寓"思想的启迪。庄子的"寄寓"是有感于人生有限的消极观念,苏轼则是对人生的短暂、荣辱的虚无、得失的浮云、功名利禄的梦幻等世事感到无常而阐发的积极超越。道家一面高唱"生游死归"、生死顺其自然,一面强调"以生为丧,以死为反",生之种种虚无而"苦",只有"死"后才永恒,而"乐"。道家的这种生命意识也有其积极的一面,但生死任其自然,是一种"寄"后则托之,任其命运发展,过分强调事物的自身运动而忽略人的主观能动作用,也势必会走向其反面,陷入听天由命的消极心态,如庄子认为:"死生,命也;其有夜旦之常,天也。人之有所不得与,皆物之情也。"[2]又如:"死生、存亡、穷达、贫富、贤与不肖、毁誉、饥渴、寒暑、是事之变,命之行也。"[3]一切都听从命运的安排,那么人生还需要做什么呢?这是庄子局限和消极的一面。苏轼则超越其局限和消极,积极穷其"苦生"。生命既然短暂,那应该好好珍惜其"生"而不能托其给命运放逐。从这个角度看,苏轼的达观则是儒家以积极入世、道家任万物之变化以处生的融合产物。从人生生命是短暂的"寄寓"观念出发,仍保持着对主体观照的觉醒,在无常变化中把握自己的快乐,安顿人生不定的旅途。正因为"人生如寄何不乐,任使绛蜡烧黄昏"[4]的思想,使得苏轼一生

[1] 王水照、朱刚:《苏轼评传》,南京大学出版社2004年版,第559页。

[2] 《庄子·大宗师》。

[3] 《庄子·德充符》。

[4] 《答吕梁仲屯田》,载苏轼撰,王文浩辑注,孔凡礼点校:《苏轼诗集》卷十五,中华书局1982年版,第774页。

都无所往而不乐，他在《浣溪沙》中说：

> 山下兰芽短浸溪，松间沙路净无泥。萧萧暮雨子规啼。
>
> 谁道人生无再少？门前流水尚能西。休将白发唱黄鸡。[1]

这是元丰五年（1082）三月，苏轼被贬黄州期间所作。黄州贬所生活条件很艰难，但他在暮春游清泉寺所见的是一幅幽美宁静的山林景致，因此发出了"谁道人生无再少，门前流水尚能西"的感叹。又在《定风波》中说：

> 莫听穿林打叶声，何妨吟啸且徐行。竹杖芒鞋轻胜马，谁怕？一蓑烟雨任平生。
>
> 料峭春风吹酒醒，微冷，山头斜照却相迎。回首向来萧瑟处，归去，也无风雨也无晴。[2]

这是在元丰五年（1082），"乌台诗案"发生三年后所作。无论在什么环境下，都不要惊慌，徐徐吟诗放歌前行，克服了困难后，回过头来看不都成往事了吗？而且那时候一切都变成苏轼所说的那样，"也无风雨也无晴"。

苏轼的这种人生本来是短暂的"寄寓"思想，首先是得益于佛教的无常、苦空观，尤其是禅宗的心无所住、心不着一物的顿悟禅。如此观之，就会觉得人生"盛衰哀乐两须臾"了，不必要悲观、消极，苏轼在《游灵隐寺，得来诗，复用前韵》中说：

> 盛衰哀乐两须臾，何用多忧心郁纡。溪山处处皆可庐，最爱灵隐飞来孤。[3]

人生到处都充满着快乐，处处皆美景，何必因盛衰而消磨尽风情呢？"投绂归来万事轻，消磨未尽只风情……盛衰阅过君应笑，宠辱年来我亦平。"[4]盛衰过后不就没事了吗？"应笑"，荣辱也如此，也会过去，所以没有什么理由可以让自己不快乐，苏轼诗集中，类似的例句甚多，如：

> 废兴何足吊，万世一仰俯。
>
> ——《宿临安净土寺》，载《苏轼诗集》卷七，第344页

[1] 苏轼撰，邹同庆、王宗堂著：《苏轼词编年校注》，中华书局2002年版，第358页。

[2] 苏轼撰，邹同庆、王宗堂著：《苏轼词编年校注》，中华书局2002年版，第356页。

[3] 苏轼撰，王文浩辑注，孔凡礼点校：《苏轼诗集》卷七，中华书局1982年版，第322页。

[4] 《和致仕张郎中春昼》，载苏轼撰，王文浩辑注，孔凡礼点校：《苏轼诗集》卷八，中华书局1982年版，第400页。

百年兴废更堪哀，悬知草莽化池台。

——《法惠寺横翠阁》，载《苏轼诗集》卷九，第426页

成坏无穷事，他年复吊今。

——《过广爱寺，见三学演师，观杨惠之塑宝山、朱瑶画文殊、普贤》

之一、三，载《苏轼诗集》卷九，第459页

嗟我与世人，何异笑百步。功名一破甑，弃置何用顾。

——《与周长官李秀才游径山二君先以诗见寄次其韵二首》之一，载《苏

轼诗集》卷十，第488页

人生如朝露，要作百年客。喟彼终岁劳，幸兹一日泽。愿言竟不遂，
人事多乖隔。悟此知有命，沉忧伤魂魄。

——《九日湖上寻周、李二君，不见，君亦见寻于湖上，以诗见寄，

明日乃次其韵》，载《苏轼诗集》卷十，第508页

人生如朝露，日夜火消膏。

——《读孟郊诗二首》之一，载《苏轼诗集》卷十五，第796页

我生乘化日夜逝，坐觉一念逾新罗。纷纷争夺醉梦里，岂信荆棘埋铜驼。
觉来俯仰失千劫，回视此水殊委蛇。君看岸边苍石上，古来篙眼如蜂窠。
但应此心无所住，造物虽驶如吾何。

——《百步洪》，载《苏轼诗集》卷十七，第891页

谁能斗酒博西凉，但爱斋厨法豉香。旧事真成一梦过，高谈为洗五年忙。

——《余去金山五年而复至，次旧诗韵赠宝觉长老》，载《苏轼诗集》

卷十八，第942页

明朝更陈迹，清景堕空香。作诗记余欢，万古一昏晓。

——《与客游道场何山，得鸟字》，载《苏轼诗集》卷十九，第968页

由上所列，可见苏轼对人生盛衰、荣辱两须臾的基本认识，这种认识不能说是
消极态度的表现。其实，认识了人生的无长久、人生只是短暂的"寄寓"，因此而
要弃俗避世才是消极。苏轼虽然如此观照人生，但其动机是要排解荣辱、得失、去
来等事情带来的痛苦和约束，因此这是一种乐观积极的达观。事实上，苏轼一生大
起大落，曾想过归隐，但未曾实现过，相反，他积极入世，为社会、人民做出自己
的贡献。他很清楚，归隐是很快乐的生活，但他不归隐。哪怕现实生活曾多次拒绝

了他的热情，但他仍牺牲自己的快乐，走进人世献出自己能献出的力量。这样的人生难道比那些高唱清洁的隐者们差吗？这不也是孔子的牺牲精神吗？

其实，苏轼的"寄寓"思想，主要是受道家"生游"和儒家"志士仁人，无求生以害仁，有杀身以成仁"[1]的影响，苏轼将此二者统一起来，形成自己的"寄寓"思想。从苏轼的《书丹元子所示〈李太白真〉》中我们可以洞察这一点。

> 天人几何同一沤，谪仙非谪乃其游，麾斥八极隘九州。化为两鸟鸣相酬，一鸣一止三千秋。开元有道为少留，縻之不可矧肯求。西望太白横峨岷，眼高四海空无人。大儿汾阳中令君，小儿天台坐忘身。生年不知高将军，手污吾足乃敢瞋。作诗一笑君应闻。[2]

这首诗的前七句说古来多少豪杰都被历史淹没，只有李白永垂千古，而将其一生释为"游"耳，虽然中间有"少留"，但也只不过是暂时"寄寓"，他既不求之于世，世何以系之。后七句赞美李白蔑视权贵的人生态度，狂称世人为"大儿"、"小儿"。诗中"大儿汾阳中令君，小儿天台坐忘身"之句，表面上是对李白脱离出处之约束的赞美，深层意思则是表达自己所向往的人生观。"大儿"，即入世建功立业的儒者，"小儿"，即出世坐忘的道士，此两类人在苏轼看来，仍是"寄寓"人生之境，然而儒家忙碌于天下事而忘己，道家则沉醉于忘我状态而失之于社会责任。苏轼融合了儒道两家思想，故其"寄寓"思想既不失之于社会责任，又不忘己，既不执着于形色世界，又不沉醉于"独乐"状态，超越了儒道两家的境界。其实，苏轼这种思想是受佛教影响的，佛教认为儒家和道家所达的境界，仍在三界之内，仍在生死轮回中流转，断除烦恼即入涅槃世界。佛教的涅槃世界并不是在西方极乐，而是在没有烦恼的地方，故有"人间净土"入世弘佛法之说。苏轼则采取其说建构其人生境界，以"寄寓"之心态，安顿其人生之万境。

苏轼超越生死的"寄寓"意识，表面上是弃儒从道，但实际上是以道家之心行儒家之事，而以佛家入世之旨，治由万境变易而起苦恼之心。儒道佛三教融汇境界是其"寄寓"之真意，也是其"人生于是转悲为喜"之良药。在《出都来陈，所乘船上有题小诗八首，不知何人作有感余心者，聊为和之（其二）》中，他便阐发了其乐观的态度："鸟乐忘置罘，鱼乐忘钩饵。何必择所安，滔滔天下是。"[3]正因为

---

[1]　《论语·卫灵公》。

[2]　苏轼撰，王文浩辑注，孔凡礼点校《苏轼诗集》卷三十七，中华书局1982年版，第1994页。

[3]　苏轼撰，王文浩辑注，孔凡礼点校：《苏轼诗集》卷六，中华书局1982年版，第260页。

如此，被贬居惠州时，仍快乐地应之，他在《初到黄州》诗中说：

　　自笑平生为口忙，老来事业转荒唐。长江绕郭知鱼美，好竹连山觉笋香。

　　逐客不妨员外置，诗人例作水曹郎。只惭无补丝毫事，尚费官家压酒囊。[1]

　　苏轼被贬谪黄州任"团练副使"水曹郎，虽然亦是"官"，但实际只是虚设，俸禄微薄，物质生活紧迫艰难，精神上的压抑更是苦不堪言。但他初到黄州不仅能马上适应那里的生活环境，而且还发现"长江绕郭知鱼美，好竹连山觉笋香"的美好。其实这是一种自乐，当时的黄州没有他所说的那么美好，是个荒废之地。而"谪居既久，安土忘怀，一如本是黄州人，元不出仕而已"[2]。贬惠州时，也仍能从悲中淡出，如：

　　吾生本无待，俯仰了此世。念念自成劫，尘尘各有际。下观生物息，相吹等蚊蚋。

　　　　　　　　——《迁居》，载《苏轼诗集》卷四十，第 2194 页

　　胜固欣然，败亦可喜。优哉游哉，聊复尔耳。

　　　　　　　　——《观棋》，载《苏轼文集》卷四十二，第 23110 页

　　从中我们可以看到他的心态，不悲不喜的淡定，人生同俯仰那样快，顺利当然是好事，但不顺利也可以活得快乐。贬居儋州时则仍宠辱不惊、履险如夷、临危若素，如《减字木兰花》：

　　春牛春杖，无限春风来海上。便丐春工，染得桃红似肉红。

　　春幡春胜，一阵春风吹酒醒。不似天涯，卷起杨花似雪花。[3]

　　从中可见苏轼以欢快的笔触描写海南绚丽的春光，寄托了他随遇而安的达观思想。尤其是被贬居岭海时期，久居贬所苏轼慢慢地对这里产生了感情，甚至把它当作自己的家乡，有时还在心中表达很乐意在那里生活，如在《吾谪海南，子由雷州，被命即行，了不相知。至梧乃闻其尚在藤也，旦夕当追及。作此诗示之》诗中表白说："他年谁作舆地志，海南万里真吾乡。"[4] 离别海南时还依依不舍地写道：

────────────

　　[1]　苏轼撰，王文浩辑注，孔凡礼点校：《苏轼诗集》卷二十，中华书局1982年版，第1031页。

　　[2]　《与赵晦之四首（之三）》，载苏轼撰，孔凡礼点校：《苏轼文集》卷五十七，中华书局1986年版，第1710页。

　　[3]　苏轼撰，邹同庆、王宗堂著：《苏轼词编年校注》，中华书局2002年版，第801页。

　　[4]　苏轼撰，王文浩辑注，孔凡礼点校：《苏轼诗集》，中华书局1982年版，第2243页。

> 我本海南民，寄生西蜀州。忽然跨海去，譬如事远游。平生生死梦，三者无劣优。知君不再见，欲去且少留。
>
> ——《别海南黎民表》，载《苏轼诗集》，第 2362 页

由上所述，我们不难发现这些作品所表达的诗人状态，不但没有失落或埋怨的态度，而且相反还充满着快乐、怡然的精神状态。甚至他还认为人生之逆境造就了自己的事业，他晚年的那首《自题金山画像》："心似已灰之木，身如不系之舟。问汝平生功业，黄州、惠州、儋州。"虽带有辛酸的自嘲，但也是苏轼人生成就的事实。

总之，苏轼一生常与患难相处，然生活越困难，其生命存在则显得越有价值，在患难之中仍保持着平衡的状态、快乐的心情，从而实现了"人间净土"的超越生死之境。其超越的路径是由以"寄寓"之心态，安顿人生万境，到使逆境变成磨炼意志的大好机会，"人生于是转悲为喜"，从而实现了"此心安处是吾乡"的旷达人生境界。

第三节　有生必有死——苏轼对死亡的意识与超越

一、有形必有坏

儒家通过尽心行仁义道德追求生命的价值，一面强调"未知生焉知死"之人生思考，一面提倡"有杀身以成仁"之观念，重视"生"而忽略"死"；道家则以"苦生"而"乐死"肯定死的永恒，而轻视"生"的贡献；佛家则认为人生"生死皆大事"。苏轼则认为有形必有坏，有生必有死，生死是生命的自然现象，在《墨妙亭记》文中云：

> 凡有物必归于尽，而恃形以为固者，尤不可长。虽金石之坚，俄而变坏，至于功名文章，其传世垂后，犹为差久。今乃以此托于彼，是久存者反求助于速坏。此既昔人之惑，而莘老又将深檐大屋以铟留之，推是意也，其无乃几于不知命也夫。余以为知命者，必尽人事，然后理足而无憾。物之有成必有坏，譬如人之有生必有死，而国之有兴必有亡也。虽知其然，而君子之养身也，凡可以久生而缓死者无不用，其治国也，凡可以存存而救亡者无不为，至于不可奈何而后已。此之谓知命。[1]

这篇记文写于熙宁五年（1072），传达出苏轼面对死亡时，以客观而积极的心

---

[1]　苏轼撰，孔凡礼点校：《苏轼文集》卷十一，中华书局 1986 年版，第 354 页。

态处之。成、住、易、灭是有形世界必经之路，坚硬如"金石"也同此理，若执着于"有"则会因物之灭而痛苦，至于儒家的所谓"三不朽"的无形世界，也是如此。苏轼认为应该"尽人事"，如此便"理足而无憾"，对生命存亡、国家盛衰也应如此。这段文字是苏轼对死亡的基本认识，对死亡的认识也就是对生命价值的追问。

如果我们将苏轼在这篇记文中的"尽人事"思想，跟其被贬黄州时所作的《答李端叔书》文中"妄论利害，搀说得失，此正制科人习气"[1]对读，就会发现其一生的坎坷遭遇与此有很大关系。这个选择不能说与其生死观无关。苏轼"尽人事"的深层意义就是一种超越生死的人生态度。然而，苏轼的人生因"尽人事"而先后得罪了新党人，饱受"乌台诗案"九死一生的痛苦，从而进一步深化对死亡的体悟。通过这个自创机会，苏轼便对死亡与生命存在的价值理解得更透彻，生命既然是短暂的"寄寓"，那么死亡也就是指日可待的俯仰之事。

关于以"俯仰"一词形容人生死亡的来临之快，据笔者统计，在苏轼诗中共出现39次，词中共出现2次（见本书附录4），其中出现比较多的是他第二次在朝时期，此与"寄寓"略异。"俯仰"的意思是指很短的时间，王羲之《兰亭集序》中云："俯仰之间，已成陈迹。"如果说"寄寓"是生命短暂的时间观，那么"俯仰"就是生命无常的空间观，即是"寄寓"的时间量，在英语中可以用"being"和"the being"形容。"俯仰"的结束是"寄寓"的完成，即生命结束，则"寄寓"结束。在苏轼的诗词中，有时"俯仰"是"兴"的表现手法，因看到事物的盛衰变易生灭之"俯仰"，而联想到生命的"俯仰"，如在《六月二十七日望湖楼醉书五首》中，从"黑云翻墨未遮山，白雨跳珠乱入船"现状，看到"水枕能令山俯仰，风船解与月徘徊"，然后联想到自己的人生"我本无家更安往，故乡无此好湖山"。[2]即景生情，联想人生，在苏轼诗词中是常见的，如在《西江月》中写道：

> 点点楼头细雨。重重江外平湖。当年戏马会东徐。今日凄凉南浦。
> 莫恨黄花未吐。且教红粉相扶。酒阑不必看茱萸。俯仰人间今古。[3]

此词作于元丰六年（1083）九月九日，当时苏轼在黄州贬所，登栖霞楼饮宴宾客，因看见楼外重阳景色，遥想刘裕"当年戏马会东徐"于彭城重阳节大会宾僚的繁华盛况，而今已成历史。故联想到生命来临"俯仰"之快，"俯仰人间今古"。又如

[1] 苏轼撰，孔凡礼点校：《苏轼文集》卷四十九，中华书局1986年版，第1432页。

[2] 苏轼撰，王文浩辑注，孔凡礼点校：《苏轼诗集》卷七，中华书局1982年版，第339页。

[3] 苏轼撰，邹同庆、王宗堂著：《苏轼词编年校注》，中华书局2002年版，第432页。

在《八声甘州》中云：

> 有情风、万里卷潮来，无情送潮归。问钱塘江上，西兴浦口，几度斜晖。
> 不用思量今古，俯仰昔人非。[1]

此词作于元祐六年（1091）三月六日，是临别杭州赴任颍州写给僧友参廖的别词。因钱塘江水流逝，美丽而多变的景致，联想到人生悲欢离合，故安慰僧友不用不开心，写道"不用思量今古，俯仰昔人非"。因看见江水流逝，而感叹生命"俯仰"，在《百步洪二首》其一中曰：

> 长洪斗落生跳波，轻舟南下如投梭。水师绝叫凫雁起，乱石一线争磋磨。
> 有如兔走鹰隼落，骏马下注千丈坡。断弦离柱箭脱手，飞电过隙珠翻荷。
> 四山眩转风掠耳，但见流沫生千涡。险中得乐虽一快，何异水伯夸秋河。
> 我生乘化日夜逝，坐觉一念逾新罗。纷纷争夺醉梦里，岂信荆棘埋铜驼。
> 觉来俯仰失千劫，回视此水殊委蛇。君看岸边苍石上，古来篙眼如蜂窠。
> 但应此心无所住，造物虽驶如余何。回船上马各归去，多言哓哓师所呵。[2]

此诗是元丰元年（1078）秋，苏轼在徐州知州任上，与诗僧参廖一同放舟游于百步洪所写。诗之叙中有云："王定国访余于彭城，一日棹小舟，与颜长道携盼、英、卿三子游泗水，北上圣女山，南下百步洪，吹笛饮酒，乘月而归。余时以事不得往，夜着羽衣，伫立于黄楼上，相视而笑，以为李太白死，世间无此乐三百余年矣。定国既去逾月，复与参廖师放舟洪下，追怀曩游，以为陈迹，喟然而叹。"苏轼的"喟然而叹"是世事变易之快，比"一念逾新罗"还要快。因看到百步洪之水"但见流沫生千涡"，"岸边苍石"古今仍在，但人（指李白）已成"三百余年矣"，想到人生生命"日夜逝"，而且是"俯仰失千劫"地流逝。贬居黄州时，在《和蔡景繁海州石室》诗中，"因公复起一念"而"破戒奉和"，诗中苏轼看到"芙蓉仙人（宋代石曼卿）旧游处"的石室"至今石缝余糟醨"等情景，但"仙人一去五十年"，故感叹"今老病不出门"的自己，联想到生死的"俯仰"，便云："梦中旧事时一笑，坐觉俯仰成今古。愿君不用刻此诗，东海桑田真旦暮。"[3]在苏轼的诗词中，此类"一俯一仰一人生"的感叹句子甚多，如：

---

[1]　苏轼撰，邹同庆、王宗堂著：《苏轼词编年校注》，中华书局 2002 年版，第 668 页。

[2]　苏轼撰，王文浩辑注，孔凡礼点校：《苏轼诗集》卷十七，中华书局 1982 年版，第 891 页。

[3]　苏轼撰，王文浩辑注，孔凡礼点校：《苏轼诗集》卷二十二，中华书局 1982 年版，第 1178 页。

俯仰尽法界，逍遥寄人寰。

——载《南都妙峰亭》，载《苏轼诗集》卷二十五，第 1325 页

人间俯仰成今古，吴公台下雷塘路。

——《虢国夫人夜游图》，载《苏轼诗集》卷二十七，第 1462 页

俯仰拊四海，百世飞鸟速。

——《次韵刘景文登介亭》，载《苏轼诗集》卷三十二，第 1699 页

由上所述，可见苏轼或眼见江水流逝，或目睹亭台盛衰，或洞察历史的变易，而即景生情，感叹人生"俯仰"之感受，从中我们可以领略到他对死亡的看法。

除了上述"俯仰"是"兴"的产物，诗词中也有"赋"的"俯仰"，这是苏轼对生命存亡的直接陈述，如在《六观堂老人草书诗》中说：

物生有象象乃滋，梦幻无根成斯须。方其梦时了非无，泡影一失俯仰殊。
清露未晞电已徂，此灭灭尽乃真吾。云如死灰实不枯，逢场作戏三昧俱。
化身为医忘其躯，草书非学聊自娱。落笔已唤周越奴，苍鼠奋髯饮松腴。
剡藤玉版开雪肤，游龙天飞万人呼，莫作羞涩羊氏姝。[1]

此诗是苏轼在龙图阁学士知颖州时作。诗中借佛家"如梦、如幻、如泡、如影、如露、如电"的"六如观"阐发生命梦幻的本质，"物生有象象乃滋，梦幻无根成斯须。方其梦时了非无，泡影一失俯仰殊"。从认识生命的虚无而体悟生命的真谛，即"六如"之灭尽后乃见"真吾"。进而体悟到世界的虚幻性，因此生出游戏人生、逢场作戏的解脱法门，"清露未晞电已徂，此灭灭尽乃真吾。云如死灰实不枯，逢场作戏三昧俱。化身为医忘其躯，草书非学聊自娱"。从中可见苏轼人生"俯仰"之思想是佛教禅宗般若空观的一种演绎。苏轼的"俯仰"思想也有来自道家的人生观，如在《送蹇道士归庐山》中曰：

物之有知盖恃息，孰居无事使出入。心无天游室不空，六凿相攘妇争席。
法师逃人入庐山，山中无人自往还。往者一空还者失，此身正在无还间。
绵绵不绝微风里，内外丹成一弹指。人间俯仰三千秋，骑鹤归来与子游。[2]

此诗是送别之作，送的是道人，别的是有情和无情。道家认为世间人生，既然

[1] 苏轼撰，王文浩辑注，孔凡礼点校《苏轼诗集》卷三十四，中华书局1982年版，第1795页。
[2] 苏轼撰，王文浩辑注，孔凡礼点校《苏轼诗集》卷三十，中华书局1982年版，第1597页。

是暂寄，那么何处可归呢？苏轼诗中便借用这种思想来阐发自己"有情"之心。诗的第二句用《庄子·外物》中"心无天游，则六凿相攘"之语，"六凿"是耳、目、鼻六孔，意思是说人之六情，即喜、怒、哀、乐、爱、恶是来自感觉器官，而动之于心，无心则无六情。道人所还是庐山，而道人之道则无还处，处处皆是道，"此身正在无还间"。道与俗、有情与无情，只是一念之差别耳。诗中"人间俯仰三千秋，骑鹤归来与子游"，更进一步以见道之慧眼观人间之万事。因此，"俯仰"便是苏轼对人生的顿悟，以顿悟之心安生命之须臾的表现手法，在他的诗词中表现甚多，如：

> 云何抱沉疾，俯仰便一世。
>
> ——《孔毅甫妻挽词》，载《苏轼诗集》卷二十二，第 1168 页

> 百年一俯仰，寒暑相主客。
>
> ——《次韵王郎子立风雨有感》，载《苏轼诗集》卷三十，第 1594 页

> 俯仰四十年，始知此生浮。
>
> ——《九日次定国韵》，载《苏轼诗集》卷三十五，第 1905 页

> 浮生知几何，仅熟一釜羹。那于俯仰间，用此委曲情。
>
> ——《次丹元姚先生韵二首（其一）》，载《苏轼诗集》卷三十六，
>
> 第 1951 页

> 嬉游趁时节，俯仰了此世。
>
> ——《正月二十四日，与儿子过，赖仙芝、王原秀才、僧昙颖、行全、道士何宗一同游罗浮道院及栖禅精舍，过作诗，和其韵，寄迈迨》，载《苏轼诗集》卷三十九，第 2099 页

> 吾生本无待，俯仰了此世。念念自成劫，尘尘各有际。
>
> ——《迁居》，载《苏轼诗集》卷四十，第 2194 页

> 俯仰可卒岁，何必谋二顷。
>
> ——《新居》，载《苏轼诗集》卷四十二，第 2312 页

由上所举之诗句，其"俯仰"之含义，乃是苏轼人生存在的体悟，有安命度诸缘之超越，也有随缘自适的调解。另外，在诗词中也有用"一弹指"来表达生命之短暂之诗句，如：

> 三过门间老病死，一弹指顷去来今。
>
> ——《过永乐文长老已卒》，载《苏轼诗集》卷十一，第 566 页

美师游戏浮沤间，笑我荣枯弹指内。

——《龟山辩才师》，载《苏轼诗集》卷二十四，第 1295 页

生成变坏一弹指，乃知造物初无物。

——《次韵吴传正枯木歌》，载《苏轼诗集》卷三十六，第 1961 页

伤心一念偿前债，弹指三生断后缘。

——《悼朝云》，载《苏轼诗集》卷四十，第 2202 页

弹指太息，浮云几何。

——《和陶停云四首（其四）》，载《苏轼诗集》卷四十一，第

2269 页

总之，苏轼在继承儒、释、道人生观的过程中，仍保持着自己的觉醒心态，有意识地接受的同时，将其用于现实生活中，而不流入对死亡后众多虚幻思考的高论。将死亡归纳于人生之"俯仰"的本质上，是为了超越因死亡之担忧而活得不快乐。从艺术人生角度来看，这种从现实中体悟到生死两须臾，是一种审美的人生；而化解了人生死亡之焦虑，是安顿了人生诸缘的体现。从宗教角度来讲，这便是一种"人间净土"的了悟。从人格角度而言，这又是一种自我超越和完善的实现。

二、死亡的超越

有生必有死这是常理，对于天高地厚难逃于系命，升沉于何方的问题，是历代贤哲们所思考的问题。孔子回答子路曰："未知生，焉知死？"[1] 显然是对死亡的模糊，但提倡生的奉献（三不朽）这或许是对死亡的一种超越。道家认为"无我"便无生死，如老子说："吾之所以有大患者，为吾有身，及吾无身，吾有何患。"[2] 意思是有形必有坏，无形则无坏，通过超越自我肉体的存在来超越生死。佛教则认为生死皆由"无明"，万物是因缘生灭，本无自性，无明灭尽就会无执着、无烦恼，入于涅槃而超越生死轮回。其实，生灭是万物成、住、易、灭的自然规律，生是一种奔往死的渐进过程。这个过程在苏轼看来只是一"俯仰"耳，"俯仰了此世"、"俯仰可卒岁"，如此何不是一种超越儒、释、道三家思想对死亡的观念？所谓超越，是生命觉醒意识的超越，王水照说"比之'生死有命，富贵在天'（《论语·颜渊》）来，多了

---

[1] 《论语·先进》。
[2] 《老子·十三章》。

一份人的主观能动作用"[1]，正是这种超越。

"死"是"生"的对立，死亡的痛苦是生者的感受，而死者并无此感受。换言之，死亡是生存者一种永久失去的概念，而生者因执着之心，故常为逝者之离开而痛苦。从认识生命的本质，到建构超越生死的理论，是儒、释、道三家思想的基本理论，苏轼也是如此。如上文所述，苏轼以一种觉醒的心态，认识了生命的路程是短暂之"寄寓"，死亡的来临是变易之"俯仰"，从中我们可以窥见其对生死执着的撞击与突破。认识到生命是"寄寓"和"俯仰"的本质后，苏轼便对超越生死问题进行了思考和探索，在《思无邪斋铭》中，他说：

> 大患缘有身，无身则无病。廓然自圜明，镜镜非我镜。如以水洗水，二水同一净。浩然天地间，惟我独也正。[2]

这篇铭文之序中有曰："东坡居士问法于子由。子由报以佛语，曰：'本觉必明，无明明觉。'居士欣然有得于孔子之言曰：'《诗》三百，一言以蔽之，曰思无邪。'夫有思皆邪也，无思则土木也，吾何自得道，其惟有思而无所思乎？于是幅巾危坐，终日不言，明目直视，而无所见，摄心正念，而无所觉。于是得道，乃名其斋曰思无邪，而铭之。"从序文中，我们可以发现苏轼是如何突破儒家和佛家思想的。从实践过程中突破所接受而疑惑的问题，所接受的是儒家"思无邪"思想，和佛教"烦恼即菩提"、"生死即涅槃"的思想，所疑惑的是"其惟有思而无所思乎？"他认为"有思皆邪也，无思则土木"。从铭文中可以看到苏轼是如何突破这个难关的，通过终日"危坐"观照其道理，来突破其难关。而苏轼的"危坐"观照，凭借道家"坐忘"的方法，参照佛教"坐禅"的法门，而后所得道之境界是高于儒、释、道三家的境界。序中的"而无所见"、"而无所觉"是道家"心斋"法，道家"心斋"（详见上文）的目的是超越肉体的存在，达到"无身"而"忘我"的境界；"摄心正念"则是禅宗默照禅的法门，"摄心正念"的目的是达定的境界，然因定生慧（佛教的"慧"是能断烦恼之"慧"）。苏轼在铭文中的第一句"大患缘有身，无身则无病"是老子所说的"吾之所以有大患者，为吾有身，及吾无身，吾有何患"之语。第二句"廓然自圜明，镜镜非我镜"是禅宗六祖慧能所唱的"菩提本无树，明镜亦非台。本来

---

[1] 王水照：《苏轼临终的"终极关怀"》，载《王水照自选集》，上海教育出版社2000年版，第362页。

[2] 苏轼撰，孔凡礼点校：《苏轼文集》卷十九，中华书局1986年版，第574页。

无一物，何处惹尘埃"[1]之偈。第三句"如以水洗水，二水同一净"仍用佛教反常观，据《杨岐方会和尚语录》中记载："僧问。急水江头须下钓。如何钓得巨鳌归。师云。撒手长空外。时人总不知。进云。知底事作么生。师云。云生岭上。进云。作家宗师天然犹在。师云。念言语汉。师乃云。不见一法是大过患。拈起拄杖云。穿却释迦老子鼻孔。作么生道得脱身一句。向水不洗水处道将一句来。"[2]又《大慧普觉禅师住育王广利禅寺语录》记载："僧问。大梅即心是佛。马祖非心非佛。阿那个是。师云。两个俱是。两个俱不是。进云。金不博金。水不洗水。"[3]可见苏轼终日"危坐"观照的对象是释、道两家的反常思想。铭文中第四句"浩然天地间，惟我独也正"是苏轼终日"危坐"观照得道之境界，此境界是庄子所说"忘己之人，是之谓入于天"[4]后"见独"的境界，其境界如庄子所言："已外生矣，而后能朝彻，朝彻而后能见独，见独而后能无古今，无古今而后能入于不死不生。"[5]铭文中最后一"正"字，道尽了苏轼人格的魅力，所谓"主观能动作用"乃此"正"也。孟子说："莫非命也，顺受其正；是故知命者不立乎岩墙之下。尽其道而死者，正命也。"[6]虽然任何事情都有其命运，顺从天命、接受命运不意味着听从而无所行动，知道有害则不能做，如知道墙会倒仍站在墙脚下一样。顺其天命，但要用清醒和理性的眼光去洞察事情的好坏。苏轼体悟了物我两忘、万物虚无的本质后，达到了"见独"的境界，不是为了满足高谈虚论，也不是听天由命的安排，而是更清醒而积极地走进人间行人事。如果要赞美苏轼，那么文天祥的"是亦一东坡，非亦一东坡"正贴切。在《墨妙亭记》文中，苏轼更清楚地表达了孟子的"正命"思想，他说：

> 物之有成必有坏，譬如人之有生必有死，而国之有兴必有亡也。虽知其然，而君子之养身也，凡可以久生而缓死者无不用，其治国也，凡可以存存而救亡者无不为，至于不可奈何而后已。此之谓知命。[7]

从中可见苏轼对知命（即孟子之正命）的理解，虽然万物"有成必有坏"，但

---

[1] 《坛经·行由第一》，载《大藏经》第48册，第347页下。

[2] 《杨岐方会和尚语录·袁州杨岐山普通禅院会和尚语录》，载《大正新修大藏经》第47册，第640页中。

[3] 《大慧普觉禅师住育王广利禅寺语录》第五，载《大正新修大藏经》第47册，第830页中。

[4] 《庄子·天地》。

[5] 《庄子·大宗师》。

[6] 《孟子·尽心上》。

[7] 苏轼撰，孔凡礼点校：《苏轼文集》卷十一，中华书局1986年版，第354页。

是也不能完全任其命运发展而无所作为，人应该只要有机会就尽自己最大的努力"无不用"、"无不为"地去做，做到自己无可奈何没有办法做才算完，这才叫知命。苏轼的这种境界就是儒家为了追求生命的永恒，创造"三不朽"具体行动的有为之境界。从中可以窥见苏轼以释、道思想构建自己儒家立身处世之态度。

类似于因"其惟有思而无所思"的疑惑而进行思考，苏轼在《答毕仲举二首（黄州）》中云：

> 学佛老者，本期于静而达，静似懒，达似放，学者或未至其所期，而先得其所似，不为无害。仆常以此自疑，故亦以为献。来书云：处世得安稳无病，粗衣饱饭，不造冤业，乃为至足。三复斯言，感叹无穷。世人所作，举足动念，无非是业，不必刑杀无罪，取非其有，然后为冤业也。无缘面论，以当一笑而已。[1]

从中，苏轼指出"学佛老者"常流入无为（懒和放）的危害极端，静和达的境界是针对"有为"之士而言，认为"有为"之士应该要有"静"与"达"的胸襟。这是"佛老"留给他们最好的财产，且只有在这些"有为"之士这里才能发挥其最好的作用，而不是在那些高谈阔论之士那里，"公终日说龙肉，固不如仆之食猪肉实美而真饱也"。因此，苏轼对毕仲举来信中"处世得安稳无病，粗衣饱饭，不造冤业，乃为至足"的思想十分欣赏。从中可以看出他学佛老的目的，从"焚香默坐，深自省察"进入"静而达"的随缘境界，再回到人生中，完成自己该完成的职责，这也是儒家所提倡的"正心、修身、齐家、治国、平天下"的理想入世模式。

上述苏轼之超越是对儒家超越死亡的超越，对于道家的生死观，他也有类似之超越。苏轼于元丰二年（1079）正月所作的《游桓山记》，其文有云：

> 季武子之丧，曾点倚其门而歌。仲尼，日月也，而魋以为可得而害也。且死为石椁，三年不成，古之愚人也。余将吊其藏，而其骨毛爪齿，既已化为飞尘，荡为冷风矣，而况于椁乎，况于从死之臣妾、饭含之贝玉乎？使魋而无知也，余虽鼓琴而歌可也。使魋而有知也，闻余鼓琴而歌知哀乐之不可常、物化之无日也，其愚岂不少瘳乎？[2]

---

[1]　苏轼撰，孔凡礼点校：《苏轼文集》卷五十六，中华书局1986年版，第1671页。

[2]　苏轼撰，孔凡礼点校：《苏轼文集》卷十一，中华书局1986年版，第370页。

文中苏轼认为司马桓魋为自己后世而做"石椁"，是愚蠢之举。他对死后灵魂之有无的怀疑，是对"生"的肯定，在《静常斋记》中有云：

> 无古无今，无生无死，无终无始，无后无先，无我无人，无能无否，无离无着，无证无修。即是以观，非愚则痴。舍是以求，非病则狂。昏昏默默，了不可得。混混沌沌，茫不可论。虽有至人，亦不可闻，闻为真闻，亦不可知，知为真知。[1]

文中虽然说的是道家的思想，即"至道"的境界，"昏昏默默"不能以言语而求之，但其所用的是佛家思想，即所谓"依经解义三世佛冤，离经一字即同魔说"之理论。禅宗为了避免陷入此背道之境，而选择"不立文字"为传教之宗旨，而后有"不离文字"的文字禅也不出此理。通过佛教的理论，苏轼提出自己对死后的世界的怀疑，在《和陶神释》中，提出对儒、释、道三家思想中所言的境界，其诗曰：

> 二子本无我，其初因物著。岂惟老变衰，念念不如故。知君非金石，安得长托附。莫从老君言，亦莫用佛语。仙山与佛国，终恐无是处。甚欲随陶翁，移家酒中住。醉醒要有尽，未易逃诸数。平生逐儿戏，处处余作具。所至人聚观，指目生毁誉。如今一弄火，好恶都焚去。既无负载劳，又无寇攘惧。仲尼晚乃觉，天下何思虑。[2]

苏轼强调一切之有无，都是因执着而产生，生死之事大，迅速无常，后念生命已经不如前念了。生已如此虚无，死后更虚无，故说"仙山与佛国，终恐无是处"。不执着才可以做到超越生死，苏轼的《书南华长老重辩师逸事》文中对死亡的总结很值得我们参考，其文曰：

> 契嵩禅师常瞋，人未尝见其笑；海月慧辩师常喜，人未尝见其怒。予在钱塘，亲见二人皆趺坐而化。嵩既茶毗，火不能坏，益薪炽火，有终不坏者五。海月比葬，面如生，且微笑。乃知二人以瞋、喜作佛事也。世人视身如金玉，不旋踵为粪土，至人反是。予以是知一切法，以爱故坏，以舍故常在，岂不然哉？[3]

————————

[1] 苏轼撰，孔凡礼点校：《苏轼文集》卷十一，中华书局1986年版，第363页。

[2] 苏轼撰，王文浩辑注，孔凡礼点校《苏轼诗集》卷四十二，中华书局1982年版，第2307页。

[3] 苏轼撰，孔凡礼点校：《苏轼文集》卷六十六，中华书局1986年版，第2053页。

契嵩与辩才（即海月慧辩）两位禅师留给苏轼的印象是相反的，契嵩"常瞋"少笑；慧辩"常喜"少怒，但苏轼认为契嵩、辩才二师都"以瞋、喜作佛事"。苏轼目击他们"皆趺坐而化"，而且让苏轼很难理解的是"嵩既荼毗，火不能坏"，"海月比葬，面如生，且微笑"。两位禅师圆寂后的异事，引发了苏轼对生命的思考，他得出的结论是"一切法，以爱故坏，以舍故常在"，欲破解一切执着心，反常思维方式是极其重要的。这种反常思维方式在苏轼诗中也是常见的现象，如上文所提及的"吾生如寄耳，何者为祸福"[1]，人生既然是虚无的暂时"寄寓"，那么祸福何处之有呢？其实，苏轼的这种反常思维主要是受六祖慧能的影响。六祖慧能常以"对法"作偈，上文所述"身是菩提树，心如明镜台。时时勤拂拭，勿使惹尘埃"之偈，是神秀"菩提本无树，明镜亦非台。本来无一物，何处惹尘埃"之偈的反唱版。[2]又在《余过温泉，壁上有诗云：直待众生总无垢，我方清冷混常流。问人，云：长老可遵作。遵已退居圆通，亦作一绝》诗中说：

石龙有口口无根，自在流泉谁吐吞。若信众生本无垢，此泉何处觅寒温。[3]

这里苏轼采用了慧能作偈的对法翻案了可遵长老之诗句。可遵长老曰："直待众生总无垢，我方清冷混常流。"苏轼对曰："若信众生本无垢，此泉何处觅寒温。"这种思维不仅使苏轼破解执着于物，超越生死，在创作方面也起到极大的作用。苏轼一生创作的诗篇，和韵占他集子的三分之一，在其和韵的天地里，慧能的"对法"无疑是他和韵的切玉刀，由此创作了大量杰作，为中国文学宝库添加了花锦。如著名的"人生到处知何似？应似飞鸿踏雪泥。泥上偶然留指爪，鸿飞那复计东西。老僧已死成新塔，坏壁无由见旧题。往日崎岖还记否，路长人困蹇驴嘶"[4]一诗，很难说没有翻案其弟苏辙的诗句："相携话别郑原上，共道长途怕雪泥。归骑还寻大梁陌，行人已度古崤西。曾为县吏民知否？旧宿僧房壁共题。遥想独游佳味少，无方骓马但鸣嘶。"[5]苏轼不仅翻案他人诗意，还翻案自己的诗，如在《答陈述古二首》

[1]　《和王晋卿》，载苏轼撰，王文浩辑注，孔凡礼点校：《苏轼诗集》卷二十七，中华书局1982年版，第1422页。

[2]　见《坛经·行由第一》，载《大正新修大藏经》第48册。

[3]　苏轼撰，王文浩辑注，孔凡礼点校：《苏轼诗集》卷二十三，中华书局1982年版，第1214页。

[4]　苏轼：《和子由渑池怀旧》，载苏轼撰，王文浩辑注，孔凡礼点校：《苏轼诗集》卷三，中华书局1982年版，第96页。

[5]　《怀渑池寄子瞻兄》，苏辙著，陈宏天、高秀芳点校：《苏辙集》卷一，中华书局2004年版，第12页。

之一中的"城西亦有红千叶，人老替花却自羞"之句，反用自己五年之前的旧作《吉祥寺赏牡丹》的"人老簪花不自羞，花应羞上老人头"之诗句，有时候他在同一首诗里后句翻案了前句，营造一种所谓"空诸所有"、"无中生有"的意蕴，《书焦山纶长老壁》云：

> 法师住焦山，而实未尝住。我来辄问法，法师了无语。法师非无语，不知所答故。[1]

又《闻辩才法师复归上天竺，以诗戏问》诗云：

> 寄诗问道人，借禅以为诙。何所闻而去？何所见而回？道人笑不答，此意安在哉！昔年本不住，今者亦无来。[2]

这里苏轼采用了对法，后句反用前句意思，"住"对"不住"，"无语"对"非无语"，"本不住"对"亦无来"。综观苏轼之诗，此类作品不在少数，如：

> 说静故知犹有动，无闲底处更求忙。
> ——《柳子玉亦见和因以送之兼寄其兄子璋道人》，载《苏轼诗集》
> 卷十一，第 540 页

> 无弦则无琴，何必劳抚玩。
> ——《和顿教授见寄，用除夜韵》，载《苏轼诗集》卷十三，第 626 页
> 从来无脚不解滑，谁信石头行路难。
> ——《次韵答宝觉》，载《苏轼诗集》卷二十四，第 1258 页
> 圆间有物物间空，岂有圆空入井中。不信天形真个样，故应眼力自先穷。
> 连环已解如神手，万窍犹号未济风。稽首问公公大笑，本来谁碍更求通。
> ——《记梦》，载《苏轼诗集》卷二十五，第 1326 页
> 我心空无物，斯文定何间。
> ——《书王定国所藏王晋卿画着色山二首》之一，载《苏轼诗集》卷
> 三十一，第 1638 页

> 铁桥本无柱，石楼岂有门。
> ——《次韵定慧钦长老见寄八首》之二，载《苏轼诗集》卷三十九，
> 第 2115 页

---

[1] 苏轼撰，王文浩辑注，孔凡礼点校：《苏轼诗集》卷十一，中华书局1982年版，第552页。
[2] 苏轼撰，王文浩辑注，孔凡礼点校：《苏轼诗集》卷十六，中华书局1982年版，第824页。

首断故应无断者，冰销那复有冰知。主人若苦令侬认，认主人人竟是谁。

有主还须更有宾，不如无境自无尘。只从半夜安心后，失却当前觉痛人。

——《钱道人有诗云"直须认取主人翁"，作两绝戏之》，载《苏轼诗集》

卷四十七，第 2525 页

凡此类诗皆与上述慧能翻神秀之偈的方法相似，都是在利用对方的观点的同时建立自己的看法。苏轼人生的最后一首诗仍以这种思维方式和韵维琳长老《问疾》偈：

维琳偈倡：

扁舟驾兰陵，自懦旧风物。君家有天人，雄雄维摩诘。我口吞文殊，千里来问疾。若以默相酬，露柱皆笑出。[1]

苏轼诗和：

与君皆丙子，各已三万日。一日一千偈，电往那容诘。大患缘有身，无身则无疾。平生笑罗什，神咒真浪出。[2]

维琳长老偈中引用《维摩诘所说经》中故事，文殊师利问疾维摩诘居士时，摩诘说"不二法门"[3] 是言语道断、心行处灭，离四句绝百非之不可思议之境界。苏轼则巧妙地运用了《坛经》中慧能因听《金刚经》四句偈[4] 而悟出"无一法门"[5]，特别是诗最后一句"平生笑罗什，神咒真浪出"被很多学者认为是苏轼终身不信佛的例证，这是一种极大的误会，甚至是一种谬论，是片面解义的行动。首先，维琳来看苏轼之前，苏轼曾写信给他，曰：

卧病五十日，日以增剧，已颓然待尽矣。两日始微有生意，亦未可必也。适睡觉，忽见刺字，惊叹久之。暑毒如此，岂耆年者出山旅次时耶？不审比来眠食何如？某扶行不过数步，亦不能久坐，老师能相对卧谈少顷否？

[1] 维琳：《与东坡问疾》。

[2] 《答径山琳长老》，载苏轼撰，王文浩辑注，孔凡礼点校：《苏轼诗集》卷四十五，中华书局1982年版，第2459页。

[3] 《维摩诘所说经》，载《大正新修大藏经》第14册。

[4] "一切有为法，如梦、幻、泡、影，如露亦如电，应作如是观"，载《大正新修大藏经》第8册，第752页中。

[5] 详见《坛经·行由第一》，载《大正新修大藏经》第48册。

即告晚凉，更一访。[1]

信中苏轼以恳切的语气表达自己想与他卧谈的愿望，而自己因病情严重不能行走，故希望维琳能来看望他。这不就是所谓"鸟之将死，其鸣也哀；人之将死，其言也善"[2]的表现吗？他想要的是心安，他需要维琳的安慰。因此，维琳用"不二法门"来让他观照自性本清净，希望他不要执着于有无而痛苦、不安。苏轼"笑罗什"有四层意义：①死亡是自然现象，有其了结的定命，而有些人为了延长生命做一些荒谬无意义的事情；②对维琳长老所开导的道理他"平生"（一直）知道的，想维琳来看他只是想有个人可以说说话，就像罗什觉得"四大不愈"时让弟子诵神咒以自救一样；③告诉维琳不要担心他，这些道理他都懂的；④所谓"笑罗什"是一种自嘲罢了，意思是说自己对这些生死"俯仰"的道理都懂，但面对事情时仍做不到那样潇洒，其实苏轼能这样自嘲已是一种极大的潇洒了。其次，鸠摩罗什是一位神僧，对汉译佛经有很大的贡献，《维摩诘所说经》是他所翻译的。"什未终日。少觉四大不愈。乃口出三番神呪令外国弟子诵之以自救。未及致力转觉危殆。于是力疾与众僧告别曰。因法相遇殊未尽伊心。方复后世恻怆何言。自以闇昧谬充传译。自以闇昧谬充传译。凡所出经论三百余卷。唯十诵一部未及删烦。存其本旨必无差失。愿凡所宣译传流后世咸共弘通。今于众前发诚实誓。若所传无谬者。当使焚身之后舌不燋烂……卒于长安……火焚尸。薪灭形碎唯舌不灰。"[3]这事情苏轼不可能不知道，如果说他真的"笑罗什"，那岂不是说苏轼是不分黑白是非的极其荒谬之士了吗？如果以苏轼此语为证，断论其不信佛法岂不是更荒谬乎？另外，其弟苏辙在《亡兄子瞻端明墓志铭》中说：

建中靖国元年六月，请老，以本官致仕。遂以不起。未终旬日，独以诸子侍侧曰："吾生无恶，死必不坠，慎无哭泣以怛化。"问以后事，不答，湛然而逝，实七月丁亥也。[4]

苏轼临终时，跟诸子说"吾生无恶，死必不坠"，说明他是相信"轮回业报"的。佛教认为造十不善业，死后堕于地狱、饿鬼、畜生三恶趣。从上文中，可见苏轼临

[1] 《与径山长老维琳二首（之一）》，载苏轼撰，孔凡礼点校：《苏轼文集》卷六十一，中华书局1986年版，第1884页。

[2] 《论语·泰伯》。

[3] 《高僧传》卷第二《鸠摩罗什》，载《大正新修大藏经》第50册，第330页上。

[4] 苏辙著，陈宏天、高秀芳点校：《苏辙集》卷二十二，中华书局2004年版，第1126页。

终时的表现，与庄子临终时的表现相似，据《杂篇·列御寇》记载："庄子将死，弟子欲厚葬之。庄子曰：'吾以天地为棺椁，以日月为连璧，星辰为珠玑，万物为赍送。吾葬具岂不备邪？何以加此？'弟子曰：'吾恐乌鸢之食夫子也。'庄子曰：'在上为乌鸢食，在下为蝼蚁食，夺彼与此，何其偏也！'"[1] 他相信，他马上可以归家，入于天地间，与宇宙共存，因此他感到喜悦而无恐惧。苏轼在很大程度上接受了庄子对于死的达观态度，其实在被远贬岭海时，他也曾打算死则葬于此地："某垂老投荒，无复生还之望，昨与长子迈诀，已处置后事矣。今到海南，首当作棺，次便作墓，乃留手疏与诸子，死则葬于海外，庶几延陵季子赢博之义，父既可施之子，子独不可施之父乎？生不挈家死不扶柩，此亦东坡之家风也。"[2] 面对死亡如此从容，除了对于那些政敌中屑小之徒的轻蔑之外，与庄子的不同正在于他旷达背后对于人生的浓浓情意。从中我们可以窥见苏轼如何在精神上实现超越有无的执着，同时也可隐约看出他如何面对死亡的焦虑。

由上所言，苏轼在接受儒、释、道三家思想对人生生死问题之理论的过程中，仍以一种清醒心态去体验其思想中超越的一面。从意识到生命之"寄寓"，到体悟生命历程之"俯仰"的本质，通过参照三家思想的精华，尤其是佛老思想反常思维方式，来构建自己生死观的思想体系，从而实现处处建立"人间净土"的境界。从中我们不难看到儒、释、道融会贯通的天地以及其超越意识的表现，可以说苏轼这种超越生死的意识，是儒、释、道的人生境界。

---

[1] 《庄子·列御寇》。

[2] 《与王敏仲十八首（十六）》，载苏轼撰，孔凡礼点校：《苏轼文集》卷五十六，中华书局 1986 年版，第 1695 页。

第五章　苏轼的梦幻人生思想及其对现实的超越意识

因不真实而美丽，"梦"走进了中国文学的天地，成为其重要组成部分，历朝历代的文人墨客无不爱之用之。《诗经》中的《小雅·斯干》、《小雅·无羊》两篇占梦诗，以梦来占卜生育男女和岁年吉凶，开启了梦与文学的天地，《庄子》中的"梦"更加有文学和哲理的含蕴，他曾在其著作中多次提及"梦"，而"庄生化蝶"的典故更是被后世文人广泛引用。从战国时代屈原《离骚》中"梦"的浪漫、魏晋人志怪小说中"梦"的神秘、唐代传奇中"梦"的美丽，到蒲松龄《聊斋志异》中"梦"的离奇、元代汤显祖"临川四梦"中"梦"的幽然；也有的"梦"是一种对人生无常的感叹、对宇宙万物变化的沉思。无论是因为不真实而美丽，还是或感叹或沉思，"梦"无不令人喜爱而产生对人生存在价值的思考。在中国文学史中，苏轼可以算是一位写"梦"的杰出人物，仅从他诗词中含"梦"字的作品数量来看，他足以称为写"梦"的大家。据笔者统计（见本书附录5），在他的 2 823 首诗中，含"梦"字的共329首，约占总数的11.65%；在其359首词（包括残句10则、互见他集8首、存疑10首）中，含"梦"字的共64首，约占总数的17.83%；合计诗词 3 182 首，含"梦"字的共393首，约占总数的12.35%。从内容上讲，他更堪称其号，下以述之。

第一节　苏轼诗词中"梦"之意象论

一、诗词中"梦"的考察

关于苏轼诗词中含"梦"字的作品，有的是记梦之作，有的是梦中之作，有的是梦喻之作。记梦之作，诗作共13首，词作共4首；梦中之作，诗作共9首，词无梦中得者，其余368首均为梦喻之作。记梦之作如下：

困眠一榻香凝帐，梦绕千岩冷逼身。

——《宿九仙山》，载《苏轼诗集》卷十，第492页今年果起故将军，幽梦清诗信有神。

——《闻乔太博换左藏知钦州，以诗招饮》，载《苏轼诗集》卷十四，
第 681 页

三年归来真一梦，桥山松桧凄风霜……梦中神授心有得，觉来信手笔已忘。

——《赠写御容妙善师》，载《苏轼诗集》卷十五，第 770 页

了然非梦亦非觉，有人夜呼祁孔宾。

——《石芝并引》，载《苏轼诗集》卷二十，第 1047 页

昨夜风月清，梦到西湖上……还将梦魂去，一夜到江涨。

——《杭州故人信至齐安》，载《苏轼诗集》卷二十一，第 1090 页

我不识君曾梦见，瞳子了然光可烛。

——《书林逋诗后》，载《苏轼诗集》卷二十五，第 1343 页

梦中仇池千仞岩，便欲揽我青霞幨。

——《次韵晁无咎学士相迎》，载《苏轼诗集》卷三十五，第 1868 页

梦时良是觉时非，汲水埋盆故自痴。

——《双石（并引）》，载《苏轼诗集》卷三十五，第 1880 页

老蚕作茧何时脱，梦想至人空激烈。

——《石芝诗（并引）》，载《苏轼诗集》卷三十七，第 2001 页

梦往从之游，神交发吾蔽。

——《和陶桃花源并引》，载《苏轼诗集》卷四十，第 2196 页

不敢梦故山，恐兴坟墓悲……梦与邻翁言，悯默怜我衰。

——《和陶还旧居》，载《苏轼诗集》卷四十一，第 2250 页

夜梦嬉游童子如，父师检责惊走书。

——《夜梦并引》，载《苏轼诗集》卷四十一，第 2251 页

春草池塘惠连梦，上林鸿雁子卿归。

——《昔在九江，与苏伯固唱和。其略曰："我梦扁舟浮震泽，雪浪横江千顷白。觉来满眼是庐山，倚天无数开青壁。"盖实梦也。昨日，又梦伯固手持乳香婴儿示予，觉而思之，盖南华赐物也。岂复与伯固相见于

221

此耶？今得来书，知已在南华相待数日矣。感叹不已，故先寄此诗》，载《苏
轼诗集》卷四十四，第 2408 页

觉来幽梦无人说。

——《醉落魄（轻云微月）》，载《苏轼词集》，第 58 页

夜来幽梦忽还乡。

——《江城子（十年生死两茫茫）》，载《苏轼词集》，第 141 页

黯黯梦云惊断……古今如梦，何曾梦觉，但有旧欢新怨。

——《永遇乐（明月如霜）》，载《苏轼词集》，第 247 页

我梦扁舟浮震泽……梦中游，觉来清赏，同作飞梭掷。

——《归朝欢（我梦扁舟浮震泽）》，载《苏轼词集》，第 737 页

梦中之作者，如下：

心随白云去，梦绕山之麓。

——《和子由记园中草木十一首（其十）》，载《苏轼诗集》卷五，
第 200 页

歌咽水云凝静院，梦惊松雪落空岩。

——《记梦回文二首并叙（其一）》，载《苏轼诗集》卷二十一，第
1102 页

《金山梦中作》（载《苏轼诗集》卷二十四，第 1274 页）

元祐六年三月十九日，予自杭州还朝，宿吴淞江，梦长老仲殊挟琴过予，
弹之有异声，就视，琴颇损，而有十三弦。

——《破琴诗（并引）》，载《苏轼诗集》卷三十三，第 1768 页

梦回拾得吹来句，十里南风草木香。

——《山光寺回，次芝上人韵》，载《苏轼诗集》卷三十五，第
1898 页

《十一月九日，夜梦与人论神仙道术，因作一诗八句。即觉，颇记其
语，录呈子由弟。后四句不甚明了，今足成之耳》（载《苏轼诗集》卷
三十九，第 2154 页）

梦云忽变色，笑电亦改容。

——《行琼、儋间，肩舆坐睡。梦中得句云：千山动鳞甲，万谷酣笙钟。

觉而遇清风急雨，戏作此数句》，载《苏轼诗集》卷四十一，第2246页

《往年，宿瓜步，梦中得小绝，录示谢民师》（载《苏轼诗集》卷四十四，第2392页）

《梦中作寄朱行中》（载《苏轼诗集》卷四十五，第2458页）

其余368首梦喻之作详见本书附录5，在此不宜俱列。

根据《苏轼诗集》（〔清〕王文浩辑注，孔凡礼点校，中华书局1982年版）、《苏轼词编年校注》（邹同庆、王宗堂著，中华书局2002年版），并结合王水照先生七期的分期法[1]，笔者将嘉祐、治平凤翔签判时期与熙宁二年二月在朝至四年十月往杭州通守途中时期合成一个时期，称为杭州通守前期。进而，笔者对苏轼诗词中含"梦"的作品进行统计。在《苏轼诗集》中，从卷一至卷四十五，共2 388首诗，含"梦"字的共296首；在《苏轼词编年校注》中，编年词共292首，含"梦"字的共57首，合计诗词共2 688首，含"梦"字的共353首。

（一）第一期：杭州通守前期（24—36岁）

从嘉祐四年（1059）十一月至熙宁四年（1071）十一月（《苏轼诗集》卷一至卷六）的十二年（共144月）间，诗作共276首，含"梦"字者共21首，约占7.6%，诗歌创作的频率约1.9首/月，含"梦"字者出现频率约1.8首/年；词作共4首，无含"梦"字者。诗词合计280首，含"梦"字者21首，占本期诗词总数的7.5%；诗词创作的频率约1.9首/月，含"梦"字者出现频率约1.8首/年。

（二）第二期：杭州通守时期（36—44岁）

从熙宁四年（1071）十二月至元丰二年（1079）十二月（《苏轼诗集》卷七至卷十九）的八年（共96月）间，诗作共730首，含"梦"字者共63首，约占8.63%，诗歌创作的频率约7.6首/月，含"梦"字者出现频率约7.9首/年；词作共105首，含"梦"字者共17首，约占16.19%，词创作的频率约1.6首/月，含"梦"字者出现频率约2.1首/年。诗词合计835首，含"梦"字者80首，占本期诗词总数的9.58%；诗词创作的频率约8.7首/月，含"梦"字者出现频率约10首/年。

（三）第三期：黄州及北归时期（45—50岁）

从元丰三年（1080）正月至元丰八年（1085）十二月（《苏轼诗集》卷二十至卷二十六）的五年（共71月）内，诗作共387首，含"梦"字者共61首，约占

---

[1]　王水照：《苏轼研究》，河北教育版社1999年5月版，第18页。

15.76%，诗歌创作的频率约5.5首／月，含"梦"字者出现频率约12.2首／年；词作共102首，含"梦"字者共22首，约占21.57%，词创作的频率约1.4首／月，含"梦"字者出现频率约4.4首／年。诗词合计489首，含"梦"字者83首，占本期诗词总数的16.97%；诗词创作的频率约6.9首／月，含"梦"字者出现频率约16.6首／年。

（四）第四期：元祐在朝时期（51—53岁）

元祐元年（1086）正月至元祐三年（1088）闰十二月（《苏轼诗集》卷二十七至卷三十）的三年（共35月）内，诗作共188首，含"梦"字者共23首，约占12.23%，诗歌创作的频率约5.4首／月，含"梦"字者出现频率约11.5首／年；词作共6首，无含"梦"字者。诗词合计194首，含"梦"字者23首，约占本期诗词总数的11.86%；诗词创作的频率约5.5首／月，含"梦"字者出现频率约11.5首／年。

（五）第五期：再次莅杭时期（54—59岁）

从元祐四年（1089）正月至绍圣元年（1094）六月（《苏轼诗集》卷三十一至卷三十七）的五年（共65月）内，诗作共398首，含"梦"字者共57首，约占14.32%，诗歌创作的频率约6.1首／月，含"梦"字者出现频率约11.4首／年；词作共48首，含"梦"字者共11首，占22.92%，词创作的频率约0.74首／月，含"梦"字者出现频率约9.6首／年。诗词合计446首，含"梦"字者68首，约占本期诗词总数的15.24%；诗词创作频率约6.9首／月，含"梦"字者出现频率约13.6首／年。

（六）第六期：贬谪岭海时期（59—66岁）

从绍圣元年（1094）七月至建中靖国元年（1101）七月（《苏轼诗集》卷三十八至卷四十五）的七年（共84月）内，诗作共409首，含"梦"字者共71首，约占17.36%，诗歌创作的频率约4.9首／月，含"梦"字者出现频率约10.14首／年；词作共27首，含"梦"字者共7首，占25.93%，词创作的频率约0.32首／月，含"梦"字者出现频率约1首／年。诗词合计436首，含"梦"字者78首，约占本期诗词总数的17.89%；诗词创作的频率约5.2首／月，含"梦"字者出现频率约11.14首／年。

从以上统计可知，如果按照每个时期的作品数量来说，贬谪岭海时期作品含"梦"字者最多，占本期诗词总数的17.89%，如果按时间与创作频率来看，则黄州及北归时期最多，含"梦"字者出现频率约16.6首／年，其次是再次莅杭时期，含"梦"字者出现频率约13.6首／年，最少则是杭州通守前期，含"梦"字者出现频率约1.8首／年。在诗词中，含"梦"者是主要是喻梦之作，记梦之作和梦中之作比较少。从以上考察可见，苏轼在两次被贬中写"梦"最多，可见苏轼"人生如梦"的思想在一定程度上与他的人生经历有着密切关系。

二、诗词中"梦"的意象

郑明娳在《〈红楼梦〉中的梦》一文中说："梦在中国古典文学中往往是现实人生的反映，而非现代文学所常用来作为人物潜意识的折射。"[1] 而王立在《心灵的图景——文学意象的主题研究》中更确切地说："梦境是客观世界现实生活内容的非有序化、形象与变形的反映。梦意象的描写，是揭示人内心世界、浓缩外界信息的独到的艺术手段。"[2] 其实文学的创作是人类主观意识与客观世界的相因而产生，苏轼诗词中的"梦"也是"现实人生的反映"与他"潜意识的折射"两者结合而有之的。苏轼一生大起大落，读他诗词中的"梦"作，我们不难发现其折射的内容与他人生有着密切关系，在他人生不同的阶段折射出不同的影子，下以上述的六期述之。

（一）杭州通守前期

苏轼在通守杭州前期的创作生涯中，留下了276首诗和4首词，从内容上看儒家思想是其创作的主导思想。正如他在熙宁七年（1074）七月由杭州移守密州途中寄给其弟苏辙的《沁园春（孤馆灯青）》中回想当初兄弟来到京城考试时的志气："有笔头千字，胸中万卷，致君尧舜，此事何难。"[3] 涉及释、道思想的作品，内容较狭窄，所呈现出的意境甚至多有消极之色彩。此时他常对功名、富贵发出无奈的感叹，如在《夜泊牛口》中云："人生本无事，苦为世味诱。富贵辉吾前，贫贱独难守。"[4] 又在《屈原塔》中说："古人谁不死，何必较考折。名声实无穷，富贵亦暂热。大夫知此理，所以持死节。"[5] 等等。苏轼一面追求功名富贵，一面欲抛弃这一切，思想上的矛盾使他时不时感叹人生的无奈。因此，在这一时期的21首含"梦"字的作品中，主要以与清醒对立的真梦为主。如：

> 惟有梦魂长缭绕，共论唐史更绸缪……归梦不成冬夜永，厌闻船上报更筹。

> ——《渝州寄王道矩》，载《苏轼诗集》卷一，第16页

---

[1]　郑明娳：《〈红楼梦〉中的梦》，载（台北）《联合文学》1992年87期，第35页。

[2]　王立：《心灵的图景——文学意象的主题研究》，学林出版社1992年版，第300页。

[3]　苏轼撰，邹同庆、王宗堂著：《苏轼词编年校注》，中华书局2002年版，第134页。

[4]　苏轼撰，王文浩辑注，孔凡礼点校：《苏轼诗集》卷一，中华书局1982年版，第9页。

[5]　苏轼撰，王文浩辑注，孔凡礼点校：《苏轼诗集》卷一，中华书局1982年版，第22页。

入门便清奥，怳如梦西南。

     ——《东湖》，载《苏轼诗集》卷三，第 111 页

马上续残梦，不知朝日开。

  ——《太白山下早行，至横渠镇，书崇寿院壁》，载《苏轼诗集》卷三，

        第 129 页

此外知心更谁是，梦魂相觅苦参差。

  ——《病中闻子由得告不赴商州三首（其三）》，载《苏轼诗集》卷四，

        第 155 页

至今清夜梦，尚惊冠压头。

  ——《和刘长安题薛周逸老亭周善饮酒未七十而致仕》，载《苏轼诗集》

       卷四，第 164 页

龛灯明灭欲三更，欹枕无人梦自惊。

  ——《七月二十四日，以久不雨，出祷磻溪是日宿虢县二十五日晚，

自虢县渡渭，宿于僧舍曾阁阇故曾氏所建也夜久不寐，见壁有前县令赵荐

      留名，有怀其人》，载《苏轼诗集》卷四，第 173 页

安得梦随霹雳驾，马上倾倒天瓢翻。

  ——《二十六日五更起行，至磻溪，未明》，载《苏轼诗集》卷四，

        第 174 页

晓梦猿呼觉，秋怀鸟伴吟。

  ——《南溪之南竹林中，新构一茅堂，予以其所处最为深邃，故名之

      曰避世堂》，载《苏轼诗集》卷四，第 148 页

吾今那复梦周公，尚喜秋来过故宫。

  ——《周公庙，庙在岐山西北八九里，庙后百许步，有泉依山，涌冽异常，

国史所谓"润德泉世乱则竭"者也》，载《苏轼诗集》卷五，第 199 页

心随白云去，梦绕山之麓。

  ——《和子由记园中草木十一首（其十）》，载《苏轼诗集》卷五，

        第 200 页

青丘云梦古所咤，与此何啻百倍加。

  ——《司竹监烧苇园，因召都巡检柴贻勖左藏，以其徒会猎园下》，载《苏

       轼诗集》卷五，第 216 页

三年无日不思归，梦里还家旋觉非。

——《华阴寄子由》，载《苏轼诗集》卷五，第 224 页

嗟余闻道不早悟，醉梦颠倒随盲聋。

——《王颐赴建州钱监求诗及草书》，载《苏轼诗集》卷六，第 237 页

海边无事日日醉，梦魂不到蓬莱宫。

——《送刘攽倅海陵》，载《苏轼诗集》卷六，第 242 页

梦回只记归舟字，赋罢双垂紫锦绦。

——《宋叔达家听琵琶》，载《苏轼诗集》卷六，第 254 页

闭户时寻梦，无人可说愁。

——《次韵子由初到陈州二首（其二）》，载《苏轼诗集》卷六，第 255 页

上述梦句都是作者将睡眠诗化而言"梦"，故其梦多指做梦、梦想之意。这是苏轼在现实中、在清醒状态下无法实现的愿望，而在梦想中、在精神上、在非清醒状态下，实现了他清醒时无法实现的愿望。从中我们可以隐约看出苏轼此时对自身处境的种种无奈，同时也可见其归隐梦想的情结。

关于人生如梦、世事如梦等对人生生存价值思考的诗句，在这段时期属萌芽状态。苏轼诗歌中第一次出现人生如梦的感叹是他在凤翔签判时，因伯父去世，他面对着生死离别的悲痛，而感叹存亡如梦，在《亡伯提刑郎中挽诗二首，甲辰十二月八日凤翔官舍书（其二）》中他说：

挥手东门别，朱颜鬓未霜。至今如梦寐，未信有存亡。后事书千纸，新坟天一方。谁能悲楚相，抵掌悟君王。[1]

苏轼于嘉祐六年在京师与伯父告别，是时，其伯父年六十一，"朱颜鬓未霜"的健康身体，次年就暴病而故，因此苏轼才感叹"至今如梦寐，未信有存亡"。伯父去世之事，使他对时间的流逝产生了强烈的意识。熙宁四年，因反对王安石变法无效，自请外任时，"致君尧舜，此事何难"，遇到了困难，十余年的从政生涯，此时看来一无所得，而日月如梭地流走。在赴杭州通守任途中，他多次感叹时间的流逝，如在《陆龙图诜挽词》中说：

---

[1]　苏轼撰，王文浩辑注，孔凡礼点校：《苏轼诗集》卷五，中华书局 1982 年版，第 218 页。

挺然直节庇峨岷，谋道从来不计身。属纩家无十金产，过车巷哭六州民。

尘埃辇寺三年别，樽俎岐阳一梦新。他日思贤见遗像，不论宿草更沾巾。[1]

诗中前四句，歌颂陆诜"挺然直节"的品德，生前为国为民，不顾自身利益，一生清廉，死后"家无十金"，他的去世是老百姓的损失。"过车巷哭六州民"一句，更能道出他的为人为事，他去世时六州人民为他凭吊，可见他在老百姓心目中的印象。除了为人为事，陆诜的政见与苏轼相同，他对新法也持反对态度，尤其是青苗法，在这一点上也是苏轼与他有共鸣的地方，因此他们成为了忘年之交。熙宁初年，苏轼与他别于京城，而熙宁三年八月陆诜去世。诗后四句，苏轼表达自己对老朋友的惜别之情，两人感情深厚，虽有三年之别，但彼此的感情仍如昨天的梦一样清晰，"尘埃辇寺三年别，樽俎岐阳一梦新"。以后想见这位可敬的老友，只能在画像里寻找了。"三年""一梦新"，时间飞逝，苏轼表面是在哭人，实际上是在悲己，悲己"致君尧舜"未成，归隐愿望日背，而时间如梭地流走。以上两首诗中，都是苏轼因亲戚或朋友去世而感到时间如梦，从而开始思考人生存在的价值。这段时期，他的"梦"诗除了表达时间如梦外，世事如梦的意象也是处于萌芽期。如在《送蔡冠卿知饶州》诗中云：

吾观蔡子与人游，掀髯笑语无不可。平时倜傥不惊俗，临事迂阔乃过我。

横前坑穽众所畏，布路金珠谁不裹。尔来变化惊何速，昔号刚强今亦颇。

邻君独守廷尉法，晚岁却理鄱阳柂。莫嗟天骥逐赢牛，欲试良玉须猛火。

世事徐观真梦寐，人生不信长坎轲。知君决狱有阴功，他日老人酬魏颗。[2]

此诗前四句赞赏蔡冠卿"倜傥不惊俗"的节操；次四句讲新党人物的作风，反对者想法陷害，顺从者则加倍封赏，因此有些原本有骨气的士大夫，改变自己，顺从新党人物；又次四句言蔡冠卿因与王安石争论许遵因妇阿云伤夫狱等刑法之事，而被逐出朝廷外任，并以天骥比蔡冠卿、赢牛比阿云新党之人，同时认为蔡冠卿被出守小郡是证明自己节操的事情；诗末四句，以世事如梦来安慰友人，后两句言自己对善恶报应之信念。所谓"无魔考不成大道"，逆境总是让苏轼意识到人生的真谛，一切际遇皆是梦幻，坚信有节操就有好报的人生价值。苏轼这种"世事徐观真梦寐"的认识，其实是从他冷静观察现象世界而来的，可以说是以觉醒心态面对万境之变化。

---

[1] 苏轼撰，王文浩辑注，孔凡礼点校：《苏轼诗集》卷六，中华书局1982年版，第272页。

[2] 苏轼撰，王文浩辑注，孔凡礼点校：《苏轼诗集》卷六，中华书局1982年版，第252页。

在《十月十六日记所见》诗中，苏轼更清楚地表达了他的这种冷静视野，其诗云：

> 风高月暗水云黄，淮阴夜发朝山阳。山阳晓雾如细雨，炯炯初日寒无光。
>
> 云收雾卷已亭午，有风北来寒欲僵。忽惊飞雹穿户牖，迅驶不复容遮防。
>
> 市人颠沛百贾乱，疾雷一声如颓墙。使君来呼晚置酒，坐定已复日照廊。
>
> 怳疑所见皆梦寐，百种变怪旋消亡。共言蛟龙厌旧穴，鱼鳖随徙空陂塘。
>
> 愚儒无知守章句，论说黑白推何祥。惟有主人言可用，天寒欲雪饮此觞。[1]

熙宁四年（1071），苏轼出任杭州通判，船经山阳（今江苏淮安），午时，目击从"风高月暗水云黄"、"晓雾如细雨"、"日寒无光"，到"云收雾卷"、"有风北来寒欲僵"，然"忽惊飞雹穿户牖"等天气"百种变怪"的过程。经过"坐定"的冷静观照，这一切变怪都"复日照廊"，因此才有"怳疑所见皆梦寐，百种变怪旋消亡"的结论。诗中，言天气的"百种变怪"，实言官场的风雨，如以冷静心态观察，这些也就是如梦如幻耳。

由上所述，可见通守杭州前期，苏轼的"梦"作主要是与清醒之意识对立而出现的"梦"，此类"梦"作与思考人生存在价值关系不大。这段时期，虽然也有些"梦"作阐发了作者对人生价值的思考，但此类作品处于萌芽状态，值得注意的是，当他面临逆境时才会有这样的思考。而这样的思考，后来逐渐成为苏轼超越人生困境的内在因素。

（二）杭州通守时期

首次莅杭时，政治上的失意使苏轼颇多惆怅失落之感。他思想上满怀着归隐之念，然欲隐而不能隐，总是在出与入之间痛苦地徘徊。为了排泄这种痛苦，到杭州后他便一边游山玩水，寄情于大自然，一边与杭州禅僧交往，体悟"年来渐识幽居味，思与高人对榻论"[2]。正因为"三百六十寺，幽寻遂穷年"[3]，而且如苏辙在《偶游大愚见余杭明雅照师旧识子瞻能言西湖旧游将行赋诗送之》一诗中说的"昔年苏夫子，杖屦无不之。三百六十寺，处处题清诗"[4]那样，苏轼的思想染上了浓厚的佛教思想，

---

[1]　苏轼撰，王文浩辑注，孔凡礼点校：《苏轼诗集》卷六，中华书局1982年版，第293页。

[2]　《是日宿水陆寺，寄北山清顺二首》（其一），载苏轼撰，王文浩辑注，孔凡礼点校：《苏轼诗集》卷八，中华书局1982年版，第390页。

[3]　《怀西湖寄晁美叔同年》，载苏轼撰，王文浩辑注，孔凡礼点校：《苏轼诗集》卷十三，中华书局1982年版，第644页。

[4]　苏辙著，陈宏天、高秀芳点校：《苏辙集》卷十三，中华书局2004年版，第248页。

这段时期的"梦"作除了前期的特征外，还有"身如梦"的新内容。综观苏轼这段时期所创作的诗词，类似"身如梦"之作共有4首，从中我们可以隐约看出他对生命存在价值的思考角度有所变化。在《盐官绝句四首·北寺悟空禅师塔》中，他说：

> 已将世界等微尘，空里浮花梦里身。岂为龙颜更分别，只应天眼识天人。[1]

这首诗用的空观思想来自《金刚般若经》。所谓"微尘"是指眼根所取最微细之色量，即是色法存在之最小单位，比喻量极小。《大般若波罗蜜多经》卷第三十七《初分无住品第九之二》中曰："我于如幻如梦。如像如响。如光如影。如空华如阳焰。如寻香城如变化事。"[2]诗中苏轼言人的肉身是虚幻的，因此不应执着于它，自性本清净，求人不如求己，快乐是自己可以掌握的。又如《吊天竺海月辩师三首》（其三）中曰：

> 欲访浮云起灭因，无缘却见梦中身。安心好住王文度，此理何须更问人。[3]

天竺海月辩师是苏轼在杭通守结识的一位高僧，慧辩圆寂，苏轼哭之以三诗，这是其中的一首。此诗仍以佛教缘起空观入诗，虽是吊文，但从中可见苏轼安心之法。"起灭因"是佛教缘生思想，一切法生是由缘生，而不自生，故无自性，一切法灭也如此，《般若波罗蜜多心经幽赞》卷上，曰："一切法皆无自性无生无灭本来涅槃"[4]，另《大乘入楞伽经》卷第一亦云："观一切法。皆无自性。如空中云。如旋火轮。如干闼婆城。如幻如焰。如水中月。如梦所见。不离自心。由无始来虚妄见故取以为外。作是观已断分别缘。亦离妄心所取名义。知身及物并所住处一切皆是藏识境界。无能所取及生住灭。如是思惟恒住不舍。"[5]《修设瑜伽集要施食坛仪》亦曰："诸法从缘生。亦复从缘灭。缘生法不生。缘灭法不灭。"[6]因此，苏轼在诗中说"梦中身"，自性本清净、轻安，不需要求于他人，"此理何须更问人"。同样的观点，苏轼在《次韵王廷老退居见寄》中又云：

> 浪蕊浮花不辨春，归来方识岁寒人。回头自笑风波地，闭眼聊观梦幻身。

[1] 苏轼撰，王文浩辑注，孔凡礼点校：《苏轼诗集》卷八，中华书局1982年版，第392页。
[2] 《大正新修大藏经》第5册，第204页上。
[3] 苏轼撰，王文浩辑注，孔凡礼点校：《苏轼诗集》卷十，中华书局1982年版，第479页。
[4] 《大正新修大藏经》第33册，第523页中。
[5] 《大正新修大藏经》第16册，第593页中。
[6] 《新纂卍新纂续藏经》第59册，第299页下。

北牖已安陶令榻，西风还避庾公尘。更搔短发东南望，试问今谁裹旧巾。[1]

诗中苏轼仍以佛教空观思想一以贯之，身既然是梦幻，那么所谓的世事等身外之物更是梦幻了，故说"回头自笑风波地"，这样那些得失与痛苦则尽消磨了。"北牖已安陶令榻，西风还避庾公尘"句表现了苏轼现法乐住的思想，末两句则与上述两首诗一样，具有浓厚佛教所谓"家中有宝休寻觅"的思想。从意识到此身如梦幻，而排解得失与痛苦，做到心安的境界。从中我们可以隐约地看出苏轼此时思想上的变化，可以说"昔非今是"的思想于此横生。"回头""笑"是苏轼的自我评价，是肯定现在而否定过去的评价。在《追和子由去岁试举人洛下所寄九首·过广爱寺，见三学演师，观杨惠之塑宝山、朱瑶画文殊、普贤（其一）》诗中，可以更清楚地看到这一点，其诗云：

> 寓世身如梦，安闲日似年。败蒲翻覆卧，破衲再三连。劝客眠风竹，
> 长斋饮石泉。回头万事错，自笑觉师贤。[2]

如上所述，苏轼从色中悟空，从繁华中悟虚妄，在这首诗前两句则将有限的生命与永恒的世界参照。从悟出生命如梦如幻的短暂，且实是"寄寓"的存在耳，到认识心安是人生的最重要的目的这一个过程，无不体现了个人主观意识与现实生活的折射影子。"安闲日似年"是一种"年来渐识幽居味"[3]的体会，正因为这种闲情的体会他才感叹"回头万事错"。从这首诗所呈现出的境界，我们可以知道苏轼此时的心态，从"惟当披露腹心，捐弃肝脑，尽力所至，不知其它"[4]那样"致君尧舜"的雄志，转到"回头自笑风波地，闭眼聊观梦幻身"、"回头万事错，自笑觉师贤"那样"渐识幽居味"的欲归隐心态。苏轼的这种思想的嬗变，可以说是他从通杭开始重新认识人生价值以及所追求的境界。

通杭时期，苏轼的"梦"作除了上述的"身如梦"新内容外，如前期一样也有阐发时间如梦、世事如梦、空间如梦的内容。不同的是，这段时期此类诗词不但数量多，而且所涉及的范围也更广泛。首先，关于"时间如梦"之作，有的是指具体的时间，如：

---

[1]　苏轼撰，王文浩辑注，孔凡礼点校：《苏轼诗集》卷十七，中华书局1982年版，第890页。

[2]　苏轼撰，王文浩辑注，孔凡礼点校：《苏轼诗集》卷九，中华书局1982年版，第460页。

[3]　苏轼撰，王文浩辑注，孔凡礼点校：《苏轼诗集》卷八，中华书局1982年版，第390页。

[4]　《上神宗皇帝书》，载苏轼撰，孔凡礼点校：《苏轼文集》卷二十五，中华书局1986年版，第729页。

七年一别真如梦，犹记萧然瘦鹤姿。

> ——《姚屯田挽诗》，载《苏轼诗集》卷七，第 328 页

三年归来真一梦，桥山松桧凄风霜……梦中神授心有得，觉来信手笔已忘。

> ——《赠写御容妙善师》，载《苏轼诗集》卷十五，第 770 页

梦里五年过，觉来双鬓苍。

> ——《游惠山并叙（其一）》，载《苏轼诗集》卷十八，第 944 页

第一首诗中，时间如梦与之前期相同，都是因有人去世而感到悲痛，彼此的相识如一场梦一样虚无。后两者虽以具体时间流逝比作如梦幻虚无，但它是作者以清醒、"觉来"心态观之，而非模糊地谈吐其事。尤其是最后一首，此诗的序文说："余昔为钱塘倅，往来无锡未尝不至惠山。即去五年，复为湖州，与高邮秦太虚、杭僧参寥同至，览唐处士王武陵、窦群、朱宿所赋诗，爱其语清简，萧然有出尘之姿，追用其韵，各赋三首。"元丰二年（1079），苏轼重回旧地，之前还在希望可以还朝，但王安石还在主持新法，所以回朝的梦想不能成真。此时王安石早已罢知江宁府，但回朝的希望仍是渺茫，所以苏轼云"觉来双鬓苍"。诗中所说的"梦"是在作者觉醒的心态下说的。这种今"觉"昔"梦"的思想与前期相同，不同的是这种思想是有现实因素作根据，而前期是来自执着于心安的。现实因素是王安石已罢相，但没有看出自己被召还的希望。基于今"觉"昔"梦"的自我的重新认识，苏轼便决定"还从世俗去，永与世俗忘"。其实，苏轼这个决定也只是一种人生态度，而非实际行动。类似于这种人生观，在《和子由送将官梁左藏仲通》诗中他说：

雨足谁言春麦短，城坚不怕秋涛卷。日长惟有睡相宜，半脱纱巾落纨扇。芳草不锄当户长，珍禽独下无人见。觉来身世都是梦，坐久枕痕犹著面。城西忽报故人来，急扫风轩炊麦饭。伏波论兵初矍铄，中散谈仙更清远。南都从事亦学道，不惜肠空夸脑满。问羊他日到金华，应许相将游阆苑。[1]

中国古人很注重午睡，此诗前半部份写睡景之美、睡态之足，然"觉来"后则感到"身世都是梦"。此语应从诗后半部分求解答，原来因他友人——梁左，藏武如马援、文雅如嵇康，这样文武双全的人才仍不能被容于朝中，联想到自己此时的

---

[1]　苏轼撰，王文浩辑注，孔凡礼点校：《苏轼诗集》卷十六，中华书局1982年版，第825页。

情况，故说"身世都是梦"。诗后半部分是苏轼好道的表现，从中可以看出他归隐的心情甚浓。这段时期的作品，除了诗作以外，在他词作中也有类似于今"觉"昔"梦"的例子，如在《永遇乐（明月如霜）》中说：

> 明月如霜，好风如水，清景无限。曲港跳鱼，圆荷泻露，寂寞无人见。
> 紞如三鼓，铿然一叶，黯黯梦云惊断。夜茫茫，重寻无处，觉来小园行遍。
> 天涯倦客，山中归路，望断故园心眼。燕子楼空，佳人何在，空锁楼中燕。
> 古今如梦，何曾梦觉，但有旧欢新怨。异时对，黄楼夜景，为余浩叹。[1]

元丰元年（1078）十月十五日，苏轼宿彭城燕子楼上，夜梦前朝楼主关盼盼，醒来有感而作。燕子楼是中唐的张愔镇尚书为爱姬关盼盼所建，张愔镇死后，盼盼念旧情守节不嫁，独居此楼十余年。此词上阕写梦醒后，在楼中小园行走寻梦时所见、所闻之情况，而所写出的是一幅声色兼具、动静皆含的美丽夜景。苏轼因梦而起，在那静谧无人的小圆夜景中，苏轼边行走边思考人生问题，这是此词下阕的内容。词人从梦中醒来寻梦无路，而感叹古今如梦，昔人盼盼今何在，独留燕子楼空，这里与王羲之所说"后之视今亦犹今之视昔"（王羲之《兰亭集序》）类似。从梦残见空楼，联想到自身，为了那些营营卷入官场，如今已七年之久，常作外任地方小官的倦客，不免有失落之感，不免有"故夫三代之视上古，犹今之视三代也"[2]、"古今如梦，何曾梦觉，但有旧欢新怨"之叹。昔日的多少悲欢情怀，转眼瞬间成空，古今多少事都如一梦中。"异时对、黄楼夜景，为余浩叹"，想着今天我在这里凭吊燕子楼，他日谁来到我建的黄楼上，感叹我这个历史的过客？此词中梦意象的形成是从真梦到现实觉梦交错的过程，而臻于觉者之境。其实，这种古今如梦苏轼早在五年前熙宁六年（1073）二月，在通守杭州时曾在《行香子（一叶舟轻）》一词中说：

> 一叶舟轻，双桨鸿惊。水天清、影湛波平。鱼翻藻鉴，鹭点烟汀。过沙溪急，
> 霜溪冷，月溪明。重重似画，曲曲如屏。算当年、虚老严陵。君臣一梦，
> 今古虚名。但远山长，云山乱，晓山青。[3]

此词上阕写江水清澈宁静之美丽，而以下阕的"重重似画，曲曲如屏"两句作为七里滩之美景的总结。接着苏轼联想到东汉初年的严子陵，曾为刘秀打天下以后，

---

[1]　苏轼撰，邹同庆、王宗堂著：《苏轼词编年校注》，中华书局2002年版，第247页。
[2]　苏轼撰，孔凡礼点校：《苏轼文集》卷二，中华书局1986年版，第56页。
[3]　苏轼撰，邹同庆、王宗堂著：《苏轼词编年校注》，中华书局2002年版，第24页。

隐居不仕，垂钓富春江上，而被后代世人常说成是"钓名"耳。在苏轼看来，刘秀的功业、严子陵的"钓名"如今都如梦幻一般虚无。"君臣一梦，今古虚名"，表达出苏轼在外任时期作品中常感叹人生如梦的基调。

"时间如梦"之作，有时不仅仅将过去具体一段时间看成梦幻，而是泛指在人生中过去的某一段经历，而这段经历中一切事如梦一般过去，如在《去年秋，偶游宝山上方。入一小院，阒然无人。有一僧，隐几低头读书。与之语，漠然不甚对。问其邻之僧，曰："此云阇黎也，不出十五年矣。"今年六月，自常、润还，复至其室，则死葬数月矣。作诗题其壁》诗中曰：

> 云师来宝山，一住十五秋。读书常闭户，客至不举头。去年造其室，
> 清坐忘百忧。我初无言说，师亦无对酬。今来复扣门，空房但飕飗。云已
> 灭无余，薪尽火不留。却疑此室中，常有斯人不。所遇孰非梦，事过吾何求。[1]

此诗作于熙宁七年（1074）六月，此时苏轼已在杭州做通守达三年之久。一年前他曾游宝山目击一位云阇黎僧人在小禅室闭门不出已十五年，见此僧时，他正看书，苏轼欲与之语，而不抬头。一年后苏轼重回旧地一游，去年的禅室已萧然无人，得知云阇黎已圆寂数月，有感而作此诗。云阇黎的去来如此自在，苏轼曾经亲自目击了这一切，但仍感觉好像未曾有人住过，从中体悟到生命的存在之短暂、虚无，而事如梦幻般地从眼前经过。故说"所遇孰非梦"，并给自己提出如何面对世事得失的要求，"事过吾何求"。在《寄吕穆仲寺丞》一诗中则是另一种对过去如梦的总结，其诗云：

> 孤山寺下水侵门，每到先看醉墨痕。楚相未亡谈笑是，中郎不见典刑存。
> 君先去踏尘埃陌，我亦来寻桑枣村。回首西湖真一梦，灰心霜鬓更休论。[2]

此诗作于熙宁八年（1075）苏轼任密州知州时。前两句回想当年与吕仲甫在杭州时两人常一起游山玩水、到处题诗的美好经历。次二句写吕仲甫为人如楚相，相貌如蔡中郎。诗之第三联则写此时二人各奔前程之事，吕仲甫在京师做寺丞，自己去密州任知州。因此，在诗末二句中苏轼回想过去的这一场相聚而感叹，"回首西湖真一梦，灰心霜鬓更休论"。当年同在西湖游玩，此时也成了梦幻。有时苏轼还将自己过去至今的一生称为梦，如在《人日猎城南，会者十人，以"身轻一鸟过枪

---

[1] 苏轼撰，王文浩辑注，孔凡礼点校：《苏轼诗集》卷十二，中华书局1982年版，第575页。
[2] 苏轼撰，王文浩辑注，孔凡礼点校：《苏轼诗集》卷十三，中华书局1982年版，第639页。

急万人呼"为韵，轼得鸟字》诗中说："回首英雄人，老死已不少。青春还一梦，余年真过鸟。"[1] 回首一看像是昨天还是青年，而今已是老年身，又在《台头寺步月得人字》诗中曰："回首旧游真是梦，一簪华发岸纶巾。"[2] 旧游处已不是往日的情景了，自己也老了，不如以往。同样的心情，他在《余去金山五年而复至，次旧诗韵，赠宝觉长老》诗中曰：

> 谁能斗酒博西凉，但爱斋厨法豉香。旧事真成一梦过，高谈为洗五年忙。
> 清风偶与山阿曲，明月聊随屋角方。稽首愿师怜久客，直将归路指茫茫。[3]

此诗是苏轼罢杭州通守，赴密州再次经金山，回想自己五年来的忙碌如梦一样迅速，故有感而作。五年前因反对王安石变法无效，苏轼自请外任，在赴杭州通判任上，第一次经过金山，而今王安石已罢相，苏轼自己仍在外任生涯作倦客，再次经过金山，故感叹说："旧事真成一梦过，高谈为洗五年忙。"

另外，将人生聚散视为如梦是苏轼"世间如梦"的另一种"梦"作，如：

> 夜拥笙歌雪水滨，回头乐事总成尘。今年送汝作太守，到处逢君是主人。
> 聚散细思都是梦，身名渐觉两非亲。相从继烛何须问，蝙蝠飞时日正晨。
>
> ——《至济南，李公择以诗相迎，次其韵二首（其二）》，载《苏轼诗集》
> 卷十五，第715页

> 长记鸣琴子溅堂。朱颜绿发映垂杨。如今秋鬓数茎霜。聚散交游如梦寐，
> 升沈闲事莫思量。仲卿终不避桐乡。
>
> ——《浣溪沙（长记鸣琴子溅堂）》，载《苏轼词集》，第129页

上面二首诗词中，表达了苏轼对已经过去之乐事的看法，在时间的推移下，人生的聚散也就如同梦幻一般短暂而虚无。在第一首诗中，苏轼还将之归结到人生的声名等梦幻蜉蝣，因此，人人应该尽情享受在一起的美好时光。在苏轼看来，荣华富贵也是梦，他在《和鲜于子骏〈郓州新堂月夜〉二首（其一）》诗中曰：

> 去岁游新堂，春风雪消后。池中半篙水，池上千尺柳。佳人如桃李，
> 胡蝶入衫袖。山川今何许，疆野已分宿。岁月不可思，驶若船放溜。繁华

---

[1]　苏轼撰，王文浩辑注，孔凡礼点校：《苏轼诗集》卷十八，中华书局1982年版，第917页。
[2]　苏轼撰，王文浩辑注，孔凡礼点校：《苏轼诗集》卷十八，中华书局1982年版，第921页。
[3]　苏轼撰，王文浩辑注，孔凡礼点校：《苏轼诗集》卷十八，中华书局1982年版，第942页。

真一梦,寂寞两荣朽。惟有当时月,依然照杯酒。应怜船上人,坐稳不知漏。[1]

诗的前半部分描写熙宁十年曾与鲜于子骏游新堂赏月之美景,而今各奔前程。乃知岁月摧残,一切美好都成了以往的梦华,荣华富贵也是"真一梦"不长久。诗末四句跟上述一样,强调人生应该把握好现有,珍惜生活的分分秒秒,快乐地活着。

其次,这段时期,"梦"作有的透出一种人生如梦之感,而多用佛教空观之意,如在《王巩清虚堂》诗中曰:

清虚堂里王居士,闭眼观身如止水。水中照见万象空,敢问堂中谁隐几。

吴兴太守老且病,堆案满前长渴睡。愿君勿笑反自观,梦幻去来殊未已。

长疑安石恐不免,未信犀首终无事。勿将一念住清虚,居士与我盖同耳。[2]

此诗为元丰二年(1079)四月在湖州时,到王定国所建的清虚堂有感而作。如其弟苏辙曾在《王氏清虚堂记》一文中写道:"凡游于其堂者,萧然如入于山林高僧逸人之居,而忘其京都尘土之乡也。"[3]诗前四句写王定国在此堂中修行佛教空观情况,言其已达到身心"如止水"的境界,诗次二句接着将之与自己相比,此时44岁的自己在湖州太守任上,生活一直被繁琐的公务所困,"吴兴太守老且病,堆案满前长渴睡",不能做到王定国那样清净高雅。诗的后半部分写人生的真谛,并劝王定国也要加倍警惕,不要懈怠不精进,因为"梦幻去来殊未已"。"去来"是佛教术语,形容人一生的生死之事,而佛教认为诸法生灭是缘生缘灭无自性,故说生死梦幻,末了仍为生死去来烦恼而不得安宁。从这一角度来看,王定国的生活与自己的生活也一样,也会为生活而烦恼,只有做到了悟生死是梦幻、脱离烦恼才是真正的解脱。另外,在《赵阅道高斋》中也说:

见公奔走谓公劳,闻公隐退云公高。公心底处有高下,梦幻去来随所遭。

不知高斋竟何义,此名之设缘吾曹。公年四十已得道,俗缘未尽余伊皋。

功名富贵俱逆旅,黄金知系何人袍。超然已了一大事,持冠而去真秋毫。

坐看猿猱落置罥,两手未肯置所操。乃知贤达与愚陋,岂直相去九牛毛。

长松百尺不自觉,企而美者蓬与蒿。我欲赢粮往问道,未应举臂辞卢敖。[4]

[1] 苏轼撰,王文浩辑注,孔凡礼点校:《苏轼诗集》卷十六,中华书局1982年版,第844页。

[2] 苏轼撰,王文浩辑注,孔凡礼点校:《苏轼诗集》卷十九,中华书局1982年版,第964页。

[3] 苏辙著,陈宏天、高秀芳点校:《苏辙集》卷二十四,中华书局2004年版,第409页。

[4] 苏轼撰,王文浩辑注,孔凡礼点校:《苏轼诗集》卷十九,中华书局1982年版,第991页。

此诗中苏轼沿用佛教自性本清净思想来说赵阅道休官，归老作高斋而居之。诗前半部分写"高斋"一名之来源，高与下都是世人赋予它的，而高斋主赵阅道本人没有起任何高下之念。他已经达到去来自在的境界，"梦幻去来随所遭"，"去来随所遭"即是已经了悟自己本来的佛性，而看淡了世间的功名富贵等形色之世界，"功名富贵俱逆旅，黄金知系何人袍"。据《妙法莲华经》记载，有一人到亲友家醉酒卧于友人家中，这位亲友有急事要出门，走之前以无价宝珠系于醉卧家中那位友人的衣里。其人起后仍不知觉，便走到他国，为求衣食，而受种种艰难，后遇到亲友，才知道自己衣中就藏有无价宝珠。佛陀以此故事教化弟子，让他们不要忘掉自己的佛性。[1]苏轼在此也借用这个故事的意思，来歌颂赵阅道了悟了人间生死大事，不为功名富贵所累，不违背自己辞官归隐心愿。既然人生生死大事也是梦幻，那么还有什么可以让人眷恋呢？这是佛教梦幻思想给苏轼带来的慰藉之感。

"空间如梦"也是在这段时期萌生的，如他在《秀州报本禅院乡僧文长老方丈》诗中说：

> 万里家山一梦中，吴音渐已变儿童。每逢蜀叟谈终日，便觉峨眉翠扫空。
> 师已忘言真有道，我除搜句百无功。明年采药天台去，更欲题诗满浙东。[2]

苏轼在杭通守时期，多次与本觉寺主持文长老来往，因文长老也是巴蜀同乡，故彼此一见面就成了好友。有一次两人在本觉寺的一个亭子里汲泉煮茶，相互参禅，事后苏轼便留下了此诗。诗开篇就写空间如梦，"万里家山一梦中"，把空间凝缩在一梦之中，然在这一空间中作者才可以还乡，接着说自己离开家乡已很久，连家乡的口音都变了。因此，每逢"他乡遇故知"时就特别亲热，整天谈说巴山蜀水的秀丽。此诗后半部分写苏轼羡慕文及的得道忘言、生活安闲之情，同时写自己因新法而出任杭州通判，除作诗外一事无成之感叹。后末句，表示苏轼已对政事灰心，只愿遍赏浙东山水，题诗采药而已，过着悠闲生活。《仆去杭五年，吴中仍岁大饥疫，故人往往逝去，闻湖上僧舍不复往日繁丽，独净慈本长老学者益盛，作此诗寄之》中说：

> 来往三吴一梦间，故人半作冢累然。独依旧社传真法，要与遗民度厄年。
> 赵叟近闻还印绶，竺翁先已返林泉。何时杖策相随去，任性逍遥不学禅。[3]

---

[1]　详见《妙法莲华经》卷第四《五百弟子受记品第八》，载《大正新修大藏经》第9册。

[2]　苏轼撰，王文浩辑注，孔凡礼点校：《苏轼诗集》卷八，中华书局1982年版，第412页。

[3]　苏轼撰，王文浩辑注，孔凡礼点校：《苏轼诗集》卷十九，中华书局1982年版，第970页。

熙宁年间神宗推行新法，百姓处在生产力低且灾害频繁难以承受的窘境中。杭州地区几年间就死了很多人，其中有不少是苏轼曾认识的，故诗的开端说"来往三吴一梦间，故人半作冢累然"，如前诗一样，将三次来往湖州看成"一梦间"，而此梦与前诗不同的是，它不是包含苏轼的回乡梦想，而包含这无以言喻之伤感的空间浓缩。目击新法行之不当、天灾之横行，黎民深受其害，而自己不能改变这个情势，心理上的痛苦也无法缓解。只能将这一切看成"一梦间"来安慰自己，故诗末句才有"何时杖策相随去，任性逍遥不学禅"之意念。

由上所述，可见这段时期，因前期充满着致君尧舜之志踏入仕途，如今志愿仍未成，而远离朝廷，长期任地方小官，然时间如梭，故常有往事如梦之感。"世间如梦"是这段时期"梦"作的主导内容。

（三）黄州及北归期

"乌台诗案"是苏轼人生的转折点，百余日的"炼狱"使得他的主导思想产生了"质变"。由原来以儒家思想为主导，益之以佛老，变成以佛老思想为主导，以儒家思想为辅，"外儒"的一面渐隐，"内释"的一面凸现出来。贬谪黄州之前，通杭期间虽然有些牢骚，但本身还是在执行"致君尧舜"之志，贬居黄州时期他只是一个团练副使，可以说是没有担任什么职务。因此，他的人生观也不得不改变，这一变化导致创作风格的变化。苏辙曾评价苏轼在黄州时的创作风格："既而谪居于黄，杜门深居，驰骋翰墨，其文一变，如川之方至，而辙瞠然不能及矣。"[1]林语堂先生亦曾云："苏东坡这种解脱自由的生活，引起他精神上的变化，这种变化遂表现在他的写作上。他讽刺的苛酷，笔锋的尖锐，以及紧张与愤怒，全已消失，代之而出现的，则是一种光辉温暖、亲切宽和的诙谐，醇甜而成熟，透彻而深入。"[2]苏轼在《答李端叔书》中也表明："谪居无事，默自观省，回视三十年来所为，多其病者。足下所见皆故我，非今我也。"[3]他感到自己不再是故我，而是新我了。新我是怎样的呢？苏轼云："别来未一年，落尽骄气浮。"[4]苏轼在黄州时所作的诗词文风格都为之一变，因此他的"梦"作也随之而变。

首先，在这一时期，关于梦的作品，出现了不少"归梦"、"回梦"之诗句，

[1] 苏辙著，陈宏天、高秀芳点校：《苏辙集》卷二十一，中华书局 2004 年版，第 1117 页。

[2] 林语堂：《苏东坡传》，陕西师范大学出版社 2006 年 5 月第 1 版，第 194 页。

[3] 苏轼撰，孔凡礼点校：《苏轼文集》卷四十九，中华书局 1986 年版，第 1432 页。

[4] 苏轼：《子由自南都来陈三日而别》，载苏轼撰，王文浩辑注，孔凡礼点校：《苏轼诗集》卷二十，中华书局 1982 年版，第 1018 页。

表现了他因仕途失意而感到痛苦，连梦中也常回想到过去那些事。如他往黄州贬所途中，在《陈州与文郎逸民饮别，携手河堤上，作此诗》中说：

> 白酒无声滑泻油，醉行堤上散吾愁。春风料峭羊角转，河水渺绵瓜蔓流。
> 君已思归梦巴峡，我能未到说黄州。此身聚散何穷已，未忍悲歌学楚囚。[1]

元丰三年（1080）正月一日出狱后，前往贬所的路上苏轼顺道去陈州吊祭他已亡故一周年的表兄文全（字与可），并想在这里和弟弟见上一面。六天后，苏辙也匆匆赶来，三日后苏轼要赶路，文逸民备酒饯行，逸民与苏迈送他至河堤，挥泪相别，别时苏轼作此诗。诗前半部分写送行的情形，天寒、人愁、路遥远。其实，文逸民兄弟即将准备在服丧中载父遗体穿巴峡归蜀，故诗后半部分诉说的离别之情，有生者之别和死者之别。"梦巴峡"是言死者之灵魂已归家，永远安息，而自己虽未到黄州，但灵魂也已到黄州贬所，受着人间的痛苦了。因此，在诗末句，苏轼便感叹人生聚散真难料，如梦幻一般虚无。又在《四时词四首（其四）》诗中说：

> 霜叶萧萧鸣屋角，黄昏斗觉罗衾薄。夜风摇动镇帷犀，酒醒梦回闻雪落。
> 起来呵手画双鸦，醉脸轻匀衬眼霞。真态香生谁画得，玉如纤手嗅梅花。[2]

《四时词》分别摹写春、夏、秋、冬四季美人情态，苏轼此《冬词》写朝云爱妾在冬季时的情态。诗前半部分写"酒醒梦回"后所听到的外面世界之声色，虽然生动地描写了冬日黄昏之动景，但呈现出诗人此时心灵上的孤独和失落。在那似乎是绝无人迹可以听到"霜叶萧萧"、"雪落"之声的旷野，无人以对，自饮自醉，也不知何时醉，只知道酒醒后便是黄昏。从中可见其在诗中的"酒醒梦回"一语之寒酸之心。故诗后半部分对朝云的感情显得更加浓厚了。"醉脸轻匀衬眼霞"、"玉如纤手嗅梅花"都可视为苏轼笔下朝云的标志性动作。而"真态香生谁画得"，则是苏轼发自内心的感慨，朝云的情态实在是难以以笔墨而画之。十五年后，朝云在惠州病逝，苏轼《雨中花慢》中的"丹青易画，无言无笑，看了谩结愁肠"，便是对这句诗的回应。又在《喜王定国北归第五桥》诗中云：

> 白露凄风洗瘴烟，梦回相对两凄然。崔罗廷尉非当日，鸠杖先生愈少年。
> 世事饱谙思缩手，主恩未报耻归田。谁怜第五桥东水，独照台州老郑虔。[3]

---

[1] 苏轼撰，王文浩辑注，孔凡礼点校：《苏轼诗集》卷二十，中华书局1982年版，第1017页。

[2] 苏轼撰，王文浩辑注，孔凡礼点校：《苏轼诗集》卷二十一，中华书局1982年版，第1092页。

[3] 苏轼撰，王文浩辑注，孔凡礼点校：《苏轼诗集》卷二十二，中华书局1982年版，第1180页。

元丰六年（1083），苏轼听说因他而连累遭贬的王定国已得赦北归有喜而作。苏轼此时，可以说是感慨万千，他说："白露凄风洗瘴烟，梦回相对两凄然"，前句如《诰案》说"七字写尽南迁之状"[1]，"梦回"之句便是二人凄然之经历。次二句是"梦回"之解释，友人被南迁而至今得以北归，并仍健康如故，自己也感到安心多了，故将此经历视为"梦"。诗后半部分是表露自己的心志，"世事饱谙思缩手，主恩未报耻归田"，意思是说自己熟知世事险恶，心有余悸，所以"思缩手"，但也表明自己仍会报恩君主。诗中我们可以隐约地看出苏轼对恩赦的期待。再如《章钱二君见和，复次韵答之，二首（其二）》中云："醉里冰髭失缨络，梦回布被起廉隅。"[2]"醉里"即迷者之迷界，"梦回"即觉者之觉地，迷而失真后才觉之，可见其梦之辛酸。类似于"梦回"之句，"归梦"也是这段时期在诗词中被苏轼反复吟咏的调子，如在《归宜兴，留题竹西寺三首》其一云：

　　　　十年归梦寄西风，此去真为田舍翁。剩觅蜀冈新井水，要携乡味过江东。[3]

　　早在熙宁七年（1074）二月苏轼初游宜兴，元丰七年（1084）九月第二次到宜兴，年谱中有"将为公买田京口，而公方拟卜居蒜山松林中，俱未遂，乃买曹庄田于宜兴"的记载，元丰八年（1085）三月第三次到宜兴。此时苏轼离南郡，赴常州，四月末经扬州，五月一日欣然作《归宜兴，留题竹西寺三首》。故第一首中说"十年归梦寄西风，此去真为田舍翁"，这是苏轼十年前"求田问舍"归隐的梦已成现实。诗中苏轼找蜀冈的井水，想把家乡的风味带到宜兴，表现了苏轼打算在此安家以度残年的决心。不料苏轼在宜兴不到十天，朝廷诏令，任其为登州太守，因此，归隐之梦仍是无法实现。故在《奉和陈贤良》诗中说：

　　　　不学孙吴与《六韬》，敢将驽马并英豪。望穷海表天还远，倾尽葵心日愈高。身外浮名休琐琐，梦中归思已滔滔。三山旧是神仙地，引手东来一钓鳌。[4]

　　此诗中，苏轼表达了他的归隐之意日强，而归隐之期日远，都是在为了名利而作奴隶，归隐之梦也只能在梦中实现了。另外，在《同年程筠德林求先坟二诗·思

　　[1]　《诰案》，载苏轼撰，王文浩辑注，孔凡礼点校：《苏轼诗集》卷二十二，中华书局1982年版，第1180页。
　　[2]　苏轼撰，王文浩辑注，孔凡礼点校：《苏轼诗集》卷二十四，中华书局1982年版，第1304页。
　　[3]　苏轼撰，王文浩辑注，孔凡礼点校：《苏轼诗集》卷二十五，中华书局1982年版，第1346页。
　　[4]　苏轼撰，王文浩辑注，孔凡礼点校：《苏轼诗集》卷二十六，中华书局1982年版，第1390页。

成堂》中说："归梦先寒食，儿啼到白须"[1]；再如《王伯敫所藏赵昌花四首·梅花》诗云："幽怀不可写，归梦君家倩"[2]；又在《神宗皇帝挽词三首（其三）》诗中曰："余生卧江海，归梦泣嵩邙。"[3] 等等，都是"归梦"之诗句。

其次，在这段时期中关于"梦"的作品，"人生如梦"是主流。如在《正月二十日，与潘、郭二生出郊寻春，忽记去年是日同至女王城作诗，乃和前韵》诗中说：

> 东风未肯入东门，走马还寻去岁村。人似秋鸿来有信，事如春梦了无痕。

> 江城白酒三杯酽，野老苍颜一笑温。已约年年为此会，故人不用赋《招魂》。[4]

此诗作于元丰五年（1082），此时苏轼已在黄州贬所三年。诗的前两句言城中不见春色，故要骑马去郊外相寻。颔联"人似秋鸿来有信，事如春梦了无痕"二句与二十多年前，嘉祐六年（1061）在《和子由渑池怀旧》诗中的"人生到处知何似，应似飞鸿踏雪泥。泥上偶然留指爪，鸿飞那复计东西"[5] 诗句类似。清人赵翼说此联"乃是称心而出，不假雕饰，自然意味悠长，即使事处，亦随其意之所欲出，而无牵合之迹"[6]。苏轼在诗词中常以"雪泥鸿爪"喻人生之梦幻，寄托其对人生之感悟。这里"人似秋鸿"则是苏轼对于时光易逝、世事变迁之感叹，而"事如春梦"则无疑表现了他超然洒脱的胸襟。既然人生如"雪泥鸿爪"那样梦幻，何不一醉一笑了万事呢？何必再去思考那些官场上的营营，不烦老友想方设法让我再回朝任官。苏轼又在《李宪仲哀词》诗中写道：

> 大梦行当觉，百年特未满。逌哀已逝人，长眠寄孤馆。念我同年生，意长日月短。盐车困骐骥，烈火废圭瓒。后生有奇骨，出语已精悍。萧然野鹤姿，谁复识中散。有生寓大块，死者谁不窆。嗟君独久客，不识黄土暖。推衣助孝子，一溉滋汤旱。谁能脱左骖，大事不可缓。[7]

李廌是"苏门六君子"之一，苏轼在黄州时曾与他会面。李廌之父李惇（生卒

---

[1]　苏轼撰，王文浩辑注，孔凡礼点校：《苏轼诗集》卷二十三，中华书局1982年版，第1229页。

[2]　苏轼撰，王文浩辑注，孔凡礼点校：《苏轼诗集》卷二十五，中华书局1982年版，第1334页。

[3]　苏轼撰，王文浩辑注，孔凡礼点校：《苏轼诗集》卷二十五，中华书局1982年版，第1336页。

[4]　苏轼撰，王文浩辑注，孔凡礼点校：《苏轼诗集》卷二十一，中华书局1982年版，第1105页。

[5]　苏轼撰，王文浩辑注，孔凡礼点校：《苏轼诗集》卷三，中华书局1982年版，第96页。

[6]　赵翼著，霍松林、胡主佑校点：《瓯北诗话》卷五《苏东坡诗》，人民文学出版社1963年版，第58页。

[7]　苏轼撰，王文浩辑注，孔凡礼点校：《苏轼诗集》卷二十五，中华书局1982年版，第1333页。

年不详）字宪仲，与苏轼是同科及第，如此诗序文中说"（李廌）贤而有文，不幸早世，轼不及与之游也"。苏轼与李廌这次会面于南都，李廌给苏轼看他所写的诗作，苏轼看完叹曰："张耒、秦观之流也。"并作此诗，既哀死者，亦勉生者。苏轼此时虽在处穷之际而仍伸手助困，其仁侠之心于此可见。此诗前八句是哀李廌贤才而早卒之辞。中国古人常用"大梦"比喻人生，庄子曰："方其梦也，不知其梦也。梦之中又占其梦焉，觉而后知其梦也。且有大觉而后知此其大梦也，而愚者自以为觉，窃窃然知之。"[1] 次四句喜其之有后，言李廌既有"奇骨"之节操、"精悍"之才识，又有像中散大夫嵇康那样的超然洒脱之胸襟。再四句则悲其"四丧未举"之事，"有生寓大块"是人生寄寓思想，《庄子·大宗师》曰："夫大块载我以形，劳我以生，佚我以老，息我以死。"此诗中苏轼的人生如梦之短暂寄寓思想来自道家的生死观。又在《次韵胡完夫》诗中曰：

> 青衫别泪尚斓斑，十载江湖困抱关。老去上书还北阙，朝来挂笏望西山。
>
> 相从杯酒形骸外，笑说平生醉梦间。万事会须咨伯始，白头容我占清闲。[2]

此诗作于元丰八年（1085）十二月，是和胡完夫诗之作。胡完夫，名宗愈，晋陵人，曾官居官礼部尚书、吏部尚书等，是年七月胡完夫为起居郎，十二月为中书舍人。胡完夫听说苏轼有意隐居宜兴，故作诗戏之，苏轼依韵和之。诗中表达了苏轼此时对官场上党争的厌倦，有归隐之心。诗前两句是苏轼含泪回忆被贬黄州团练副使时困穷艰辛的那段日子，怀才不遇沦落十载；次二句写欲挂冠归隐之思。后四句是苏轼想象中的归隐生活，身体不再受身外之物的羁绊，精神上则清醒快乐地活着。"相从杯酒形骸外"之句引用道家的典故，《庄子》曰："今子与我游于形骸之内，而子索我于形骸之外，不亦过乎？"[3] "醉梦"是指人生如醉酒、如梦幻一般存在着。虽诗中言"醉梦"，但其实是浅酌深杯而大彻大悟，在昏酣的"醉梦"中，隐藏着最透彻的觉醒。其实，人生如梦，梦中觉、醉中醒的思想在词中出现得更多，内容更能道出苏轼此时思想上的了梦境界。如《江城子（梦中了了醉中醒）》词中写道：

> 梦中了了醉中醒。只渊明，是前生。走遍人间，依旧却躬耕。昨夜东
>
> 坡春雨足，乌鹊喜，报新晴。雪堂西畔暗泉鸣。北山倾，小溪横。南望亭丘，

---

[1] 《庄子·齐物论》。

[2] 苏轼撰，王文浩辑注，孔凡礼点校：《苏轼诗集》卷二十六，中华书局1982年版，第1402页。

[3] 《庄子·德充符》。

孤秀耸曾城。都是斜川当日境，吾老矣，寄余龄。[1]

元丰五年（1082）二月，雪堂落成，苏轼作此词以贺之。词中表明苏轼追求陶渊明归隐田园的境界，词中认为自己"前生"是陶渊明，其归隐愿望之强烈可见。梦中了了、醉中清醒是陶渊明归隐的心态，也是苏轼此时逃避现世烦恼的手段。佛教认为人之所以有生死轮回就因"无明"，因无明故生也如梦中行，了悟无明即断除烦恼，而入涅槃。然而"佛法在世间，不离世间觉"，觉者梦中了觉也。"走遍人间"则不离世间觉也，表现苏轼的入世精神，既然能做到梦中觉者，何必逃避山林呢？追求心灵解脱何必择境呢？把握当下是最好的人生态度，黄州也不是有如今的美景吗？只有老了，不可以"走遍人间"行致君尧舜之志，才会像陶渊明那样归隐。又在《南乡子（霜降水痕收）》词中写道：

> 霜降水痕收，浅碧鳞鳞露远洲。酒力渐消风力软，飕飕。破帽多情却恋头。
> 佳节若为酬，但把清尊断送秋。万事到头都是梦，休休。明日黄花蝶也愁。[2]

元丰三年（1080）重阳节，苏轼登栖霞楼望远而作此词。这是苏轼贬居黄州的第一年，可以说是精神上最痛苦的一年。上阕写在楼上迎面秋风，观长江秋色之远景；下阕写因在佳节时仍独饮消愁，而引发人生梦幻之感，今天的美景不就是明日黄花吗？时间的流逝会送走一切得失、荣辱，没什么可喜可悲之事。全词之意境透出一种随遇而安、乐观豁达的思想。"万事到头都是梦"是苏轼身处逆境时心安的处世哲学。又在《念奴娇（大江东去）》词中说：

> 大江东去，浪淘尽、千古风流人物。故垒西边，人道是、三国周郎赤壁。
> 乱石穿空，惊涛拍岸，卷起千堆雪。江山如画，一时多少豪杰。　遥想公瑾
> 当年，小乔初嫁了，雄姿英发。羽扇纶巾，谈笑间、樯橹灰飞烟灭。故国神游，
> 多情应笑我，早生华发。人生如梦，一尊还酹江月。[3]

元丰五年（1082）八月，苏轼游黄州赤壁时作此词。词中苏轼将写景、叙事、抒情运用得淋漓尽致。上阕写长江雄伟壮观的景象，如当年赤壁大战一样气势夺人，抒发人生短暂虚无之感慨；下阕笔锋一转写历史人物，抒发怀古之情。词中"人生如梦，

[1]　苏轼撰，邹同庆、王宗堂著：《苏轼词编年校注》，中华书局 2002 年版，第 352 页。
[2]　苏轼撰，邹同庆、王宗堂著：《苏轼词编年校注》，中华书局 2002 年版，第 331 页。
[3]　苏轼撰，邹同庆、王宗堂著：《苏轼词编年校注》，中华书局 2002 年版，第 398 页。

一尊还酹江月"与佛教喻人生"如梦"相吻合。人生就像梦境中无实事,所谓英雄豪杰、事业功名等,在时间流逝中也会 "灰飞烟灭",仔细沉吟不如拿起浊酒,尽情地喝上几杯。词中流露出苏轼豁然、旷达的潇洒心境。再如《醉蓬莱(笑劳生一梦)》一词中曰:

> 笑劳生一梦,羁旅三年,又还重九。华发萧萧,对荒园搔首。赖有多情,好饮无事,似古人贤守。岁岁登高,年年落帽,物华依旧。 此会应须烂醉,仍把紫菊茱萸,细看重嗅。摇落霜风,有手栽双柳。来岁今朝,为我西顾,酹羽觞江口。会与州人,饮公遗爱,一江醇酎。[1]

元丰五年(1082)重阳节,依旧"每岁与太守徐君猷会于栖霞"楼作此词。词开头就说"笑劳生一梦,羁旅三年",这里的梦与大乘佛教十喻之七相吻合。《法界次第初门》中云:"一如幻、二如炎、三如水中月、四如虚空、五如响、六如犍闼婆城、七如梦、八如影、九如镜中像、十如化。"[2]"七如梦,如梦者。梦中无实事。谓之有实。觉已而还自笑。人亦如是。是诸结使。眠中实无而着。得道觉时。乃知无实。亦复自笑。以是故说如梦。又梦以眠力故。无法而见有。人亦如是。无明眠力故。种种无而见有。所谓我我所。男女等也。"[3]苏轼自笑"劳生一梦"可以说是他已经了悟佛教的空观。故三年来苏轼精神上一直是在梦中了觉的心态,生活上一直是他乡倦客得归的状况。前者是由苏轼本身自我调解而得之,后者是由徐太守厚恩之使然。王水照先生在《苏轼选集》前言中说:"开头,这里有对世事无常、'人生如梦'的低沉哨叹,更有泛观天地、诸缘尽捐的旷远心灵的直接呼喊!王国维《人间词话》卷上云: '东坡之词旷,稼轩之词豪','旷''豪'的差别就在于苏轼接受了佛家静达圆通、庄子齐物论等世界观和方法论的深刻影响。"[4]又如《渔家傲(临水纵横回晚鞚)》词中说:

> 临水纵横回晚鞚。归来转觉情怀动。梅笛烟中闻几弄。秋阴重。西山雪淡云凝冻。美酒一杯谁与共?尊前舞雪狂歌送。腰跨金鱼旌旆拥。将何用。

[1] 苏轼撰,邹同庆、王宗堂著:《苏轼词编年校注》,中华书局2002年版,第428页。

[2] 《法界次第初门》卷下之上《十喻初门第四十六》,载《大正新修大藏经》第46册,第690页中。

[3] 《法界次第初门》卷下之上《十喻初门第四十六》,载《大正新修大藏经》第46册,第691页上。

[4] 王水照选注:《苏轼选集》,上海古籍出版社1984年版,第12页。

只堪妆点浮生梦。[1]

此词作于元丰五年（1082）秋冬之际。上阕写白天在外面游玩，骑马纵横水滨间，无所拘束，无比地奔放开心，晚归时远处传来《梅花落》的笛声，忽然感到空间之凝缩而惆怅孤独。因此，在词之下阕才有独酌消愁无人对，不免引发作者失落之感，而回想往日宴席上的歌舞酬唱，出入前呼后拥之盛景。然而苏轼始终仍是苏轼，再惆怅也不会使他失去乐观情怀，结语中忽然一转说："将何用？只堪妆点浮生梦。"往日的盛景、威风，如今有何用呢？不就是已成梦幻泡影了吗？仔细沉吟那也只是妆点着"浮生梦"罢了！人生本来就如蜉蝣的生命一样短暂、无定，怎么能因为那些身外之物的来去而不快乐呢？《西江月（三过平山堂下）》一词更能道出苏轼的乐天派性格，其词曰：

> 三过平山堂下，半生弹指声中。十年不见老仙翁，壁上龙蛇飞动。　欲吊文章太守，仍歌杨柳春风。休言万事转头空，未转头时皆梦。[2]

元丰二年（1079）三月，苏轼离开徐州，赴湖州太守之任，路过扬州时，第三次游览了欧阳修在扬州太守任上所筑的平山堂，欣赏着壁上龙飞凤舞的书法，情不能已，而作此词。词上阕写时间流逝之快，一弹指与欧阳修恩师第一次在此会面已过十年。然壁上恩师留下的笔迹仍在，而人已经永离人间。故下阕苏轼便联想到自己的情况，欧阳老师对自己的期望与自己现实中官场的不顺，不免让人有失落之感，不要说什么回头往日万事空，连未回头万事也已是一场大梦了，"休言万事转头空，未转头时皆梦"。

如前期一样，在"梦"作中也有表达"世间如梦"之句，如：

梦中旧事时一笑，坐觉俯仰成今古。

———《和蔡景繁海州石室》，载《苏轼诗集》卷二十二，第 1178 页

一年如一梦，百岁真过客。

———《岐亭五首并叙（其二）》，载《苏轼诗集》卷二十三，第

1203 页

五年一梦南司州，饥寒疾病为子忧。

———《次韵答贾耘老》，载《苏轼诗集》卷二十五，第 1351 页

---

[1]　苏轼撰，邹同庆、王宗堂著：《苏轼词编年校注》，中华书局 2002 年版，第 410 页。
[2]　苏轼撰，邹同庆、王宗堂著：《苏轼词编年校注》，中华书局 2002 年版，第 533 页。

千里孤帆又独来，五年一梦谁相对。

——《龟山辩才师》，载《苏轼诗集》卷二十四，第1295页

一别临平山上塔，五年云梦泽南州。凄凉楚些缘吾发，邂逅秦淮为子留。

寄谢西湖旧风月，故应时许梦中游。

——《次韵杭人裴维甫》，载《苏轼诗集》卷二十四，第1256页

上述之诗句与前期一样，仍将具体一段时间称为"梦"，几乎也是因往日某一段时间中的一切事情不再重演，而有"如梦"之感叹。其中也有"去来梦"之句，如："不烦拥箒强垂鱼，我视去来皆梦尔。"（《苏子容母陈夫人挽词》，载《苏轼诗集》卷二十四，第1278页）也有因一些人、一些事已成过往，故说"如梦"，如："客来梦觉知何处，挂起西窗浪接天。"（《南堂五首（其五）》，载《苏轼诗集》卷二十二，第1166页）"如今不是梦，真个在庐山。"（《初入庐山三首（其二）》，载《苏轼诗集》卷二十三，第1209页）"却思庾岭今何在，更说彭城真梦耳。"（《次韵王定国南迁回见寄》，载《苏轼诗集》卷二十四，第1292页）

另外，这段时期也有类似于"此身如梦"之作，如《王中父哀词》诗中说："子达想无身后念，吾衰不复梦中论。"[1] 在《徐大正闲轩》诗中言："形骸堕醉梦，生事委尘土。"[2] 在《再过常山和昔年留别诗》中写道："那知梦幻躯，念念非昔人。"[3] 在《十拍子（白酒新开九醞）》词中曰："身外倘来都似梦，醉里无何即是乡。"[4] 等等。此类"梦"作之含义与前期相同，在此不再详论。

由上所述，可见这段时期，苏轼的"梦"作主要表达了"人生如梦"之意。梦中了觉、醉中觉醒是其基本唱调。这种思想在一定程度上，使苏轼作品呈现出一种人生的空漠之感。

（四）元祐在朝时期

从元祐元年到元祐三年（1086—1088），苏轼所写的诗不到200首，"除题画诗外，名篇佳作寥寥无几；且题材较狭，以应酬诗为主"，词不到10首而无梦作，诗作中含"梦"字的作品不到30首。因"以应酬诗为主"[5] 的创作动机，而且应酬的对

---

[1] 苏轼撰，王文浩辑注，孔凡礼点校：《苏轼诗集》卷二十四，中华书局1982年版，第1280页。

[2] 苏轼撰，王文浩辑注，孔凡礼点校：《苏轼诗集》卷二十四，中华书局1982年版，第1283页。

[3] 苏轼撰，王文浩辑注，孔凡礼点校：《苏轼诗集》卷二十六，中华书局1982年版，第1381页。

[4] 苏轼撰，邹同庆、王宗堂著：《苏轼词编年校注》，中华书局2002年版，第476页。

[5] 王水照：《苏轼研究》，河北教育出版社1999年版，第20页。

象基本上都是老友，所以常有叙旧之意。然苏轼此时已看透了官场以及人生中的种种得失、荣辱，故导致他的梦作中呈现出往事如梦之意象。

首先，经历人生患得患失的苏轼，在思想上已将往日的一切看成如梦如幻般的云烟，如《送陈睦知潭州》诗中说：

华清缥缈浮高栋，上有缬林藏石瓮。一杯此地初识君，千岩夜上同飞鞚。
君时年少面如玉，一饮百觚嫌未痛。白鹿泉头山月出，寒光泼眼如流汞。
朝元阁上酒醒时，卧听风鸢鸣铁凤。旧游空在人何处，二十三年真一梦。
我得生还雪鬓满，君亦老嫌金带重。有如社燕与秋鸿，相逢未稳还相送。
洞庭青草渺无际，天柱紫盖森欲动。湖南万古一长嗟，付与骚人发嘲弄。[1]

此诗前半部分写彼此初识时同游长安骊山诸胜景的情况，是时陈睦还是"年少面如玉"，且"一饮百觚嫌未痛"之豪情。诗后半部分写彼此京师重逢等事。别后二十三年（苏轼于治平元年十二月十七日罢凤翔任后，曾到长安，与陈睦同游骊山），苏轼经历九死一生的诗案，受尽贬居生涯的痛苦，已是头发半白之老人了，陈睦"亦老嫌金带重"。然"相逢未稳"友人陈睦就要赴知潭州任，又要"相送"了，不免让人对人生发出沉吟。诗中说"旧游空在人何处，二十三年真一梦"，是对人生如"社燕与秋鸿"之来去的沉吟。同样是送别之作，在《次韵李修孺留别二首（其二）》诗中云：

此生别袖几回麾，梦里黄州空自疑。何处青山不堪老，当年明月巧相随。
穷通等是思家意，衰病难堪送客悲。好去江鱼煮江水，剑南归路有姜诗。[2]

此诗中，第一首前半部分说："十年流落敢言归，鱼鸟江湖只自知。岂意青天扫云雾，尽呼黄发寄安危。"意言自己黄州贬居生涯如今也已烟消云散，故在第二首中，他将自己贬居黄州时生活的感受作为诗的开篇，言黄州贬居如今也如梦一样虚无了，下联再说生活的快乐是自己可以把握的，哪里都一样，当年的黄州贬居生活，他也仍活得很快乐，也有观花赏月时的闲情。苏轼用这样的语句来安慰友人，从中不难看出他精神上所达到的境界。又如《送杜介归扬州》诗中说：

再入都门万事空，闲看清洛漾东风。当年帷幄几人在，回首觚棱一梦中。

---

[1]　苏轼撰，王文浩辑注，孔凡礼点校《苏轼诗集》卷二十七，中华书局1982年版，第1427页。
[2]　苏轼撰，王文浩辑注，孔凡礼点校《苏轼诗集》卷二十七，中华书局1982年版，第1456页。

采药会须逢蓟子，问禅何处识庞翁。归来邻里应迎笑，新长淮南旧桂丛。[1]

杜介与苏轼于治平年间同在京城当官，苏轼守湖州时，杜介罢官归隐于扬州平山堂下，而后又来京城"闲看清洛漾东风"。此时苏轼、杜介二人久别重逢共叙往事，当年的同僚现在已经没有几个还能在京城重逢了。而又要与杜介老友分别，苏轼感慨千万，故说"回首觚棱一梦中"。又在《次韵张舜民自御史出倅虢州留别》诗中云：

玉堂给札气如云，初喜湘累复佩银。樊口凄凉已陈迹，班心突兀见长身。

江湖前日真成梦，鄂杜他年恐卜邻。此去若容陪坐啸，故应客主尽诗人。[2]

张舜民才气优异、刚直敢言，曾与王安石新法不合，元丰四年（1081）冬，高遵裕率领宋军近九万人同西夏军作战，张舜民帅高氏辟掌机密文字，在灵武城宋军大败，无功而还。因归还途中曾作《西征途中二绝》，其诗云："灵州城下千株柳，总被官军斫作薪。他日玉关归去路，将何攀折赠行人。青铜峡里韦州路，十去从军九不回。白骨似沙沙似雪，将军休上望乡台。"[3]因而被转运判官李察劾奏，贬为监郴州酒税。元祐初司马光执政时，荐之做监察御史，后升任右谏议大夫，任职七天，言事达60章。张舜民的经历与苏轼相同，故元祐二年张舜民知虢州时，苏轼作此诗送之。苏轼诗中的"江湖前日真成梦"之句，既咏叹友人之往日如梦，亦咏叹自己。人生路途坎坷，变幻无常，长与别离相伴，生者之聚散如此梦幻，死者之别更难堪，如在《韩康公挽词三首（其三）》诗中说：

西第开东阁，初筵点后尘。笙歌邀白发，灯火乐青春。扶路三更罢，

回头一梦新。赋诗犹墨湿，把卷独沾巾。[4]

韩康公，名绛，字华，哲宗朝的国公，元祐二年冬天自颍昌入京观灯，苏轼谒见他，彼此畅饮甚欢。此诗前半部分写初识时热闹的排场，而今韩康公永离人间，"空余行乐地"（本诗之其一），故以"回头一梦新"之语，咏叹人生梦幻之聚散。又在《兴龙节侍宴前一日，微雪，与子由同访王定国，小饮清虚堂。定国出数诗，皆佳，而五言尤奇。子由又言昔与孙巨源同过定国，感念存没，悲欢久之。夜归，稍醒，各赋一篇，明日朝中以示定国也》诗中，以平静乐观心态，面对人生之聚散之百态，

[1] 苏轼撰，王文浩辑注，孔凡礼点校：《苏轼诗集》卷二十八，中华书局1982年版，第1476页。

[2] 苏轼撰，王文浩辑注，孔凡礼点校：《苏轼诗集》卷二十九，中华书局1982年版，第1534页。

[3] 《画墁集》卷四，《四库全书》本。

[4] 苏轼撰，王文浩辑注，孔凡礼点校：《苏轼诗集》卷三十，中华书局1982年版，第1572页。

说："九衢灯火杂梦寐，十年聚散空咨嗟。"[1] 人生的生与死、聚与散、祸与福等都是虚无梦幻。这种乐观态度与其黄州的贬居生涯大有关系，而其梦的境界臻于佛教的梦喻之境，如《和王晋卿》诗中有句云：

> 吾生如寄耳，何者为祸福。不如两相忘，昨梦那可逐。[2]

王晋卿是苏轼好友，"乌台诗案"前来往密切，苏轼获罪被贬黄州，王晋卿也坐累而被远谪，苏轼本诗引言中说："元丰二年，予得罪贬黄冈，而晋卿亦坐累远谪，不相闻者七年。予既召用，晋卿亦还朝，相见殿门外。感叹之余，作诗相属，托物悲慨，阨穷而不怨，泰而不骄。"这次的人生遭遇，在苏轼看来也如梦一样掠过，祸福都不记得了，人生本来就是短暂的寄寓，故"不应有恨"。苏轼这里的"吾生如寄耳，何者为祸福"之句与六祖慧能"菩提本无树，明镜亦非台。本来无一物，何处惹尘埃"[3]之偈的思想相同。此类空观是大乘佛教般若学的主要内容。

（五）再次莅杭时期

元祐年间，北宋王朝进入了另一段历史，史称"元祐更化"。这段时期旧党得势，过去的新党人物下台，但又出现了新的斗争局面。过去被新法排挤的人都被召还，在这样的政变下，苏轼又被委以重任。在"洛蜀党争"过程中，直言敢谏的苏轼又遭到洛党的嫉恨。彼此之间只是为了那些微不足道的分歧，而互相谩骂、势同水火。斗争日益激烈，他不得不请求外任，企图远离政治斗争的是非之地，希望能在政治上有所作为。故第二度莅杭的这段时间，为了筹粮防灾、凿湖筑堤、兴建水利等事而忙碌无暇。另外，苏轼本想远离是非之地，想做好地方官，但世事总不放人。元祐年间，他总是在京官与外任之间游走，官场仍是纷争不断，尘俗的芜杂更是令他心生厌倦。因此，在这段时期人生如梦的思想仍不时出现在他的在作品中，虽其意象与之前期没有多少区别，但从中可以隐约看出苏轼这段时间思想上的细微变化。

首先，因为生活上一直被繁琐的公务所困，受牵于官场上京城与外放的调动，而自己的归隐梦想一直未成，可以说士隐之愿望难以实现，使得他感到人生好像是在白忙。故在其梦作中透出了人生如在梦中行走、漂泊无定。如在《次韵定国见寄》诗中云：

---

[1]　苏轼撰，王文浩辑注，孔凡礼点校：《苏轼诗集》卷三十，中华书局1982年版，第1612页。
[2]　苏轼撰，王文浩辑注，孔凡礼点校：《苏轼诗集》卷二十七，中华书局1982年版，第1422页。
[3]　《坛经·行由第一》，载《大藏经》第48册，第347页下。

还朝如梦中，双阙眩金碧。复穿鹓鹭行，强寄麋鹿迹。劳生苦昼短，展转不能夕。默坐数更鼓，流水夜自逆。故人为我谋，此志何由毕。越吟知听否，谁念病庄舄。[1]

此诗是苏轼在朝廷为官时所作，诗中苏轼认为自己像山中麋鹿，不怎么能适应"双阙眩金碧"这样金碧辉煌的朝廷宫阙，在京城为官实在是勉强自己了。人生如此短暂，所要做的都一事无成，这样的焦虑使得苏轼日夜难熬。常深夜难眠而着急的他边作胎息，边数更鼓。从中可见苏轼欲离开京城归隐田园的强烈愿望。他诗中所表达的如何"还朝如梦中"的意象，流露出低沉的情调，从中可以隐约地看出苏轼此时已对北宋政治失望，欲放弃"致君尧舜"的理想。又在《次韵秦少游、王仲至元日立春三首（其二）》诗中说：

己卯嘉辰寿阿同，愿渠无过亦无功。明年春日江湖上，回首觚棱一梦中。[2]

此诗作于元祐八年（1093）春日，这是宋哲宗末年，也就是苏轼贬居惠州的前一年。诗中的"明年春日江湖上，回首觚棱一梦中"之句，像是苏轼的预言一样。"觚棱"是指京城的意思，结合首联，可见此诗中"梦"的意象，是指苏轼的儒家事业至今"无过亦无功"如梦耳。又在《谢仲适坐上送王敏仲北使》诗中言：

冲风振河朔，飞雾失太行。相逢不相识，下马须眉黄。洗眼忽惊笑，见此玉节郎。喜有贤主人，共此残烛光。聚散一梦中，人北雁南翔。吾生如寄耳，送老天一方。幸子遇明主，陈经入西厢。归期不可缓，倚相宜在傍。[3]

"聚散"如梦的思想，在前期也曾出现，但在这里尤为清晰而深刻。此时的苏轼可以说是多次经历了人生的聚散，从在朝到外任，从贬居到再还朝，从还朝到再外任，起起伏伏，苏轼言之"聚散一梦中"，"吾生如寄耳"。诗中再次表达他不愿意在朝廷做官的愿望，"归期不可缓，倚相宜在傍"，愿意归隐过逍遥生活。在《行香子（清夜无尘）》词中说：

清夜无尘，月色如银。酒斟时、须满十分。浮名浮利，虚苦劳神。叹隙中驹，石中火，梦中身。

[1] 苏轼撰，王文浩辑注，孔凡礼点校：《苏轼诗集》卷三十六，中华书局1982年版，第1920页。
[2] 苏轼撰，王文浩辑注，孔凡礼点校：《苏轼诗集》卷三十六，中华书局1982年版，第1953页。
[3] 苏轼撰，王文浩辑注，孔凡礼点校：《苏轼诗集》卷三十七，中华书局1982年版，第1992页。

　　虽抱文章,开口谁亲。且陶陶、乐尽天真。几时归去,作个闲人。对一张琴,一壶酒,一溪云。[1]

　　词中苏轼对追求儒家的功名彻底否定,认为只是"浮名浮利",而且会使人"虚苦劳神",然而人生就像"叹隙中驹,石中火",如此"梦中身",这样忙碌的人生有何意义呢?不如"归去,作个闲人",以"对一张琴,一壶酒,一溪云"为逍遥快乐。苏轼此时可以说是"京城一梦梦中无,只有江湖烦恼枯,任运逍遥穷山水,老来原作渊明徒"(笔者自作)的归隐心态。

　　其次,这段时期除了上述之梦外,还有春梦之思想,而春则意味着繁荣、顺利、得到等人生的盛事。苏轼将人生的这些盛事看成梦幻一样,如在《王晋卿作〈烟江叠嶂图〉,仆赋诗十四韵,晋卿和之,语特奇丽,因复次韵,不独纪其诗画之美,亦为道其出处契阔之故,而终之以不忘在莒之戒,亦朋友忠爱之义也》诗中云:

　　山中举头望日边,长安不见空云烟。归来长安望山上,时移事改应潸然。管弦去尽宾客散,惟有马埒编金泉。渥洼故自千里足,要饱风雪轻山川。屈居华屋啖枣脯,十年俯仰龙旗前。却因病瘦出奇骨,监车之厄宁非天。风流文采磨不尽,水墨自与诗争妍。画山何必山中人,田歌自古非知田。郑虔三绝君有二,笔势挽回三百年。欲将岩谷乱窈窕,眉峰修嫭夸连娟。人间何有春一梦,此身将老蚕三眠。山中幽绝不可久,要作平地家居仙。能令水石长在眼,非君好我当谁缘。愿君终不忘在莒,乐时更赋囚山篇。[2]

　　此诗是苏轼在京城时所作。前四句写自己对画中境界的感想,人在两个不同的地方,一江湖、一高堂之两处,在此望彼和在彼看此则有不同的景色,接着写山林生活的怡然、闲情,以及官场上的盛事也会烟消云散等。通过画境的描写,可见苏轼对江湖之景色之喜爱,诗中透出他归隐的愿望。然诗的后半部分笔锋一转写道:"画山何必山中人,田歌自古非知田。"这种抒情往往是与苏轼人生有关的,这里是他的自我安慰。归隐不一定要到山林穷谷里,可以在官场中过这种怡然生活。这种乐观精神、随遇而安的情怀在"人间何有春一梦,此身将老蚕三眠"一句中显示得更为清晰。既不眷恋于田园生活的悠闲,也不陶醉于官场生涯的利禄,人生之梦也如同春梦,春之有来去而"天涯何处无芳草",人生只有悲欢离合,但也是短暂如梦耳,为何不快乐一点呢?又在《书艾宣画四首·杏花白鹇》诗中曰:

　　[1]　苏轼撰,邹同庆、王宗堂著:《苏轼词编年校注》,中华书局2002年版,第725页。
　　[2]　苏轼撰,王文浩辑注,孔凡礼点校:《苏轼诗集》卷三十,中华书局1982年版,第1609页。

天工翦刻为谁妍，抱蕊游蜂自作团。把酒惜春都是梦，不如闲客此闲看。[1]

此诗作于元祐三年春天，诗中苏轼将王晋卿所画的春图，画中杏花白鹇在春日盛开的样子，春意的浓厚，说成"都是梦"。此梦不是说画中的春如梦，而是说真实的春如梦，因为春也会过去，一切美丽的盛景也会随着夏至而枯萎。人生也如此，一切繁华、盛事都会像春天的美景一样在未来凋谢，变为虚无。

这一时期梦作之内容也有类似与前期的例子，也有因别离而感到人生如梦，在《和赵德麟送陈传道》诗中写：

二陈既妙士，两欧惟德人。王孙乃龙种，世有简云麟。五君从我游，倾写出怪珍。俗物败人意，兹游实清醇。那知有聚散，佳梦失欠伸。我舟下清淮，沙水吹玉尘。君行踏晓月，疏木挂寸银。尚寄别后诗，剪刻淮南春。[2]

元祐七年二月，苏轼从颍州移知扬州，昔日在徐州相识的陈师道和其兄陈传道以及赵德麟也来为苏轼送别，赵德麟作诗送陈传道，苏轼和之。诗中之梦的意象与前不同的是，有眷恋怀念往事之感情，其美如梦，"那知有聚散，佳梦失欠伸"。也有与前期相同的，因时间流逝、物是人非而感到人生无常、梦幻，如：

须臾便陈迹，觉梦那可续。

——《连日与王忠玉、张全翁游西湖，访北山清顺、道潜二诗僧，登垂云亭，饮参寥泉，最后过唐州陈使君夜饮，忠玉有诗，次韵答之》，载《苏轼诗集》卷三十二，第1681页

早知身寄一沤中，晚节尤惊落木风。昨梦已论三世事，岁寒犹喜五人同。

——《次韵林子中王彦祖唱酬》，载《苏轼诗集》卷三十二，第1683页

梦觉还惊屡响廊，故人来炷影前香。

——《元祐六年六月，自杭州召还，汶公馆我于东堂，阅旧诗卷，次诸公韵三首（其二）》，载《苏轼诗集》卷三十三，第1766页

十五年间真梦里，何事？长庚对月独凄凉。

——《定风波（月满苕溪照夜堂）》，载《苏轼词集》，第677页

上述句子中的梦与前期作品中梦的意象相同，都因为时间流逝，往事不再重演，

---

[1] 苏轼撰，王文浩辑注，孔凡礼点校：《苏轼诗集》卷三十，中华书局1982年版，第1575页。

[2] 苏轼撰，王文浩辑注，孔凡礼点校：《苏轼诗集》卷三十四，中华书局1982年版，第1847页。

而感到无奈，故发出人生如梦之感叹。也有意识到人生短暂虚无，而有人生如梦的觉醒，如：

> 物生有象象乃滋，梦幻无根成斯须。方其梦时了非无，泡影一失俯仰殊。
>
> ——《六观堂老人草书诗》，载《苏轼诗集》卷三十四，第 1795 页
>
> 梦饮本来空，真饱竟亦虚。尚有赤脚婢，能烹赪尾鱼。心知皆梦耳，慎勿歌归欤。
>
> ——《到颍未几，公帑已竭，斋厨索然，戏作数句》，载《苏轼诗集》
>
> 卷三十四，第 1801 页
>
> 尚欲放子出一头，酒醒梦断四十秋。
>
> ——《送晁美叔发运右司年兄赴阙》，载《苏轼诗集》卷三十五，第
>
> 1895 页
>
> 寄怀劳生外，得句幽梦余。
>
> ——《谷林堂》，载《苏轼诗集》卷三十五，第 1901 页
>
> 笑我方醉梦，衣冠戏沐猴。
>
> ——《九日次定国韵》，载《苏轼诗集》卷三十五，第 1905 页
>
> 江湖来梦寐，蓑笠负平生。
>
> ——《次韵奉和钱穆父、蒋颖叔、王仲至诗四首·藉田》，载《苏轼诗集》
>
> 卷三十六，第 1937 页
>
> 此身自幻孰非梦，故园山水聊心存。
>
> ——《次韵滕大夫三首·雪浪石》，载《苏轼诗集》卷三十七，第
>
> 1997 页

这种梦幻、觉梦、醉梦、梦寐、幽梦等意象与前期相同，都从觉醒万物皆空的基础上，引发人生如梦之沉吟。此类梦的意象，多与佛教空观和道教无我思想相吻合，可以说苏轼梦的意象受其影响。

（六）贬谪岭海时期

元祐末年，随着高太后驾崩，北宋政权有一次大变，哲宗皇帝亲政，改号"绍圣"，即继承先帝之意，并主张恢复新法，尽用新党人物。旧党人物又一次纷纷成为政权的牺牲品，直言敢谏的苏轼于绍圣元年（1094）六月责授宁远军节度副使，在惠州

安置后，开始了他人生的第二次贬谪生涯。此时59岁的苏轼，政治观、人生观发生了重大改变。在人生的第一次贬居生涯中，虽是戴罪之身，但苏轼也抱有东山再起的希望，仍相信会有机会展示自己儒家经世济时的怀抱，那么此时，随着年事日高，前路遥远，归期茫茫，东山再起之日更不可想。此次远贬期间，他的儒家思想退位，佛老思想成为主导，其作品中"梦"的思想也进入了高境，使其梦作与之前期有些类似，呈现出另一番意象。

首先，虽在前期也有写梦与觉之诗句，然只是一种当下的感悟和体会。而此时的梦与觉则是苏轼人生的真正体悟，它是来自觉醒的心态，以及由其人生历经了大起大落的肺腑之言。如在《十一月二十六日，松风亭下，梅花盛开》诗中说：

> 春风岭上淮南村，昔年梅花曾断魂。岂知流落复相见，蛮风蜒雨愁黄昏。
> 长条半落荔支浦，卧树独秀桃榔园。岂惟幽光留夜色，直恐冷艳排冬温。
> 松风亭下荆棘里，两株玉蕊明朝暾。海南仙云娇堕砌，月下缟衣来扣门。
> 酒醒梦觉起绕树，妙意有在终无言。先生独饮勿叹息，幸有落月窥清樽。[1]

此诗于绍圣元年十一月初到惠州贬所时所作。此时所见的梅花与十四年前元丰三年（1084）初到黄州，过春风岭见梅花开于草棘间（见《梅花二首》）的感觉类似，而自己人生的历史又一次重演，苏轼的内心自有无限感慨，但只能无言叹息而已，故说"酒醒梦觉起绕树，妙意有在终无言"。诗中借咏梅花再次寄托人生"善处穷"之意，人生的挫折是磨炼自己的好机会，这是梅花傲霜雪之品德。在仕途受到挫折时，似乎有一种无形的力量在帮苏轼，让他见到梅花盛开想到梅花的品德，并告诉自己如何超越环境，提醒他既来之则安之，诗中"妙意有在终无言"或许就是这个意思吧。诗中他把梅花盛开形容成仙境中的仙子，然自己也陶醉于仙境中，分不清想象与现实，故诗中所呈现的境界是一种梦幻与真实交错的意象。在《再用前韵》诗中则说：

> 乐天霜鬓如霜菅，始知谢遣素与蛮。我兄绿发蔚如故，已了梦幻齐人间。
> 蛾眉劝酒聊尔耳，处仲太忍茂弘孱。三杯径醉便归卧，海上知复几往还。
> 连娟六幺趁蹋鞠，香眇三叠萦阳关。酒醒梦断何所有，落花流水空青山。
> 忽惊铙鼓发半夜，明月不许幽人攀。赠行无物惟一语，莫遣瘴雾侵云鬟。
> 罗浮道人一倾盖，欲系白日留君颜。应知我是香案吏，他年许缀蓬莱班。[2]

[1] 苏轼撰，王文浩辑注，孔凡礼点校《苏轼诗集》卷三十八，中华书局1982年版，第2075页。
[2] 苏轼撰，王文浩辑注，孔凡礼点校《苏轼诗集》卷三十九，中华书局1982年版，第2110页。

此诗作于绍圣二年三月惠州贬所，此时钱正辅表兄要前往博罗县，故作此诗赠行。送行酒宴虽已结束，但白居易之《琵琶行》、王维送元二使安西之《阳关三叠》那催人泪下的幽远音乐尚在。然诗中笔锋一转，酒醒后便是"落花流水空青山"，这是苏轼所谓"我兄绿发蔚如故，已了梦幻齐人间"的意思。人生虽然如梦幻般短暂、虚无，但仍有它的长青之一面，那是人活着的真情。这种积极的态度、随遇而安的胸襟是此诗之梦所呈现出的意象。在《吴子野绝粒不睡，过作诗戏之，芝上人、陆道士皆和，予亦次其韵》诗中写道：

> 聊为不死五通仙，终了无生一大缘。独鹤有声知半夜，老蚕不食已三眠。
>
> 怜君解比人间梦，许我时逃醉后禅。会与江山成故事，不妨诗酒乐新年。[1]

道士吴子野是苏轼在惠州结识的方外人，道士采取绝粒不睡的修炼方法，苏轼以佛教的平常心是道的思想戏之。此诗首联用佛教之语写仙人所修之境界以及首教无生死之教义，"五通"是佛教教义中的概念，即神境智证通、天眼智证通、天耳智证通、他心智证通、宿命智证通，此五通为有漏之禅定或依药力咒力而得，佛教认为此境界外道之仙人亦能成就之。《六祖坛经·宣诏第九》云："外道所说不生不灭者。将灭止生。以生显灭。灭犹不灭。生说不生。我说不生不灭者。本自无生。今亦不灭。所以不同外道。"[2] 佛教认为诸法缘生缘灭，无自性，诸法之存在实相是虚妄（见本书第五章），故禅宗注重不执着于诸法生灭，来解脱人生的烦恼而实现大定。故在此诗的颈联，苏轼指出禅宗的这种平常心是道之修行宗旨，如《古尊宿语录》卷第十三，云："师问南泉。如何是道。泉云。平常心是道。师云。还可趣向不。泉云。拟即乖。师云。不拟。争知是道。泉云。道不属知不知。知是妄觉。不知是无记。若真达不疑之道。犹如太虚。廓然荡豁。岂可强是非也。师于言下顿悟玄旨。心如朗月。"[3] 又《江西马祖道一禅师语录》曰："道不用修。但莫污染。何为污染。但有生死心。造作趣向。皆是污染。若欲直会其道。平常心是道。何谓平常心。无造作。无是非。无取舍。无断常。无凡无圣。"[4] 正是基于佛教的这些思想，苏轼说："怜君解比人间梦，许我时逃醉后禅。"这里的梦，与佛教梦喻之意象相吻合，是一种逍遥乐观的思想。"不妨诗酒乐新年"一语是苏轼劝说自己穷生乐道，知其人生如梦，

---

[1]　苏轼撰，王文浩辑注，孔凡礼点校：《苏轼诗集》卷四十，中华书局1982年版，第2213页。

[2]　《大正新修大正藏》第48册，第359页下。

[3]　《赵州真际禅师语录并行状》卷上，载《新纂卍新纂续藏经》第68册，第77页上。

[4]　《新纂卍新纂续藏经》第69册，第3页上。

而不以梦活着。在《和陶连雨独饮二首并引（其一）》诗中则写道：

> 平生我与尔，举意辄相然。岂止磁石针，虽合犹有间。此外一子由，
> 出处同偏偶。晚景最可惜，分飞海南天。纠缠不吾欺，宁此忧患先。顾引
> 一杯酒，谁谓无往还。寄语海北人，今日为何年。醉里有独觉，梦中无杂言。[1]

醉里得醒悟、梦中了觉真，是苏轼梦作中反复咏唱的旋律，然前期多与世事相连，这里则是自己内心所悟之境界，故在其梦之意象中较为新奇。这种"酒中趣"境界与陶渊明澄明之境相然。而在《和陶形赠影》诗中又说：

> 天地有常运，日月无闲时。孰居无事中，作止推行之。细察我与汝，
> 相因以成兹。忽然乘物化，岂与生灭期。梦时我方寂，偃然无所思。胡为
> 有哀乐，辄复随涟洏。我舞汝凌乱，相应不少疑。还将醉时语，答我梦中辞。[2]

诗前八句写宇宙中万物按其自然规律运动，"形"与"影"相应而成，后八句写"形"在梦时，寂静无所思，但醒时会因喜怒哀乐而痛苦、"形"一举一动"影"都会产生相应的变化。诗中"形"是苏轼肉体的折射，"影"是其心灵的世界，通过梦中了觉、醒时糊涂的思想意象阐述"形"与"影"之关系、士与隐的看法。此诗中梦的意象倾向于隐而否定士之寓意。又在《和陶影答形》诗中说：

> 丹青写君容，常恐画师拙。我依月灯出，相肖两奇绝。妍媸本在君，
> 我岂相媚悦。君如火上烟，火尽君乃别。我如镜中像，镜坏我不灭。虽云
> 附阴晴，了不受寒热。无心但因物，万变岂有竭。醉醒皆梦耳，未用议优劣。[3]

此诗中前四句阐述"形"和"影"之相存的道理，接着写"影"与"形"的对话，说："君如火上烟，火尽君乃别。我如镜中像，镜坏我不灭。"意言"形"之遭遇，而"影"却不能为之分担。接着写"影"向"形"宣扬老庄的无为思想，建议"形"凭借这种齐物、心斋、坐忘等思想来排解心中的苦闷及生活上的困苦与窘迫，而不必去论得与失、优与劣。人生如梦中行，没有清醒的心态，就会执着，因执着而起烦恼。再如《次韵子由浴罢》诗中说：

> 理发千梳净，风胜汤沐。闭息万窍通，雾散名干浴。颓然语默丧，静

[1] 苏轼撰，王文浩辑注，孔凡礼点校：《苏轼诗集》卷四十一，中华书局1982年版，第2252页。
[2] 苏轼撰，王文浩辑注，孔凡礼点校：《苏轼诗集》卷四十二，中华书局1982年版，第2306页。
[3] 苏轼撰，王文浩辑注，孔凡礼点校：《苏轼诗集》卷四十二，中华书局1982年版，第2307页。

见天地复。时令具薪水，漫欲濯腰腹。陶匠不可求，盆斛何由足。老鸡卧粪土，振羽双瞑目。倦马骄风沙，奋鬣一喷玉。垢净各殊性，快惬聊自沃。云母透蜀纱，琉璃莹蕲竹。稍能梦中觉，渐使生处熟。《楞严》在床头，妙偈时仰读。返流归照性，独立遗所瞩。未知仰山禅，已就季主卜。安心会自得，助长毋相督。[1]

此诗作于绍圣五年（1098），诗中苏轼凭借佛教自性清净的教义来表达自己善处穷的思想。"语默"之语，典出《维摩经》，此经中记载维摩诘让三十二位菩萨"各随所乐说之"、"云何菩萨入不二法门"[2]，三十二位菩萨各随所乐说"入不二法门"后，问维摩诘是否如此，他以"默然无言"答之，形成灭尽语言的局面。又《维摩经》中说："垢净为二。见垢实性则无净相顺于灭相。是为入不二法门。"[3]苏轼在此诗中借用维摩诘的"不二法门"之思想，写自己对垢净的看法，"垢净各殊性，快惬聊自沃"，了悟自性本清净后，便是梦中了觉，他说："稍能梦中觉，渐使生处熟"，"熟"是执着，"生"是破执着，然破"熟"之执着，则生"生"之执着，破生"生"执着之生，即达到了非想非非想处天，此天是四禅之境界，在此境界非苦乐受。苏轼在此诗中"梦中觉"之意象则是破二执之境界，故接着说："《楞严》在床头，妙偈时仰读"，苏轼所诵读的是《大佛顶如来密因修证了义诸菩萨万行首楞严经》中的："空色既亡识心都灭。十方寂然迥无攸往。如是一类名无所有处。识性不动以灭穷研。于无尽中发宣尽性。如存不存若尽非尽。如是一类名为非想非非想处。此等穷空不尽空理。"[4]可见他的"安心会自得"是非苦乐受之境界。又在《和陶归园田居六首》其二一诗中也有提及"熟"之梦，其诗曰：

穷猿既投林，疲马初解鞍。心空饱新得，境熟梦余想。江鸥渐驯集，蜑叟已还往。南池绿钱生，北岭紫笋长。提壶岂解饮，好语时见广。春江有佳句，我醉堕渺莽。[5]

此诗序文中说："三月四日，游白水山佛迹丛，沐浴于汤泉，发于悬瀑之下，

[1]　苏轼撰，王文浩辑注，孔凡礼点校《苏轼诗集》卷四十二，中华书局1982年版，第2302页。

[2]　《维摩经》卷中《入不二法门品第九》，载《大正新修大藏经》第14册，第550页中。

[3]　《维摩经》卷中《入不二法门品第九》，载《大正新修大正藏》第14册，第550页下。

[4]　《大佛顶如来密因修证了义诸菩萨万行首楞严经》卷第九，载《大正新修大藏经》第19册，第146页下。

[5]　苏轼撰，王文浩辑注，孔凡礼点校《苏轼诗集》卷三十九，中华书局1982年版，第2103页。

浩歌而归,肩舆却行。"可见这里苏轼因沐浴后身心轻松,有感而作。上诗中将"老鸡"、"倦马"自比,在此诗中则将"穷猿"、"疲马"自视。这些象征寓意着他已经厌倦了仕途生涯中的痛苦,政治舞台上的黑暗,此时的苏轼和陶渊明一样,在淳朴的田园生活中找到了快乐,找到了梦想中的天地。他能够摆脱这一切,纵然是被动的,但确如猿之投林,如倦马之解鞍。"心空饱新得"意味着已经放下儒家经世济时的责任,身心变得轻松,而在田园山林生活中看到真正的美。故诗中的"境熟梦余想"是一种自得其乐、身心怡然之状,如本诗之其三中:"新浴觉身轻,新沐感发稀"则是这种境界。再如《谪居三适三首·午窗坐睡》诗中说:

> 蒲团盘两膝,竹几阁双肘。此间道路熟,径到无何有。身心两不见,息息安且久。睡蛇本亦无,何用钩与手。神凝疑夜禅,体适剧卯酒。我生有定数,禄尽空余寿。枯杨下飞花,膏泽回衰朽。谓我此为觉,物至了不受。谓我今方梦,此心初不垢。非梦亦非觉,请问希夷叟。[1]

《谪居三适三首》是写苏轼生活的习惯和乐趣,早晨洗澡梳理头发,午间坐睡,晚上睡觉前泡脚,其中《午窗坐睡》一诗描述苏轼在漫长的午后于窗下蒲团悠闲静坐时,忽然而觉悟到身心俱空、轻松而喜悦的禅境。苏轼的这种状态是佛教所谓的"轻安"境界,获此境界的人身心轻利安适,对所缘之境优游自适。"轻安"是俱舍宗的七十五大善地法之一,唯识的百善心所之一。此精神作用主要在禅定中升起,使修习能持续进行。苏轼在诗中说:"身心两不见,息息安且久。"可见他这一时期心灵上的怡然、精神上的快乐。应该说这种禅境的出现,是与苏轼热衷禅学并积极实践有着密切关系的。在诗末六句苏轼将这种境界作了辨析,如果说它是"觉"状态,那为何"物至了不受";如果说是"梦"也更不是,因为他的心一直是很清醒、清净无杂念。苏轼在结论中说这种境界是"非梦亦非觉",这是非想非非想处的禅定之境界。此诗中梦的意象则是心灵无杂念的对称。《过岭二首(其二)》诗中苏轼又写道:

> 七年来往我何堪,又试曹溪一勺甘。梦里似曾迁海外,醉中不觉到江南。波生濯足鸣空涧,雾绕征衣滴翠岚。谁遣山鸡忽惊起,半岩花雨落毵毵。[2]

---

[1] 苏轼撰,王文浩辑注,孔凡礼点校《苏轼诗集》卷四十一,中华书局1982年版,第2285页。
[2] 苏轼撰,王文浩辑注,孔凡礼点校《苏轼诗集》卷四十五,中华书局1982年版,第2426页。

苏轼于绍圣元年（1094）自定州贬居惠州，曾过大庾岭，并题诗[1]龙泉钟上，"余昔过岭而南，题诗龙泉钟上，今复过而北"[2]，如今于建中靖国元年（1101）北归途中，又重回旧地故有感而作此诗。苏轼把所有的经历和世事当如醉如梦一般看待，"曹溪一勺"的甘甜之味灌溉了苏轼七年贬居的精神家园，使它变成如春天的花园一样，百花盛开。诗之末句"半岩花雨落毵毵"颇有意境，清人纪昀认为"此言机心已尽不必相猜之意，非写景也"。此花非指实而是"心花"，按佛家的讲法乃是戒、定、慧之花也。这是本诗中梦所呈现出的意象。

其次，苏轼在这段时期的创作生涯中，通过大量作品阐发人生如梦的思想。此类"梦"作与前期有些类例，多是泛指人生一梦间，寓意着人生深刻的哲理，而非指某种人生经历或往事。如在《西江月（世事一场大梦）》词中说：

> 世事一场大梦，人生几度秋凉。夜来风叶已鸣廊，看取眉头鬓上。
> 酒贱常愁客少，月明多被云妨。中秋谁与共孤光，把盏凄然北望。[3]

此词作于绍圣四年（1097）八月，此时在儋州。经历了宦海沉浮、人生的几度冷暖，饱受了人生的荣辱才有资格言"世事一场大梦"，世事就像一场大梦，生命就那么几度秋凉的短暂而已。在《和陶停云四首（其四）》诗中说：

> 对弈未终，摧然斧柯。再游兰亭，默数永和。梦幻去来，谁少谁多。
> 弹指太息，浮云几何。[4]

此诗之首联沉吟历史，王质在石室中见到虚幻异景，此事无论是虚幻还是真实，到了苏轼的时代也就是虚无了，兰亭会上的贤士，高歌畅饮的盛事，如今也成了虚无。得失荣辱都是一时之势，人生如一弹指那样短暂，如浮云那样无定，那么贤愚、荣辱都是"梦幻去来"耳。又在《和陶与殷晋安别》中说：

> 孤生知永弃，末路嗟长勤。久安儋耳陋，日与雕题亲。海国此奇士，
> 官居我东邻。卯酒无虚日，夜棋有达晨。小瓮多自酿，一瓢时见分。仍将

---

[1]　《过大庾岭》，载苏轼撰，王文浩辑注，孔凡礼点校：《苏轼诗集》卷三十八，中华书局1982年版，第2056页。

[2]　《余昔过岭而南，题诗龙泉钟上，今复过而北，次前韵》，载苏轼撰，王文浩辑注，孔凡礼点校：《苏轼诗集》卷四十五，中华书局1982年版，第2424页。

[3]　苏轼撰，邹同庆、王宗堂著：《苏轼词编年校注》，中华书局2002年版，第798页。

[4]　苏轼撰，王文浩辑注，孔凡礼点校：《苏轼诗集》卷四十一，中华书局1982年版，第2269页。

对床梦，伴我五更春。暂聚水上萍，忽散风中云。恐无再见日，笑谈来生因。空吟清诗送，不救归装贫。[1]

苏轼初到儋耳，寄居官屋，儋耳太守张中颇为照顾，但此事被董必弹劾。张中被免职，另候任用，于元符二年（1099）离儋耳，苏轼心中十分难过，作此诗送之。诗中写自己在官场上的孤独，幸亏在人生穷途之中，遇到了这位豪情的太守，并被他照顾，有时还通宵对床夜话，才得以暂安。此一别恐怕再见无期，只能来生相见了。人生聚散如"水上萍"、"风中云"那样无常、虚幻，故诗中感叹说"对床梦"，往日的情谊恍惚如梦，相见之期更是梦幻。

又在《别海南黎民表》诗中说：

我本海南民，寄生西蜀州。忽然跨海去，譬如事远游。平生生死梦，三者无劣优。知君不再见，欲去且少留。[2]

元符三年（1100）离开海南贬所，作此诗告别此地百姓。诗中说生、死、别离三者都是梦，都不真实，不应因来去而有喜忧。苏轼用这一道理来安慰海南老百姓，也是安慰自己此次临别的难堪。从中不难看出苏轼对这方水土、这方人的喜爱，长期在此地贬居爱上了它，甚至认为自己本是"海南民"，此别就当是"事远游"，会好受些。早在五年前在惠州贬所时他也曾于《四月十一日初食荔支》诗中，表达了自己对此次贬居生活的感受。其诗说：

南村诸杨北村卢，白花青叶冬不枯。垂黄缀紫烟雨里，特与荔支为先驱。海山仙人绛罗襦，红纱中单白玉肤。不须更待妃子笑，风骨自是倾城姝。不知天公有意无，遣此尤物生海隅。云山得伴松桧老，霜雪自困楂梨粗。先生洗盏酌桂醑，冰盘荐此赪虬珠。似闻江鳐斫玉柱，更洗河豚烹腹腴。我生涉世本为口，一官久已轻莼鲈。人间何者非梦幻，南来万里真良图。[3]

绍圣二年（1095）苏轼在惠州，初食荔枝作此诗。诗中通过描绘荔枝的生长环境、具体形象、可口美味，阐发自己所追求的生活方式，从中可以看出苏轼随缘自适之品德。诗的末句"人间何者非梦幻，南来万里真良图"是他对当前生活的总结，既

[1] 苏轼撰，王文浩辑注，孔凡礼点校《苏轼诗集》卷四十二，中华书局1982年版，第2321页。
[2] 苏轼撰，王文浩辑注，孔凡礼点校《苏轼诗集》卷四十三，中华书局1982年版，第2362页。
[3] 苏轼撰，王文浩辑注，孔凡礼点校《苏轼诗集》卷三十九，中华书局1982年版，第2121页。

然一切皆梦幻，那么涉世为口而活的人，食荔枝就是最好的选择。

另外，与前期一样，有时梦作中也将往日的具体一段时间看成如梦一样出现在生命中，如《天竺寺》诗中说："四十七年真一梦，天涯流落涕横斜。"[1] 又如《和陶时运四首》其四写道："三年一梦，乃复见余。"[2] 有的则将永恒的时间概念看成一梦，如在《正月二十四日，与儿子过，赖仙芝、王原秀才、僧昙颖、行全、道士何宗一同游罗浮道院及栖禅精舍，过作诗，和其韵，寄迈迨》诗中说："坐令禅客笑，一梦等千岁。"[3] 此类梦作与前期无异，故在此不再重述。

第二节　万事到头都是梦——梦与人生困境的超越

就在仕途上成就儒家建功立业之事业来说，苏轼是失败者，但在人生中追求生命存在价值方面，他是成功者。他不因为仕途的挫败而堕落、沉溺，人生的大起大落反而使他活得更潇洒、旷达。如何浃虑老师所说："一个人如果心态积极，乐观地面对人生，乐观地接受挑战和应对麻烦事，那么他就成功了一半。所以成功卓越者活得充实、自在、潇洒，失败平庸者过得空虚、艰难、猥琐。成功卓越者少，失败平庸者多。这是为什么？最主要的原因就是对待事物的心态不同。仔细观察、比较一下成功者与失败者的心态，会发现心态不同，会造成不同的人生。"[4] 综观中国历史我们就会发现何浃虑老师这番话蕴含的真理，人生的成败与否取决于其心态。从屈原到贾谊，从陶渊明到苏轼，每一个人生的存在价值、人生的成败，都跟其人生观有关。屈原面对仕途的挫败选择自杀，贾谊郁闷而亡，陶渊明选择换一种人生选择，辞官归隐，苏轼既不自杀，不因此郁闷而亡，也不曾避世消极，始终在困境中行走，且越战越勇、越活越有精神。

一个人的心态与其人生观有着密切的关系，如前文所述，苏轼将生命看成短暂的"寄寓"、"俯仰了此世"，通过这样的态度来超越生死。不仅如此，他还将世事甚至生命也看成"如梦"、"如幻"，以这样的态度来超越人生的困境，从而安顿了人生之际遇。王水照老师说："如果说，'人生如寄'主要反映人们在时间流变中对个体生命有限性的沉思，苏轼却从中寄寓了对人生前途的信念和追求，主体

[1]　苏轼撰，王文浩辑注，孔凡礼点校：《苏轼诗集》卷三十八，中华书局1982年版，第2056页。
[2]　苏轼撰，王文浩辑注，孔凡礼点校：《苏轼诗集》卷四十，中华书局1982年版，第2218页。
[3]　苏轼撰，王文浩辑注，孔凡礼点校：《苏轼诗集》卷三十九，中华书局1982年版，第2099页。
[4]　何浃虑编著：《苏东坡：人生突围》，中国城市出版社2010年版，第95页。

选择的渴望，那么，'人生如梦'主要反映人们在空间存在中对个体生命实在性的探寻，苏轼从中肯定个体生命的珍贵和价值，并执着于生命价值的实现。"[1] 苏轼的"人生如梦"在某种程度上，否定了儒家建功立业的理想人生观，同时也否定了道家迁居避世的生活环境之观念，以及佛家超生死、出三乘之理论。既然人生都是梦、都是幻、都是空，那还有什么不能看穿，还有什么烦恼不能解脱呢？这就是苏轼面对人生苦难忧患之时没有沉溺，反而依然潇洒、放旷的原因。苏轼即使接受了佛教人生如幻如梦、万事随缘、不为外物所累的思想与老庄哲学中顺其自然、超脱一切、无我人生观，皈依、信奉其出世思想，但他并不像老庄那样置身于社会之外否定人生，作一个冷面的俯视者，而是从中滋养了一种对自然人生更深沉、更理性、更通达的看法。苏轼在认识和思考人生时，不像一般文人那样执着于一点、一面，而往往是从多面多元的角度来观察，对事物有一个洞达、透彻的了悟，对进退得失、功名利禄有一个清楚认识和把握。故在仕途上遇到挫折、在生活中遇到困难时，他仍能找到人生的航标，达到心态平衡的境界。

苏轼在仕途上先后遭到两次贬谪，其生活中的困难条件以及精神上遭受的痛苦都是常人难以承受的，但他不仅能安之，而且还将其视为成功的地方，"问汝平生功业，黄州、惠州、儋州"。他的所谓功业是指创作与精神上所达到的境界，而且常以梦的态度回顾这段经历。可见他超越困境意识的精神境界之一斑。下以苏轼在黄州和岭海两次贬居生涯为例，探讨他如何以"人生如梦"的心态超越其人生的困境。

一、梦与黄州贬居生涯之安顿

苏轼一生在新党与旧党的矛盾夹缝中左支右绌、屡遭贬谪，但多年的流放生涯并没有摧垮他，反而加深了他对人生命运的思考和对传统思想文化的吸收融合，从而形成了一套不以贬谪为患、不计个人利弊得失的处世态度，形成了一种可仕可隐、无适而不可的随缘自适的人生哲学。这一特点在黄州贬居期间开始进入成熟阶段。能如此无所往而不乐，正因为苏轼人生观的改变，从"致君尧舜"的理想人生观，转入追求心安的生命存在价值和意义。"心安"作为一种感觉、一种心态，苏轼的这种境界是通过继承与超越佛家"空观"、"无常"思想，道家"齐物"以及"无我"观念而获得的。

"乌台诗案"发生后，苏轼在精神上受到巨大的打击，"致君尧舜"之怀抱几

---

[1] 王水照：《苏轼研究》，河北教育版社 1999 年 5 月版，第 79 页。

乎被粉碎，加上当时黄州的生活环境非常穷困、偏僻，因此苏轼可以说是面临着无比的痛苦和困顿。经过一年的自我调解，苏轼几乎找到心安之状态，在《伯父送先人下第归蜀诗云：人稀野店休安枕，路入灵关稳跨驴。安节将去，为诵此句，因以为韵，作小诗十四首送之》其六中，苏轼云：

> 故人如念我，为说瘦栾栾。尚有身为患，已无心可安。[1]

诗中苏轼说今我已非故我，从形骸到心灵都已经发生了变化。"尚有身为患"句引用的是老子无肉体存在则无患难的思想，《道德经》中说："吾所以有大患者，为吾有身，及吾无身，吾有何患？"[2]"已无心可安"句引用的是佛家禅宗无心则可以随安的思想，《佛果圜悟禅师碧岩录》记载禅宗二祖得法之过程："（达摩）遂问曰。汝（二祖慧可）立雪断臂。当为何事。二祖曰。某甲心未安。乞师安心。磨曰。将心来。与汝安。祖曰。觅心了不可得。达磨云。与汝安心竟。后达磨为易其名曰慧可。"[3]苏轼在诗中借用道家和佛家典故表达自己的无身、无心思想，从中隐约看到苏轼此时的心安境界。苏轼此时的心态与刚出狱时完全不同了，如在他前往黄州贬所途中，如上文所述的在《陈州与文郎逸民饮别，携手河堤上，作此诗》中说："君已思归梦巴峡，我能未到说黄州。此身聚散何穷已，未忍悲歌学楚囚。"[4]表达自己痛苦欲归家乡的愿望，说表兄文仝之灵魂已归家，永远地安息着，而自己虽未到黄州，但灵魂已到黄州贬所，受着人间的痛苦了。但从诗中对人生聚散难料，如梦幻一般虚无的感叹，可见其求心安之基本路线，即以梦幻安之。

贬谪黄州时期，是苏轼人生中写梦最多的阶段，如诗中有："人似秋鸿来有信，事如春梦了无痕。"（《正月二十日，与潘、郭二生出郊寻春，忽记去年是日同至女王城作诗，乃和前韵》，载《苏轼诗集》卷二十一，第1105页）"梦中旧事时一笑，坐觉俯仰成今古。"（《和蔡景繁海州石室》，载《苏轼诗集》卷二十二，第1178页）"一年如一梦，百岁真过客。"（《岐亭五首并叙（其二）》，载《苏轼诗集》卷二十三，第1203页）"中年忝闻道，梦幻讲已详。"（《去岁九月二十七日，在黄州，生子名遁，小名干儿，颀然颖异。至今年七月二十八日，病亡于金陵，作二诗哭之（其二）》，载《苏轼诗集》卷二十三，第1239页）"子达想无身后念，吾衰不复梦中论。"

---

[1] 苏轼撰，王文浩辑注，孔凡礼点校：《苏轼诗集》卷二十一，中华书局1982年版，第1098页。

[2] 《道德经》，第13章。

[3] 《佛果圜悟禅师碧岩录》卷第10，载《大正新修大藏经》第48册，第219页上。

[4] 苏轼撰，王文浩辑注，孔凡礼点校：《苏轼诗集》卷二十，中华书局1982年版，第1017页。

（《王中父哀词》，载《苏轼诗集》卷二十四，第 1280 页）"形骸堕醉梦，生事委尘土。"（《徐大正闲轩》，载《苏轼诗集》卷二十四，第 1283 页）"千里孤帆又独来，五年一梦谁相对。"（《龟山辩才师》，载《苏轼诗集》卷二十四，第 1295 页）"大梦行当觉，百年特未满。"（《李宪仲哀词》，载《苏轼诗集》卷二十五，第 1333 页）"余生卧江海，归梦泣嵩邙。"（《神宗皇帝挽词三首（其三）》，载《苏轼诗集》卷二十五，第 1336 页）"十年归梦寄西风，此去真为田舍翁。"（《归宜兴，留题竹西寺三首（其一）》，载《苏轼诗集》卷二十五，第 1346 页）"那知梦幻躯，念念非昔人。"（《再过常山和昔年留别诗》，载《苏轼诗集》卷二十六，第 1381 页）"相从杯酒形骸外，笑说平生醉梦间。"（《次韵胡完夫》，载《苏轼诗集》卷二十六，第 1402 页）"身外浮名休琐琐，梦中归思已滔滔。"（《奉和陈贤良》，载《苏轼诗集》卷二十六，第 1390 页）词中有："万事到头都是梦。休休。"（《南乡子》，载《苏轼词集》，第 331 页）"梦中了了醉中醒。"（《江城子》，载《苏轼词集》，第 352 页）"梦里栩然蝴蝶、一身轻。"（《南歌子》，载《苏轼词集》，第 368 页）"人生如梦，一尊还酹江月。"（《念奴娇》，载《苏轼词集》，第 398 页）"笑劳生一梦，羁旅三年，又还重九。"（《醉蓬莱》，载《苏轼词集》，第 428 页）"身外倘来都似梦，醉里无何即是乡。"（《十拍子》，载《苏轼词集》，第 476 页）"休言万事转头空。未转头时皆梦。"（《西江月》，载《苏轼词集》，533 页）"故山空复梦松楸。此心安处是菟裘。"（《浣溪沙》，载《苏轼词集》，第 478 页）综观他这段时间的此类梦作，不难看出他在努力排解心中的苦闷，超越生活环境的艰难。

首先，要化解生活中的孤独和寂寞。苏轼来到黄州贬所后，昔日所交往的朋友很少与他联系和来往，诗也不能自由地著写。如元丰三年（1080）初到黄州居定慧院时作《卜算子（缺月挂疏桐）》一词表达了当时的孤独和寂寞，其词曰：

缺月挂疏桐，漏断人初静。谁见幽人独往来，缥缈孤鸿影。惊起却回头，有恨无人省。拣尽寒枝不肯栖，寂寞沙洲冷。[1]

此词是苏轼生活的写照，孤独而高雅脱俗地行走在人间，影子如孤鸿那样缥缈。故词中苏轼将孤鸿自比，而此时孤鸿遭遇不幸，心怀幽恨，惊恐不已，拣尽寒枝不肯栖息，只好落宿于寂寞荒凉的沙洲。时隔不久，苏轼又在《答李端叔书》文中说：

得罪以来，深自闭塞，扁舟草屦，放浪山水间，与樵渔杂处，往往为

———————
[1] 苏轼撰，邹同庆、王宗堂著：《苏轼词编年校注》，中华书局 2002 年版，第 275 页。

醉人所推骂。轼自喜渐不为人识，平生亲友，无一字见及，有书与之亦不答，自幸庶几免矣。足下又复创相推与，甚非所望。木有瘿，石有晕，犀有通，以取妍于人；皆物之病也。谪居无事，默自观省，回视三十年以来，所为，多其病者。足下所见，皆故我，非今我也。无乃闻其声不考其情，取其华而遗其实乎？抑将又有取于此也？此事非相见不能荆自得罪后，不敢作文字。[1]

在这段文字中苏轼给自己做了总结，"回视三十年以来，所为，多其病者。足下所见，皆故我，非今我也"。虽然这个总结有对李端叔的推誉表示谦虚之举，也有对自己获罪申明之意，也有表示自己的追悔和承诺，不再是"故我"之心，但其真实一面也是不可否认的。然从中可见初到黄州孤独无相亲的情况，"渐不为人识，平生亲友，无一字见及"，"自得罪后，不敢作文字"。因此，他一方面"深自闭塞，扁舟草屦，放浪山水问，与樵渔杂处，往往为醉人所推骂"。或杜门谢客，或放浪山水，或与当地百姓杂处，或豪情痛饮，等等，以忘却生活上的孤独、痛苦；另一方面，以梦幻人生来安慰自己精神上的寂寞、苦闷。从他的梦作中所表现的"归梦"、"回梦"之诗句，可以看出其归隐之愿望以及初到黄州孤独的生活状态，他在努力摆脱痛苦和孤独。

苏轼来到黄州不久，能够从孤独寂寞中解脱出来，首先是因为他凭借释、道思想进行自我调解，在精神上排解孤独和寂寞所带来的痛苦；其次是由于他的乐观通达，主要是他常以梦之思想来定位人生，故一切痛苦和烦恼都由梦而断之。如在《四时词四首（其四）》一诗中也说："霜叶萧萧鸣屋角，黄昏斗觉罗衾薄。夜风摇动镇帷犀，酒醒梦回闻雪落。"[2] 虽然在绝无人迹、几乎可以听得到"霜叶萧萧"、"雪落"之声的旷野孤独、寂寞地活着，诗人自饮自醉，可以说饮的是寂寞，醉的是孤独，也不知何时醉，只知道酒醒后便是黄昏，但从中不难看到苏轼已经开始适应黄州贬所的生活，并过着自得其乐的闲情生活。时隔不久他又在《侄安节远来夜坐三首》诗中说：

南来不觉岁峥嵘，坐拨寒灰听雨声。遮眼文书元不读，伴人灯火亦多情。嗟予潦倒无归日，今蹉跎已半生。免使韩公悲世事，白头还对短灯檠。

[1]　苏轼撰，孔凡礼点校：《苏轼文集》卷四十九，中华书局1986年版，第1432页。
[2]　苏轼撰，王文浩辑注，孔凡礼点校《苏轼诗集》卷二十一，中华书局1982年版，第1092页。

心衰面改瘦峥嵘，相见惟应识旧声。永夜思家在何处，残年知汝远来情。畏人默坐成痴钝，问旧惊呼半死生。梦断酒醒山雨绝，笑看饥鼠上灯檠。

落第汝为中酒味，吟诗我作忍饥声。便思绝粒真无策，苦说归田似不情。腰下牛闲方解佩，洲中奴长足为生。大召一弛何缘彀，已觉翻翻不受檠。[1]

“酒醒”、“梦断”、“默坐”、“山雨”、“饥鼠”、“灯檠”构成的意象是一幅虽平庸但颇有境界的写真画，“听雨声”一语把这平庸的写真画升华为如梦如幻的、深奥的抽象画。“听雨声”是听“山雨”的真实雨之声，也是在听他人生中的风雨之回声，因此这幅画寄寓着人生的哲理。荣辱、生死等生命的问题便是“默坐”的观照对象。“笑看饥鼠上灯檠”便是苏轼对自己过去为那些营营而累的自嘲。因为是梦幻人生，故生死问题显得更加残酷而要紧。在《李宪仲哀词》诗中苏轼写道：

大梦行当觉，百年特未满。遑哀已逝人，长眠寄孤馆。念我同年生，意长日月短。盐车困骐骥，烈火废圭瓒。后生有奇骨，出语已精悍。萧然野鹤姿，谁复识中散。有生寓大块，死者谁不窾。嗟君独久客，不识黄土暖。推衣助孝子，一溉滋汤旱。谁能脱左骖，大事不可缓。[2]

诗中苏轼将人生存在意义与价值定为了悟生死大事，而人生是短暂寄寓于一场大梦中，且“长眠寄孤馆”，了悟此大事则是在大梦中清醒。而且时间不等人，此事是不可怠慢的，“谁能脱左骖，大事不可缓”。因为觉悟人生生死大事最为重要，故在《正月二十日，与潘、郭二生出郊寻春，忽记去年是日同至女王城作诗，乃和前韵》诗中说：

东风未肯入东门，走马还寻去岁村。人似秋鸿来有信，事如春梦了无痕。江城白酒三杯酽，野老苍颜一笑温。已约年年为此会，故人不用赋《招魂》。[3]

此诗中的“孤鸿”不再像初到黄州时那么孤独和寂寞，而有了自己人生依托的信念，即世事如梦了无痕的人生观。“孤鸿”不再觉得过去的生活才是美好，不再认为那时候的它才是不孤独，因此不想飞回故居。它已经开始喜欢上这里的新环境，“自喜渐不为人识”。“孤鸿”此时此刻已经将人生荣辱看成梦幻，不再因得失而痛苦，

[1] 苏轼撰，王文浩辑注，孔凡礼点校：《苏轼诗集》卷二十一，中华书局1982年版，第1095页。
[2] 苏轼撰，王文浩辑注，孔凡礼点校：《苏轼诗集》卷二十五，中华书局1982年版，第1333页。
[3] 苏轼撰，王文浩辑注，孔凡礼点校：《苏轼诗集》卷二十一，中华书局1982年版，第1105页。

反而因得来不易故更加珍惜生活、珍惜时间，从中我们可以体会到苏轼此时心安的境界。

其次，"乌台诗案"发生后，苏轼"致君尧舜"的理想受到沉重打击，使他不得不重新思考人生存在的价值与意义。贬居黄州时期，要做的第二件事情是抚慰因受伤而痛苦的灵魂。如上文所述，综观苏轼在这段时期写梦的作品，"人生如梦"是占主流的。苏轼以"梦"为媒介找到由物内到物外的精神解脱手段，使得痛苦得到冰解，心灵上得到慰藉。王水照说："轼的人生苦难意识和伤感虚幻意识是异常沉重的，但并没有发展到对整个人生的厌倦和伤感，其落脚点也不是从前人的'对政治的退避'变而为'对社会的退避'。他在吸取传统人生思想和个人生活体验的基础上，形成了一套苦难—省悟—超越的思路。"[1] 的确，苏轼超越"乌台诗案"给他带来的精神上的痛苦，这是一个省悟过程。儒家的人生观是强调生的奉献，先建功立业而后有三不朽的永恒。苏轼的省悟意味着要超越儒家这个人生观，要看淡儒家这个功业，从而才能做到荣辱不着于心，方能不为人生得失而痛苦烦恼。因此，"梦"是苏轼超越精神痛苦的最好武器。在黄州贬所过第一个重阳节时，他在《南乡子（霜降水痕收）》词中写道：

> 霜降水痕收，浅碧鳞鳞露远洲。酒力渐消风力软，飕飕。破帽多情却恋头。
>
> 佳节若为酬，但把清尊断送秋。万事到头都是梦，休休。明日黄花蝶也愁。[2]

从词中不难看出，梦幻人生给苏轼带来慰藉，今天的美景也会成明日黄花，成为蝶愁的往事，"万事到头都是梦"，那么自己的得失、荣辱就不是可喜可悲之事了。全词之意境透出一种随遇而安、乐观豁达的胸襟，而梦是其主导思想。同样的思想，苏轼在黄州贬所第三年的重阳节在《醉蓬莱（笑劳生一梦）》一词中写道：

> 笑劳生一梦，羁旅三年，又还重九。华发萧萧，对荒园搔首。赖有多情，好饮无事，似古人贤守。岁岁登高，年年落帽，物华依旧。 此会应须烂醉，仍把紫菊茱萸，细看重嗅。摇落霜风，有手栽双柳。来岁今朝，为我西顾，醉羽觞江口。会与州人，饮公遗爱，一江醇酎。[3]

从词中可以看出苏轼此时的心情已经比初到黄州重阳节时快乐得多了。不是蝶

---

[1]　王水照：《苏轼研究》，河北教育出版社1999年版，第76页。

[2]　苏轼撰，邹同庆、王宗堂著：《苏轼词编年校注》，中华书局2002年版，第331页。

[3]　苏轼撰，邹同庆、王宗堂著：《苏轼词编年校注》，中华书局2002年版，第428页。

愁心态勉强言"梦"来"断送秋",而是笑对"羁旅"谈梦幻,尽情豪饮赏秋菊,而且还要"来岁今朝"也要如此觞饮高歌迎秋来。佛教梦喻与现法乐住几乎浸透了苏轼的整个灵魂,所以谈吐之间能如此洒脱、旷达。其实,早在这年春季,苏轼就已经找到了心灵的安顿法,在《江城子(梦中了了醉中醒)》词中写道:

> 梦中了了醉中醒。只渊明,是前生。走遍人间,依旧却躬耕。昨夜东坡春雨足,乌鹊喜,报新晴。雪堂西畔暗泉鸣。北山倾,小溪横。南望亭丘,孤秀耸曾城。都是斜川当日境,吾老矣,寄余龄。[1]

梦中了悟、醉中觉醒是苏轼此时逃避现世烦恼的手段,是他现法乐住的安心法。既不强调入世奉事,又不提倡出世归隐田园,而是万事随缘,能仕则仕而且尽心地做事,宜隐则隐而且完全投入大自然。苏轼可以说是悟梦之真谛者,无所往而不乐的觉者也。又在《念奴娇(大江东去)》词中说:

> 大江东去,浪淘尽、千古风流人物。故垒西边,人道是、三国周郎赤壁。乱石穿空,惊涛拍岸,卷起千堆雪。江山如画,一时多少豪杰。 遥想公瑾当年,小乔初嫁了,雄姿英发。羽扇纶巾,谈笑间、樯橹灰飞烟灭。故国神游,多情应笑我,早生华发。人生如梦,一尊还酹江月。[2]

词中苏轼虽然将雄壮的历史称为空虚,英雄豪杰的事业称为梦幻,但并不因此而沉溺于梦幻人生不能自拔。他还是愿意"早生华发",愿意变成那段历史中的英雄豪杰。"一尊还酹江月"是不忘现有的表现,故他说"人生如梦"是要对当下生活更加爱惜,积极向上而不消极避世。重视心灵家园是苏轼人生价值观的表现,不管拥有什么,如果活得不快乐,也都没有什么意义了。在在《渔家傲(临水纵横回晚鞚)》词中说:

> 临水纵横回晚鞚。归来转觉情怀动。梅笛烟中闻几弄。秋阴重。西山雪淡云凝冻。美酒一杯谁与共?尊前舞雪狂歌送。腰跨金鱼旌旆拥。将何用。只堪妆点浮生梦。[3]

从词中不难看出苏轼对幸福的重视,如果有了名誉、权利等前呼后拥的威望,

[1] 苏轼撰,邹同庆、王宗堂著:《苏轼词编年校注》,中华书局2002年版,第352页。
[2] 苏轼撰,邹同庆、王宗堂著:《苏轼词编年校注》,中华书局2002年版,第398页。
[3] 苏轼撰,邹同庆、王宗堂著:《苏轼词编年校注》,中华书局2002年版,第410页。

但没有幸福快乐，像他此时此刻"美酒一杯谁与共"那样孤独，曾经拥有那些也就"只堪妆点浮生梦"。虽然此词给读者带来孤独之感，但其实是一种觉醒的孤独，是"浮生梦"的孤独。既然能意识到人生如蜉蝣之生命一样短暂、无定，那还有什么理由不快乐呢？原来孤独是因为没人一起分享"归来"后的那个气氛，幽雅的音乐、凝重的秋意，在这样的气氛中如果有个知心人一起对饮，那就是天堂了！从诗中，我们可以窥见苏轼对心安的追求和重视。如在《和子由寄题孔平仲草庵次韵》诗中云：

> 逢人欲觅安心法，到处先为问道庵。卢子不须从若士，盖公当自过曹参。
>
> 羡君美玉经三火，笑我枯桑困八蚕。犹喜大江同一味，故应千里共清甘。[1]

苏轼于《伯父送先人下第归蜀诗》中说："无心可安"，在这里又跟子由说："逢人欲觅安心法，到处先为问道庵。"可见苏轼到黄州后最急切的事情是寻找"觅安心法"。诗中的"不须从"、"当自"、"同一味"是佛家的空观思想，诸法无自性故本来清净。心中自有安心法，不必外求。幸福和快乐不是依靠那些身外之物来建立，而是由自身内心修养建构的，即幸福是心态做主的。梦幻人生是苏轼因仕途失意而痛苦的最好解药，故对人生价值和意义他常以"梦"断之，从而实现超越现实中种种身心煎熬的痛苦的目的。因此，离开黄州贬所后，他在《次韵胡完夫》诗中写道：

> 青衫别泪尚斓斑，十载江湖困抱关。老去上书还北阙，朝来拄笏望西山。
>
> 相从杯酒形骸外，笑说平生醉梦间。万事会须咨伯始，白头容我占清闲。[2]

此诗中苏轼以"醉梦间"概括了黄州十年贬居生涯，并表达自己"白头容我占清闲"的愿望。"青衫别泪尚斓斑"是苏轼对黄州贬居闲暇生活怀念和向往的表现，故他愿意归隐而不愿意再踏入名利场。从中可见苏轼对贬居期间生活的满意程度，同时也能窥见梦的思想对排解痛苦的作用。

总之，苏轼在黄州贬居期间，也许他的个人生活是挫折的、是不幸的，但对于绵延千年的中国文化来说，却是大幸。苏轼在黄州时期写出了彪炳千古的作品，其作品的灵魂标榜着中国三教合一的精华，是中国士大夫在宦海沉浮中仍能找到亦仕亦隐精神上归处的好榜样，真可谓"诗家不幸文化幸"。苏轼能如此超越困境，与其心态有关，而"人生如梦"是他心态的建构源泉。

---

[1]　苏轼撰，王文浩辑注，孔凡礼点校《苏轼诗集》卷二十一，中华书局1982年版，第1108页。
[2]　苏轼撰，王文浩辑注，孔凡礼点校《苏轼诗集》卷二十六，中华书局1982年版，第1402页。

二、梦与岭海贬居生涯的安顿

贬居岭海的苏轼在政治观、人生观上发生重大改变。如果说贬居黄州时，苏轼虽是戴罪之身，但他仍希望再有机会展示自己儒家经世济时的怀抱，那么贬居岭海时，随着年事日高，前路遥远，归期茫茫，东山再起之日更不可想，故"致君尧舜"的理想完全放下。如果说黄州时期苏轼要超越孤独、寂寞与精神上的伤痕等痛苦，那么岭海时期则是要超越艰难的生活条件与一生荣辱得失。

首先，苏轼在赴贬所途中就开始面对艰辛的生活条件，先是途中的穷山恶水，他在《赴英州乞舟行状》中说：

> 臣轼言。近准诰命，落两职，追一官，谪守岭南小郡。臣寻火急治装，星夜上道，今已行次濠州。而自闻命已来，忧悸成疾，两目昏障，仅分道路。左手不仁，右臂缓弱，六十之年，头童齿豁，疾病如此，理不久长。而所负罪名至重，上孤恩义，下愧平生，悸伤血气，忧隔饮食，所以疾病有加无瘳。加以素来不善治生，禄赐所得，随手耗尽，道路之费，囊橐已空。臣本作陆行，日夜奔驰，速于赴任，而疾病若此，资用不继，英州接人，卒未能至，定州送人，不肯前去，雇人买马之资，无所从出。道尽途穷，譬如中流失舟，抱一浮木，恃此为命，而木将沉，臣之衰危亦云极矣。窃伏思念得罪以来，三改谪命，圣恩保全，终付一郡。岂期圣主至仁至明，尚念八年经筵之旧臣，意欲全其性命乎？臣若强衰病之余生，犯三伏之毒暑，陆走炎荒四千余里，则僵仆中途，死于逆旅之下，理在不疑。虽罪累之重，不足多惜，而死非其道，则非仁圣不杀全育之意也。轼已分散骨肉，令长子带往近地，躬耕就食，臣只带家属数人，前去汴泗之间，乘舟泛江，倍道而行，至南康军出陆赴任。所贵医药粥食，不至大段失所。臣窃揣自身，多病早衰，气息仅属，必无生还之道。然尚延晷刻于舟中，毕余生于治所，虽以瘴疠死于岭表，亦所甘心，比之陆行毙于中道，稿葬路隅，常为羁鬼，则犹有间矣。恭惟圣主之德，下及昆虫，以臣曾经亲近任使，必不欲置之死地，所以轼为舟行之计。敢望天慈，少加悯恻。臣无任。[1]

绍圣元年（1094）闰四月三日，苏轼得到圣旨移知英州，他便匆匆忙忙地离开

---

[1] 苏轼撰，孔凡礼点校：《苏轼文集》卷三十七，中华书局1986年版，第1042页。

定州，临走时还来不及跟父老乡亲告别。此行状中描写了赴任途中的种种困难，因为路途劳累，他疾病缠身，加上路费耗尽，定州送行者不肯往前送，英州迎接者怕死也不敢前往迎接。苏轼面临着"山重水复"之危难以及"如中流失舟，抱一浮木，恃此为命，而木将沉"的处境，精神上又觉得"上孤恩义，下愧平生"。可以说，此时在精神上、在生活中苏轼都苦不堪言。然而在《八月七日，初入赣，过惶恐滩》中回想这段经历艰辛的舟行，其诗曰：

> 七千里外二毛人，十八滩头一叶身。山忆喜欢劳远梦，地名惶恐泣孤臣。
>
> 长风送客添帆腹，积雨扶舟减石鳞。便合与官充水手，此生何止略知津。[1]

"惶恐滩"即江西省万安县的"黄公滩"，因水急滩险而常被人称为"惶恐滩"。诗中苏轼将"七千里"、"十八滩"险峻的水滩与"二毛人"、"一叶身"渺小的自我作对比，使得险峻之水滩更加险峻，渺小的诗人更显得渺小。但在苏轼看来，山重水复、险峻之水滩好像是在同情这位"孤臣"的遭遇，因此才有"惶恐泣"、"长风送"、"添帆腹"、"积雨扶舟"等老天的帮助，天地好像在帮他度过这样险恶的处境。从"此生何止略知津"一语，可知诗中所言不仅仅是"惶恐滩"的险峻，而是他人生的险恶处境，故"劳远梦"一语也有两层意义，表层表达此舟行路途遥远、劳累形骸，深层意义则说他在人生险恶中奔波劳苦，"远梦"即归隐之梦。其实"劳生梦"的思想早在黄州贬居时就有，他曾感叹"只堪妆点浮生梦"（《渔家傲》，载《苏轼词集》，第410页）、"笑劳生一梦"（《醉蓬莱》，载《苏轼词集》，第428页），以"梦"的看法回忆这段人生险恶经历，在《木兰花令（梧桐叶上三更雨）》词中也有类似描写，其词曰：

> 梧桐叶上三更雨。惊破梦魂无觅处。夜凉枕簟已知秋，更听寒蛩促机杼。
>
> 梦中历历来时路。犹在江亭醉歌舞。尊前必有问君人，为道别来心与绪。[2]

此词作于《八月七日，初入赣，过惶恐滩》一诗之后不久，如词中之序文说"宿造口闻夜雨寄子由、才叔"，造口是江西省万安县西南六十里的一个小镇。从"惊破梦魂"、"梦中历历"语句，可知苏轼已经经过了不少艰险之路。词中仍以"梦中行"、"醉中歌"回想这段"惊破"魂魄的经历，故有"尊前必有问君人，为道别来心与绪"这样的自序。苏轼在乎的是"心与绪"的情况，而不在乎那些艰险的

---

[1]　苏轼撰，王文浩辑注，孔凡礼点校：《苏轼诗集》卷三十八，中华书局1982年版，第2052页。

[2]　苏轼撰，邹同庆、王宗堂著：《苏轼词编年校注》，中华书局2002年版，第741页。

人生经历。因为那些经历也像梦一样空虚，一切都会烟消云散，虚无不足道，心情愉快才重要。再如《十月二日初到惠州》诗中云：

> 仿佛曾游岂梦中，欣然鸡犬识新丰。吏民惊怪坐何事，父老相携迎此翁。
> 苏武岂知还漠北，管宁自欲老辽东。岭南万户皆春色，会有幽人客寓公。[1]

诗中苏轼将这段贬居途中的艰险经历比之于元丰二年被御史中丞李定派太常博士皇甫遵往湖州"顷刻之间，拉一太守如驱犬鸡"[2]逮捕苏轼押回京师一样"惊破"魂魄。然他以"欣然"的心态描写之，以梦中游的态度"识新丰"（新的元丰遭遇）。旧的元丰遭遇如梦一样过去了，新元丰应该也会过去，像苏武、管宁那样贬居时都不会知道有北归之日，但最后都得赦回归中原了。因此，苏轼很平静、乐观地把此次贬居当作梦游一样来看待。

苏轼在岭海贬居生涯中所经过的贬所都是当时的边远、荒芜之地，生活条件非常差，"加以素来不善治生，禄赐所得，随手耗尽，道路之费，囊橐已空"[3]，苏轼的生活更加困难，但他始终仍保持着旷达的胸襟，善处之。如在《十一月二十六日，松风亭下，梅花盛开》诗中说：

> 春风岭上淮南村，昔年梅花曾断魂。岂知流落复相见，蛮风蜒雨愁黄昏。
> 长条半落荔支浦，卧树独秀桃榔园。岂惟幽光留夜色，直恐冷艳排冬温。
> 松风亭下荆棘里，两株玉蕊明朝暾。海南仙云娇堕砌，月下缟衣来扣门。
> 酒醒梦觉起绕树，妙意有在终无言。先生独饮勿叹息，幸有落月窥清樽。[4]

观花赏月抒怀是古人的喜爱，但一般都在生活得意、悠闲时才有这个雅兴。苏轼初到惠州贬所，生活应该是很艰难的，但仍有雅兴观花赏月。诗中通过咏梅花之傲霜的高尚品德，来表达自己"善处穷"之意志，人生的挫折是自我完善的好机会。苏轼"酒醒梦觉"前面对着人生种种困难，而"酒醒梦觉"后，梅花仙子便带他走入了另一种梦，在这梦境里有明月相伴，"独饮勿叹息"，过着美如梦的生活。醉与醒、梦与觉的深层意义是苏轼对人生价值重新思考的表现，从中我们可以隐约地看出苏轼"昔非今是"的态度，可见苏轼是如何安顿与超越那些"流落"生涯中的

---

[1] 苏轼撰，王文浩辑注，孔凡礼点校《苏轼诗集》卷三十八，中华书局1982年版，第2071页。

[2] 详见《怀华盦丛书》，朋九万撰：《乌台诗案》，《东坡乌台诗案杂记（十二则）》第四则。

[3] 苏轼撰，孔凡礼点校：《苏轼文集》卷三十七，中华书局1986年版，第1042页。

[4] 苏轼撰，王文浩辑注，孔凡礼点校《苏轼诗集》卷三十八，中华书局1982年版，第2075页。

艰辛生活的。苏轼后来被再贬儋州，生活更加窘迫，如在《与程秀才三首》其一中说：
"此间食无肉，病无药，居无室，出无友，冬无炭，夏无泉。"[1] 几乎什么也没有，
初到儋州生活各方面都由儋州太守张中照料。加上儋州的气候炎热、潮湿，蝇、蚊
极多等，对于一个年已六旬的老人，这样的生活条件实在是对生命的一种严重威胁。
然而苏轼在《和陶与殷晋安别》中说：

> 孤生知永弃，末路嗟长勤。久安儋耳陋，日与雕题亲。海国此奇士，
> 官居我东邻。卯酒无虚日，夜棋有达晨。小瓮多自酿，一瓢时见分。仍将
> 对床梦，伴我五更春。暂聚水上萍，忽散风中云。恐无再见日，笑谈来生因。
> 空吟清诗送，不救归装贫。[2]

苏轼在此诗中表达自己在穷途中遇张太守，生活才得以暂安，且在精神上也得
到了慰藉。但如果我们仔细阅读此诗就会发现，苏轼的暂安不仅是因为张太守的照顾，
也得益于苏轼本人的达观。这里有颜子学穷居自乐的精神蔓延，在《论语》中，孔子曰：
"一箪食，一瓢饮，在陋巷，人不堪其忧，回也不改其乐。"[3] 诗中苏轼将儋耳贬所
比作颜回居住的陋巷，酒自酿等生活各方面都是自供自给，但仍不失其快乐，所谓
知足者常乐，"一瓢时见分"。苏轼这种穷居自乐是由其内心修养而建构，由慧眼
观照人生而有之。人生聚散如"水上萍"、如"风中云"，穷富也是，人生就是无常、
虚幻。作如此观后，一切都是平等的，那样就可以"笑谈来生因"而忘掉当下困境
的痛苦。苏轼初到儋州时，得到张太守照顾，安排他住在一所官舍里，官舍虽然破旧，
但有人情味，旷达的苏轼觉得颇为慰藉。但不久又被其政敌诬告张太守利用官房纵
容罪犯，因此，苏轼又被赶了出来。在当地居民的帮助下，自盖了三间茅房，虽然
条件简陋，但他仍感到十分满足，在《新居》诗中他说：

> 朝阳入北林，竹树散疏影。短篱寻丈间，寄我无穷境。旧居无一席，
> 逐客犹遭屏。结茅得兹地，翳翳村巷永。数朝风雨凉，蛙菊发新颖。俯仰
> 可卒岁，何必谋二顷。[4]

苏轼为官时曾想过在宜兴买二顷田隐居躬耕，而梦未成。此时新居落成后，便

---

[1] 苏轼撰，孔凡礼点校：《苏轼文集》卷五十五，中华书局1986年版，第1627页。
[2] 苏轼撰，王文浩辑注，孔凡礼点校《苏轼诗集》卷四十二，中华书局1982年版，第2321页。
[3] 《论语·雍也》。
[4] 苏轼撰，王文浩辑注，孔凡礼点校《苏轼诗集》卷四十二，中华书局1982年版，第2312页。

想到自己的未实现之梦。新居虽然条件简陋，但苏轼仍在新居中恬淡安适地生活，"短篱"、"茅屋"都代表他对名利的淡泊。人生是短暂的寄寓，生命都在梦幻变化之中，俯仰便是一生，"何必谋二顷"，何必择居，何必求田归隐呢？他在《和陶还旧居》诗中又说：

> 痒人常念起，夫我岂忘归。不敢梦故山，恐兴坟墓悲。生世本暂寓，此身念念非。鹅城亦何有，偶拾鹤巢遗。穷鱼守故沼，聚沫犹相依。大儿当门户，时节供丁推。梦与邻翁言，悯默怜我衰。往来付造物，未用相招麾。[1]

此诗虽然是"梦归惠州白鹤山居作"，但它也是苏轼常咏叹"吾生如寄"的旋律。苏轼常以一念之间此身便同尘土的思想来化解人生的苦难。生命既然短暂，那么居所也就仅仅是"付造物"的"暂寓"之所，豪华与简陋同一味，"此心安处是吾乡"[2]。因此，在贬居生涯中，恶劣的环境不但不困倒苏轼，反而还使他在精神上升华到如佛家说的"心花"之定境。如在《过岭二首》之二中他写道：

> 七年来往我何堪，又试曹溪一勺甘。梦里似曾迁海外，醉中不觉到江南。波生濯足鸣空涧，雾绕征衣滴翠岚。谁遣山鸡忽惊起，半岩花雨落毵毵。[3]

在贬所的七年，时时刻刻都面临着难堪困境，苏轼却能堪之，而且还把这个逆境变成了自己治心的好条件。"曹溪一勺"（六祖慧能的观空顿悟禅）的甘甜之味灌溉了苏轼七年贬居的精神家园，使园中的花草处处盛开，花香满地。故在诗中才有"半岩花雨落毵毵"之境界，清人纪昀认为"此言机心已尽不必相猜之意，非写景也"，所谓的"花雨"是指佛家所讲的戒、定、慧之"心花"也。在另外一首诗中苏轼亦曾提到这种境界，其诗云：

> 瘴雾三年恬不怪，反畏北风生体疹。朝来缩颈似寒鸦，焰火生薪聊一快。红波翻屋春风起，先生默坐春风里。浮空眼缬散云霞，无数心花发桃李。悠然独觉午窗明，欲觉犹闻醉鼾声。回首向来萧瑟处，也无风雨也无晴。[4]

——《独觉》

[1] 苏轼撰，王文浩辑注，孔凡礼点校《苏轼诗集》卷四十一，中华书局1982年版，第2250页。

[2] 《定风波（常羡人间琢玉郎）》，载苏轼撰，邹同庆、王宗堂著：《苏轼词编年校注》，中华书局2002年版，第578页。

[3] 苏轼撰，王文浩辑注，孔凡礼点校《苏轼诗集》卷四十五，中华书局1982年版，第2426页。

[4] 苏轼撰，王文浩辑注，孔凡礼点校《苏轼诗集》卷四十一，中华书局1982年版，第2284页。

此诗中,作者被远贬海外,节属冬天,气候浩寒,冷得如"寒鸦"要"缩颈",要"焰火生薪"。既然如此,春风何处之有,桃李又何处之发?"心花"也。"心花"一词来自佛典,是"独觉"修成的心态。"独觉"即辟支佛,因于无佛之世,而常乐寂静,独自修行,自己觉悟而离生死,故谓之独觉。《圆觉经》云:"若善男子于彼善友不起恶念。即能究竟成就正觉。心花发明照十方刹。"[1] 又《华严经》云:"譬如有人得自在药。离五恐怖。何等为五。所谓火不能烧。水不能漂。毒不能中。刀不能伤。熏不能害。菩萨摩诃萨。亦复如是。发菩提心。摄萨婆若。离五恐怖……菩提心华亦复如是。一日所熏功德香。彻十方佛所。一切声闻缘觉。以无漏心熏诸功德。于百千劫所不能及。"[2] 这里说"成就正觉"是"心花发明"的前提,菩提心花开即能"离五恐怖"。如此看来什么"瘴雾"、什么严寒都不足为道。瘴雾三年习以为常,默坐春风快然自足,午窗明净,心花发明,正是悟境将至,即"也无风雨也无晴"之境界。苏轼能如此超越困境,转悲为喜,随缘自适,在一定程度上是受佛家空观、人生如梦等思想影响。

其次,苏轼被贬居惠州时,已年近六旬,一生为"致君尧舜"理想而奋斗,此时该理想可以说是以失败告终。虽然他一生对名利、富贵看得很淡,但对于人生理想的得失则不易轻视与超越,因为它涉及人的智慧、修养等精神上的问题。中国古代文人没有哪个因穷而自杀,但一旦理想受到挫折或仕途不如意,为了保全节操则有不少人选择了轻生,或放弃理想选择了隐居田园。苏轼没有轻生,虽曾想归隐但未曾归隐过,而随缘自适,顺其自然而超越其人生理想的得失、荣辱,形成了一种亦仕亦隐的人生状态。人生理想得失的这种难关,必须从人生观上超越,与黄州贬居时一样,观照人生如梦的短暂寄寓是其超越最有效的方法。如在《西江月(世事一场大梦)》词中他写道:

> 世事一场大梦,人生几度秋凉。夜来风叶已鸣廊。看取眉头鬓上。 酒贱常愁客少,月明多被云妨。中秋谁与共孤光。把盏凄然北望。[3]

苏轼被贬居儋州时,可以说已经经历了宦海沉浮、大起大落的坎坷人生,饱受仕途上的得失、荣辱。因此,在此词中以"世事一场大梦"总结自己一生的患得患失,

[1] 《圆觉经》,载《大藏经》第17册,第920页中。

[2] 《华严经》卷第五十九《入法界品第三十四之十六》,载《大正新修大藏经》第9册,第776页下。

[3] 苏轼撰,邹同庆、王宗堂著:《苏轼词编年校注》,中华书局2002年版,第798页。

并认为人生苦多乐少，"酒贱常愁客少"；顺缘少逢而逆缘多遇，"月明多被云妨"。但无论如何，在生命的几度秋凉短暂中，一生的得失也就变得渺小、虚无了。苏轼的这种达观在《和陶停云四首（其四）》诗中表现得更为清晰，其诗云：

> 对弈未终，摧然斧柯。再游兰亭，默数永和。梦幻去来，谁少谁多。
> 弹指太息，浮云几何。[1]

在浮云、梦幻人生中，在时间如梭地流逝中，"谁少谁多"都如同浮云的聚散，得与失都是梦幻，"人间何者非梦幻，南来万里真良图"[2]。不仅人生得失是梦幻，甚至人生的生死大事也是梦幻，在《别海南黎民表》诗中他写道："平生生死梦，三者无劣优。"[3] 生、死、别离三者都是梦幻不真实的，人生应该做到得无喜失无忧的淡泊、平静。在《和陶连雨独饮二首并引（其一）》诗中则写道：

> 平生我与尔，举意辄相然。岂止磁石针，虽合犹有间。此外一子由，
> 出处同偏僊。晚景最可惜，分飞海南天。纠缠不吾欺，宁此忧患先。顾引
> 一杯酒，谁谓无往还。寄语海北人，今日为何年。醉里有独觉，梦中无杂言。[4]

苏轼的平和心态已达到佛教大乘禅的境界，"醉里有独觉，梦中无杂言"。醉里仍保持着觉醒的心态，梦中仍无杂念击灭。可见苏轼已经超越了平生的得失与荣辱，安顿了因仕途失意而痛苦的心灵，这种境界与陶渊明澄明之境相似。在《和陶形赠影》与《和陶影答形》两首诗中这种境界表现得更为清晰。《和陶形赠影》诗曰：

> 天地有常运，日月无闲时。孰居无事中，作止推行之。细察我与汝，
> 相因以成兹。忽然乘物化，岂与生灭期。梦时我方寂，偃然无所思。胡为
> 有哀乐，辄复随涟洏。我舞汝凌乱，相应不少疑。还将醉时语，答我梦中辞。[5]

诗中"形"是苏轼肉体的折射，"影"是其心灵的世界。然说梦中"形"无造作，"影""无所思"；醒时"形"胡作非为，故"影"受到人间的喜怒哀乐之苦。而诗中将"梦中"比喻自己贬居生涯中的心境，而"醉时"则比喻自己曾为"致君尧舜"

[1] 苏轼撰，王文浩辑注，孔凡礼点校：《苏轼诗集》卷四十一，中华书局1982年版，第2269页。

[2] 《四月十一日初食荔支》，载苏轼撰，王文浩辑注，孔凡礼点校：《苏轼诗集》卷三十九，中华书局1982年版，第2121页。

[3] 苏轼撰，王文浩辑注，孔凡礼点校：《苏轼诗集》卷四十三，中华书局1982年版，第2362页。

[4] 苏轼撰，王文浩辑注，孔凡礼点校：《苏轼诗集》卷四十一，中华书局1982年版，第2252页。

[5] 苏轼撰，王文浩辑注，孔凡礼点校：《苏轼诗集》卷四十二，中华书局1982年版，第2306页。

理想而劳神期间的心境。然《和陶影答形》诗则云：

> 丹青写君容，常恐画师拙。我依月灯出，相肖两奇绝。妍媸本在君，我岂相媚悦。君如火上烟，火尽君乃别。我如镜中像，镜坏我不灭。虽云附阴晴，了不受寒热。无心但因物，万变岂有竭。醉醒皆梦耳，未用议优劣。[1]

诗中苏轼又说"形"之遭遇，都是因为"影"的执着，如果"影"不执着，"无心但因物"，那么任世间之"万变"，"形"也不会有什么影响。故"影"便对"形"宣说，应该把一切当作如梦一样虚无，不必去论得与失、优与劣，这样就不会有执着，"形"与"影"都会得到平静的状态。

由上所述，可见苏轼超越人生的得失主要是通过努力改变人生观，把生命存在的意义与价值的思考从形而下转为形而上，是背儒而合佛老的过程。显而易见，在这个过程中，他所追求的是精神上的喜悦、生活中的快乐之境界。如在《次韵子由浴罢》诗中他写道：

> 理发千梳净，风胜汤沐。闲息万窍通，雾散名干浴。颓然语默表，静见天地复。时令具薪水，漫欲濯腰腹。陶匠不可求，盆斛何由足。老鸡卧粪土，振羽双瞑目。倦马骖风沙，奋鬣一喷玉。垢净各殊性，快惬聊自沃。云母透蜀纱，琉璃莹蕲竹。稍能梦中觉，渐使生处熟。《楞严》在床头，妙偈时仰读。返流归照性，独立遗所瞩。未知仰山禅，已就季主卜。安心会自得，助长毋相督。[2]

"老鸡"和"倦马"是苏轼自况，形容自己在形而下的追求人生价值过程中的情况。而对于形而上来说，那些所追的形而下都是梦幻，形而上所追求的是破执着、得心安的境界。这个境界才是人生最重要、最值得追求的东西。然心安之境界是来自无垢净之执着心态，而心安的表现即是非苦乐受之状态。心若不执着于得失、荣辱，那么人生就不会有痛苦和烦恼。苏轼又在《和陶归园田居六首》其二中写道：

> 穷猿既投林，疲马初解鞍。心空饱新得，境熟梦余想。江鸥渐驯集，蜑叟已还往。南池绿钱生，北岭紫笋长。提壶岂解饮，好语时见广。春江

---

[1]　苏轼撰，王文浩辑注，孔凡礼点校《苏轼诗集》卷四十二，中华书局1982年版，第2307页。

[2]　苏轼撰，王文浩辑注，孔凡礼点校：《苏轼诗集》，中华书局1982年版，第2302页。

有佳句，我醉堕渺莽。[1]

此诗与上诗类似，苏轼仍以"穷猿"、"疲马"自况。而此时的猿与马都已经解脱，不再因受生活所系而困顿。然猿与马被何物所系呢？所系者是儒家经世济时的责任，因为这个任务猿才有穷途、马才被劳累。再如《谪居三适三首·午窗坐睡》诗中说：

> 蒲团盘两膝，竹几阁双肘。此间道路熟，径到无何有。身心两不见，
> 息息安且久。睡蛇本亦无，何用钩与手。神凝疑夜禅，体适剧卯酒。我生
> 有定数，禄尽空余寿。枯杨下飞花，膏泽回衰朽。谓我此为觉，物至了不受。
> 谓我今方梦，此心初不垢。非梦亦非觉，请问希夷叟。[2]

诗中所描写的境界是"轻安"的禅境，即心无杂念"非梦亦非觉"的状态。在这里可以将这种状态理解为是由"猿"已"投林"，"马"已"解鞯"后，在漫长的静坐观照过程中而得，而静坐观照即是无为的人生。非梦亦非觉、非垢亦非净、非得亦非失的这种心态，是苏轼超越人生之得失的妙法。

总之，佛教的空观、平等观、梦喻，道教的心斋、齐物、无我等思想，构建了苏轼的梦幻人生观。苏轼以此人生观去安顿他的人生的困境，超越人生的得失与荣辱，使其在岭海贬居生涯中，仍能找到心灵的"轻安"，百忧冰解，万愁化空。正因为如此，苏轼被称为"善处穷"者、随遇而安大乐观者，而成为后人的楷模榜样。方知有怎样的心态，就会有怎样的人生，人生的成败与否取决于人的心态。

---

[1] 苏轼撰，王文浩辑注，孔凡礼点校：《苏轼诗集》卷三十九，中华书局1982年版，第2103页。

[2] 苏轼撰，王文浩辑注，孔凡礼点校：《苏轼诗集》卷四十一，中华书局1982年版，第2285页。

结　语

　　本书主要研究苏轼人生中所继承的儒、释、道思想的程度，从他思想嬗变的内外姻缘，儒、释、道思想的陶冶，儒、释、道思想的继承与超越意识，生死的超越意识，梦幻人生的思想及其与现实的超越意识五大方面进行探讨，而且侧重于传统文化的继承与超越意识的一面，通过有针对性、有选择性的研究、分析，对苏轼其人以及他的人生境界形成以下几点认识。

　　（1）苏轼思想的嬗变是由于其人生的遭遇，随着仕途不同的际遇，而有不同的人生观。然苏轼人生之遭遇的基本原因在于他本人的个性因素与时代因素，"乌台诗案"是其人生思想嬗变的关键所在。经此大变后，他的儒、释、道思想才得到明显的升华，从此变中其儒、释、道的继承与超越意识清晰可辨。从他思想嬗变的轨迹中，我们会看出其对儒、释、道的继承动机与轻重的继承态度。

　　（2）从苏轼儒、释、道思想的陶冶的探究，可见其传统文化修养的功底。儒家典籍无不精通，儒者贤哲无不效仿，佛经道典、禅僧道士也无不成为苏轼治学之源泉。而这个接受的过程往往是有目的性的继承，均为或治世或治身心而研习之，故他的学术见解"多切人事"而少空谈虚论。苏轼学习儒家则是寻找治世之术，而学习释、道二家主要是寻找治身心之妙方。通过严谨的治学态度去继承儒、释、道三家学说，借以建构自己文化底蕴的天地，从中我们也可以洞见其继承而具有超越意识之一斑。同时，从本书之研究成果，我们也可以对他的儒、释、道的文化修养天地有所认识，其天地可以说是儒、释、道融会贯通的境界。

　　（3）苏轼儒、释、道思想的继承与超越意识是他对传统文化比较突出的表现，而"善处穷"则是其表现的结果。苏轼在仕途得意时，积极履行政坛上的职责，从不因顾虑自己本身利益而放过任何为国为民献出自己力量的机会；在仕途失意时，则做好当下的事情，如著术、参禅、养身等。通过这一研究我们可以了解苏轼对儒、释、道三家学说融通之看法，可以洞见其继承而具有超越意识之一面，三教之互助构建了苏轼可仕可隐的人生观模式。在仕隐方面，苏轼不仅超越了儒、释、道，超越了历代贤哲们，而且还超越了自己，超越了自己的坎坷人生，而顽强地完成了一生所追求的理想。

（4）生死是人类的永恒主题，也是儒、释、道三家思想的重要内容。儒、释、道三家对于生命探索各有不同的理论系统，而常被中国各阶层人士在思考生命的价值、生死的超越过程中借鉴和参考。苏轼在思考生命价值方面可以说是深受儒、释、道三家理论思想的影响。饱受文字狱折磨，经历了这样的"出生入死"后，他对人生价值的思考有了深刻的体验。诗案发生的过程中，苏轼曾有轻生的念头，所以出狱后不能说他对生命价值的思考没有改变。从贬居黄州时期开始，他便重新思考人生存在的意义与价值，从而对生死的意义有了更深的体悟，使其在坎坷的一生中，仍呈现出超越生死的境界，而在他宦海沉浮的生涯中又有意识地借鉴和参考儒、释、道三家思想，寻找心安的心灵解脱。通过探讨苏轼的人生如寄、俯仰了一世，我们可以了解苏轼对生死的基本看法，也从中不难看出其对儒、释、道三家对生死理论的继承与超越意识。

（5）"梦"是中国文学的常见现象，在中国文学史上比比皆是，而苏轼可以说是一位写梦的专家，然而其"梦"的意象也尤其新颖而特别。特别之处是他以梦幻人生的态度去化解人生种种困境，把困境化为磨炼自己的大好机会，转悲为喜、化难为福，从人生的挫折中找到人生价值，实现人生的终极目的。在这一过程无不凭借儒、释、道三家思想为媒介，或藏或行均为他所用。他的人生标榜着随遇而安的性格，这与"梦"意识有着极其密切的关系。从本书第五章的分析，我们可以对其人生儒、释、道的继承与超越意识的表现，有比较贴切而全面的认识。

附　录

附录1："乌台诗案"关连年表及其涉案诗文勘定

"乌台诗案"是苏轼思想嬗变的转折点，因此研究苏轼其人，离不开"乌台诗案"，更离不开涉案诗文尤其是其供词。但到目前为止，"乌台诗案"涉案诗文具体情况尚未认定与统计。因此，为了方便研究，笔者在此对"乌台诗案"关连年表及其涉案诗文进行详细勘定。

"乌台诗案"的主要涉案罪证是苏轼的《钱塘集》（通判杭州作），《超然集》（知密州所作）和《黄楼集》（知徐州作），三集早已不传，但一些作品仍保留在《东坡集》中，另有一些涉案诗文是三集之外。"乌台诗案"现存资料只有五个本子，具体如下：①宋代朋九万撰：《乌台诗案》，函海本。②宋代胡仔撰《苕溪渔隐丛话》，人民文学出版社1962年版。③宋代周紫芝录《诗谳》，商务印书馆1939年版。④清代张鉴撰《眉山诗案广证六卷》，清光绪十年江苏书局刻本。⑤清代宋泽元校刊《乌台诗案》，忏华盦丛书本，清光绪十二年刻本。

宋代朋九万所撰的《乌台诗案》，函海本有一卷本（不分卷）和十二卷本（见宋代陈振孙《直斋书录解题》卷十一）两种版本。《乌台诗案》前言记载："《乌台诗案》一册，宋陈振孙《直斋书录解题》作《乌台诗话》十二卷，蜀人朋九万录。东坡下御使狱公案，附以初举发章疏及谪官后表章、书启、诗词等而成之者。东坡下御使狱公案，附以初举发章疏及谪官后表章、书启、诗词等而成之者。今所得宋本，合为一册，不分卷次。案：《百川书志》载为《乌台诗案》一卷，云宋祠部员外郎直史馆知湖洲遭时群小构成诗祸拘禁之卷案也。据此则是书流传有一本，此本遇朝旨皆抬头，其为宋人足本无疑，谪官后文乃后人附益之耳，盖此为《百川书志》所见之本，非《直斋书录》所见之本也。绵州李调元雨村识。"[1] 从李调元（1734—

---

[1]　胡仔撰：《苕溪渔隐丛话》。

1807）的辨识中可知宋时有十二卷本的《乌台诗话》与一卷本的《乌台诗案》两种本子。而不少论者却将《乌台诗案》与《乌台诗话》混淆成一书。从《直斋书录解题》记载可见今天我们能见到的是一卷本的《乌台诗案》，该书包括御使台官员上的四份状子、审判的记录、东坡的口供、证物以及最后的宣判。

宋代胡仔撰的《苕溪渔隐丛话》是南宋中期广为流传的诗话，其中东坡诗案部分，前集卷四十二至卷四十六收集了"乌台诗案"。据胡仔记载是他父亲当监察御史的时候，抄写了御史台密藏的《乌台诗案》原本，胡仔按此刊入《乌台诗话》，下简称"胡本"。

宋代周紫芝录《诗谳》，此本史料价值最低，有可能是"胡本"的简略。周紫芝云："公就逮百有余日，凡御使追捕讯鞫之辞，率坐诗语讥谤，故当时款犊，好事者往往争相传诵，谓之诗嗽。予前后所见数本虽大概相类，而首尾详略多不同。今日赵居士携当涂储大夫家所藏以示予，比昔所见加详，盖善本也。"[1] 下简称"周本"。

清代张鉴撰《眉山诗案广证六卷》，以"胡本"为底本，用查慎行《补注东坡先生编年诗》所引的"朋本"为补充，下简称"张本"。

清代宋泽元校刊《乌台诗案》是以函海本的"朋本"为底本，根据诸书加以校刊的版本。载《资治通鉴纲目》，并有附录《东坡乌台诗案杂记》，此本见于《怀华盦丛书》。以下事情发生日月及供词原则上均以此本为根据，并名为"朋本"。

本书统计表，诗以《苏轼诗集》（［清］王文浩辑注，孔凡礼点校，中华书局1982年版）为底本；词则以《苏轼词编年校注》（邹同庆、王宗堂著，中华书局2002年版）、《苏轼文集》（［宋］苏轼撰，孔凡礼点校，中华书局1986年版）为底本，并依次简称为"诗集"、"词集"、"文集"。另外，关于涉案相关诗词是否有讥讽，均以苏试供词为准，承认者表中称"有"，不承认者则称"无"。

---

[1]　周紫芝录：《诗谳》，第12页。

表1　"乌台诗案"关连年表

招供日期	篇名	写作年号	类别和卷数	页数					讥讽	供词
				诗集	朋本	胡本	周本	张本		
八月二十日	《山村五绝（其二）》	1073	诗集9	438	9	289	2	卷二7	有	"意言是时贩私盐者，多带刀杖，故取前汉龚遂，令人卖剑买牛，卖刀买犊，曰：'何为带牛佩犊'，意言但得盐法宽平，令人不带刀剑，而买牛犊，则自力耕，不劳劝督也。以讥讽朝廷，盐法太峻不便也。"
	《山村五绝（其三）》	1073	诗集9	438	10	289	2	卷二7	有	"言山中之人饥贫无食，虽老犹自采笋蕨充饥。时盐法峻急，僻远之人无盐食，动经数月。若古之圣人，则能闻韶忘味，山中小民，岂能食淡而乐乎？以讥讽盐法太急也。"
	《山村五绝（其四）》	1073	诗集9	438	10	290	3	卷二7	有	"意言百姓虽得青苗钱，止便于城中浮费使却；言乡村之人，一年两度夏秋税，又数度请纳和预买钱，今此更添青苗助役钱。因此庄家子弟，多在城中，不着次第，但学得城中语音而已。以讥讽朝廷新法，青苗、助役不便。"
	《送刘攽倅海陵（张本作送刘攽通判泰州）》	1070	诗集6	242	23	296	9	卷二19	有	"言当学阮籍口不臧否人物，惟可饮酒，勿谈时事，意以讥讽朝廷，新法不便，不容人直言，不若耳不闻而口不问也。"
	《广陵会三同舍各以其字为韵仍邀同赋·刘贡父》	1071	诗集6	294	23	296	无	卷二20	有	"言杭州监司所聚，是时初行新法，事多不便也。"
	《次韵刘贡父、李公择见寄二首（其一）》	1075	诗集13	645	23	297	7	卷二21	有	"以讥讽朝廷，今日更立新法，事尤多也。"
	《刘贡父见余歌词数首以诗见戏聊次其韵》	1075	诗集13	649	23	297	7	卷二21	有	"除无讥讽外，不合引贺拔恶以锥刺其子舌以戒言语事戏刘攽，又引郭舒狂言为王澄灸其眉以自比，皆讥时人不能容狂直之言也。"
八月二十二日	《寄刘孝叔》	1075	诗集13	631	17	307	无	卷三15卷四2	有	"……是时朝廷遣使诸路点检军器，及置三十七将官，轼将谓今上有意征讨胡虏，以讥朝廷，诸路遣使，及置将官，张皇不便……以讥讽朝廷法度屡更，事目烦多，吏不能晓……意谓近来饥馑，飞蝗蔽天之甚，以讥讽朝廷，政事阙失，新法不便之所致也……以讥讽朝廷，行法减削，公使钱太甚，公事既多，旱蝗又甚。二政巨藩，尚如此窘迫，所以言山中故人，寄信令归。但轼贪禄，未能便挂衣冠而去也。又云四方冠盖闹如云，归作二浙湖山主，以讥讽朝廷，近日提举官，所至生事苛碎。"

续表1

招供日期	篇名	写作年号	类别和卷数	页数					讥讽	供词
				诗集	朋本	胡本	周本	张本		
八月二十四日	《八月十五日看潮五绝（其四）》	1073	诗集10	485	20	295	5	卷二17	有	"盖言弄潮之人贪官中利物，致其间有溺而死者，故朝旨禁断。轼谓主上好兴水利，不知利少而害多，言'东海若知明主意，应教斥卤变桑田'，言此事之必不可成，讥讽廷水利之难成也。"
	《宝墨堂记》	1072	文集11	357	36	无	无	无	有	"意以讥讽朝廷进用之人，多不练事，骤施民政，喜怒不常，其害人甚于庸医之末习。"
	《三槐堂铭》	1078	文集19	570	37	无	无	无	有	"除无讥讽外，云：'吾侪小人，朝不谋夕；相时射利，皇恤厥德；庶几侥幸，不种而获，不有君子，其何能国。'言祖宗朝若无此有德君子，安能建国乎？以言王旦父子也。"
	《王仲仪真赞》	1079	文集21	604	37	无	无	无	有	"除无讥讽外，云：'平居无事，商功利，课殿最，诚不如新进之士。至于缓急之际，决大策，安大众，呼之则来，麾之则散，惟世臣、巨室为能。'意以讥讽当今进用之人。止可商功利，课殿最而已，若缓急安众决策，须旧臣有德之人，索所畏服者。又云'使新进之士当之，虽有韩、白之勇，良、平之奇，岂能坐胜'有才而德望未隆者，纵有韩信白起之勇，张良陈平之智，亦不如世臣宿将，人所畏服，成功速也。又云：'彼婆人子，既陋且寒。终劳永忧，莫知其贤'意以讥讽当今进用之人，出于贫贱，意见鄙俭，空多劳忧，不足为利也。"
八月二十八日	《和李邦直沂山祈雨有应》	1077	诗集15	734	14	292	无	卷二10	有	"此诗除无讥讽外，有不合言，本因龙神懒惰不行雨，却使人怨天公，以讥讽执政大臣不任职，不能变理阴阳，却使人怨天子；以天公比天子，以龙神社鬼比执政大臣及百执事。轼自言无功窃禄，与大臣无异。"
	《次韵答邦直、子由五首（其二）》	1077	诗集15	740	15	293	无	卷二12	无	供词仅叙及此诗，未承认有讥讽。
	《次韵答邦直、子由五首（其五）》	1077	诗集15	742	15	292	8	卷二11	有	"朱云，汉成帝时乞斩张禹，汉成帝欲诛之，朱云曰：'臣得下从龙逢、比干游，足矣。'龙逢，夏桀臣；比干，商封臣：皆因谏而死。某为屡言新法，不蒙施行，不合以朱云自比。意言圣明之世，必无诛戮之事，故未许与朱云地下游。及王柔是魏武帝时人，因天下乱离，故集在荆州依托刘表，作《登楼赋》，赋中有怀乡思归之思，意亦欲作此赋也。"

招供日期	篇名	写作年号	类别和卷数	页数					讥讽	供词
				诗集	朋本	胡本	周本	张本		
八月二十八日	《台头寺雨中送李邦直赴史馆分韵得忆字人字兼寄孙臣源二首（其二）》	1077	诗集15	761	16	293	8	卷二13	无	"谓轼于仁宗朝曾进论二十五首，皆论往古得失。贾谊，汉文帝时人，追论秦之过失，作《过秦论》，《史记》载之。轼妄以贾谊自比，意欲李清臣于国史中载轼所进论。故将诗与李清臣。"
九月（未详日）	《钱君倚哀词》	1074	文集63	1964	30	无	无	无	有	"此言钱公辅为人方正，世人不能容，为公辅曾缴王畴枢密词头，因此谪官，后来朝廷亦不甚进用。意以讥讽责降公辅非罪，及朝廷不能进用公辅也。又云：'子奄忽而不返兮，世混混吾焉则'意以讥讽今时之人，正邪混杂，不分曲直，吾无所取则也。"
九月三日	《赠孙莘老七绝（其一、其二）》	1073	诗集8	406	24	297	4	卷二22	有	"上件诗除无讥讽外，不合云'作堤捍水非吾事，闲送苦溪入太湖。'轼为先曾言水利不便，却被转运司差相度堤岸，轼本非兴水利之人，以讥讽时世与昔不同，而水利不便而然也。"
	《宿余杭法喜寺，寺后绿野堂，望吴兴诸山，怀孙莘老学士》	1073	诗集7	342		无	无	无	无	无讥讽
	《送张安道赴南都留台》	1071	诗集6	269	26	299	无	卷二24	无	"意以子思比方平之贤，言朝廷当坚留要任，不可令闲也。"
	《张安道见示近诗》	1078	诗集17	874	26	299	无	卷二24	有	"轼言晋元帝时，卫玠初过江左，不意永嘉之末，复闻正始之音。轼意言晋元帝之时，人物衰谢，不意复见方平之文章才气，以讥讽今时风俗衰薄也。意以卫玠比方平，故云：'清谈未足多，感时意殊深。'言我非独多卫玠清谈，但感时之人物衰谢，微旨难继，此意殊深远也。又云：'少年有奇志，欲和南风琴，荒林蜩蚻乱，废沼蛙蟈淫，遂欲掩两耳，临文但噫喑。'意言轼少年，本有志欲和天子熏风之诗，因见学者皆空言无实，或杂引佛老异端之书，文字杂乱，故以荒林废沼，比朝廷新法，屡有变改，事多荒废，致风俗虚浮，学者诞妄，如蜩蚻蛙蟈之纷乱，故遂掩耳不复论也。又云：'萧然王郎子，来自缑山阴，云见浮丘怕，吹箫明月岑，遗声落淮泗，蛟鼍为悲吟。'以王子晋比王巩，以浮丘伯比方平也。'愿公正王度，祈招继愔愔。'据《左氏》，楚灵王欲求九鼎于周，求地于诸侯，其臣令尹子革谏王，其诗曰：'祈招之愔愔，式昭德音，思我王度，式如玉，式如金，形民之力，而无醉饱之心。'楚灵王不能用，以及于难。其事节止于此，但轼不全记其词，轼欲张方平勿为虚言之诗，当作讥讽朝廷政事阙失，如祭公谋父作《祈招》之诗也。"

续表1

招供日期	篇名	写作年号	类别和卷数	页数					讥讽	供词
				诗集	朋本	胡本	周本	张本		
九月三日	《司马郡宝独乐园》	1077	诗集15	732	31	301	8	卷三4	有	"以讥讽见在执政,不得其人。又言儿童走卒,皆知其姓名,终当进用。司马光字君实,曾言新法不便,与轼意合。既言终当进用,亦是讥讽朝廷,新法不便,终当用司马光。光却暗哑不言,意望依前攻击。"
	《送范景仁游洛中》	1077	诗集15	717	39	306	无	卷三13	有	"其诗无讥讽外云:'小人真闇事,闲退岂公难。'意以讥讽今时之小人,以小才而享大位,闇于事理,以进为荣,以退为辱,范镇前为侍郎,难进易退,小人不知也。又云:'言深听者寒。'轼谓范镇旧日多论时事,其言深切,听者为恐,意言镇当时所言,皆不便事也。"
	《盐官大悲阁记》	1075	文集12	386	30	无	无	无	有	"意谓旧日科场,以赋取人,赋题所出,多关涉天文、地理、礼乐、律历,故学者不敢不留意此等事。今来科场,以大意取人,故学者只务空言高论,而无实学。以讥讽朝廷,改更科场法度不便也。"
	《王元之画像赞并叙》	1078	文集21	603	22	无	无	无	有	"此文除无讥讽外,不合云其'不幸而处于众邪之间,安危之际,则公之所为,必将惊世绝俗,使斗筲穿窬之流,心破胆裂。'意谓今日进用之人为众邪,又言今时所行新法,系天下安危,故言众邪之间,安危之际。又谓天子今时进用之人,皆斗筲穿窬之流,皆以讥讽朝廷进用之人,并新法不便也。又云'纷纷鄙夫,亦拜公像。何以占之,有泚其颡。'亦以讥讽今时进用之人,为之鄙夫,言拜公之像,心愧而汗颡也。"
	《凫绎先生诗集叙》	1074	文集10	313	30	无	无	无	有	"轼遂讥讽朝廷,更改法度,使学者皆空言不便也。"
九月十三日	《日喻》	1078	文集64	1980	29	无	无	无	有	"以讥讽近日科场之士但务求进,不务积学,故皆空言而无所得,以讥讽朝廷更改科场新法不便也。"
九月十四日	《径山道中次韵答周长官兼赠苏寺丞》	1073	诗集10	497	18	309	无	卷三17	无	"其意以讥讽王廷老等人,如训狐不分别是非也。"
	《次韵周开祖长官见寄》	1079	诗集19	981	19	309	无	卷三19	有	"'政拙年年祈水旱,民劳处处避嘲讥。河吞巨野那容塞,盗入蒙山不易搜。事道固因惭孔孟,扶颠未可责求由。'此诗自言迁徙数州,未蒙朝廷擢用,老于道路,并所至遇水旱、盗贼、夫役数起,民蒙其害,以讥讽朝廷,政事阙失,并新法不便之所致也。又云:'事道固因惭孔孟,扶颠未可责求由。'以言已仕而道不行,则非事道也,故有惭于孔孟。孔子责由、求云:'危而不持,颠而不扶,则将焉用彼相矣。'颠谓倾仆也,意以讥讽朝廷大臣,不能扶正颠仆。"

续表1

招供日期	篇名	写作年号	类别和卷数	页数					讥讽	供词
				诗集	朋本	胡本	周本	张本		
九月十四日	《次韵刘贡父、李公择见寄二首（其二）》	1075	诗集13	645	27	300	7	卷三一	有	"此诗讥讽朝廷，新法减削公使钱太甚，及造酒不得过百石，致管弦生衣甑有尘埃，以讥朝廷，政事胭失，及新法不便之所致也。"
九月十七日	《送曾子固倅越得燕字》	1070	诗集6	244	32	302	10	卷三六	有	"讥讽近日朝廷进用，多刻薄之人，议论褊隘，聒喧如蜩蝉之鸣，不足听也。又云'安得万顷池，养此横海鳣'，以此比曾巩横才也。"
	《答曾巩书》	1072	文集·佚文汇编拾遗（上）	2646	32	302	14	卷三六	有	"又熙宁五年十一月二十三日，轼答曾巩书，其间有'赋役毛起，盐事峻急，民不聊生。'意言新法不便，烦碎如毛之穴，又加盐事太急，处刑罚，民不堪命。"
九月二十三日	《次韵黄鲁直见赠古风二首（其一）》	1078	诗集16	835	22	295	无	卷二一八	有	"轼答书一封，除无讥讽外云：'观其文以求其为人，必轻外物而自重者，今之君子，莫能用也。'今之君子，谓近日朝廷进用之人，不能拔进庭坚而用之也。及依韵答和古风云：'嘉谷卧风雨，稂莠登我场。陈前谩方丈，玉食惨无光。大哉天宇间，美恶更臭香。君看五六月，飞蚊殷回廊。兹时不少假，俛仰霜叶黄，期君蟠桃枝，千载终一尝，顾我如苦李，全生依路傍。纷纷不足愠，悄悄徒自伤。'意言君子小人，进退有时，如夏月蚊蚋纵横，至秋自息，比庭坚于蟠桃，进必迟，自此苦李，以无用全生。又取诗云：'忧心悄悄，愠于群小。'以讥讽当今进用之人，皆小人也。"
	《次韵黄鲁直见赠古风二首（其二）》	1078	诗集16	836	无	296	无	卷二一八	无	"此诗即无讥讽。"
	《祭文与可文》	1079	文集63	1941	21	无		无	有	"意言轼属曾言新法不便，不蒙朝廷施行，是道不行，轼孤立无徒，故人皆舍之而去，无有相告语者，以讥讽当今进用之人，与轼故旧者，皆以进退得丧易其心，不存故旧之义。"
九月二十七日	《李杞寺丞见和前篇复用元韵答之》	1071	诗集7	319	8	288		无	卷二一四	有	"除无讥讽外，有：'误随弓旌落尘土，坐使鞭棰环呻呼。'以讥讽朝廷，新法行后，公事鞭棰之多也。又曰：'追胥保伍罪及孥，百日愁叹一日娱。'以讥讽朝廷，盐法收坐同保妻子移乡法太急也。又曰：'岁荒无术归亡逋，鹄则易画虎难摸。'意取马援言：'画鹄不成犹类鹜，画虎不成反类狗。'言岁既饥荒，我欲出奇画赈济，又恐朝廷不从，乃似画虎不成反类狗也。"

续表1

招供日期	篇名	写作年号	类别和卷数	诗集	朋本	胡本	周本	张本	讥讽	供词
九月二十七日	《戏子由》	1071	诗集7	324	9	288	无	卷二6	有	"任从饱死笑方朔，肯为雨立求秦优。"意取《东方朔传》"侏儒饱欲死"，及《滑稽传》优旃谓陛楯郎："汝虽长，何益，乃雨立。我虽短，幸休居。"言弟辙家贫官卑，而身材长大，所以比东方朔、陛楯郎；而以当今进用之人，比侏儒、优旃也。又云："读书万卷不读律，致君尧舜知无术。"是时朝廷新兴律学，轼意非之。以谓法律不足以致君于尧舜，今时人专用法律而忘诗书，故言我读书万卷，不读法律，盖闻法律之中无致君尧舜之术也。又云："劝农冠盖闹如云，送老虀盐甘似蜜。"以讥讽朝廷，新差提举官，所至苛细生事，发谪官吏，惟学官无吏责也。弟辙为学官，故有是句。又云："平生所惭今不耻，坐对疲氓更鞭棰。"是时多徒配犯盐之人，例皆饥贫。言鞭棰此等贫民，轼平生所惭，今不耻矣。以讥讽朝廷，盐法太急也。又云："道逢阳虎欲与言，心知其非口喏唯。"是时张靓、俞希旦作监司，意不喜其人，然不敢与争议，故毁诋之为阳虎也。
	《汤村开运盐河雨中督役》	1072	诗集8	388	11	291	无	卷二8	有	"以讥讽朝廷，开运盐河，不当以防农事也。"
	《薄薄酒二首并引》	1076	诗集13	687	11,40	无	无	无		
	《水调歌头》	1076	词集	173	40	无	无	无		
	《后杞菊赋并引》	1075	文集1	4		310	无	卷三21		
	《书韩干〈牧马图〉》	1077	诗集15	721	12	291	无	卷二9	有	"王良挟策飞上天，何必俯首服短辕。"意以骐骥自比，讥执政大臣，无能尽我才，如王良之能驭者，何必折节干求进用也。
	《超然台记》	1075	文集11	351	11	无	无	无	有	"'始至之日，岁比不登，盗贼满野，狱讼充斥；而斋厨索然，日食杞菊。'意言连年蝗虫，盗贼狱讼之多，非讽朝廷政事阙失，并新法不便所致。及云'斋厨索然，日食杞菊'以非讽朝廷新法减削公使钱太甚。"
	《洞仙歌·咏柳》		词集（上）	200	12	无	无	无	无	
	《喜长春（殢人娇·王都尉席上赠侍人）》	1077		197	12	无	无	无	无	

续表1

招供日期	篇名	写作年号	类别和卷数	页数					讥讽	供词
				诗集	朋本	胡本	周本	张本		
十月十二日	《次韵潜师放鱼》	1078	诗集17	882	29	301	无	卷三2	有	"《左传》云：'如鱼赤尾，横流而方羊裔。'注云：'鱼劳则尾赤。'亦是时徐州大水之后，夫役数起，轼言民之疲病，如鱼劳而尾赤也；数署谓鱼网之细密者，又言民既疲病，朝廷又行青苗助役，不为除放，如密网之取鱼也。皆以讥讽朝廷，新法不便，所以致大水之灾也。"
十一月二日	《往富阳新城李节推先行三日留风水洞见待》	1073	诗集9	430	33	302	10	卷三7	有	"以讥世之小人，多务急进也。"
	《风水洞二首和李节推（其二）》	1073	诗集9	432	33	302	6	卷三8	有	"意谓朝廷行新法，后来世事，日益艰难，小人多务谗谤，轼度斯时之不可以合，又不可以容，故欲弃官隐居也。"
未详	《祭常山回小猎》	1075	诗集13	647	39	307	7	卷三14	有	"除无讥讽外云'圣朝若用西凉簿，白羽犹能效一挥麾'意取西凉州主簿谢艾州文本是书生也，善能用兵，故以此自比，若用轼为将，亦不减谢艾也。"
未详	《和刘道原见寄》	1072	诗集7	331	34	303	6	卷三9	有	"轼为刘恕有学问，性正直，故作此诗美之，因以讥讽当今进用之人也。恕于是时自馆中出监酒务，非敢怨时之不容。马融谓郑康成：'吾道东矣。'故比之汲黯在朝，淮南寝议，又以比恕之直。又使韩愈云：'冀北马群遂空。'言馆中无人也。稽绍昂昂如独鹤在鸡群。又《淮南子》：'鸡之将旦，鹤知夜半。'又以刘恕比鹤，谓众人为鸡也。《诗》曰：'具曰余圣，谁知乌之雌雄。'意言今日进用之人，君子小人杂处，如乌不可辨雌雄。"
未详	《和刘道原寄张师民》	1072	诗集7	333	34	303	11	卷三8	有	"此诗讥讽朝廷近日进用之人，以仁义为捷径，以诗书为逆旅，但为印绶爵禄所诱，则假六经以进，如《庄子》所谓'儒以诗礼发冢'，故云麦青青。又云小人之顾禄，如鸱鸢以腐鼠吓鸿鹄，其溺于利，如人之醉于酒，酒尽则自醒也。"
未详	《刘莘老》	1071	诗集6	298	28	300	无	卷三1	有	"意谓屈原放逐湘潭之间，而非其罪，今刘挚亦谪官湖南，故言与屈子相邻近也。缘是时闻说刘挚为言新法不便责降，既以屈原非罪比挚，即是谓挚所言为当，以讥讽朝廷，新法不便也。又云：'士方在田里，自比渭与莘，出试乃大谬，刍狗难重陈。'庄子诋毁孔子，言孔子所言，皆先王之陈迹也，譬如已陈之刍狗，难再陈也。轼意以讥讽当时执政大臣，在田里之时，自比太公、伊尹，及出而试用，乃人谬庚，当便罢退，不可再施用也。"

续表1

招供日期	篇名	写作年号	类别和卷数	页数					讥讽	供词
				诗集	朋本	胡本	周本	张本		
未详	《送蔡冠卿知饶州》	1070	诗集6	252	35	303	无	卷三10	有	"除无讥讽外,云'横前坑穿众所畏',以讥当时朝廷用事之人,有逆其意者,则设坑穿以陷之也。又云'布路金珠谁不裹',以讥讽朝廷用事之人,有顺其意者,则以利诱之,如以金珠布道路也。又云'尔来变化惊何速,昔号刚强今亦颇',以讥士大夫为利所诱胁,变化以从之,虽旧号刚强,今亦然也。又云'怜君独守廷尉法',言冠卿屡与朝廷争议刑法,以致不进用,却出守小郡也。又云'莫嗟天骥逐赢牛',轼以冠卿比天骥,不进用不才比赢牛,轼意以讥讽朝廷进用之人不当也。又云'欲试良玉须猛火',良玉经火不变,然后为良,言冠卿经历艰难,险阻折挫,节操不改,如良玉也。又云:'世事徐观真梦寐,人生不信长坎坷',为冠卿屡与朝廷争议刑法,致不进用,言人事得丧,古来譬如梦幻,当时执政必不常进,冠卿亦不常退,故云'人生不信长坎坷'也。"
未详	《颍州初别子由二首(其一)》	1071	诗集6	278	19	294	无	卷二15	有	"为弟辙曾在制置条例,充检详文字,争议新法,不合乞罢。说弟辙去之果决,意亦讥讽朝廷,新法不便也。"
未详	《初到杭州寄子由二绝(其一)》	1071	诗集7	314	19	294	5	卷二15	有	
未详	《捕蝗至浮云岭山行疲苦,有怀子由弟二首(其二)》	1074	诗集12	579	20	无	无			
未详	《游径山》	1071	诗集7	347	20	294	无	卷二16	有	"以讥讽朝廷之用人,多是刻薄褊隘之人,不少容人过失,见山中宽闲之处为乐也。"
未详	《送杭州杜、戚、陈三掾罢官归乡》	1072	诗集10	510	36	305	无	卷三11		"此诗除无讥讽外,云:'君言失意能几时,月咳虾蟇行复皎。'意取卢仝《月蚀诗》云:'传闻古来说,月蚀虾蟇精。'卢仝意以比朝廷为小人所蒙蔽也。轼亦言杜子方等本无罪,为陈睦、张若济蒙蔽朝廷,以致衡替逐人,后当感悟牵复。又云:'徇时所得无几何,随手已遭忧患绕。'意谓张若济不久自为公事故也。"
未详	《宝绘堂记》	1077	文集11	356	13	无	无	无	无	"与王巩干涉事,熙宁五年内,巩言讹说贤兄与他作《宝绘堂记》,内有'桓灵宝之走阿'王涯之复辟,皆留意之祸也。嫌意思不好,要改此数句。轼答云:'不使则已',即不曾改。"

招供日期	篇名	写作年号	类别和卷数	页数					讥讽	供词
				诗集	朋本	胡本	周本	张本		
未详	《灵璧张氏园亭记》	1079	文集11	368	41	无	无	无	无	无讥讽
未详	《雩泉记》	1075	文集11	378	39	无	无	无	有	"除无讥讽外云'堂堂在位,有号不闻',以讥讽是时京东连年蝗旱诉闻,邻郡百姓诉旱,官吏多不接状依法检收灾伤,致令怨叹之声盈于上下。当时之人耳如不听,故《记》有嗟呼之诗也。"
未详	《和述古冬日牡丹四首(其一)》					301	4	卷三4		
	《和述古冬日牡丹四首(其二)》	1073	诗集11	525	31				有	
	《和述古冬日牡丹四首(其三)》					无	无	无		
	《和述古冬日牡丹四首(其四)》									
未详	《和钱安道寄惠建茶》	1073	诗集11	529	38	305	无	卷三12	有	"除无讥讽外云:'草茶无赖空有名,高者妖邪次顽犷'以讥世之小人,若不谄媚天邪,须顽犷狠劣。又云:'体轻虽复强浮泛,性滞偏工呕酸冷。'亦以讥世之小人,体轻浮而性滞泥也。又云:'其间绝品岂不佳,张禹纵贤非骨鲠。'亦以讥世之小人,如张禹虽有学问,细行谨饬,终非骨鲠之人也。又云:'收藏爱惜待佳客,不敢包裹钻权幸,此诗有味君勿传,空使路人怒生瘿。'以讥世之小人,有以好茶钻要贵者,闻此诗当大怒也。"
未详	《百步洪》	1078	诗集17	891	40	无	无	无	无	无讥讽
未详	《人日猎城南,会者十人,以"身轻一鸟过枪急万人呼"为韵,得鸟字》	1079	诗集18	917	13	无	无	卷二27	无	《人日猎城南……得鸟字》:"轼先与将官雷胜并同官寄居等一十人出猎等诗,各一首,计十首,并无讥讽……其意说富贵作乐、饮燕即无讥讽。"
未详	《次韵答章传见赠》	1073	诗集9	424	16	593	无	卷二14	有	"所引梁冀、窦宪,并是后汉时人,时君不明,因时君不明,遂跻显位,骄暴窃威福占事,而马融、班固二人皆儒者,并依托之。轼诋毁当时执政大臣,我不能效班固、马融,苟容依附也。"
未详	《次韵子由与颜长道同游百步洪,相地筑亭种柳》	1077	诗集15	735	40	307	无	卷三14	无	"熙宁十年知徐州日,观百步溪,作诗一篇,即无讥讽。"

续表1

招供日期	篇名	写作年号	类别和卷数	页数					讥讽	供词
				诗集	朋本	胡本	周本	张本		
未详	《灵壁张氏园亭记记文》	1079	文集11	368	43	无	无	无	无	"元丰二年三月二十七日,与张硕秀才撰宿州零壁镇张氏兰皋园记,即无讥讽。"而李宜之在状子中就根据该文指控苏轼有不忠的罪名。
未详	《送钱藻出守婺州得英字》	1070	诗集6	240	26	297	无	卷二23	有	"此诗除无讥讽外,言朝廷方急才,多士并进,子独远出为郡,不少自强勉求进,但守道义,意讥当时之人急进也。又言青苗助役既行,百姓输纳不前,为郡者,不免用鞭箠督,醉中道此语,醒后还凉,恐得罪朝廷,以讥讽新法不便之故也。"
未详	《藤县公堂记》	1078	文集11	377	28	无	无	无	有	"此记大率讥讽朝廷,新法已来,减削公使钱,裁损当直公人,不许修造屋宇,故所在官舍,例皆坏陋也。"
未详	《湖州谢上表》	1079	文集23	653	33	无	无	无	有	"轼为官职多年,未蒙不次进用,故言荷先帝之误恩,擢置三管,蒙陛下之过听,付以两州。又见朝廷近日进用之人,多是少年,及与轼议论不合。故言'愚不识时,难以追陪新进'以讥讽朝廷进用之人,多是循时迎合。又云'察其老不生事,或能收养小民'以讥讽朝廷,多事生事搔扰,以夺农时。"

附录2：苏轼诗词中"狂"字统计表

表2 苏轼诗中"狂"字统计

序号	篇名	涉及对象	内容	卷数/页数	创作时期
1	《阮籍啸台》	他人	阮生古狂达，遁世默无言。	2/83	嘉祐五年正月至七年时期
2	《石榴》	他事	色作裙腰染，名随酒盏狂。	3/138	
3	《妒佳月》	他事	狂云妒佳月，怒飞千里黑。	4/172	
4	《司竹监烧苇园，因召都巡检柴贻勖左藏，以其徒会猎园下》	他人和自况	主人置酒聚狂客，纷纷醉语晚更哗。	5/216	凤翔签判时期
5	《谢苏自之惠酒》	他人	贪狂嗜怪无足取，世俗喜异矜其贤。	5/226	
6	《送安惇秀才失解西归》	他事	狂谋谬算百不遂，惟有霜鬓来如期。	6/247	在直史馆判官告院任、权开封府推官和往杭州通守时期
7	《次韵子由初到陈州二首》	自况	懒惰便樗散，疏狂托圣明。	6/255	
8	《送刘道原归觐南康》	他人	自言静中阅世俗，有似不饮观酒狂。	6/257	
9	《次韵张安道读杜诗》	他事	地偏蕃怪产，源失乱狂涛。	6/265	
10	《陪欧阳公燕西湖》	他事	插花起舞为公寿，公言百岁如风狂。	6/275	
11	《颖州初别子由二首》	自况	嗟我久病狂，意行无坎井。	6/278	
12	《李杞寺丞见和前篇复用元韵答之》	他人	野人疏狂逐渔钓，刺史宽大容歌呼。	7/319	润州和在太常博士直史馆杭州通守任时期
13	《送岑著作》	自况	人皆笑其狂，子独怜其愚。	7/329	
14	《和刘道原咏史》	他人	仲尼忧世接舆狂，臧谷虽殊竟两亡。	7/332	
15	《和刘道原寄张师民》	他人	颠狂不用唤，酒尽渐须醒。	7/333	
16	《赠莘老七绝》	他人	时复中之徐邈圣，无多酌我次公狂。	8/406	
17	《赠上天竺辩才师》	自况	何必言《法华》，佯狂啖鱼肉。	9/464	
18	《明日重九，亦以病不赴述古会，再用前韵》	他人	可怜吹帽狂司马，空对亲春老孟光。	10/505	
19	《张子野年八十五尚闻买妾述古令作诗》	他人	锦里先生自笑狂，莫欺九尺鬓眉苍。	11/523	
20	《刁景纯席上和谢生二首》	自况	毋多酌我公须听，醉后粗狂胆满躯。	11/548	
21	《与毛令方尉游西菩提寺二首》	自况	一笑相逢那易得，数诗狂语不须删。	12/584	太常博士直史馆权知密州军州事时期
22	《平山堂次王居卿祠部韵》	自况	高会日陪山简醉，狂言屡发次公醒。	12/593	
23	《铁沟行赠乔太博》	自况	荒村野店亦何有，欲发狂言须斗酒。	12/601	

续表2

序号	篇名	涉及对象	内容	卷数/页数	创作时期
24	《和顿教授见寄用除夜韵》	他事	狂言各须慎,勿使输薪粲。	13/626	太常博士直史馆权知密州军州事时期
25	《西斋》	自况	昏昏既非醉,踽踽亦非狂。	13/630	
26	《怀西湖寄晁美叔同年》	自况	嗟我本狂直,早为世所捐。	13/644	
27	《刘贡父见余歌词数首以诗见戏聊次其韵》	自况	门前恶语谁传去,醉后狂歌自不知。	13/649	
28	《和张子野见寄三绝句》	自况	狂吟跌宕无风雅,醉墨淋浪不整齐。	13/652	
29	《答李邦直》	他人	又无狂太守,何以解忧思。	14/665	
30	《登常山绝顶广丽亭》	自况	嗟我二三子,狂饮亦荒哉。	14/686	
31	《送碧香酒与赵明叔教授》	他人	嗟君老狂不知愧,更吟丑妇恶嘲谤。	14/693	
32	《次韵子由送蒋夔赴代州学官》	他人	代北诸生渐狂简,床头杂说为爬梳。	15/726	以尚书祠部员外郎直史馆,权知徐州军州事至元丰二年三月移知湖州时期
33	《次韵子由与颜长道同游百步洪,相地筑亭种柳》	自况	少年狂兴久已谢,但忆嘉陵绕剑关。	15/735	
34	《次韵答邦直子由五首(其一)》	自况	欲吐狂言喙三尺,怕君嗔我却须吞。	15/739	
35	《次韵答邦直子由五首(其二)》	他人	城南短李好交游,箕踞狂歌不自由。	15/740	
36	《蝎虎》	他人	今年岁旱号蜥蜴,狂走儿童闹歌舞。	15/744	
37	《和孔周翰二绝·再观邸园留题》	自况	小园香雾晓蒙笼,醉手狂词未必工。	15/753	
38	《坐上赋戴花得天字》	自况	春色岂关吾辈事,老狂聊作坐中先。	16/805	
39	《观子美病中作嗟叹不足次韵》	他事	霜枝半折孤根出,尚有狂风急雨催。	16/813	
40	《次韵王定国马上见寄》	自况	疏狂似我人谁顾,坎轲怜君志未移。	17/864	
41	《李思训画长江绝岛图》	他事	舟中贾客莫漫狂,小姑前年嫁彭郎。	17/872	
42	《登云龙山》	自况	路人举首东南望,拍手大笑使君狂。	17/877	
43	《云龙山观烧得云字》	他人	惊飞堕伤雁,狂走迷痴麕。	17/895	
44	《赠狄崇班季子》	他事	北方老猘子,狂突尚不絷。	17/901	
45	《作书寄王晋卿忽忆前年寒食北城之游走笔为此诗》	自况	扣门狂客君不麾,更遣倾城出翠帏。	18/930	
46	《田国博见示石炭诗有铸剑斩佞臣之句次韵答之》	他人	玉川先生古遗民,救月裁诗语最真。	18/932	
47	《定惠院寓居月夜偶出》	自况	饮中真味老更浓,醉里狂言醒可怕。	20/1032	黄州时期
48	《太守徐君猷通守孟亨之皆不饮酒以诗戏之云》	他人	孟嘉嗜酒桓温笑,徐邈狂言孟德疑。	21/1088	

序号	篇名	涉及对象	内容	卷数/页数	创作时期
49	《以玉带施元长老元以衲裙相报次韵》	他人	锦袍错落真相称，乞与佯狂老万回。	24/1267	元丰七年八月至八年六月时期
50	《次韵滕元发许仲途秦少游》	他人	二公诗格老弥新，醉后狂吟许野人。	24/1266	
51	《墨花（并叙）》	他人	独有狂居士，求为黑牡丹。	25/1353	
52	《杨康功有石状如醉道士为赋此诗》	他事	化为狂道士，山谷恣腾蹂。	26/1375	
53	《怀仁令陈德任新作占山亭二首》	自况	谁知海上诗狂客，占得胶西一半山。	26/1379	元丰八年六月，起知登州军州事，及还朝时期
54	《送戴蒙赴成都玉局观将老焉》	自况	百岁风狂定何有，羡君今作峨眉叟。	26/1409	
55	《再次韵答完夫穆父》	自况	免使谪仙明月下，狂歌对影只三人。	27/1431	
56	《送表弟程六知楚州》	他人和自况	我时与子皆儿童，狂走从人觅梨栗。	27/1432	
57	《次韵刘贡父所和韩康公忆持国二首》	自况	狂似次公应未怪，醉推东阁不须招。	29/1545	
58	《送乔仝寄贺君六首（并叙）》	自况	狂吟醉舞知无益，粟饭藜羹间养神。	29/1551	
59	《去杭十五年复游西湖用欧阳察判韵》	自况	谁怜寂寞高常侍，老去狂歌忆孟诸。	31/1646	元祐四年正月至十二月及知杭州军州事时期
60	《连日与王忠玉张全翁游西湖访北山清顺道潜二诗僧登垂云亭饮参寥泉最后过唐州陈使君夜饮忠玉有诗次韵答之》	他人	使君坐无聊，狂客来不速。	32/1681	
61	《次韵林子中、王彦祖唱酬》	自况	差胜四明狂监在，更将老眼犯尘红。	32/1683	
62	《次韵刘景文登介亭》	自况	莫作狂道士，气压刘师服。	32/1699	
63	《安州老人食蜜歌》	他人	正当狂走捉风时，一笑看诗百忧失。	32/1707	
64	《次韵景文山堂听筝三首》	他人	犹胜江左狂灵运，空斗东昏百草须。	32/1712	
65	《送江公着知吉州》	他人	岂惟浊世隐狂奴，时平亦出佳公子。	33/1743	在知杭州军州事，迁吏部尚书还朝时期
66	《闻钱道士与越守穆父饮酒送二壶》	他人	一纸鹅经逸少醉，他年《鹏赋》谪仙狂。	33/1745	
67	《与叶淳老侯敦夫张秉道同相视新河秉道有诗次韵二首》	他人	觜张乃我结袜生，诗酒淋漓出狂怪。	33/1751	
68	《又书王晋卿画四首》	他人	狂客思归便归去，更求敕赐枉天真。	33/1773	
69	《子由新修汝州龙兴寺吴画壁》	他事	始知真放本精微，不比狂花生客慧。	37/2027	知定州、英州时期
70	《詹守携酒见过，用前韵作诗，聊复和之》	他人	箕踞狂歌老瓦盆，燎毛燔肉似羌浑。	38/2083	惠州及昌化贬所时期
71	《上元夜》	他人	狂生来索酒，一举辄数升。	39/2098	

续表2

序号	篇名	涉及对象	内容	卷数/页数	创作时期
72	《游博罗香积寺并引》	自况	谁言万里出无友，见此二美喜欲狂。	39/2111	惠州及昌化贬所时期
73	《和陶咏荆轲》	他人	胡为弃成谋，托国此狂生。	40/2185	
74	《次韵高要令刘湜峡山寺见寄》	他事	狂雷失晒语，过电不容目。	40/2188	
75	《东新桥》	他事	奔舟免狂触，脱筏防撞挤。	40/2199	
76	《丙子重九二首》	他事	此会我虽健，狂风卷朝霞。	40/2203	
77	《和陶拟古九首》	他人	朱刘两狂子，陨队如风荷。	41/2260	
78	《宥老楮》	他事	虽无傲霜节，幸免狂醒毒。	42/2313	
79	《真一酒歌并引》	他人	湛然寂照非楚狂，终身不入无功乡。	43/2359	昌化贬所贬廉州，及岭海时期
80	《梦中作寄朱行中》	他人	哀哉楚狂士，抱璞号空山。	45/2458	
81	《戏赠田辨之琴姬》	他人	坐中有狂客，莫近绣帘弹。	48/2587	
82	《题李景元画》	他人	闻说神仙郭恕先，醉中狂笔势澜翻。	48/2594	
83	《龙山补亡》	他人	楚狂醉乱，陨帽莫觉。	48/2658	
84	《题怀素草帖》	他人	草圣无成狂饮发，真堪画作《醉僧图》。	50/2757	

表3　词中"狂"字统计

序号	篇名	涉及对象	内容	页数	创作时期
1	《江城子（猎词）》	自况	老夫聊发少年狂。	146	1075 年在密州
2	《满庭芳（香叆雕盘）》	自况	座中有狂客，恼乱离愁。	203	1077 年在东京
3	《临江仙（冬日即事）》	自况	闻道分司狂御使，紫云无路追寻。	223	1078 年在徐州
4	《满江红（江汉西来）》	自况	江表传，君休读，狂处士，真堪惜。	335	1081 年在黄州
5	《渔家傲（临水纵横回晚鞚）》	自况	美酒一杯谁与共，樽前舞雪狂歌送。	410	1082 年在黄州
6	《念奴娇（中秋）》	自况	我醉拍手狂歌，举杯邀月，对影成三客。	426	
7	《定风波（两两轻红半晕腮）》	自况	更问樽前狂副使，来岁、花开时节与谁来。	434	
8	《满庭芳（蜗角虚名）》	自况	且趁闲身未老，尽放我、些子疏狂。	458	
9	《十拍子（暮秋）》	自况	强染霜髭扶翠袖，莫道狂夫不解狂，狂夫老更狂。	476	1083 年在黄州
10	《满庭芳（三十三年，飘流江海）》	自况	我自疏狂异趣，君何事、奔走尘凡。	563	1084 年在泗州
11	《定风波（莫怪鸳鸯绣带长）》	他人	薄幸只贪游冶去。何处？垂杨系马恣轻狂。	829	1074 年返杭州的常、润道中
12	《蝶恋花（蝶懒莺慵春过半）》	他事	花落狂风，小院残红满。	911	存疑之作

附录3：苏轼诗词中所表达人生如"寄"统计表

表4 苏轼诗集中所表达人生如"寄"统计表

序号	篇名	内容	卷数/页数	创作时期
1	《将往终南和子由见寄》	人生百年寄鬓须，富贵何啻菭中荂。	4/180	凤翔签判
2	《寒食未明至湖上，太守未来，两县令先在》	老病逢春只思睡，独求僧榻寄须臾。	9/442	守杭
3	《秋兴三首（其一）》	野鸟游鱼信往还，此身同寄水云间。	47/2548	
4	《至济南，李公择以诗相迎次，其韵二首（其一）》	宦游到处身如寄，农事何时手自亲。	15/715	知徐州
5	《过云龙山人张天骥》	吾生如寄耳，归计失不早。	15/748	
6	《答吕梁仲屯田》	人生如寄何不乐，任使绛蜡烧黄昏。	15/774	
7	《罢徐州，往南京，马上走笔寄子由五首（其一）》	吾生如寄耳，宁独为此别。	18/935	
8	《过淮》	吾生如寄耳，初不择所适。	20/1022	黄州
9	《迁居临皋亭》	我生天地间，一蚁寄大磨。	20/1053	
10	《次韵答子由》	平生弱羽寄冲风，此去归飞识所从。	20/1056	
11	《清远舟中寄耘老》	人生百年如寄尔，七十朱颜能有几。	47/2557	
12	《豆粥》	干戈未解身如寄，声色相缠心已醉。	24/1271	元丰七年至八年：离黄州至召还期间
13	《高邮陈直躬处士画雁二首（其二）》	我衰寄江湖，老伴杂鹅鸭。	24/1287	
14	《龟山辩才师》	此生念念浮云改，寄语长淮今好在。	24/1295	
15	《南都妙峰亭》	俯仰尽法界，逍遥寄人寰。	25/1325	
16	《赠葛苇》	竹椽茅屋半摧倾，肯向蜂窠寄此生。	26/1372	
17	《和王晋卿并引》	吾生如寄耳，何者为祸福。	27/1422	在朝（1086—1089）
18	《书皇亲画扇》	十年江海寄浮沉，梦绕江南黄苇林。	29/1524	
19	《次韵王定国倅扬州》	此身江海寄天游，一落红尘不易收。	29/1535	
20	《次韵许冲元送成都高士敦铃辖》	西望雪山烽火尽，不妨樽酒寄平生。	30/1582	
21	《送子由使契丹》	云海相望寄此身，那因远适更沾巾。	31/1647	
22	《次韵林子中、王彦祖唱酬》	早知身寄一沤和，晚节尤惊落木风。	32/1683	莅杭
23	《次韵刘景文登介亭》	吾生如寄耳，寸晷轻尺玉。	32/1699	
24	《辩才老师退居龙井，不复出入。余往见之。尝出，至风篁岭。左右惊曰"远公复过虎溪矣"辩才笑曰"杜子美不云乎：'与子成二老，来往亦风流'"因作亭岭上，名曰过溪，亦曰二老，谨次辩才韵赋诗一首》	此生暂寄寓，常恐名实浮。	32/1714	
25	《寄题梅宣义园亭》	我本放浪人，家寄西南坤。	32/1718	

续表4

序号	篇名	内容	卷数/页数	创作时期
26	《送芝上人游庐山》	吾生如寄耳，出处谁能必。	35/1899	还朝路上，知扬州
27	《次韵定国见寄》	复穿鹓鹭行，强寄麋鹿迹。劳生苦昼短，展转不能夕。	36/1920	元丰七年九月至八年八月，翰林侍读学士
28	《次韵王仲至喜雪御筵》	偶还仗内身如寄，尚忆江南酒可赊。	36/1933	
29	《仆所藏仇池石希代之宝也王晋卿以小诗借观，意在于夺仆不敢不借然以此诗先之》	老人生如寄，茅舍久未卜。	36/1940	
30	《王晋卿示诗，欲夺海石，钱穆父、王仲至、蒋颖叔皆次韵。穆、至二公以为不可许，独颖叔不然。今日颖叔见访，亲睹此石之妙，遂悔前语。轼以谓晋卿岂可终闭不与者，若能以韩干二散马易之者，盖可许也。复次前韵》	谁云千里远，寄此一蹑足。	36/1945	元丰七年九月至八年八月，翰林侍读学士
31	《戏答王都尉传柑》	寄与维摩三十颗，不知薝卜是余香。	36/1956	
32	《谢运使仲适座上送王敏仲北使》	吾生如寄耳，送老天一方。	37/1992	
33	《鹤叹》	我生如寄良畸孤，三尺长胫阁瘦躯。	37/2003	
34	《过汤阴市，得豌豆大麦粥，示三儿子》	漂零竟何适，浩荡寄此身。	37/2025	定州、英州、汝州
35	《纵笔》	白头萧散满霜风，小阁藤床寄病容。	40/2203	
36	《和陶乞食》	呜呼天下士，死生寄一杯。	40/2204	
37	《次韵子由所居六咏（其四）》	萧然行脚僧，一身寄天涯。	40/2206	
38	《和陶拟古九首（其三）》	吾生如寄耳，何者为吾庐。	41/2261	琼州
39	《新居》	短篱寻丈间，寄我无穷境。	42/2312	
40	《赠李兕彦威秀才》	世间万事寄黄粱，且与先生说乌有。	43/2352	
41	《归去来集字十首并引（其十）》	寄傲疑今是，求荣感昨非。	43/2359	渡海后廉州
42	《雨夜宿净行院》	芒鞋不踏利名场，一叶轻舟寄渺茫。	43/2368	
43	《郁孤台》	吾生如寄耳，岭外亦闲游。	45/2429	北归
44	《乞数珠一首赠南禅湜老》	区区我所寄，蹙缩蚕在茧。	45/2432	

表5　苏轼词集中所表达人生如"寄"统计表

序号	篇名	内容	卷数/页数	创作时间
1	《瑞鹧鸪（城头月落尚啼乌）》	老病逢春只思睡，独求僧榻寄须臾。	28	熙宁六年，杭州
2	《江城子（梦中了了醉中醒）》	都是斜川当日境，吾老矣，寄余龄。	352	元丰五年，黄州
3	《临江仙（夜饮东坡醒复醉）》	小舟从此逝，江海寄余生。	467	元丰六年，黄州
4	《西江月（莫叹平原落落）》	与君各记少年时。须信人生如寄。	597	元祐三年，越州
5	《南歌子（古岸开青葑）》	佳节连梅雨，余生寄叶舟。	616	元祐五年，杭州

附录4：苏轼诗词中表达生死—"俯仰"统计表

表6　苏轼诗中表达生死—"俯仰"统计表

序号	篇名	内容	卷数/页数	创作时期
45	《六月二十七日望湖楼醉书五首（其二）》	水枕能令山俯仰，风船解与月徘徊。	7/339	杭州通守
46	《胡穆秀才遗古铜器，似鼎而小，上有两柱，可以覆而不蹶，以为鼎则不足，疑其饮器也。胡有诗，答之》	君看翻覆俯仰间，覆成三角翻两髻。	10/514	
47	《送李公恕赴阙》	安能终老尘土下，俯仰随人如桔槔。	16/787	徐州
48	《次韵黄鲁直见赠古风二首（其一）》	兹时不少暇，俯仰霜叶黄。	16/834	
49	《中秋月寄子由三首（其三）》	明年各相望，俯仰今古情。	17/859	
50	《百步洪二首并叙（其一）》	觉来俯仰失千劫，回视此水殊委蛇。	17/891	
51	《种松得徕字》	古今一俯仰，作诗寄余哀。	18/921	湖州
52	《次韵周开祖长官见寄》	俯仰东西阅数州，老于歧路岂伶优。	19/981	
53	《孔毅甫妻挽词》	云何抱沉疾，俯仰便一世。	22/1168	黄州
54	《邓忠臣母周氏挽词》	古今抱此恨，有志俯仰失。	22/1176	
55	《和蔡景繁海州石室》	梦中旧事时一笑，坐觉俯仰成今古。	22/1178	
56	《高邮陈直躬处士画雁二首（其二）》	徐行意自得，俯仰苦有节。	24/1286	元丰七年至八年：离黄州至召还期间
57	《南都妙峰亭》	俯仰尽法界，逍遥寄人寰。	25/1325	
58	《赠王寂》	与君暂别不须嗟，俯仰归来鬓未华。	25/1372	
59	《虢国夫人夜游图》	人间俯仰成今古，吴公台下雷塘路。	27/1462	在朝（1086—1089）
60	《故李承诚之待制六丈挽词》	俯仰自廊庙，笑谈无羌夷。	29/1528	
61	《昨见韩丞相言王定国，今日玉堂独坐，有怀其人》	俯仰清梦余，爱此一掬寒。	29/1544	
62	《次韵王郎子立风雨有感》	百年一俯仰，寒暑相主客。	30/1594	
63	《送寒道士归庐山》	人间俯仰三千秋，骑鹤归来与子游。	30/1597	
64	《王晋卿作〈烟江叠嶂图〉，仆赋诗十四韵，晋卿和之，语特奇丽。因复次韵，不独纪其诗画之美，亦为道其出处契阔之故，而终之以不忘在莒之戒，亦朋友忠爱之义也》	屈居华屋啖枣脯，十年俯仰龙旗前。	30/1609	
65	《寄傲轩》	茅檐聊寄寓，俯仰亦自足。	31/1639	
66	《文登蓬莱阁下，石壁千丈，为海浪所战，时有碎裂，淘洒岁久，皆圆熟可爱，土人谓此弹子涡也。取数百枚，以养石菖蒲，且作诗遗垂慈堂老人》	垂慈老人眼，俯仰了大块。	31/1651	在朝（1086—1089）

续表6

序号	篇名	内容	卷数／页数	创作时期
67	《连日与王忠玉、张全翁游西湖，访北山清顺、道潜二诗僧，登垂云亭，饮参寥泉，最后过唐州陈使君夜饮，忠玉有诗，次韵答之》	百篇成俯仰，二老相追逐。	32/1681	莅杭
68	《次韵刘景文登介亭》	俯仰拊四海，百世飞鸟速。	32/1699	
69	《九月十五日，观月听琴西湖一首示坐客》	良时失俯仰，此见宁朝昏。	34/1790	颍州
70	《六观堂老人草书诗》	方其梦时了非无，泡影一失俯仰殊。	34/1795	
71	《和陶饮酒二十首并叙（其三）》	俯仰各有态，得酒诗自成。	35/1881	还朝路上，知扬州
72	《九日次定国韵》	俯仰四十年，始知此生浮。	35/1905	
73	《次丹元姚先生韵二首（其一）》	那于俯仰间，用此委曲情。	36/1951	元丰七年九月至八年八月，翰林侍读学士
74	《正月二十四日，与儿子过、赖仙芝、王原秀才、僧昙颖、行全、道士何宗一同游罗浮道院及栖禅精舍，过作诗，和其韵，寄迈、追一首》	嬉游趁时节，俯仰了此世。	39/2099	定州、英州、汝州
75	《江月五首并引（其三）》	驱云扫众宿，俯仰迷空水。	39/2140	
76	《迁居（有引）》	吾生本无待，俯仰了此世。	40/2194	
77	《和陶停云四首并引（其一）》	眷此区区，俯仰再抚。	41/2269	琼州
78	《和陶赠羊长史并引》	结发事文史，俯仰六十喻。	41/2281	
79	《新居》	俯仰可卒岁，何必谋二顷。	42/2312	
80	《和陶戴主簿》	时时小摇落，荣悴俯仰中。	42/2317	
81	《夜烧松明火》	坐看十八公，俯仰灰烬残。	42/2328	
82	《和陶归去来兮辞并引》	俯仰还家，下车阖门。	47/2560	
83	《梦雪》	开门千山白，俯仰同一照。	48/2586	

表7　苏轼词中表达生死—"俯仰"统计表

序号	篇名	内容	卷数/页数	创作时期
6	《西江月（点点楼头细雨）》	酒阑不必看茱萸。俯仰人间今古。	432	黄州
7	《八声甘州（有情风万里卷潮来）》	不用思量今古，俯仰昔人非。	663	莅杭

附录5：苏轼诗词中"梦"字统计表

表8 苏轼诗中"梦"字统计表

序号	篇名	内容	卷数/页数	创作时期
1	《渝州寄王道矩》	惟有梦魂长缱绻，共论唐史更绸缪。归梦不成冬夜永，厌闻船上报更筹。	1/16	嘉祐四年十一月
2	《东湖》	入门便清奥，怳如梦西南。	3/111	
3	《太白山下早行，至横渠镇，书崇寿院壁》	马上续残梦，不知朝日开。	3/129	
4	《病中闻子由得告不赴商州三首（其三）》	此外知心更谁是，梦魂相觅苦参差。	4/155	
5	《和刘长安题薛周逸老亭周善饮酒未七十而致仕》	至今清夜梦，尚惊冠压头。	4/164	嘉祐六年十一月至七年十二风翔签判月时期
6	《七月二十四日，以久不雨，出祷磻溪是日宿虢县二十五日晚，自虢县渡渭，宿于僧舍曾阁阁故曾氏所建也夜久不寐，见壁有前县令赵荐留名，有怀其人》	龛灯明灭欲三更，敧枕无人梦自惊。	4/173	
7	《二十六日五更起行，至磻溪，未明》	安得梦随霹雳驾，马上倾倒天瓢翻。	4/174	
8	《南溪之南竹林中，新构一茅堂，予以其所处最为深邃，故名之曰避世堂》	晓梦猿呼觉，秋怀鸟伴吟。	4/148	
9	《周公庙，庙在岐山西北八九里，庙后百许步，有泉依山，涌冽异常，国史所谓"润德泉世乱则竭"者也》	吾今那复梦周公，尚喜秋来过故宫。	5/199	
10	《和子由记园中草木十一首（其十）》	心随白云去，梦绕山之麓。	5/200	治平元年正月风翔签判至二年正月还朝至八月时期
11	《司竹监烧苇园，因召都巡检柴贻勖左藏，以其徒会猎园下》	青丘云梦古所咤，与此何啻百倍加。	5/216	
12	《亡伯提刑郎中挽诗二首，甲辰十二月八日凤翔官舍书（其二）》	至今如梦寐，未信有存亡。	5/218	
13	《华阴寄子由》	三年无日不思归，梦里还家旋觉非。	5/224	
14	《王颐赴建州钱监求诗及草书》	嗟余闻道不早悟，醉梦颠倒随盲聋。	6/237	
15	《送刘攽倅海陵》	海边无事日日醉，梦魂不到蓬莱宫。	6/242	
16	《送蔡冠卿知饶州》	世事徐观真梦寐，人生不信长轗轲。	6/252	熙宁二年二月在直史馆判官告院任、权开封府推官至四年十一月往杭州通守途中时期
17	《宋叔达家听琵琶》	梦回只记归舟字，赋罢双垂紫锦绦。	6/254	
18	《次韵子由初到陈州二首（其二）》	闭户时寻梦，无人可说愁。	6/255	
19	《陆龙图诜挽词》	尘埃辇寺三年别，樽俎岐阳一梦新。	6/272	
20	《十月十六日记所见》	怳疑所见皆梦寐，百种变怪旋消亡。	6/293	
21	《广陵会三同舍，各以其字为韵，仍邀同赋》	广陵三日饮，相对怳如梦。	6/294	

序号	篇名	内容	卷数/页数	创作时期
22	《腊日游孤山，访惠勤、惠思二僧》	兹游淡泊欢有余，到家恍如梦蘧蘧。	7/316	
23	《姚屯田挽诗》	七年一别真如梦，犹记萧然瘦鹤姿。	7/328	
24	《送岑著作》	惟应故山梦，随子到吾庐。	7/329	
25	《自径山回，得吕察推诗，用其韵招之，宿湖上》	心随叶舟去，梦绕千山碧。	7/350	
26	《八月十七复登望海楼自和前篇是日榜出余与试官两人复留五首（其三）》	昨夜酒行君屡叹，定知归梦到吴兴。	8/377	
27	《和沈立之留别二首（其二）》	卧闻铙鼓送归艎，梦里匆匆共一觞。	8/379	
28	《盐官部役戏呈同事兼寄述古》	夜来履破裘穿缝，红颊曲眉应入梦。	8/391	
29	《盐官绝句四首·北寺悟空禅师塔》	已将世界等微尘，空里浮花梦里身。	8/392	熙宁四年十一月发润州，赴杭州通守任至五年七月时期
30	《秀州报本禅院乡僧文长老方丈》	万里家山一梦中，吴音渐已变儿童。	8/412	
31	《祥符寺九曲观灯》	明日酒醒空想像，清吟半逐梦魂销。	9/427	
32	《湖上夜归》	清吟杂梦寐，得句旋已忘。	9/440	熙宁四年十一月发润州，赴杭州通守任至五年七月时期
33	《自昌化双溪馆下步寻溪源，至治平寺，二首（其二）》	老去尚餐彭泽米，梦归时到锦江桥。	9/449	
34	《追和子由去岁试举人洛下所寄九首·暴雨初晴楼上晚景（其五）》	客路三年不见山，上楼相对梦魂间。	9/459	
35	《追和子由去岁试举人洛下所寄九首·过广爱寺，见三学演师，观杨惠之塑宝山、朱瑶画文殊、普贤（其一）》	寓世身如梦，安闲日似年。	9/460	
36	《病中游祖塔院》	闭门野寺松阴转，敧枕风轩客梦长。	10/475	
37	《吊天竺海月辩师三首（其三）》	欲访浮云起灭因，无缘却见梦中身。	10/479	
38	《宿九仙山》	困眠一榻香凝帐，梦绕千岩冷逼身。	10/492	
39	《初自径山归述古召饮介亭以病先起》	倦醉佳人锦瑟旁。犹有梦回清兴在，	10/504	
40	《赠治易僧智周》	阁束九师新得妙，梦吞三画旧通灵。	11/522	
41	《送柳子玉赴灵仙》	何时梦入真君殿，也学传呼观主来。	11/545	
42	《和苏州太守王规甫侍太夫人观灯之什余时以刘道原见访滞留京口不及赴此会二首（其二）》	堕珥遗簪想无限，华胥犹见梦回人。	11/550	
43	《去年秋，偶游宝山上方。入一小院，阒然无人。有一僧，隐几低头读书。与之语，漠然不甚对。问其邻之僧，曰："此云阇黎也，不出十五年矣。"今年六月，自常、润还，复至其室，则死葬数月矣。作诗题其壁》	所遇孰非梦，事过吾何求。	12/575	太常博士直史馆权知密州军州事时期
44	《捕蝗，至浮云岭，山行疲苦，有怀子由弟二首（其二）》	独眠林下梦魂好，回首人间忧患长。	12/579	

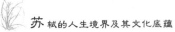

续表8

序号	篇名	内容	卷数/页数	创作时期
45	《和子由四首·送春》	梦里青春可得追，欲将诗句绊余晖。	13/628	太常博士直史馆权知密州军州事时期
46	《寄吕穆仲寺丞》	回首西湖真一梦，灰心霜鬓更休论。	13/639	
47	《怀西湖寄晁美叔同年》	至今清夜梦，耳目余芳鲜。	13/644	
48	《和章七出守湖州二首（其一）》	只因未报君恩重，清梦时时到玉堂。	13/649	
49	《闻乔太博换左藏知钦州，以诗招饮》	今年果起故将军，幽梦清诗信有神。	14/681	
50	《雪夜独宿柏仙庵》	梦惊忽有穿窗片，夜静惟闻泻竹声。	14/700	
51	《除夜大雪，留潍州，元日早晴，遂行，中途雪复作》	东风吹宿酒，瘦马兀残梦。	15/713	以尚书祠部员外郎直史馆，权知徐州军州事至元丰二年三月移知湖州时期
52	《至济南，李公择以诗相迎，次其韵二首（其二）》	聚散细思都是梦，身名渐觉两非亲。	15/715	
53	《送鲁元翰少卿知卫州》	别来今几何，相对如梦魂。	15/725	
54	《次韵李邦直感旧》	婉娩有时来入梦，温柔何日听还乡。	15/738	
55	《次韵答邦直、子由五首（其一）》	簿书颠倒梦魂间，知我疏慵肯见原。	15/739	
56	《次韵吕梁仲屯田》	门外吕梁从迅急，胸中云梦自逶迟。	15/759	
57	《代书答梁先》	别来红叶黄花秋，夜梦见之起坐愁。	15/763	
58	《赠写御容妙善师》	三年归来真一梦，桥山松桧凄风霜。梦中神授心有得，觉来信手笔已忘。	15/770	
59	《答吕梁仲屯田》	入城相对如梦寐，我亦仅免为鱼鼋。	39/2151	
60	《芙蓉城并叙》	仙宫洞房本不扃，梦中同蹋凤凰翎。	16/807	
61	《和子由送将官梁左藏仲通》	觉来身世都是梦，坐久枕痕犹著面。	16/825	
62	《仆曩于长安陈汉卿家，见吴道子画佛，碎烂可惜其后十余年，复见之于鲜于子骏家，则已装背完好子骏以见遗，作诗谢之》	吴生画佛本神授，梦中化作飞空仙。	16/829	
63	《和鲜于子骏〈郓州新堂月夜〉二首（其一）》	繁华真一梦，寂寞两荣朽。	16/844	
64	《中秋见月和子由》	明朝人事随日出，怳然一梦瑶台客。	17/862	
65	《次韵答顿起二首（其一）》	殿庐直宿真如梦，犹记忧时策万言。	17/866	
66	《次韵僧潜见赠》	秋风吹梦过淮水，想见橘柚垂空庭。	17/879	
67	《次韵潜师放鱼》	劝将净业种西方，莫待梦中呼起起。	17/882	
68	《次韵王廷老退居见寄》	回头自笑风波地，闭眼聊观紫幻身。	17/890	
69	《百步洪二首并叙（其一）》	纷纷争夺醉梦里，岂信荆棘埋铜驼。	17/891	
70	《人日猎城南，会者十人，以"身轻一鸟过枪急万人呼"为韵，轼得鸟字》	青春还一梦，余年真过鸟。	18/917	

序号	篇名	内容	卷数 /页数	创作时期
71	《台头寺步月得人字》	回首旧游真是梦，一簪华发岸纶巾。	18/921	以尚书祠部员外郎直史馆，权知徐州军州事至元丰二年三月移知湖州时期
72	《雪斋》	我梦扁舟适吴越，长廊静院灯如月。	18/927	
73	《舟中夜起》	舟人水鸟两同梦，大鱼惊窜如奔狐。	18/942	
74	《余去金山五年而复至，次旧诗韵，赠宝觉长老》	旧事真成一梦过，高谈为洗五年忙。	18/942	
75	《游惠山并叙（其一）》	梦里五年过，觉来双鬓苍。	18/944	
76	《王巩清虚堂》	愿君勿笑反自观，梦幻去来殊未已。	19/964	元丰二年，以尚书祠部员外郎直史馆，权知知湖州至十二月出狱时期
77	《仆去杭五年，吴中仍岁大饥疫，故人往往逝去，闻湖上僧舍不复往日繁丽，独净慈本长老学者益盛，作此诗寄之》	来往三吴一梦间，故人半作冢累然。	19/970	
78	《次韵李公择梅花》	脱靴吟芍药，给札赋云梦。	19/978	
79	《次韵周开祖长官见寄》	揭来震泽都如梦，只有苕溪可倚楼。	19/981	
80	《赵阅道高斋》	公心底处有高下，梦幻去来随所遭。	19/991	
81	《次韵和刘贡甫登黄楼见寄并寄子由二首（其一）》	至今清夜梦，飞辔策天吴。	19/995	
82	《狱中寄子由二首（其二）》	梦绕云山心似鹿，魂飞汤火命如鸡。	19/999	
83	《十月二十日，恭闻太皇太后升遐，以轼罪人，不许成服，欲哭则不敢，欲泣则不可，故作挽词二章（其二）》	梦里天衢隘云仗，人间雨泪变彤帷。	19/1000	
84	《十二月二十八日，蒙恩责授检校水部员外郎黄州团练副使，复用前韵二首（其一）》	却对酒杯浑是梦，试拈诗笔已如神。	19/1005	
85	《陈州与文郎逸民饮别，携手河堤上，作此诗》	君已思归梦巴峡，我能未到说黄州。	20/1017	黄州时期及元丰七年离黄州，北归至八年十二月抵礼部郎中任时期
86	《过淮》	黄州在何许，想像云梦泽。	20/1017	
87	《次韵前篇》	饥寒未至且安居，忧患已空犹梦怕。	20/1033	
88	《次韵乐著作野步》	楚雨还昏云梦泽，吴潮不到武昌宫。	20/1037	
89	《二月二十六日，雨中熟睡，至晚，强起出门，还作此诗，意思殊昏昏也》	强起出门行，孤梦犹可续。	20/1040	
90	《雨晴后，步至四望亭下鱼池上，遂自乾明寺前东冈上归，二首（其一）》	海棠真一梦，梅子欲尝新。	20/1040	
91	《次韵乐著作天庆观醮》	浊世纷纷肯下临，梦寻飞步五云深。	20/1043	
92	《石芝并引》	了然非梦亦非觉，有人夜呼祁孔宾。	20/1047	
93	《游武昌寒溪西山寺》	坐看鸥鸟没，梦逐麏麚走。	20/1049	
94	《今年正月十四日，与子由别于陈州，五月，子由复至齐安，以诗迎之》	又向邯郸枕中见，却来云梦泽南州。	20/1051	

续表8

序号	篇名	内容	卷数/页数	创作时间
95	《杭州故人信至齐安》	昨夜风月清,梦到西湖上。 还将梦魂去,一夜到江涨。	21/1090	黄州时期及元丰七年离黄州,北归至八年十二月抵礼部郎中任时期
96	《四时词四首(其四)》	夜风摇动镇帷犀,酒醒梦回闻雪落。	21/1092	
97	《任安节远来夜坐三首(其二)》	梦断酒醒山雨绝,笑看饥鼠上灯檠。	21/1095	
98	《伯父〈送先人下第归蜀〉诗云:人稀野店休安枕,路入灵关稳跨驴。安节将去,为诵此句,因以为韵,作小诗十四首送之(其十)》	我梦随汝去,东阡松柏青。	21/1000	
99	《记梦回文二首并叙(其一)》	歌咽水云凝静院,梦惊松雪落空岩。	21/1102	
100	《正月二十日,与潘、郭二生出郊寻春,忽记去年是日同至女王城作诗,乃和前韵》	人似秋鸿来有信,事如春梦了无痕。	21/1105	
101	《是日,偶至野人汪氏之居,有神降于其室,自称天人李全,字德通,善篆字,用笔奇妙,而字不可识,云,天篆也。与予言,有所会者。复作一篇,仍用前韵》	归来独扫空斋卧,犹恐微言入梦魂。	21/1105	
102	《次韵答元素并引》	蘧蘧未必都非梦,了了方知不落空。	21/1114	
103	《次韵孔毅甫久旱已而甚雨三首(其一)》	饥人忽梦饭甑溢,梦中一饱百忧失。 只知梦饱本来空,未悟真饥定何物。	21/1121	
104	《正月三日点灯会客》	试开云梦羔儿酒,快泻钱塘药玉船。	22/1153	
105	《南堂五首(其五)》	客来梦觉知何处,挂起西窗浪接天。	22/1166	
106	《和蔡景繁海州石室》	梦中旧事时一笑,坐觉俯仰成今古。	22/1178	
107	《喜王定国北归第五桥》	白露凄风洗瘴烟,梦回相对两凄然。	22/1180	
108	《岐亭五首并叙(其二)》	一年如一梦,百岁真过客。	23/1203	
109	《初入庐山三首(其二)》	如今不是梦,真个在庐山。	23/1209	
110	《圆通禅院,先君旧游也。四月二十四日晚,至,宿焉。明日,先君忌日也。乃手写宝积献盖颂佛一偈,以赠长老仙公。仙公抚掌笑曰:"昨夜梦宝盖飞下著处辄出火,岂此祥乎!"乃作是诗。院有蜀僧宣,逮事讷长老,识先君云》	袖里宝书犹未出,梦中飞盖已先传。	23/1211	
111	《将至筠,先寄迟、适、远三犹子》	夜来梦见小於菟,犹是髧髦垂两耳。	23/1221	
112	《初别子由至奉新作》	书随好梦到,人与佳节会。	23/1227	
113	《同年程筠德林求先坟二诗·思成堂》	归梦先寒食,儿啼到白须。	23/1229	
114	《去岁九月二十七日,在黄州,生子名遁,小名干儿,颀然颖异。至今年七月二十八日,病亡于金陵,作二诗哭之(其二)》	中年忝闻道,梦幻讲已详。	23/1239	
115	《次韵杭人裴维甫》	一别临平山上塔,五年云梦泽南州。 寄谢西湖旧风月,故应时许梦中游	24/1256	

序号	篇名	内容	卷数／页数	创作时期
116	《眉子石砚歌赠胡闳》	小窗虚幌相妩媚，令君晓梦生春红。	24/1262	
117	《次韵蒋颖叔》	道人幽梦晓初还，已觉笙箫下月坛。	24/1265	
118	《次韵蒋颖叔二首·凝祥池》	似知金马客，时梦碧鸡坊。	36/1943	
119	《送沈逵赴广南》	飞尘涨天箭洒甲，归对妻孥真梦耳。	24/1269	
120	《秦少游梦发殡而葬之者，云是刘发之柩，是岁发首荐。秦以诗贺之，刘泾亦作，因次其韵》	居官死职战死绥，梦尸得官真古语。故令将仕梦发棺，劝子勿为官所腐。	24/1272	
121	《金山梦中作》		24/1274	
122	《苏子容母陈夫人挽词》	不烦拥笏强垂鱼，我视去来皆梦尔。	24/1278	
123	《王中父哀词并叙》	子达想无身后念，吾衰不复梦中论。	24/1280	
124	《徐大正闲轩》	形骸堕醉梦，生事委尘土。	24/1283	
125	《次韵王定国南迁回见寄》	却思庾岭今何在，更说彭城真梦耳。	24/1292	黄州时期及元丰七年离黄州，北归至八年十二月抵礼部郎中任时期
126	《龟山辩才师》	千里孤帆又独来，五年一梦谁相对。	24/1295	
127	《泗州除夜雪中黄师是送酥酒二首（其一）》	旧游似梦徒能说，逐客如僧岂有家。	24/1302	
128	《章钱二君见和，复次韵答之，二首（其二）》	醉里冰髭失缨络，梦回布被起廉隅。	24/1304	
129	《记梦（并叙）》		25/1326	
130	《渔父四首（其三）》	渔父醒，春江午，梦断落花飞絮。	25/1329	
131	《李宪仲哀词（并叙）》	大梦行当觉，百年特未满。	25/1333	
132	《王伯敭所藏赵昌花四首·梅花》	幽怀不可写，归梦君家倩。	25/1334	
133	《神宗皇帝挽词三首（其三）》	余生卧江海，归梦泣嵩邙。	25/1336	
134	《题王逸少帖》	何曾梦见王与钟，妄自粉饰欺盲聋。	25/1342	
135	《书林逋诗后》	我不识君曾梦见，瞳子了然光可烛。	25/1343	
136	《归宜兴，留题竹西寺三首（其一）》	十年归梦寄西风，此去真为田舍翁。	25/1346	
137	《与孟震同游常州僧舍三首（其一）》	忽见东平孟君子，梦中相对说黄州。	25/1349	
138	《次韵答贾耘老》	五年一梦南司州，饥寒疾病为子忧。	25/1351	
139	《赠杜介（并叙）》	我梦游天台，横空石桥小。我梦君见之，卓尔非魔娆。	26/1369	
140	《次韵徐积》	海山入梦方东去，风雨留人得暂陪。	26/1377	
141	《再过常山和昔年留别诗》	那知梦幻躯，念念非昔人。	26/1381	
142	《奉和陈贤良》	身外浮名休琐琐，梦中归思已滔滔。	26/1390	

续表8

序号	篇名	内容	卷数/页数	创作时期
143	《留别登州举人》	落笔已吞云梦客,抱琴欲访水仙师。	26/1390	黄州时期及元丰七年离黄州,北归至八年十二月抵礼部郎中任时期
144	《次韵胡完夫》	相从杯酒形骸外,笑说平生醉梦间。	26/1402	
145	《次韵穆父舍人再赠之什》	游仙梦觉月临幌,贺雨诗成云满山。	26/1406	
146	《和王晋卿并引》	不如两相忘,昨梦那可逐。	27/1422	
147	《送陈睦知潭州》	旧游空在人何处,二十三年真一梦。	27/1427	
148	《用前韵答西掖诸公见和》	闭门怜我老太玄,给札看君赋云梦。	27/1429	
149	《用王巩韵,送其姪震知察州》	至今梦中语,犹举灯前樽。	27/1443	
150	《奉敕祭西太一和韩川韵四首(其三)》	梦蝶犹飞旅枕,粥鱼已响枯桐。	27/1447	
151	《次韵李修孺留别二首(其二)》	此生别袖几回麾,梦里黄州空自疑。	27/1456	
152	《武昌西山(并叙)》	江边晓梦忽惊断,铜环玉锁鸣春雷。	27/1457	
153	《送杜介归扬州》	当年帷幄几人在,回首舳舻一梦中。	28/1476	
154	《次韵三舍人省上》	恍如一梦堕枕中,却见三贤起江右。	28/1485	
155	《送顾子敦奉使河朔》	归来如一梦,丰颊愈茂美。	28/1494	
156	《和张昌言喜雨》	梦觉酒醒闻好句,帐空簟冷发余薰。	28/1500	元祐元年至元祐三年闰十二月在朝时期
157	《书皇亲画扇》	十年江海寄浮沉,梦绕江南黄苇林。	29/1524	
158	《次韵张舜民自御史出倅赣州留别》	江湖前日真成梦,鄂杜他年恐卜邻。	29/1534	
159	《昨见韩丞相,言王定国今日玉堂独坐,有怀其人》	俯仰清梦余,爱此一掬寒。	29/1544	
160	《次韵刘贡父所和韩康公忆持国二首(其一)》	梦觉真同鹿覆蕉,相君脱屣自参寥。	29/1545	
161	《次韵刘贡父叔侄扈驾》	共托属车尘土后,钧天一饷梦中荣。	29/1549	
162	《送家安国教授归成都》	夜谈空说剑,春梦犹横经。	29/1554	
163	《韩康公挽词三首(其三)》	扶路三更罢,回头一梦新。	30/1572	
164	《书艾宣画四首·杏花白鹇》	把酒惜春都是梦,不如闲客此闲看。	30/1575	
165	《次韵王郎子立风雨有感》	朝来赋云梦,笔落风雨疾。	30/1594	
166	《王晋卿作〈烟江叠嶂图〉,仆赋诗十四韵,晋卿和之,语特奇丽,因复次韵,不独纪其诗画之美,亦为道出处契阔之故,而终之以不忘在莒之戒,亦朋友忠爱之义也》	人间何有春一梦,此身将老蚕三眠。	30/1609	

序号	篇名	内容	卷数/页数	创作时期
167	《兴龙节侍宴前一日,微雪,与子由同访王定国,小饮清虚堂。定国出数诗,皆佳,而五言尤奇。子由又言昔与孙巨源同过定国,感念存没,悲欢久之。夜归,稍醒,各赋一篇,明日朝中以示定国也》	九衢灯火杂梦寐,十年聚散空咨嗟。	30/1612	元祐四年正月至三月赴知杭州军州事至十二月时期
168	《再和》	记取明年江上郡,五更春枕梦春韶。	30/1620	
169	《和王晋卿送梅花次韵》	五年不踏江头路,梦逐东风泛蓣芷。	31/1635	
170	《次韵王晋卿上元侍燕端门》	君方枕中梦,我亦化人来。	31/1636	
171	《送吕昌朝知嘉州》	不羡三刀梦蜀都,聊将八咏继东吴。	31/1640	
172	《次韵黄鲁直寄题郭明父府推颍州西斋二首(其二)》	春梦屡寻湖十顷,家书新报橘千头。	31/1641	
173	《与莫同年雨中饮湖上》	到处相逢是偶然,梦中相对各华颠。	31/1647	
174	《送子由使契丹》	沙漠回看清禁月,湖山应梦武林春。	31/1647	
175	《座上复借韵送岢岚军通判叶朝奉》	梦里吴山连越峤,樽前羌妇杂胡儿。	31/1649	
176	《哭王子立,次儿子迨韵三首(其一)》	异梦成先兆,清言得未尝。	31/1657	
177	《次韵詹适宣德小饮巽亭》	君方梦谪仙,我亦吊文园。	31/1660	
178	《连日与王忠玉、张全翁游西湖,访北山清顺、道潜二诗僧,登垂云亭,饮参寥泉,最后过唐州陈使君夜饮,忠玉有诗,次韵答之》	须臾便陈迹,觉梦那可续。	32/1681	
179	《次韵林子中王彦祖唱酬》	昨梦已论三世事,岁寒犹喜五人同。	32/1683	
180	《菩提寺南漪堂杜鹃花》	鹤林兵火真一梦,不归阆苑归西湖。	32/1694	
181	《袁公济和刘景文登介亭诗,复次韵答之》	昏昏堕醉梦,奈此六月海。	32/1702	
182	《次韵林子中见寄》	为报年来杀风景,连江梦雨不知春。	32/1706	
183	《滕达道挽词二首(其二)》	云梦连江雨,樊山落木秋。	32/1719	
184	《元祐六年六月,自杭州召还,汶公馆我于东堂,阅旧诗卷,次诸公韵三首(其二)》	梦觉还惊屡响廊,故人来烂影前香。	33/1766	在知杭州军州事,迁礼部尚书还朝时期
185	《破琴诗(并引)》	元祐六年三月十九日,予自杭州还朝,宿吴淞江,梦长老仲殊挟琴过予,弹之有异声,就视,琴颇损,而有十三弦。	33/1768	
186	《次韵子由书王晋卿画山水二首(其一)》	老去君空见画,梦中我亦曾游。	33/1772	
187	《感旧诗并叙》	车毂鸣枕中,客梦安得长。	33/1775	
188	《复次放鱼前,韵答赵承议、陈教授》	青丘已吞云梦芥,黄河复缘天门带。	34/1788	元祐六年八月至八年三月颍州时期

续表8

序号	篇名	内容	卷数/页数	创作时期
189	《六观堂老人草书诗》	物生有象象乃滋,梦幻无根成斯须。方其梦时了非无,泡影一失俯仰殊。	34/1795	元祐六年八月至八年三月颍州时期
190	《到颍未几,公帑已竭,斋厨索然,戏作数句》	梦饮本来空,真饱竟亦虚。心知皆梦耳,慎勿歌归欤。	34/1801	
191	《与赵、陈同过欧阳叔弼新治小斋,戏作》	梦回闻剥啄,谁呼赵陈予。	34/1812	
192	《送欧阳季默赴阙》	坐看士衡执别手,更遣梦得出奇句。	34/1818	
193	《以屏山赠欧阳叔弼》	梦中化为鹤,飞入长松寺。	34/1823	
194	《蜡梅一首赠赵景贶》	归来却梦寻花去,梦里花仙觅奇句。	34/1828	
195	《生日,蒙刘景文以古画松鹤为寿,且贶嘉篇次韵为谢》	高标忽在眼,清梦了如昨。	34/1838	
196	《二鲜于君以诗文见寄,作诗为谢》	至今清夜梦,枕衾有余潜。	34/1840	
197	《送运判朱朝奉入蜀》	梦寻西南路,默数长短亭。	34/1844	
198	《和赵德麟送陈传道》	那知有聚散,佳梦失欠伸。	34/1847	
199	《次韵晁无咎学士相迎》	梦中仇池千仞岩,便欲揽我青霞幨。	35/1868	元祐七年三月在知扬州任,至九月召还
200	《次韵林子中春日新堤书事见寄》	为报年来杀风景,连江梦雨不知春。	35/1872	
201	《双石(并引)》	梦时良是觉时非,汲水埋盆故自痴。	35/1880	
202	《和陶饮酒二十首并叙(其十二)》	我梦入小学,自谓总角时。	35/1881	
203	《送晁美叔发运右司年兄赴阙》	尚欲放子出一头,酒醒梦断四十秋。	35/1895	
204	《山光寺回,次芝上人韵》	梦回拾得吹来句,十里南风草木香。	35/1898	
205	《古别离送苏伯固》	后夜逐君还,梦绕湖边路。	35/1900	
206	《谷林堂》	寄怀劳生外,得句幽梦余。	35/1901	
207	《九日次定国韵》	笑我方醉梦,衣冠戏沐猴。	35/1905	
208	《召还至都门先寄子由》	荒鸡号月未三更,客梦还家得俄顷。	36/1919	元祐七年九月至八年八月在朝时期
209	《次韵定国见寄》	还朝如梦中,双阙眩金碧。	36/1920	
210	《次韵奉和钱穆父、蒋颖叔、王仲至诗四首·藉田》	江湖来梦寐,蓑笠负平生。	36/1937	
211	《次韵蒋颖叔二首·扈从景灵宫》	道人幽梦晓初还,已觉笙萧下月坛。		
212	《次韵蒋颖叔二首·凝祥池》	似知金马客,时梦碧鸡坊。		
213	《次韵秦少游、王仲至元日立春三首(其二)》	明年春日江湖上,回首觚棱一梦中。	36/1953	
214	《送襄阳从事李友谅归钱塘》	幽梦随子去,松花落衣巾。	36/1960	
215	《次韵吴传正枯木歌》	梦回疏影在东窗,惊怪霜枝连夜发。	36/1961	

续表8

序号	篇名	内容	卷数/页数	创作时期
216	《丹元子示诗，飘飘然有谪仙风气，吴传正继作，复次其韵》	梦中哦七言，玉丹已入怀。	36/1969	元祐七年九月至八年八月在朝时期
217	《七年九月，自广陵召还，复馆于浴室东堂。八年六月，乞会稽，将去，汶公乞诗，乃复用前韵三首（其二）》	梦绕吴山却月廊，白梅卢橘觉犹香。	36/1973	
218	《吴子野将出家赠以扇山枕屏》	常疑若人胸，自有云梦薮。	36/1974	
219	《谢仲适坐上送王敏仲北使》	聚散一梦中，人北雁南翔。	37/1992	元丰八年九月知定州至绍圣元年六月英州、汝州时期
220	《次韵滕大夫三首·雪浪石》	此身自幻孰非梦，故园山水聊心存。	37/1997	
221	《石芝诗（并引）》	老蚕作茧何时脱，梦想至人空激烈。	37/2001	
222	《立春日小集呈李端叔》	行吟老燕代，坐睡梦江潭。	37/2012	
223	《子由新修汝州龙兴寺吴画壁》	使君坐啸清梦余，几叠衣纹数襟袄。	37/2027	
224	《过高邮寄孙君孚》	我行忽失路，归梦山千重。	37/2032	
225	《赠清凉寺和长老》	老去山徒梦想，雨余钟鼓更清新。	37/2032	
226	《壶中九华诗》	清溪电转失云峰，梦里犹惊翠扫空。	38/2047	惠州及昌化贬所时期
227	《八月七日，初入赣，过惶恐滩》	山忆喜欢劳远梦，地名惶恐泣孤臣。	38/2052	
228	《天竺寺（并引）》	四十七年真一梦，天涯流落涕横斜。	38/2056	
229	《碧落洞》	阴谷叩白月，梦中游化城。	38/2061	
230	《十月二日初到惠州》	仿佛曾游岂梦中，欣然鸡犬识新丰。	38/2071	
231	《十一月二十六日，松风亭下，梅花盛开》	酒醒梦觉起绕树，妙意有在终无言。	38/2075	
232	《花落复次前韵》	暗香入户寻短梦，青子缀枝留小园。	38/2078	
233	《正月二十四日，与儿子过、赖仙芝、王原秀才、僧昙颖、行全、道士何宗一同游罗浮道院及栖禅精舍，过作诗，和其韵，寄迈迨》	坐令禅客笑，一梦等千岁。	39/2099	
234	《惠州近城数小山，类蜀道。春，与进士许毅野步，意处，饮之且醉，作诗以记。适参寥专使欲归，使持此以示西湖之上诸友，庶使知余未尝·一日忘湖山也》	梦想平生消未尽，满林烟月到西湖。	39/2102	
235	《和陶归园田居六首并引（其二）》	心空饱新得，境熟梦余想。	39/2103	
236	《追饯正辅表兄至博罗，赋诗为别》	君应回望秦与楚，梦涉汉水愁秦关。	39/2109	
237	《再用前韵》	我兄绿发蔚如故，已了梦幻齐人间。酒醒梦断何所有，落花流水空青山。	39/2110	
238	《连雨江涨二首（其二）》	微明灯火耿残梦，半湿帘帷泡旧香。	39/2120	
239	《四月十一日初食荔支》	人间何者非梦幻，南来万里真良图。	39/2121	

续表8

序号	篇名	内容	卷数/页数	创作时期
240	《桄榔杖寄张文潜一首，时初闻黄鲁直迁黔南、范淳父九疑也》	睡起风清酒在亡，身随残梦两茫茫。	39/2122	
241	《次韵程正辅游碧落洞》	胸中几云梦，余地方恢宏。	39/2124	
242	《六月十二日，酒醒步月，理发而寝》	曲肱蘧簟有佳处，梦觉瑶楼空断魂。	39/2128	
243	《和陶贫士七首并引（其四）》	我后五百年，清梦未易求。	39/2136	
244	《江月五首并引（其三、四）》	起寻梦中游，清绝正如此。 今夕定何夕，梦中游化城。	39/2140	
245	《同正辅表兄游白水山》	永辞角上两蛮触，一洗胸中九云梦。	39/2147	
246	《十一月九日，夜梦与人论神仙道术，因作一诗八句。即觉，颇记其语，录呈子由弟。后四句不甚明了，今足成之耳》		39/2154	
247	《雨后行菜圃》	梦回闻雨声，喜我菜甲长。	39/2161	
248	《和陶咏二疏》	神交久从君，屡梦今乃悟。	40/2183	
249	《次韵高要令刘湜峡山寺见寄》	天人同一梦，仙凡无两录。	40/2188	
250	《赠昙秀》	要知水味孰冷暖，始信梦时非幻妄。	40/2190	惠州及昌化贬所时期
251	《和陶桃花源并引》	梦往从之游，神交发吾蔽。	40/2196	
252	《吴子野绝粒不睡，过作诗戏之，芝上人、陆道士皆和，予亦次其韵》	怜君解比人间梦，许我时逃醉后禅。	40/2213	
253	《白鹤峰新居欲成，夜过西邻翟秀才，二首（其二）》	他日莫寻王粲宅，梦中来往本何曾。	40/2214	
254	《和陶时运四首并引（其四）》	三年一梦，乃复见余。	40/2218	
255	《三月二十九日二首（其一）》	酒醒梦回春尽日，闭门隐几坐烧香。	40/2226	
256	《行琼、儋间，肩舆坐睡。梦中得句云：千山动鳞甲，万谷酣笙钟。觉而遇清风急雨，戏作此数句》	梦云忽变色，笑电亦改容。	41/2246	
257	《和陶还旧居》	不敢梦故山，恐兴坟墓悲。 梦与邻翁言，悯默怜我衰。	41/2250	
258	《夜梦并引》	夜梦嬉游童子如，父师检责惊走书。	41/2251	
259	《和陶连雨独饮二首并引（其一）》	醉里有独觉，梦中无杂言。	41/2252	
260	《籴米》	知非笑昨梦，食力免内愧。	41/2254	
261	《和陶拟古九首（其一）》	主人枕书卧，梦我平生友。 倒裳起谢客，梦觉两愧负。	41/2260	
262	《和陶东方有一士》	梦求亡楚弓，笑解适越冠。	41/2266	
263	《次韵子由三首·东楼》	小醉易醒风力软，安眠无梦雨声新。	41/2267	
264	《和陶停云四首并引（其四）》	梦幻去来，谁少谁多。	41/2269	
265	《和陶怨诗示庞邓》	故山不可到，飞梦隔五岭。	41/2271	

序号	篇名	内容	卷数/页数	创作时期
266	《谪居三适三首·午窗坐睡》	谓我今方梦，此心初不垢。 非梦亦非觉，请问希夷叟。	41/2285	惠州及昌化贬所时期
267	《上元夜过赴儋守召，独坐有感》	灯花结尽吾犹梦，香篆消时汝欲归。	42/2301	
268	《次韵子由浴罢》	稍能梦中觉，渐使生处熟。	42/2302	
269	《借前韵贺子由生第四孙斗老》	举家传吉梦，殊相惊凡目。	42/2303	
270	《过于海舶，得迈寄书、酒。作诗，远和之，皆粲然可观。子由有书相应也，因用其韵赋篇，并寄诸子侄》	但令文字还照世，粪土腐余安足梦。	42/2304	
271	《和陶形赠影》	梦时我方寂，偃然无所思。 还将醉时语，答我梦中辞。	42/2306	
272	《和陶影答形》	醉醒皆梦耳，未用议优劣。	42/2307	
273	《去岁，与子野游逍遥堂。日欲没，因并西山叩罗浮道院，至，已二鼓矣。遂宿于西堂。今岁索居儋耳，子野复来，相见，作诗赠之》	往岁追欢地，寒窗梦不成。	42/2309	
274	《和陶与殷晋安别》	仍将对床梦，伴我五更春。	42/2321	
275	《被酒独行，遍至子云威徽先觉四黎之舍，三首（其三）》	投梭每困东邻女，换扇惟逢春梦婆。	42/2323	
276	《和陶王抚军座送客》	梦中与汝别，作诗记忘遗。	42/2326	
277	《庚辰岁人日作，时闻黄河已复北流，老臣旧数论此，今斯言乃验，二首（其一）》	老去仍栖隔海村，梦中时见作诗孙。	43/2341	昌化贬所贬廉州，及岭海时期
278	《庚辰岁正月十二日，天门冬酒熟，予自漉之，且漉且尝，遂以大醉，二首（其二）》	醉乡杳杳谁同梦，睡息齁齁得自闻。	43/2344	
279	《追和戊寅岁上元》	一瓮京口嗟春梦，万炬钱塘忆夜归。	43/2345	
280	《和陶郭主簿二首并引（其一）》	淮德入我梦，角羁未胜簪。	43/2350	
281	《赠李兜彦威秀才》	如今惟有谈天口，云梦胸中吞八九。	43/2352	
282	《别海南黎民表》	平生生死梦，三者无劣优。	43/2362	
283	《欧阳晦夫遗接 芮僬硐纷鞋筇 谢之》	见君合浦如梦寐，挽须握手俱汍澜。	43/2370	
284	《和孙叔静兄弟李端叔唱和》	秉烛真如梦，倾杯不敢余。	44/2391	
285	《往年，宿瓜步，梦中得小绝，录示谢民师》		44/2392	
286	《昔在九江，与苏伯固唱和。其略曰："我梦扁舟浮震泽，雪浪横江千顷白。觉来满眼是庐山，倚天无数开青壁。"盖实梦也。昨日，又梦伯固手持乳香婴儿示予，觉而思之，盖南华赐物也。岂复与伯固相见于此耶？今得来书，知已在南华相待数日矣。感叹不已，故先寄此诗》	春草池塘惠连梦，上林鸿雁子卿归。	44/2408	

续表8

序号	篇名	内容	卷数/页数	创作时期
287	《过岭二首（其二）》	梦里似曾迁海外，醉中不觉到江南。	45/2426	
288	《留题显圣寺》	只疑归梦西南去，翠竹江村绕白沙。	45/2427	
289	《虔守霍大夫、监郡许朝奉见和，此诗复次前韵》	老景无多日，归心梦几州。	45/2429	
290	《次韵阳行先》	酒醒风动竹，梦断月窥楼。	45/2431	
291	《用前韵再和孙志举》	醉眠中山酒，梦结南柯姻。	45/2440	
292	《次韵江晦叔二首（其二）》	钟鼓江南岸，归来梦自惊。	45/2444	
293	《次韵江晦叔兼呈器之》	一枕昼眠春有梦，扁舟夜渡海无涛。	45/2445	
294	《永和清都观谢道士，童颜鬒发，问其年，生于丙子，盖与予同，求此诗》	羁枕未容春梦断，清都宛在默存中。	45/2450	
295	《予昔作〈壶中九华〉诗，其后八年，复过湖口，则石已为好事者取去，乃和前韵以自解云》	尤物已随清梦断，真形犹在画图中。	45/2454	
296	《梦中作寄朱行中》		45/2458	
297	《端午帖子词太皇太后阁六首》	不复巫阳占郢梦，空余仲御扣《河章》。	46/2484	
298	《坤成节集英殿宴教坊词致语口号》	闻视履考祥，既占怀月之梦；	46/2494	
299	《兴龙节集英殿宴教坊词致语口号》	相逢父老争相贺，却笑华胥是梦间。	46/2500	昌化贬所贬廉州，及岭海时期
300	《王氏生日致语口号》	事协紫衔之梦，欢倾白发之儿。	46/2510	
301	《次韵回文三首（其二）》	风叶落残惊梦蝶，戍边回雁寄情郎。	47/2530	
302	《数日前，梦一僧出二镜求诗，僧以镜置日中，其影甚异，其一如芭蕉，其一如莲花，梦中与作诗》		47/2532	
303	《秋晚客兴》	客梦冷随枫叶断，愁心低逐雁行来。	47/2547	
304	《秋兴三首（其二、三）》	故里依然一梦前，相携重上钓鱼船。伤心无限厌厌梦，长似秋宵一倍长。	47/2548	
305	《被命南迁，途中寄定武同僚》	只知紫绶三公贵，不觉黄粱一梦游。	47/2555	
306	《柏家渡》	一梦惝惝四十秋，古人不死终未休。	47/2556	
307	《清远舟中寄耘老》	清远聊为泛宅行，一梦分明堕乡井。	47/2557	
308	《和陶归去来兮辞并引》	怀西南之归路，梦良是而觉非。	47/2560	
309	《梦中绝句》		47/2566	
310	《梦雪》		48/2586	
311	《数日前，梦人示余一卷文字，大略若论马者用"吃蹶"两字，梦中甚赏之，觉而忘其余，戏作数语足之》		48/2593	
312	《四十年前元夕，与故人夜游，得此句》	午夜胧胧淡月黄，梦回犹有暗尘香。	48/2593	

序号	篇名	内容	卷数/页数	创作时期
313	《咏怪石》	谁知兹石本灵怪，忽从梦中至吾前。	48/2605	
314	《琴枕》	高情闲处任君弹，幽梦来时与子眠。	48/2623	
315	《王晋卿得破墨三昧，又尝闻祖师第一义，故画邢和璞、房次律论前生图，以寄其高趣，东坡居士既作〈破琴〉诗以记异梦矣，复说偈云》	前梦后梦真是一，彼幻此幻非有二。	48/2625	
316	《和晁美叔老兄》	事过始堪笑，梦中今了无。	48/2626	
317	《待旦》	梦破山骨冷，扶桑未放晓。	48/2627	
318	《梦中赋裙带》		48/2632	
319	《山坡陀行》	憺将山河与日月长在，若有人兮，梦中仇池我归路。	48/2646	昌化贬所贬廉州，及岭海时期
320	《题清淮楼》	观鱼惠子台芜没，梦蝶庄生冢木秋。	48/2654	
321	《失题三首（其二）》	不见邯郸归路，梦中略到江南。	48/2655	
322	《牡丹和韵》	撩理莺情趣，留连蝶梦魂。	48/2661	
323	《失题二首（其二）》	午梦任随鸠唤觉，早朝又听鹿催班。	48/2663	
324	《老人行》	有时却忆经游处，都似茫茫春梦归。	49/2713	
325	《池上二首（其二）》	不作太白梦日边，还向乐天赋池上。	49/2717	
326	《仆年三十九，在润州道上过除夜，作此诗。又二十年，在惠州，追录之以付二首》	为报邻鸡莫惊觉，更容残梦到江南。长江昔日经游地，尽在如今梦寐中。	50/2758	
327	《睡起》	松风梦与故人遇，自驾飞鸿跨九州。	50/2763	
328	《和陶拟古九首（其四）》	夜梦披发翁，骑驎下大荒。	50/2770	
329	《马子约送茶，作六言谢之》	惊破卢仝幽梦，北窗起看云龙。	增/2785	

表9　苏轼词中"梦"字统计表

序号	篇名	内容	卷数/页数	创作时期
1	《行香子（一叶舟轻）》	君臣一梦，今古虚名。	24	
2	《祝英台近（挂轻帆）》	谁念萦损襄王，何曾梦云雨。	26	
3	《昭君怨（谁作桓伊三弄）》	惊破绿窗幽梦。	49	
4	《醉落魄（轻云微月）》	觉来幽梦无人说。	58	
5	《减字木兰花（双龙对起）》	下有幽人昼梦长。	62	
6	《菩萨蛮（娟娟缺月西南落）》	枕泪梦魂中，觉来眉晕重。	76	
7	《南乡子（回首乱山横）》	一枕初寒梦不成。	85	
8	《减字木兰花（惟熊佳梦）》	惟熊佳梦。释氏老君亲抱送。	104	
9	《菩萨蛮（天怜豪俊腰金晚）》	帝梦已遥思。匆匆归去时。	109	杭州通守时期
10	《浣溪沙（长记鸣琴子溅堂）》	聚散交游如梦寐，升沈闲事莫思量。	129	
11	《沁园春（孤馆灯青）》	孤馆灯青，野店鸡号，旅枕梦残。	134	
12	《江城子（十年生死两茫茫）》	夜来幽梦忽还乡。	141	
13	《河满子（见说岷峨凄怆）》	但觉秋来归梦好，西南自有长城。	181	
14	《浣溪沙（傅粉郎君又粉奴）》	梦魂东去觅桑榆。	195	
15	《浣溪沙（一别姑苏已四年）》	夜阑相对梦魂间。	215	
16	《永遇乐（明月如霜）》	黯黯梦云惊断。 古今如梦，何曾梦觉，但有旧欢新怨。	247	
17	《渔家傲（皎皎牵牛河汉女）》	梦回芳草生春浦。	270	
18	《菩萨蛮（凤回仙驭云开扇）》	枕上梦魂惊。晓檐疏雨零。	293	
19	《水龙吟（楚山修竹如云）》	木落淮南，雨晴云梦，月明风袅。	298	
20	《水龙吟（似花还似非花）》	梦随风万里，寻郎去处，又还被、莺呼起。	314	
21	《南乡子（霜降水痕收）》	万事到头都是梦，休休。	331	
22	《浣溪沙（醉梦醺醺晓未苏）》	醉梦醺醺晓未苏。	341	黄州及北归时期
23	《水龙吟（小舟横截春江）》	云梦南州，武昌南岸，昔游应记。料多情梦里，端来见我，也参差是。	349	
24	《江城子（梦中了了醉中醒）》	梦中了了醉中醒。	352	
25	《南歌子（雨暗初疑夜）》	卯酒醒还困，仙材梦不成。	367	
26	《南歌子（带酒冲山雨）》	梦里栩然蝴蝶、一身轻。	368	
27	《渔父·渔父醒》	梦断落花飞絮。	378	

序号	篇名	内容	卷数／页数	创作时期
28	《满江红（忧喜相寻）》	巫峡梦、至今空有，乱山屏簇。幽梦里，传心曲。	383	黄州及北归时期
29	《念奴娇（大江东去）》	人生如梦，一尊还酹江月。	398	
30	《渔家傲（临水纵横回晚鞚）》	只堪妆点浮生梦。	410	
31	《醉蓬莱（笑劳生一梦）》	笑劳生一梦，羁旅三年，又还重九。	428	
32	《满庭芳（三十三年今谁存者）》	居士先生老矣，真梦里、相对残釭。	472	
33	《十拍子（白酒新开九酝）》	身外傥来都似梦，醉里无何即是乡。	476	
34	《浣溪沙（倾盖相逢胜白头）》	故山空复梦松楸。此心安处是菟裘。	478	
35	《临江仙（诗句端来磨我钝）》	酒阑清梦觉，春草满池塘。	490	
36	《西江月（别梦已随流水）》	别梦已随流水，泪巾犹裛香泉。	512	
37	《西江月（三过平山堂下）》	休言万事转头空。未转头时皆梦。	533	
38	《浣溪沙（一梦江湖费五年）》	一梦江湖费五年，归来风物故依然。	539	
39	《蝶恋花（昨夜秋风来万里）》	梦断魂销，一枕相思泪。	574	
40	《临江仙（多病休文都瘦损）》	酒醒梦回清漏永，隐床无限更潮。	611	再次莅杭时期
41	《西江月（公子眼花乱发）》	惊起谪仙春梦。	653	
42	《西江月（小院朱阑几曲）》	归去香云入梦。	657	
43	《西江月（怪此花枝怨泣）》	继取相如云梦。	658	
44	《定风波（月满苕溪照夜堂）》	十五年间真梦里。	677	
45	《蝶恋花（春事阑珊芳草歇）》	梦破五更心欲折。	686	
46	《临江仙（尊酒何人怀李白）》	夜阑对酒处，依旧梦魂中。	689	
47	《减字木兰花（空床响琢）》	醉梦尊前。惊起湖风入坐寒。	701	
48	《减字木兰花（回风落景）》	梦回酒醒。百尺飞澜鸣碧井。	712	
49	《生查子（三度别君来）》	后月逐君还，梦绕湖边路。	714	
50	《行香子（清夜无尘）》	叹隙中驹，石中火，梦中身。	725	
51	《归朝欢（我梦扁舟浮震泽）》	我梦扁舟浮震泽。梦中游，觉来清赏，同作飞梭掷。	737	贬谪岭海时期
52	《木兰花令（梧桐叶上三更雨）》	惊破梦魂无觅处。梦中历历来时路。	741	
53	《贺新郎（乳燕飞华屋）》	帘外谁来推绣户，枉教人、梦断瑶台曲。	766	
54	《西江月（玉骨那愁瘴雾）》	不与梨花同梦。	785	
55	《浣溪沙（道字娇讹苦未成）》	未应春阁梦多情。	794	

续表9

序号	篇名	内容	卷数/页数	创作时期
56	《西江月（世事一场大梦）》	世事一场大梦，人生几度秋凉。	798	贬谪岭海时期
57	《踏青游（改火初晴）》	仙梦杳。良宵又过了。	806	贬谪岭海时期
58	《南乡子（何处倚阑干）》	胡蝶梦中家万里，依然。 须著人间比梦间。	836	
59	《菩萨蛮（落花闲院春衫薄）》	梦回莺舌弄。弄舌莺回梦。	839	未编年
60	《谒金门（今夜雨）》	酒醒梦回愁几许。	871	
61	《桃源忆故人（华胥梦断人何处）》	华胥梦断人何处。	876	
62	《残句十则（其三）》	谁教幽梦里，插他花。	880	
63	《蝶恋花（记得画屏初会遇）》	好梦惊回，望断高唐路。	909	存疑之作
64	《浣溪沙（山色横侵蘸晕霞）》	梦到故园多少路，酒醒南望隔天涯。	914	存疑之作

主要参考文献

一、著 作

（一）古人书籍

1. 司马光编著，胡三省音注：《资治通鉴》，中华书局 1956 年版。

2. 脱脱等：《宋史》，中华书局 1985 年版。

3. 陈鼓应注译：《老子今注今译》，商务印书馆 2003 年版。

4. 陈鼓应注译：《庄子今注今译》，中华书局 1983 年版。

5. 杨伯峻译注：《孟子译注》，中华书局 1960 年版。

（二）今人书籍

1. 戴建业：《澄明之境——陶渊明新论》，华中师范大学出版社 1998 年版。

2. 郭齐勇：《中国儒学之精神》，复旦大学出版社 2009 年版。

3. 邵汉明：《儒道人生哲学》，吉林教育出版社 1992 年版。

4. 邬昆如：《人生哲学》，中国人民大学出版社 2005 年版。

5. 张松辉：《人生儒释道》，岳麓书社 2008 年版。

6. 傅伟勋：《死亡的尊严与生命的尊严》，北京大学出版社 2006 年版。

7. 星云大师：《生死与解脱》，上海辞书出版社 2008 年版。

（三）苏轼研究书籍

1. 苏轼撰，王文浩辑注，孔凡礼点校：《苏轼诗集》，中华书局 1982 年版。

2. 苏轼撰，孔凡礼点校：《苏轼文集》，中华书局 1986 年版。

3. 苏轼撰，邹同庆、王宗堂著：《苏轼词编年校注》，中华书局 2002 年版。

4. 苏轼撰，石声淮、唐玲玲笺注：《东坡乐府编年笺注》，华中师范大学出版社 1990 年版。

5. ［日］保苅佳昭著，王水照主编：《新兴与传统——苏轼词论述》，上海古籍出版社 2005 年版。

6. 陈华昌：《苏东坡》，中华书局 1985 年版。

7. 程义伟：《苏轼——一个人生与艺术的结构文本》，辽宁美术出版社 1999 年版。

8. 崔海正：《东坡词研究》，山东大学出版社 1992 年版。

9. 范军：《苏东坡：旷达人生》，长江文艺出版社 1993 年版。

10. 何浃虑：《苏东坡：人生突围》，中国城市出版社 2010 年版。

11. 黄鸣奋：《论苏轼的文艺心里观》，海峡文艺出版社 1987 年版。

12. 黄玉峰：《说苏轼》，上海辞书出版社 2007 年版。

13. 姜声调：《苏轼的庄子学》，台北文津出版社 1999 年版。

14. 金履祥撰：《论语集注考证》，中华书局 1985 年版。

15. 孔凡礼撰：《苏轼年谱》，中华书局 1998 年版。

16. 冷成金：《苏轼的哲学观与文艺观》，学苑出版社 2004 年版。

17. 李赓扬、李勃洋：《苏轼禅学》，台北实学社 2004 年版。

18. 林语堂著，张振玉译：《苏东坡传》，陕西师范大学出版社 2006 年版。

19. 刘宝楠、皮锡瑞撰：《论语正义》，上海古籍出版社 1993 年版。

20. 刘国珺：《苏轼文艺理论研究》，南开大学出版社 1984 年版。

21. 刘乃昌：《苏轼文学论集》，齐鲁书社 2004 年版。

22. 刘尚荣：《苏轼著作版本论丛》，巴蜀书社 1988 年版。

23. 莫砺锋：《慢说东坡》，凤凰出版社 2008 年版。

24. 木斋：《苏东坡研究》，广西师范大学出版社 1998 年版。

25. ［日］内山精也著，王水照主编：《传媒与真相——苏轼及其周围士大夫的文学》，上海古籍出版社 2005 年版。

26. ［韩］朴永焕：《苏轼禅诗研究》，中国社会科学出版社 1995 年版。

27. 饶晓明：《东坡词研究新思维》，广西师范大学出版社 2008 年版。

28. 师雅惠：《苏东坡说禅》，国际文化出版公司 2005 年版。

29. 四川大学中文系编：《苏轼资料汇编》，中华书局 1994 年版。

30. 四川省眉山三苏博物馆、四川师范大学学报编辑部编：《苏轼思想探讨》，四川师范大学学报丛刊 1987 年版。

31. 苏灿、张忠全编著：《苏轼为官之道》，四川大学出版社 2009 年版。

32. 苏轼研究学会编：《东坡诗论丛》，四川人民出版社 1983 年版。

33. 苏轼研究学会编：《东坡研究论丛》，四川文艺出版社1986年版。

34. 谭玉良：《苏轼研究》，电子科技大学出版社2002年版。

35. 唐玲玲、周伟民：《苏轼思想研究》，台北文史哲出版社1996年版。

36. 陶文鹏：《苏轼诗词艺术论》，上海古籍出版社2001年版。

37. 王启鹏：《苏轼文艺美论》，中山大学出版社2007年版。

38. 王世德：《儒道佛美学的融合——苏轼文艺美学思想研究》，重庆出版社1993年版。

39. 王水照、朱刚：《苏轼评传》，南京大学出版社2004年版。

40. 王水照：《苏轼研究》，河北教育出版社1999年版。

41. 吴雪涛、吴剑琴辑录：《苏轼交游传》，河北教育出版社2001年版。

42. 吴越：《苏东坡的杂耍人生》，东方出版社2008年版。

43. 谢桃坊：《苏轼诗研究》，巴蜀书社1987年版。

44. 徐中玉：《论苏轼的创作经验》，华东师范大学出版社1981年版。

45. 徐中玉：《苏东坡文集导读》，巴蜀书社1990年版。

46. 闫笑非：《苏轼研究》（前集），佳木斯师专学报增刊1985年版。

47. 颜中其编注：《苏东坡佚事汇编》，岳麓书社1984年版。

48. 颜中其：《苏东坡论》，时代文艺出版社2002年版。

49. 颜中其：《苏轼论文艺》，北京出版社1985年版。

50. 杨存昌：《道家思想与苏轼美学》，济南出版社2003年版。

51. 杨胜宽：《杜学与苏学》，巴蜀书社2003年版。

52. 杨胜宽：《苏轼人格研究》，四川大学出版社1994年版。

53. 叶飞：《苏东坡的千年人生智慧》，中国纺织出版社2007年版。

54. 曾枣庄主编：《苏诗汇评》，四川文艺出版社2000年版。

55. 曾枣庄主编：《苏轼研究史》，江苏教育出版社2001年版。

56. 曾枣庄：《三苏文艺思想》，四川文艺出版社1985年版。

57. 曾枣庄：《三苏研究——曾枣庄文存之二》，巴蜀书社1999年版。

58. 曾枣庄：《三苏研究——曾枣庄文存之一》，巴蜀书社1999年版。

59. 曾枣庄：《苏轼评传》，四川人民出版社1981年版。

60. 张惠民、张进《士气文心：苏轼文化人格与文艺思想》，人民出版社2004年版。

61. 张亚新：《文人的理想品格：从陶渊明到苏轼》，济南出版社2008年修订版。

62. 郑芳祥：《出处死生：苏轼贬谪岭南文学作品主题研究》，巴蜀书社 2006 年版。

63. 郑园：《东坡词研究》，北京大学出版社 2010 年版。

64. 中国人民大学中文系主编：《中国苏轼研究》，学苑出版社 2004 年版。

65. 朱靖华：《苏轼论》，京华出版社 1997 年版。

（四）其他书籍

1. 北京大学古文献研究所编：《全宋诗》，北京大学出版社 1998 年版。

2. 唐圭璋编：《全宋词》，中华书局 1965 年版。

二、学位论文

1.［韩］洪瑀钦：《苏东坡文学之研究》，私立中国文化学院中国文学研究所 1977 年博士学位论文。

2. 柳明熙：《苏东坡词所表现的心路历程研究》，国立政治大学中国文学研究所 1988 年博士学位论文。

3. 史国兴：《苏轼诗词中梦的研析》，国立台湾师范大学国文研究所 1996 年博士学位论文。

4. 许外芳：《论苏轼的艺术哲学》，复旦大学 2003 年博士学位论文。

5. 梁银林：《苏轼与佛学》，四川大学 2005 年博士学位论文。

6. 孟宪浦：《苏轼诗学思想的生存论阐释》，山东师范大学 2008 年博士学位论文。

7. 吴明兴：《苏轼佛教文学研究》，佛光大学 2009 年博士学位论文。

8. 刘祎：《苏轼伦理思想研究》，湖南师范大学 2010 年博士学位论文。

9. 刘燕飞：《苏轼哲学思想研究》，河北大学 2011 年博士学位论文。

三、期刊论文

1. 周裕锴：《苏轼黄庭坚诗歌理论之比较》，载《文学批评》1983 年第 4 期。

2. 夏塞：《苏轼民本、仁政思想及渊源》，载《北京师范大学学报）1987 年第 1 期。

3. 周裕锴：《江西诗派风格论》，载《文学遗产》1987 年第 2 期。

4. 王国炎：《东坡与道教》，载《江西大学学报》1987 年第 2 期。

5. 王水照：《苏轼的人生思考和文化性格》，载《文学遗产》1989 年第 5 期。

6. 王水照：《苏、辛退居时期的心态平议》，载《文学遗产》1991 年第 2 期。

7. 俞纪东：《苏轼与陆贽》，载《绥化师专学报社会科学版》1991 年第 3 期。

8. 杨月生宽：《宋代科举制茂与苏轼青年时代》，载《乐山师专学报》1993 年第 3 期。

9. 孙昌武：《苏轼与佛教》，载《文学遗产》1994 年第 1 期。

10. 杨胜宽：《苏轼与司马光役法之争》，载《三峡学刊》1994 年第 4 期。

11. 薛亚康：《禅宗对苏轼思想及其创作影响》，载《解放军外语学院学报》1995 年第 1 期。

12. 邝文：《苏轼诗论与诗作的禅宗化特点》，载《广西教育学院学报》1995 年第 2 期。

13. 邝文：《略论苏轼的禅宗思想及对其诗论诗作的影响》，载《华南师范大学学报》1995 年第 3 期。

14. 诸葛忆兵：《洛蜀党争辨析》，载《南京师范大学学报（社会科学版）》1996 年第 3 期。

15. 莫文：《落脚红尘——浅析苏轼的学佛之路》，载《南京理工大学学报》1998 年第 2 期。

16. 马斗成、李希运：《眉山苏氏家族教育探析——以三苏时代为中心》，载《史学集刊》1998 年第 3 期。

17. 周裕锴：《禅宗偈颂与宋诗翻案法》，载《四川大学学报》1999 年第 2 期。

18. 刘文刚：《苏轼与道》，载《四川大学学报》2000 年第 1 期。

19. 成宗田：《东坡诗的禅缘情结》，载《宝鸡文理学院学报》2000 年第 1 期。

20. 谢建忠：《论佛教哲学与苏轼的"人生如梦"思想》，载《西南民族学院学报》2000 年第 6 期。

21. 周裕锴：《梦幻与真如——苏、黄的禅悦倾向与其诗歌意象之关系》，载《文学遗产》2001 年第 3 期。

22. 刘成国：《王安石与苏轼关系新论——兼论宋学流变中新学与蜀学之争》，载《抚州师专学报》2001 年 6 月第 2 期。

23. 张海鸥：《苏轼外任或谪居时期的疏狂心态》，载《中国文化研究》2002 年第 2 期。

24. 贾喜鹏：《苏轼与道教》，载《晋东南师范专科学校学报》2003 年 2 月第 1 期。

25. 董雪明、文师华：《苏轼的参禅活动与禅学思想》，载《南昌大学学报》2003 年第 3 期。

26. 许外芳、张君梅：《苏轼佛教行事略考》，载《浙江师范大学学报》2003

年第 3 期。

27. 周裕锴：《惠洪与换骨夺胎——一桩文学批评史公案的重判》，载《文学遗产》2003 年第 6 期。

28. 胡中柱：《苏轼与禅宗》，载《上海金融学院学报》2004 年第 1 期。

29. 范春芽：《苏轼与杭州诗僧诗文酬唱及其相互影响》，载《南昌大学学报》2004 年第 2 期。

30. 顾永新：《二苏"五经论"归属考》，载《文献季刊》2005 年第 4 期。

31. 杨小莉：《苏轼与佛禅》，载《咸阳师范学院学报》2006 年第 5 期。

32. 黎小冰：《随心入禅境，旷达对人生——禅宗对苏轼创作的影响》，载《成都大学学报》2007 年第 4 期。

33. 贾喜鹏：《苏轼的生死观略论》，载《韶关学院学报》2007 年第 7 期。

34. 刘倩：《苏轼对孔子人格思想的继承与发展》，载《湖北经济学院学报》2008 年第 3 期。

35. 王启鹏：《疏狂：苏轼"野性"的任真表现》，载《惠州学院学报》2009 年 4 月第 2 期。

36. 王彦颖：《超然于物外无往而不乐——从〈超然台记〉看苏轼对现实人生的超越》，载《语文学刊》2009 年第 5 期。

37. 刘倩：《二苏"五经论"归属再考证——兼与顾永新先生商榷》，载《洛阳师范学院学报》2010 年 8 月第 4 期。

38. 阮忠：《苏轼的历史人物论说及其批评格调》，载《新东方》2011 年第 1 期。

39. 刘丽姣：《苏轼涉梦诗词探析》，载《湖南人文科技学院学报》2011 年 1 月第 1 期。